프랑스 대혁명의 철학

프랑스 대혁명의 철학

초판 1쇄 펴낸날 | 2020년 2월 28일

지은이 | 베르나르 그뢰퇴유젠
옮긴이 | 이용철
펴낸이 | 류수노
펴낸곳 | (사)한국방송통신대학교출판문화원
　　　　03088 서울특별시 종로구 이화장길 54
　　　　전화　1644-1232
　　　　팩스　02-741-4570
　　　　홈페이지　http://press.knou.ac.kr
　　　　출판등록　1982년 6월 7일 제1-491호

출판위원장 | 백삼균
편집 | 마윤희 · 정미용
본문 디자인 | (주)동국문화
표지 디자인 | 이상선

ISBN 978-89-20-03644-6 93160
값 18,000원

이 도서의 국립중앙도서관 출판예정도서목록(CIP)은 서지정보유통지원시스템 홈페이지(http://seoji.nl.go.kr)와
국가자료종합목록 구축시스템(http://kolis-net.nl.go.kr)에서 이용하실 수 있습니다. (CIP제어번호 : CIP2020007838)

프랑스 대혁명의 철학

베르나르 그뢰퇴유젠 지음 | 이용철 옮김

Philosophie de
la Révolution française
précédé de
Montesquieu

에피스테메
EPISTEME

편집자 주 _____ _____

- 베르나르 그뢰퇴유젠은 오래전부터 자신의 작품인 『프랑스 부르주아 의식의 기원 *Origines de l'esprit des bourgeois en France*』의 속편을 준비하고 있었다. 그 작품은 단지 1권만이 『교회와 부르주아 계급 *L'Église et la Bourgeoisie*』이라는 제목으로 1927년 출판되었다. 그뢰퇴유젠이 작고한 후, 알릭스 길랭 Alix Guillain은 프랑스 대혁명에 대해 그가 이미 집필했던 글을 정리했다. 그것이 바로 이 책이다.

- 이 책은 2부로 구성되어 있다. 제1부는 몽테스키외에 대한 긴 미완성 원고로, 타자기로 친 원고에서 그 첫 페이지는 빠져 있다.

- 제2부는 거의 완성된 것으로 보이는 프랑스 대혁명의 철학에 대한 에세이로, 이 책의 가장 중요한 부분이다.

차례

제 1 부 몽테스키외

제1장[1]

"몇몇 섬세한 사람들이 기하학자가 되지 못하는 것은 기하학의 원리에 관심을 전혀 쏟을 수 없기 때문이다. 그리고 기하학자들이 섬세하지 못한 것은 눈앞에 있는 것을 보지 않기 때문이다. 그리고 그들은 분명하고 단순한 기하학의 원리들에 익숙해지고 또 그 원리들을 잘 보고 다루고 난 이후에서야 추론을 하는 데 익숙해져서, 그 원리가 같은 방식으로 사용될 수 없는 섬세한 사물에 직면하면 갈피를 잡지 못하기 때문이다. 그 원리들은 좀처럼 눈에 띄지 않는다. 그것들은 보이기보다는 오히려 느껴지는 것이다. 스스로 그것들을 느끼지 못하는 사람들에게 그것들을 느끼게 하기란 한없이 어려운 일이다. 너무나 미묘하고 또 그 수도 많기 때문에 그것들을 느끼고 그 느낌에 따라 올바르고 정확하게 판단하기 위해서는 아주 예민하고 명

---

1 편집자 주에서 알린 것처럼 제1부 「몽테스키외」의 첫 페이지는 빠져 있어서 제목이 확인되지 않는다.

확한 직감이 필요하다. 대개의 경우 기하학에서처럼 그것들을 순서 대로 증명할 수는 없는데, 그 원리들은 그런 식으로 파악되는 것도 아니고 또 그렇게 시도한다는 것은 끝이 없는 일이기 때문이다. 그러므로 한눈에 사물을 척 보아야 하며, 적어도 어느 정도까지는 점진적인 추론을 따르지 말아야 한다."(파스칼, 『팡세 Pensée』, 1장)

그러므로 섬세한 정신이 아무리 날카로울 수 있다 해도 그것 역시 한계가 있는데, 기하학에서처럼 섬세한 사물들을 차례로 증명할 수 있는 원칙들이 없다는 것이다. 그 사물들은 너무 미묘하고 수가 많아 항상 제한적인 인간의 시선에서 벗어나기 때문이다. 사물들의 다양성과 유동성은 이 정도로 심해서 인간의 정신에 불합리하게 보일 수밖에 없다. 파스칼은 말한다. "피레네 산맥 이쪽에서는 진리인 것이 저쪽에서는 오류가 된다." "강이 경계를 만드는 우스꽝스러운 정의(正義)." 그것은 자신이 통용되는 시대를 갖고 있는 정의, 단지 유행에 불과한 정의이다. 그는 "유행이 멋을 만드는 것과 마찬가지로 정의도 만든다"(『팡세』, 5장)라고 쓴다. 인간의 본성은 끝없이 움직이며 인간은 계속 자신으로부터 달아난다. 인간은 멈추어서 자신의 비참함을 정면으로 바라볼 용기가 없다.

삶의 불합리, 인간세계의 비합리적인 측면은 17세기 말을 지배하는 생각들 중 하나이다. 그러한 생각은 벨[2]에게서 정점에 달한다. 벨

---

2 〈역주〉 Pierre Bayle(1647~1706): 피에르 벨은 까르라르콩트(현재 지명 카르라벨)에서 태어났다. 아버지가 칼뱅파 목사였던 벨은 잠깐 동안 제네바에서 공부했다. 그는 1669년 가톨릭교로 개종했다가 1670년 다시 개신교로 돌아왔다. 벨은 1675년부터 1680년까지 스당에서, 이후 1693년까지 네덜란드 로테르담에서 철학을 가르쳤다. 1682년 그는 혜성을 보고 점을 치는 것에서 출발해 모든 종교를 비웃는 『혜성에 대한 다양한 생각 Pensées diverses sur la

은 정신적 세계의 문제를 명료하게 제시한다. 그가 취한 합리적 관점에서 그 해결은 부정적일 수밖에 없다. 세계는 혼돈에 불과하다. 벨에게서 이성은 이성에 대항한다. 그는 인간이 자기 경멸을 배울 수 있도록 인간의 이해력을 흐리게 만드는 모든 오류를 모아서 보여 준다. 세계의 질서를 이해할 수 있다고 생각하는 사람은 얼마나 오만한 사람일 것인가. 그는 연극에서 두세 마디만을 듣고는 연극에 대해 언급할 자격이 있다고 생각하는 사람을 연상시킨다. 벨은 말한다. "나는 소크라테스가 우주의 설명을 원했다는 것에 대해 비난하지 않을 것이다. (...) 그러나 그러한 과학은 인류에게 어울리지 않는다."(벨, 『역사비평사전』, 「아낙사고라스」항목, 주 R) 그는 또 이렇게 말한다. "철학자들이라고 해서 일개 농부가 커다란 시계를 판단할 수 있는 것보다 세계라는 기계를 더욱 잘 판단할 가능성은 거의 없다. 그들은

Comète』을 출간했다. 그는 여기서 도덕과 종교적 신앙을 분리할 것을 대담하게 제안하면서 세인들의 주목을 받았다. 그러나 그는 종교적 회의론을 표명하는 내용의 글을 쓴 것으로 의심받아 결국 1693년 교수직에서 해임되었다. 이후 그는 『역사비평사전*Dictionnaire historique et critique*』에 전념하여 2년 뒤에 출간했다. 이전에 나온 사전들의 오류를 교정하기 위해 구상된 이 사전은 이러한 목적을 넘어선다. 그는 오류를 걸러 내기 위한 방법으로서의 회의를 성서를 포함한 모든 것에 적용했다. 그의 목표는 진리의 발견이었다. 그의 흥미를 끄는 것은 사실보다는 사실의 왜곡, 모순된 견해, 진리로 자처하는 맹신이었다. 벨은 신앙의 보편성이, 그것이 진리라는 보증이 될 수 없다고 생각했다. 그의 사전은 당시 유럽의 지식인들 사이에서 가장 중요한 회의론적 저작으로 각광받았으며 18세기까지 큰 영향을 미쳤다. 종교와 도덕의 완전한 분리를 주장하기도 하고 모든 주제에 걸친 사상의 자유를 주장하기도 하는 등, 당시로서는 무척이나 급진적인 견해를 개진한 벨은 볼테르가 '계몽주의의 병기고'라고 불렀을 정도로 18세기 계몽주의의 선구자 역할을 했다.

단지 그 작은 부분만을 알 뿐이며, 직공의 계획과 의도와 목적 (…) 그리고 모든 부품의 상호적인 관계를 잘 모른다. (…) 직공의 현명함은 무한하다. 그러므로 그가 만든 제작품은 바로 이상적인 제작품이다. 세세한 것들은 우리의 이해 범위를 벗어난다. 그 세세한 것까지 들어가고 싶어 하는 사람들은 항상 우스꽝스러울 수밖에 없다."(『역사비평사전』, 주 9) 철학자들을 연구할수록 혼란함은 증대된다. 서로 모순되는 가설들만 있을 뿐이다. "철학은 우리에게 서로 모순되는 명제들의 예를 수백 개 제공하는데, 그것들은 각각 동일하게 그럴싸한 증거들을 갖고 있어서 까다로운 정신의 소유자들도 철학에서 가장 나쁜 예와 최선의 예를 결정할 수 없을 것이다."(벨, 『잡서 Œuvres diverses』, 2권, p. 547) "인간은 철학의 깨달음을 통해 마침내 자신이 모른다는 것만 알고 있음을 그리고 그것이야말로 철학의 극치임을 고백할 수밖에 없다."(『역사비평사전』, 「뷔넬」 항목, 주 E) 그래서 "철학이 미망의 길이라는 점을 아는 것이야말로 철학 공부로서 할 수 있는 최선의 사용이다."(『역사비평사전』)

인간 자체에 대해서도 엄청난 혼돈이 있을 뿐이다. 인간의 영혼과 육체, 이성과 감각, 감각적 영혼과 이성적 영혼은 끊임없이 서로 전투를 벌인다. 그 의견과 행동이 끊임없이 모순을 보이는 이 이성적 존재보다 이성에게 더 이해하기 어려운 존재도 없다. 벨은 이렇게 쓴다. "인간은 모든 체계에 나타나는 가장 소화하기 어려운 조각이다." (『잡서』, 3권, p. 343) 인간에게는 그가 '믿는 것'과 '행하는 것' "사이에 엄청난 불균형"이 자리 잡고 있다."(『혜성에 대한 다양한 생각』, 2권, 프라트 편집, 1912, p. 110) 그는 자기 의견에 자기 삶을 맞추지 않는다. 그에게서 "가장 대립적인 것들, 빛과 어둠은 전혀 서로 분리되지 않는다. (…) 그것들은 서로 얽혀 있고(…) 서로 꼬리를 물고 있다. 사람들은 아는 것이 적을수록 더 안다고 믿는 반면, 아는 것이 많을수록 자신의 무지를 더욱 느끼고 올바른 길에서 빗나갈 위험에 더욱 노출된다. 사람이 이보다 더욱 변덕스러운 갈등의 주체나 무대가 될 수 있을까? 그리고 그 사람이 자신과 같은 사람들 사이에 있으면, 보이는 것은 서로 싸움하는 사람들, 서로 말다툼하는 이웃들, 모든 사람이 벌이는 혼란뿐이다. 벨은 덧붙여 말한다. "나는 오직 각자가 자신의 내면에서 느끼는 내부적인 전쟁에 따라 인간의 혼돈을 관찰했다는 것에 유의하십시오. 만약 사람들 간에, 심지어 이웃 간에도 널리 퍼진 무질서, 그리고 그와 연루된 위선과 기만과 폭력을 함께 고려했다면, 나는 내가 증명해야 할 것을 충분히 확인해 주는 매우 방대한 영역을 다루었을 것입니다."(『역사비평사전』, 「오비디우스」 항목, 주 G) 이성은 이 광경 앞에서 무기력하다. 이성은 인간 정신의 한계를 보여 주고 항복하라고 엄중히 명할 수밖에 없다. "우리의 이성은 모든 것을 뒤섞고, 모든 것에 대해 의심하게 만드는 데에만 적합하다. 이성은 건축물을 세우자마자 그것을 무너뜨릴 모든 방법을 우리에게 보여 준다. 그것은 진정 낮 동안 짠 천을 밤이 되면 풀어 버리는 페넬로페 같은 존재이다."(『역사비평사전』, 「뷔넬」 항목, 주 E)

이처럼 17세기는 무제한적이고 합리적인 힘을 의식하는 것부터 시작해, 마침내 이성의 접근을 영원히 회피하는 것처럼 보이는 방대한 영역, 진정한 인간적 영역을 엿보게 된다. 17세기가 자랑하는 합리적 해석은 인간 역사의 변화가 시작하는 곳에서 종말을 맞는 것처럼 보인다. 데카르트는 말한다. "우리와는 매우 상반되는 의견을 가진 모든 사람이 그 때문에 미개하거나 야만스러운 것은 아니며 도리어 많은 사람이 우리만큼 아니 그 이상으로 이성적임을 여행을 통해 알게 되고, 동일한 정신을 가진 동일한 사람이 어릴 적부터 프랑스인 혹은 독일인 사이에서 자라난 경우와 중국인 혹은 식인종 사이에서만 살아왔을 경우에 그가 얼마나 다른 사람이 될지, 그리고 우리들 복장의 유행에 이르기까지 10년 전에 우리 마음에 들었고 이후 10년이 가기 전에 또 우리의 관심을 끌 동일한 옷이 지금은 얼마나 괴상하고 우스꽝스럽게 보일 수 있는지를 생각한 후, 그래서 우리를 설득하는 것은 어떤 확실한 지식보다는 오히려 관습이나 전례라고 생각한 후 (...), 누구의 견해도 다른 사람들의 견해보다 더 나은 것처럼 보이지 않아서 어떤 사람의 견해도 선택할 수 없었다.(데카르트, 『방법서설 Discours de la Méthode』, 2부, Édition de la Pléiade, p. 101부터)

이성을 통해 인간은 세계의 구조를 어렴풋이 파악했다. 그러나 인류의 운명을 결정지었던 그 일련의 사건들에 대해 숙고할 때, 세상을 탐문하며 그 속에서 인간의 역할이 무엇인지 자문할 때, 그는 답변을 찾을 수 없었다. 중세의 세계는 모든 것이 인류의 운명에 결부되어 있는 세계, 오직 신이 인간을 창조하며 구상했던 계획에 의존하여 존재하는 세계였다. 이제 새로운 세계가 자기 스스로의 법칙에 따라 창조되고 움직인다. 계산하고 측정하는 정신이 이해할 수 있는 그 세계의 구조는 인류의 운명과는 더 이상 관련이 없다.

이제 인간은 이성에 따라 자신이 건설한 이 세계 속에서 어떻게 보면 이방인이 되었다. 인간은 세계를 이해하고 있다고 믿지만 자기 자신은 이해하지 못한다. 인간은 자신의 인간적 갈망과 연관된 것이 아무것도 없는 세상에서 어떻게 자리 잡아야 할지 모른다. 그러므로 모든 권위에서 벗어나 자신의 이성을 신뢰하며 세계의 체계를 재정립하고자 한다 해도, 내면적 삶에 대한 배려로 인해 그는 종교적 전통으로 회귀하게 될 것이다. 파스칼은 종교에 적대적인 어떤 사람의 입을 빌려 말한다. "나는 누가 나를 세상에 태어나게 했는지, 나 자신이라는 것이 (…) 무엇인지도 모른다." "나는 모든 것에 대해 끔찍할 만큼 무지하다. 나는 내 육체, 감각, 영혼이 무엇인지 모른다. 그리고 내가 하는 말을 생각하고 모든 것과 자기 자신에 대해 성찰하지만 나머지 다른 것만큼이나 스스로를 모르는 나의 그 부분조차도 무엇인지 모른다.[3] 나는 세상의 이 무시무시한 공간이 나를 가두고 있음을 본다. 나는 이 거대한 공간의 한 구석에 매여 있다. 하지만 왜 내가 다른 곳이 아닌 바로 이 장소에 있는지, 또 왜 나에게 주어진 삶의 이 짧은 시간이 내 이전에도 있었고 내 이후에도 이어질 영원의 다른 순간이 아니라 하필 이 순간에 할당되었는지 나는 모른다. 사방에서 내 눈에 보이는 건 무한한 것들뿐이다. 그것들은 나를 마치 원자처럼 그리고 결국 한순간만 지속되는 그림자처럼 가두고 있다. 내가 아는 것이라고는 기껏해야 내가 곧 죽으리라는 것이다. 그러나 내가 가장 모르겠는 것은 내가 피할 수 없는 이 죽음 자체이다. 내가 어디서 왔는지 모르니, 내가 어디로 갈지 모르는 것은 당연하리라. (…) 나의 상태는 이렇듯 나약함과 불확실성으로 가득 차 있다. 그러니 이 모든 것으로부터 내가 내리는 결론은 나는 내게 무슨 일이 일어날지 알려고 하지 않는 채로 (…) 내 삶의 모든 날을 보내야 한다는 것이다. 나는 미래의 내 조건이 어떠할지 모르는 영원한 불확실성 속에서 조용히 죽음을 향해 (…) 이끌려 가고 싶다." 파스칼은 덧붙여 말한다. "사실 이렇게 분별없는 사람들을 적으로 두는 것은 종교에게 영광스러운 일이다. (…) 인간에게 자신의 상태만큼 중요한 것은 없고, 영원만큼 두려운 것은 없는 만큼, 자기 존재의 상실과 영원한 비참의 위험에 대해 무심한 사람들이 있다는 것은 전혀 자연스

---

3 〈역주〉 여기서 '스스로를 모르는 나의 그 부분'은 이성을 의미한다.

러운 일이 아니다."(『팡세』, 1장)

인간이 자연에 대해 성찰할 때, 그는 모든 종교적 전통에서 벗어
난 것처럼 보였다. 그러나 이제 인간이 자기 자신으로 되돌아와 인간
사의 흐름을 꿰뚫고자 하자, 더 이상 종교의 영향력에 어떻게 대항해
야 할지 몰랐다. 그래서 보쉬에[4]는 방대한 영역의 인간 역사를 종교
적 사유에 되돌려 주고자 시도할 수 있었다. 분명, 단순히 세속적 가
치와 초월적 사유의 상호 교류라는 옛 이상을 복구하는 것이 더 이상
고려의 대상이 되지 않았다. 해방된 인간 정신의 다양한 발현은 너무
멀리 나가 그 정신을 다시 기독교의 진리에 종속시키기를 바랄 수는
없었다. 삶은 너무도 강력하고 의식적인 것이 되어서, 인간은 교회에
조언을 구하지 않고 행동하는 법을 배웠다. 루이 14세의 시대는 인간
의 힘을 고양시켰고, 영웅들을 찬미하고, 영광을 사랑하고, 힘을 숭
배하며, 모든 것에서 아름다움과 위대함을 추구했다. 그것은 거역할
수 없는 흐름이었다. 가톨릭교회는 인간적 노력의 위대함을 부정하
지 않으면서 그것을 지배해야 하는 어려운 과업을 수행해야 할 상황
에 놓여 있었다. 기독교 전통과 새로운 가치를 조화롭게 양립시키려
고 애쓰면서 교회는 실제 삶의 영역에서 다시 종교적 삶의 영향력이
발휘될 수 있도록 만들어야 했다. 교회는 자신의 위엄과 정신적 독립
성을 유지하기 위해 모든 인간적 삶을 초월하는 특성을 찾아야 했다.
즉 영웅이 얼마나 위대하든, 제국의 힘이 얼마나 강력하든 간에 그보
다 더 위대하고 숭고한 무엇이 있음을 보여 주어야 했다. 그것이 바

---

4 〈역주〉 Jacques-Bénigne Bossuet(1627~1704): 프랑스 디종 출신의 성직
  자. 왕세자의 교육을 맡기도 하고 주교를 역임하는 등 프랑스 교회에서 지
  도자적 역할을 수행했다. 설교가로도 유명하다. 왕세자의 역사 공부를 위해
  쓴 『세계사 강론 Discours sur l'Histoire universelle』이 대표작이다.

로 영원성을 볼 줄 아는 기독교인의 자기희생이다. 그러므로 인간적 힘을 인정하면서도 그것을 지배할 수 있기 위해서, 교회는 인간적 힘이 자신의 특정한 목표들을 추구하지만 그것이 교회를 파괴하기는커녕 자신도 모르게 교회에 봉사한다는 것을 보여 주고자 했다.

보쉬에는 말한다. 가장 현명한 사람은 "인류에게서는 극도의 혼란을 발견하고, 인류를 제외한 나머지 세계에서는 그를 황홀하게 만드는 질서를 본다."(보쉬에, 『신의 섭리에 대한 강론Sermon sur la Providence』) 그러나 이러한 모순은 표면적인 것일 뿐이다. 우리가 우연 혹은 운이라고 부르는 것은 단지 우리의 무지를 일컫는 다른 이름일 뿐이다. "우리가 특정한 경우들에서 우연 혹은 불규칙성을 보는 것은 전체를 이해하지 못하기 때문이다."(보쉬에, 『세계사 강론』, 3부, 8장) 전체를 이해하기 위해서는 "모든 원인과 결과를 동일한 질서 속에 담고 있는 그 영원한 섭리"로 거슬러 올라가야 한다. "왜냐하면 그 같은 신이 세상의 연관을 만들었고, 스스로 전능하신 그분은 질서를 세우기 위해 이처럼 커다란 전체의 부분들이 서로서로 종속되기를 바라셨기 때문이다. 그 같은 신은 또한 인간사의 흐름에 일관된 맥락과 조화가 있기를 바라셨다."(『세계사 강론』, 3부, 2장)

따라서 인간 역사의 다양한 시대 속에서 작동하는 신의 섭리를 볼 수 있도록 해야 했다. 역사 속 커다란 사건들은 보편적이고 신학적인 해석을 따라야 했다. 고대사를 보면 계획이 세워진 것이었다. 여러 제국이 서로 뒤를 잇고, 언제나 동일한 변화를 따르는 제국의 흥망성쇠에서, 몰락하는 제국의 끔찍한 대혼란 속에서 인간적 위대함의 덧없음과 하느님의 전능함이 드러났다.

그러나 근대사의 사건들도 그런 식으로 해석되는가? 그것들도 마찬가지로 신적이고 인간적인 위대한 서사시의 흐름을 따르는가? 대제국들의 시대는 더 이상 세계사를 대변하지 못한다. 이 시대의 어떤 것도 세계를 놓고 다투는 두 강대국 사이의 투쟁과 화해의 거대한 특성을 보여 주지 못한다. 근대사에는 단일한 동기가 결여되어 있다. 그것에는 위대한 비극이 갖는 고전주의적 질서 같은 것이 전혀 없다. 너무 많은 인물, 너무 많은 개별 이익, 너무 많은 적대 관계가 있다. 이렇게 대립적인 이해관계의 갈등 속에서 어떻게 신의 섭리를 짐작할 수 있는가? 근대 유럽을 구성하는 여러 국가는 서로 간에 조율하며 각자 자신들의 삶을 영위했고, 서로 힘의 균형을 이루면서 상대적인 안정을 모색했다. 세계 지배를 향한 숭고한 동시에 비극적인 격정은 좀 더 온화한 정신으로 대체되었다. 거대한 세계의 규칙적 순환은 정치적 현실주의의 신중한 시도와 술책 속에서 소멸되었다. 사람들이 지켜보던 정치적 변화는 단일한 주도적 원리를 보여 주지 못했고, 인간사의 흐름을 신의 변함없는 섭리에 결부시키는 것은 어느 때보다 더욱 어려워졌다.

따라서 근대는 사건들 그 자체로 인해 예전의 종교적 전통들에 따라 이해되는 역사적 종합에서 벗어나는 것처럼 보인다. 그리고 바로 이 같은 종합은 또 다른 어려움에 직면한다. 기독교 교리에 따라 구성된 역사는 근대인의 전망의 필수불가결한 부분을 이루었던 가치들을 필연적으로 배제할 수밖에 없었기 때문이다. 기독교인이 역사적 세계에 대해 갖는 이미지는 현저하게 눈에 띄는 한계를 지니고 있었다. 예루살렘과 로마는 이 세계의 중심을 형성하고 있었다. 그런데 세계의 중심인 이 두 곳으로부터 멀어지면서 기독교인은 이제 역사의 거대한 흐름 바깥에서 살고 있는 사람들만을 만나게 될 것이다. 그런데 이제 새로운 지평이 열리게 된다. 아시아, 아프리카, 아메리카의 민족들이 인류의 역사 속에서 한 자리를 요청하는 것이다. 그러나 이 새로운 인류의 전통과 풍습으로부터 알게 된 것을 어떻게 기독교적 세계사의 주목할 만한 업적에 결부시킬 것인가? 그들의 생존이 걸린 이익과 가톨릭교회의 발전 사이의 관계를 어떻게 확립할 것인가? 그 민족들을 막후로 밀어내는 것, 이른바 역사의 영역에서 추방하는 것은 근대인에게 임시 해결책밖에는 될 수 없었다. 지금까지 이교도 민족들이 역사의 주변부에서 살아왔다면, 역사가가 그들에 대해 더 많은 것을 알게 된 지금 그 각각의 민족은 자신들의 역사와 전통과 함께 자기 자신을 역사에 드러냈다. 그들의 운명을 기독교의 관점에서만 보는 것은 그들을 왜곡하는 일이 될 것이었다.

이처럼 근대인에게서 인류는 말하자면 탈중심화되었다. 인간사 전체를 단일한 관점에서 정리하고, 인간의 운명들을 '보편적 섭리'에 종속시켜 그것들 모두를 하나의 세계적 질서로 연결시키는 것이 근대인에게 더 이상 가능하지 않았다. 옛 세계의 지형은 불확실한 것이 되었다. 여러 민족의 무한히 다양한 삶이 펼쳐지는, 눈에 보이는 통일성도 없고 그리 뚜렷한 경계도 없는 광대한 계획의 전망만이 남아 있었다. 영원히 변화하는 이 삶은 그 자체 안에서만 고찰될 수 있었고, 신학적 개념의 협소한 틀 속에 갇혀 있을 수 없었다.

그러나 기독교 역사의 옛 체계를 무너뜨린 것은 단지 새롭게 획득한 복잡한 지식들만이 아니었다. 새로운 관점에서 고찰된 옛 사건들도 나름대로 신학적 종합의 틀을 무너뜨리는 데 일조했다. 무엇보다도 로마사의 새로운 이해가 그 틀을 약화시키는 요소가 되었다. 기독교인에게 로마 민족은 타 지역을 점령함으로써 교회가 전 세계를 지배할 수 있도록 준비하는 위대한 사명을 가지고 있었다. 바로 그러한 관점하에서 기독교인은 로마사의 위대한 업적을 고찰해야만 했다. 그러나 역사가가 고대사의 기원으로 거슬러 올라가면서 고대 로마인들의 정신에 물드는 순간 그 관점은 유지될 수 없었다. 사람들은 로마인들의 역사적 발전을 이해하기 위해서 가톨릭교회의 목적으로 거슬러 올라갈 필요는 전혀 없다는 것을, 그리고 로마 민족의 운명을 결정한 것은 그들 고유의 정신이지 외적 요인들이 아니었다는 것을 깨달았다. 이렇게 해서 인물과 사건이 가톨릭교회의 도래와 발전에 공헌한 정도에 따라서만 이야기되는 보편적 기독교 서사시와는 다른 새로운 서사시, 즉 등장인물들이 영웅이지 성인이 아닌 로마사가 형성되었다. 로마사에서 이야기되는 업적들은 기독교인의 관점과는 상관없는 나름의 아름다움을 지녔다. 로마 민족은 자신의 위대함을 전부 드러내 보이기 위해 자신을 초월하는 어떤 사명을 들먹이며 뽐낼 필요가 없었다.

이렇게 해서 인간 역사의 방대한 자료들은 기독교적 종합에서 빠져나왔다. 가톨릭교회는 지금 일어나고 있는 혹은 일어났던 모든 사건을 장엄하게 단순화하여 설명하고자 시도했지만, 사건들은 물론 새로운 발견과 개념들로 인해 정신을 못 차릴 정도가 되었다. 인간사의 기독교적 해석은 그 시대의 정신과 모순되었다.

물론 언젠가는 신의 섭리에 따른 계획이 예전의 고대사에서 그랬던 것처럼 모든 사람의 눈에 명백히 드러나는 날이 올 것이라는 신자들의 희망을 그 무엇도 막지 못했다. 그러나 그것은 단지 사후의 설명이 될 뿐이었고, 그사이 역사가의 정신은 복잡하고 다양한 현실 앞에서 어쩔 줄 모르고 있었을 것이다. 요컨대 신이 인간의 열정을 조종하여 무엇을 해결했는지 안다고 하여 그것이 역사가에게 무슨 소용이 있겠는가? 역사가는 사실을 본다. 초월적 질서에 의존하는 성찰들과 관계없이 그는 사실에 관심을 갖는다. 국가들은 성장하고, 그 힘은 커지며, 상업과 공업이 발전하고, 왕들은 야심을 품고 영광을 추구한다. 정치가들은 더 나은 질서를 만들고, 국가를 더 강하게 키우며, 정치 활동을 정해진 목표로 이끌어, 국가의 영광과 번영이라는 단 하나의 목적을 위해 국민들의 노력을 결합하고 통제할 수 있다고 느낀다. 인간의 의도에 필연적으로 그리고 분리할 수 없을 정도로 결부된 허영과 나약함이라는 인상은 인간 활동의 다양한 발현을 주도하는 의식적 노력에 대한 신뢰로 바뀌었다. 이 모든 것이 바로 세속적 역사, 정치에 속하는 것이다. 의지와 실천적 지성에 관한 영역이 된 이러한 정치에서 신비적 질서의 개념들이 무엇을 할 수 있겠는가? 각 국가에서 정치는 자신의 규칙, 원리를 갖는다. 그것은 자족적이며, 역사가는 오직 정치 활동 속에서 작동하는 힘만을 다시 성찰하면서 역사를 이해하고자 할 것이다.

따라서 세상은 더 이상 신학적 해석이라는 지나치게 편협한 공식 안에 안주하는 수 없을 것이다. 모든 면에서 역사는 천재적인 보쉬에가 그것을 가두어 놓고자 한 틀을 넘어선다. 그러면 일련의 사건들을 어떻게 이해해야 하며, 뒤죽박죽 복잡한 인간사 속에서 어떻게 갈피를 잡아야 하는가? 신에게서 버림받은 세상은 혼돈으로 되돌아가는 것처럼 보였고, 인간은 인류를 제외한 나머지 세계에서 자신을 매혹시키던 질서를 정신계[5]에서 되찾는 것은 영원히 포기해야만 할 듯했다.

모든 것이 불안정한 세상 속에서, 그리고 사건들 사이에 숨어 있는 영원하고 변함없는 섭리가 부재한 상태에서 모든 것이 단지 혼란

---

5 〈역주〉 몽테스키외는 '물질계(le monde physique)'와 대립하는 '정신계(le monde intelligent)'와 같은 의미로 'le monde moral', 'l'univers moral' 등의 용어를 사용한다.

과 무질서처럼 보이는 세상 속에서 갈피를 잡기 위해서는 몽테스키외의 광대한 재능이 필요했다. 몽테스키외는 말한다. "정신계가 물질계만큼 잘 다스려지는 것은 어림도 없는 일이다. 왜냐하면 정신계도 본질상 불변의 법칙을 지니고 있지만, 그 세계는 물질적 세계가 자신의 법칙을 따르듯이 항상 자신의 법칙을 따르지는 않기 때문이다. 그이유는 지성적인 특별한 존재인 인간들은 그 본성상 한정된 지적 능력을 갖고 있으며, 따라서 오류를 범하기 쉽기 때문이다. 다른 한편 그 본성상 인간들은 자기 마음대로 활동하기 마련이다. 그러므로 그들은 기본법을 한결같이 지키지 않고, 스스로에게 부과한 법조차 항상 지키지는 않는다."(몽테스키외, 『법의 정신 Esprit des Lois』, 1권, 1장) 따라서 인간이 매우 이상한 존재라는 것은 옳은 말이다. 역사는 우리에게 인간 정신이 너무나 다양한 방식으로 과오를 범하고 있다는 것을 보여 준다. "물질적 존재로서의 인간은 다른 물체들과 마찬가지로 불변의 법칙의 지배를 받는다. 지적인 존재로서의 인간은 신이 확립한 법칙을 끊임없이 위반하고, 자기가 만든 법칙도 바꾼다."(『법의 정신』) 그러나 신이 인간을 스스로 알아서 살도록 버린 것 같다고 인간에 대해 절망하지는 말자. 인간이 그의 의무를 다하도록 하고, 인간적 노력을 조율하고, 공동체의 삶을 규제하는 어떤 힘이 존재한다. 이 힘은 바로 법, '일반적인 의미에서의 법', "그것이 지상의 모든 사람을 지배하는 한도 내에서 인간의 이성이다."(『법의 정신』, 1권, 3장)

따라서 인간들 간의 질서의 원칙을 대표하는 것이 바로 법이다. 사실 이러한 질서가 인간사에 없는 안정성과 통일성을 갖지는 못할 것이다. 법들은 서로 상이하고, 절대적인 무엇을 가지고 있지 않다. 법은 결정적으로 고정된 것이 아니다. 역사는 우리에게 다양한 민족과 다양한 시대에 그렇게나 많은 그리고 그렇게나 다양한 법과 풍습들을 보여 주어 "모든 것이 바다요, 바다에 해안조차 없는 것처럼 보인다."(『법의 정신』, 30권, 11장) 많은 생각이 몽테스키외의 정신 속에서 동시에 떠오른다. 그는 "방해를 하는 것을 오른쪽 왼쪽으로 치우고", "비밀을 간파하고", "길을 내야만 한다."(『법의 정신』, 19권, 1장) 심지어 언뜻 보기에는 너무도 이상한 봉건법과 같은 법까지 있어서, 몽테스키외는 "온갖 길과 우회로로 가득 차 미궁 속에서"(『법의 정신』, 30권, 2장) 길을 헤매고 있다고 말한다. 그러나 법이 아무리 많고 다양하다 할지라도 그리고 미궁처럼 복잡하다 할지라도 몽테스키외는 "실 끝을" 붙잡고 걸어 나갈 수 있다고 믿는다. 사람들이 법을 만들 때 단지 자신들의 변덕에 이끌려 만드는 것은 아니다. 사람들이 확립하는 질서는 그것이 아무리 변화한다 할지라도 부자연스러운 질서가 아니다. 모든 법에서는 하나의 생각이나 의도가 발현된다. 법의 진정한 의미를 발견하기 위해, 한마디로 말해 법의 '정신'을 포착하기 위해서는 이러한 생각이나 의도를 추출해 낼 줄 알기만 하면 된다. 그런데 몽테스키외는 "법의 정신은 법이 다양한 사물들과 맺을 수 있는 다양한 관계 속에 있다"(『법의 정신』, 1권, 3장)라고 말한다. 법이 이렇게 다양하다는 것은 전혀 놀랄 일이 아니다. 법이 상황에 따라 다르다는 것은 정확히 법의 본성에 속하는 것이다. "공법과 사법은 인간 이성이 적용되는 특별한 경우들"(『법의 정신』, 1권, 3장)이다.[6] 법

---

6 〈역주〉 몽테스키외는 『법의 정신』에서 공법(lois politiques)과 사법(lois civiles)을 구분한다. 그는 시민들 간의 관계를 다스리면서 사적 권리를 보장하는 법을 사법으로, 통치자들과 비통치자들의 관계를 다스리면서 공공의 권리를 보장하는 법을 공법으로 부르면서 법과 권리를 동일시한다. 사법 체계는 개인들과 사회의 이익이라는 목적을 달성하기 위해 자연권에서 출발하여 공공의 권리로 나아가야 한다. 이로부터 사법에 대한 공법의 우위가 생

은 그 본질상 항상 상대적이다. 법은 결코 고립된 것일 수 없다. 법은 한 사회의 전체 조건과 맺는 관계 속에서만 존재한다. 법을 그 관계 속에서 포착하는 것이 바로 법의 정신을 포착하는 것이다.

그러니 복잡한 법에서 길을 찾는 방법이 발견된 것이다. 몽테스키외는 말한다. 법은 "공법처럼 정체[7]를 구성하든 사법처럼 정체를 유지하든, 이미 수립되어 있는 또는 설립하고자 하는 정체의 성격 및 그 원리에 결부되어야 한다. 그것은 나라의 물리적 환경, 춥거나 덥거나 온화한 기후, 토질, 상황, 크기, 사람들의 생활양식 — 그들이 농부인지 사냥꾼인지 목자인지에 따라 — 과 상관관계를 맺어야 한다. 또 정체가 허용할 수 있는 자유의 정도, 주민들의 종교, 기질, 부(富), 수, 상업, 풍습, 예절에 일치해야 한다. 끝으로 법은 서로 간에 관계를 맺고 있으며, 또한 그 기원, 입법자의 의도, 법이 제정되는 토대가 되는 사물들의 질서와 관계를 맺고 있다."(『법의 정신』, 1권, 3장) 그러므로 법의 정신을 포착하기 위해서는 이 모든 관점에 따라서 법을 고려해야만 한다.

그러나 법을 그 모든 관계 속에서 고찰하는 것만으로는 충분하지 않다. 또한 이 관계들을 서로 비교하고 취합하여, 이를테면 그 중요성의 정도에 따라 분류해야 한다. 다른 관계들을 규정하고 법에 최고의 영향력을 발휘하는 관계들이 있다. 제일 먼저 그 관계들을 검토해야 한다. 모든 법은 어떤 사회조직의 일부를 이룬다. 따라서 법을 이해하기 위해서는 그 조직의 특정한 구조로 거슬러 올라가 그 법이

겨난다(cf. Rémy Scialom, *La distinction lois politiques-lois civiles: 1748-1804*(Thèse de doctorat en droit), Aix-Marseille 3, 2003).

7 〈역주〉 여기서 '정체(gouvernement)'는 좁은 의미의 행정부를 의미하지 않고 법이 만들고 유지하는 통치 체제 혹은 국가권력의 조직 형태를 말한다.

"사회가 존속하기 위해서는 없어서는 안 될" 정체의 성격 및 그 원리와 맺는 관계를 검토하는 일부터 시작해야 한다.(『법의 정신』, 1권, 3장) 정체에는 공화정체, 군주정체, 전제정체가 있으며, 법은 이 상이한 정체들의 형태에 따라 달라진다. 정체 형태의 논리는 법 전체를 이끌어 나간다. 어떤 정체가 군주정체가 될 것이라고 해 보자. 그러면 이 정체의 형태를 한편으로는 공화정체와 또 한편으로는 전제국가와 구별하는 법을 제정할 것이다.

그러나 정체의 형태가 전부는 아니다. 어떤 정체가 유지되기 위해서는 정체의 정신뿐만 아니라 국민의 정신도 그에 부응해야만 한다. 공화정체의 정신 자세가 있듯이 군주정체의 정신 자세가 있다. 정치 집단은 정신적 일체성, 그 집단을 움직이게 하는 열정의 통일성을 전제로 한다. 공화정체에서 시민들이 공적인 일에 관심을 잃기 시작한다면 국가는 위험에 처하게 될 것이다. 군주정체에서 신하들이 갑자기 명예심을 상실하고 계급적 믿음들을 한순간 망각하게 된다면 군주정체는 그 핵심 원리에 타격을 입게 될 것이다. 그러나 공화주의자를 군주국가에서 살게 한다면, 그는 왕의 매우 불충한 백성이 될 것이고, 그의 과도한 원칙주의는 그곳에서 완전히 부적절한 것이 되어 왕은 즉시 이 성가신 백성을 없애 버릴 것이다. 왕의 신하는 더군다나 공화국에서 제자리를 잡지 못할 것이다. 무엇보다 자기 개인의 명예를 신경 쓰는 그는 자신을 속박하는 덕성에 매우 부담스러워할 것이고, 이러한 형태의 정체에서 기용하는 것이 바람직한 풍기 단속관들은 자신에게 맞지 않는 정신적 분위기에서 헤매는 이 사람을 어떻게 해야 할지 고민할 것이다.

그러면 이 다양한 형태의 정체들에서 입법자는 무엇을 해야 할 것인가? 그는 공적 생활의 원동력이 되는 열정들을 발전시켜 그 열정들이 다른 것들에 대해 주도권을 확실하게 행사할 수 있도록 배려할 것이다. 이런 관점에서 법을 고찰하면 우리는 어떤 법이 공화주의적인 정신 자세를 장려하기 때문에 공화국에서는 필요하고 좋은 법이었다는 사실을 알게 될 것이다. 반대로 백성들이 완전히 다른 정신 자세를 지닌 군주국가에서 그 법은 완전히 부적당한 법이었을 것이다. 법이 규제하는 대상이 무엇이든, 교육, 군사력, 상업, 농업 무엇이든 간에 그 대상의 성격과 관련 있는 특별한 조건들 외에 사회에 보존해야만 하는 정신적 원동력과 연관이 있는 일반적인 고려사항들이 반드시 있을 것이다. 물론 법은 그것의 결정에 구속되는 사물들의 변별적인 특성을 무시해서는 안 된다. 그러나 법의 효력이 행사되는 사회적 삶의 영역이 무엇이든 간에, 법은 언제나 정체의 형태와 연관이 있는 사고방식을 발전시키고 공고히 해야 함을 언제나 염두에 두어야 한다. 프랑스인을 스파르타식으로 키우고자 하는 것은 스파르타인을 프랑스식으로 키우고자 하는 것만큼 잘못된 일이 될 것이다. 교육법은 "각각의 정체 종류에 따라 달라야만"(『법의 정신』, 4권, 1장)한다.

　이런 식으로 몽테스키외는 상이한 법들을 그 법들이 각 정체의 성격 및 그 원리와 맺는 관계들을 밝히면서 해석한다. 그 관계들이 일단 확립되면, "법은 그로부터 샘솟듯이 흘러나오는 것을 알게 될 것이다."(『법의 정신』, 1권, 3장) 중요한 점은 몽테스키외가 어떻게 정체들을 분류하고 그 원리들을 진술하는지를 아는 것이 아니라, 그가 사용하는 방법이다. 그 방법은 그가 작성한 진술들보다 더 값지고 다채롭다. 그 방법은 본질적으로 정신적인 삶과 경제적인 삶의 모든 원리들을 사회조직을 주도적으로 이끄는 원리로 환원시키고, 사적인 삶과 공적인 삶의 이러저러한 개별적 발현과 사회적 필요성에 따라 규정되는 국민의 정신 자세 사이에 존재하는 관계들을 보여 주는 것으로 이루어진다. 사회는 몇몇 법의 틀 안에서 조직되는데, 각 개별 법은 그 사회의 형성을 주재했던 정신을 반영해야 하며 그 안에서 사회적 삶이 발전하는 이러한 법질서로 거슬러 올라가면서 해석되어야 한다. 모든 법은 동일한 목표에 기여해야 하며, 사회의 주된 성향들에 부합해야만 한다. 모든 법은 전체적인 사회적 삶과 조화를 이루어야 한다. 법은 언제나 한 사회가 설계한 계획의 일부를 이루는 것이다. 각 국가가 반드시 실현해야 하는 동일한 목표가 있는데, 그것은 스스로를 유지해야 한다는 것이다. 그러므로 모든 법은 사회의 보존에 공헌해야 한다. 그런데 각 국가는 그에 더해 특별한 목표를 설정한다. "로마의 목표는 확장, 스파르타의 목표는 전쟁, 유대법의 목표는 종교, 마르세유의 목표는 상업…"(『법의 정신』, 11권, 5장), 그리고 영국의 목표는 정치적 자유였다. 일단 그 개별적 목표가 정해지면, 모든 개별적 규범은 그 목표와 관련을 맺어야 하고, 모든 것이 어떤 계획하에 행해져야 한다. 국가가 생존하기 위해서는 그리고 국가가 자신의 목적을 달성하기 위해서는, 그 국가라는 거대한 기관 안에서 모든 부분이 잘 맞추어져 그 기관에서 이탈하지 않고 서로 간에 의존하는 상태가 되어야 한다. 일단 사회적 삶의 활동이 어떤 방향을 잡으면 그다음에 이어지는 법들은 이전 법 전체에 의해 결정된다. 사회조직은 이처럼 개별적 법들 내에서 명시되고 명확해지며, 하나의 법은 줄줄이 다른 법들을 만들어 낸다. 새로운 법을 검토할 때는 무엇보다 그 법이 기존 조직과 부합하는지, 이전 법들의 정신에 조금도 어긋나는 점은 없는지를 자문해 보아야 한다. 전반적인 사회구조에 부응하지 못하는 법이 있다면 그것은 사회 내에서 불화 요소를 만들게 될 것이고, 국가라는 거대한 기관의 통일성은 깨질 것이며, 국가는 쇠퇴하게 될 것이다. 모든 것은 사회조직 내에서 유지되고 결합된다.

따라서 우리는 사회집단의 구조를 분석하고, 그것을 움직이는 원동력을 찾아볼 것이다. 우리는 우리의 상상 속에서 사회 체계를 재구성할 것이다. 이어서 그 세부사항을 검토하고, 어떤 법 혹은 어떤 관습이 그 전체와 관련을 맺는지 확인할 것이다. 전체와 관련을 맺으면 그것은 좋은 법이고, 그렇지 않다면 나쁜 법이다. 입법자들은 법을 만들면서 전체를 보지 않았다. 그들은 "불필요한 세부사항에 열중했고 개별적인 사례들에 몰두했는데, 이는 사물을 부분적으로밖에 보지 못하고 어떠한 것도 일반적인 관점으로는 파악하지 못하는 편협한 재능의 표시이다."(『페르시아인의 편지*Lettres Persanes*』, 편지 79) 일단 우리가 이처럼 다양한 사회조직 형태[8]들의 정신을 파악하게 되면 그 것들을 서로 간에 비교할 수 있을 것이다. 반복되는 구성 형태들이 있다. 국가들이 동일한 형태의 정체를 가질 때, 우리는 그 국가들 각각에 적용될 수 있 몇몇 규칙을 제정할 수 있다. 일단 그것들의 설계도가 작성되면, 이런저런 법이 가져올 수 있는 결과를 판단할 수 있고, 하나의 제도가 이런저런 상황 속에서 어떻게 작동하는지를 보여주기 위해 여러 가지 비교를 할 수 있는데, 이때 어쨌든 법을 판단하면서 "각각의 법을 각각의 법과" 비교하는 것이 아니라 "법들을 모두 함께 다루어 모두 함께 비교하도록" 유의해야 한다.(『법의 정신』, 29권, 11장)

그러나 반복되는 사회 구성 형태들이 있다 할지라도 그것들의 유

---

8 〈역주〉 여기서 사회조직 형태(formes d'organisations sociales), 구성 형태(formes de construction), 사회 구성 형태(formes de construction sociale)는 거의 동일한 의미로 사용된다.

사성에 속아서는 안 될 것이다. 정신이 민족들을 알아 가면 알아 갈수록 그들을 서로 더 잘 구별하는 법을 배우게 될 것이다. 그래서 "한 국가의 법이 다른 나라에도 적절할 수 있다면 그것은 정말 대단한 우연이다."(『법의 정신』, 1권, 3장) "법을 그것이 정체의 형태와 맺는 관계 속에서 고찰하는 것은 그 법이 이성에 부응하는지를 판단하기 위해 법을 해석하는 가장 일반적인 방식들 중 하나에 불과하다. 법의 양상들을 더 깊이 파고 들어가 보려고 한다면 얼마나 많은 다른 고려사항들을 염두에 두어야만 하는가! 예를 들면 이 나라와 저 나라는 둘 다 군주제에 속하는 나라일 수 있다. 그러나 그것이 이 나라에서 좋은 법이 저 나라에서도 좋은 법이라는 것을 의미하지는 않는다. 마찬가지로 더운 나라에 사는 사람은 추운 나라에 사는 사람과 동일한 방식으로 다스릴 수 없다. 정신의 기질과 마음의 열정이 다양한 기후에 따라 매우 다르다는 것이 사실이라면, 법은 그 열정의 차이 및 그 기질의 차이에 맞춰 달라져야만 할 것이다."(『법의 정신』, 14권, 1장) 또 마찬가지로 "실제로 상이한 경우들을 유사한 것으로 간주하거나 유사하게 보이는 경우들의 차이를 놓치지 않기 위해서는"(『법의 정신』, 「서문」, p. 3), 시대를 혼동하지 않는 것이 중요하다, "우리가 살고 있는 시대의 모든 사상을 이전 세기로 옮겨 놓는 것은 오류의 원천들 중 가장 빈번히 발생하는 것이다."(『법의 정신』, 30권, 14장) 게다가 법을 이러한 관계 속에서 차례차례 검토하는 것만으로는 충분하지 않으리라. "사람을 통제하는 모든 것, 기후, 종교, 법, 정체의 규범, 지난 시대의 사례, 풍습, 예절로부터"(『법의 정신』, 14권, 4장) 몽테스키외가 '보편 정신'이라고 부르는 것이 각 국가에 형성된다. 무엇보다 먼저 관찰해야 하는 것이 바로 이 보편 정신이다. 각 민족은 자신의 타고난 재능을 가지고 있고, 각 나라는 자신에게 특별한, 그래서 "변화시키지 않도록 유의해야만 하는"(『법의 정신』, 5장) 자질을 가지고 있다. 그러므로 입법자가 "한 민족의 사고방식"에 어긋날 수 있는 어떤 것도 제정하지 않는 것이 매우 중요하다. 사실 국민이 "정체의 폭력으로 이루어지는 실재적 전제정치"보다 훨씬 더 두려워하는 전제정치가 있다면, 그것은 "사상적"(『법의 정신』, 19권, 3장) 전제정치이다.[9] 한 나라의 관습과 관례가 보여 주는 이런저런 특징이 무시할 수 있는 것처럼 보인다고 말해서는 안 된다. 종종 "가장 무관하게 보이는 것들"이 한 나라의 "근본적인 구성"과 필연적인 관계를 맺고 있으며, 한 국가를 지배하는 정신에 의지해 관찰하면, "이런저런 특별한 행위가 행해지는 것이 필요하다는 사실을 알게 되리라."(『법의 정신』, 19권, 19장)

따라서 바로 이러한 방식을 통해 언제나 상황들을 섬세하게 구별하고 관점들을 검토하면서 법의 진정한 성격을 포착하고 그 존재이유를 이해하게 된다. 몽테스키외는 "양식이란 상당 부분 사물들의 미묘한 차이를 아는 것으로 이루어진다"(몽테스키외, 『법의 정신에 대한 변호 Défense de l'Esprit des Lois』, 2부)라고 말한다. 바로 그 미묘한 차이를 고려하면서 몽테스키외는 "지상의 모든 민족의 법, 관습 그리고 다양한 관행들"을 고찰하고, "사람들 사이에서 받아들여진 모든 제도를 파악하며, 그 제도들을 구분하고, 사회에 그리고 각 사회에 가장 적절한 제도를 검토하고, 그 기원을 탐구하고, 그 물리적 및 정신적 원인을 밝히며, 그 자체로 어느 정도 정당성을 갖는 제도와 그렇

---

9 〈역주〉 몽테스키외는 두 종류의 전제정치가 있다고 말한다. 하나는 "정체의 폭력으로 이루어지는" 실재적 전제정치(tyrannie réelle)이고, 다른 하나는 "통치하는 사람들이 민족의 사고방식에 배치되는 것들을 제정할 때 사람들이 느끼는" 두려움으로 만들어지는 사상적 전제정치(tyrannie d'opinion)이다.

지 못한 제도를 검토하고, 두 가지 해로운 관행 중 어느 것이 더 해롭고 덜 해로운지를 탐구하고, 어떤 측면에서 좋은 결과를 가져올 수 있는 것과 다른 측면에서 나쁜 결과를 가져올 수 있는 것에 대해 고찰한다."(『법의 정신에 대한 변호』, 2부, 「일반 개념」)

이런 방식으로 진행하면서 그는 언뜻 보기에는 풀 수 없이 복잡해 보이던 법의 혼란스러움을 조금씩 풀어 나가는 데 성공한다. 기묘하고 낯선 것이 이해할 수 있는 것이 되고, 우연히 발생한 것처럼 보이던 것이 필연적인 일련의 상황들로서, 자연스러운 논리적 결과에 속하는 것으로 드러난다. 여러 민족의 다양한 제도를 통해 법의 정신을 파악하고, 그 제도의 형성을 주재했던 근원적 이유들로 거슬러 올라갈 줄 아는 사람에게는 모든 것이 일관성이 있으며 서로 연관된다. 몽테스키외는 말한다. "나는 원리들을 상정했다. 그러자 개별적 사례들이 마치 저절로 그런 것처럼 그 원리들에 따르고, 모든 국가의 역사가 그 원리의 결과일 뿐이며, 각각의 개별적인 법이 또 다른 법과 연관되어 있거나 더 포괄적인 다른 법에 종속되는 것을 보았다."(『법의 정신』, 「서문」, p. 3)

이전에 정신계는 맥락도 목적도 없이 발생하는 사건들로 이루어지는 총체적인 혼란상을 보였으며, 이 총체적인 혼란 속에서 이성은 길을 잃고 오직 신학적 사고만이 신의 섭리의 신성한 비밀들을 드러내면서 비종교적인 인간의 눈으로는 영원히 볼 수 없는 질서를 되찾으려고 했다. 그러나 이제 이렇게 이해된 정신계는 더 이상 그렇지 않다. "사람들은 어느 시대에서나 동일한 열정을 지녔다. 커다란 변화를 유발하는 상황들은 다양하지만 그 원인은 항상 동일한 것이다." (몽테스키외, 『로마인의 흥망성쇠 원인론*Considérations sur les causes de la grandeur des Romains et de leur décadence*』, 1장) 한편에서는 인간의 열정이 작동하고 있음을 본다면, 또 다른 한편에서는 다양한 법을 통해 이성이 그 열정을 통제하고 있음도 발견하게 된다. 몽테스키외는 정신계를 상세하게 분석했고, 제도 그 자체에서 공동체들의 삶의 질서를 잡아 주는 원리들을 재발견했다. 보쉬에의 정신이 면밀히 살펴보았던 인간사의 모습은 무질서와 혼란만을 보여 준다. 그림에서 떨어져 그 전체를 바라볼 수 있는 거리를 둘 때만 질서가 드러나게 된다. 보쉬에는 말한다. "사물을 바라보아야 할 지점을 찾을 줄 안다면, 모든 불규칙한 것은 바로잡힐 것이며 무질서만 있다고 생각하는 곳에서 지혜만을 보게 될 것입니다."(『신의 섭리에 대한 강론』) 몽테스키외는 그 반대로 그 모습에 가까이 다가가 그것을 자세하게 탐구한다. 그는 전체적 계획을 찾지 않고 각 사물의 개별 계획을 찾는다. 그리고 그에게 모든 것은 이해 가능한 것이 되는데, 그것이 전체를 포괄하는 계획에 속하는 것이기 때문이 아니라 모든 것은 그 자체로 의미가 있기 때문이다. 보쉬에는 인간 역사의 사건들을 시작과 종말이라는 두 시기로 정리했다. 시작은 사람들이 알고 있는 바였다. 신이 우리에게 가르쳐 주었던 것이다. 종말은 신이 기독교도에게 했던 약속에 따라 예견된 바였다. 그리고 시작과 종말 사이에서 전체 세계사가 연속되는 시대를 따라 진행되고 있었다. "말하자면 세상의 모든 사건의 흐름을 포착하기"(『세계사 강론』, 「서문」) 위해 연속적인 시대들 전체를 요약해서 마음속에 그려 보고 "각 역사가 다른 역사들과 가질 수 있는 관계를 아는 것"(『세계사 강론』, 「서문」)으로 충분할 것이다. 이처럼 요약을 통해 전체적인 조망을 획득한 정신은 거기서 "지속적이고 일관적인 하나의 구상과 (...) 세상이 창조되자마자 종말의 시기에 완수될 것을 준비하는 신의 섭리라는 하나의 동일한 질서"(『세계사 강론』, 2부, 30장)를 발견하게 될 것이다. 보쉬에는 말한다. "시간이 그토록 경이로운 불확실성을 가지고 전개하는 것처럼 보이는 그 모든 사건 사이에 영원하고 불변하는 섭리가 감추어져 있습니다." (『신의 섭리에 대한 강론』) 인간사의 "무질서 그 자체 속에서도 불변하는 법을 통해 모든 것을 그 자신으로 되돌리는 더 높은 차원의 질서가 존재합니다"(『신의 섭리에 대한 강론』), 몽테스키외는 영원한 섭리도 불변하는 법도 알지 못한다. 역사의 초기 단계에 대해 그는 아무 말도, 거의 아무 말도 하지 않는다. 종말은 아예 모른다. 그는 신앙으로 고조된 인간 정신이 정신계와 그 정신계의 운명을 한눈에 이해할 수도 있을 그런 높은 천상의 경지에 오르지 않는다. 그는 이 땅에 머무른다. 세계사를 요약하는 커다란 윤곽은 사라진다. 그는 모든 것이 변화하는 세계의 무한히 다양한 세부적인 것들만을 본다. 그러나 사물들의 다양성과 변화무쌍함 그 자체 속에서 그는 사람들을 움직이는 동기들을 발견할 줄 안다. 보쉬에는 정신계를 설명하기 위해서 "동일한 질서 내에 부분들과 전체를 아우르는 최초의 보편적 원인" (『신의 섭리에 대한 강론』)[10]을 탐구한다. 몽테스키외는 거대한 전체의 부분들에 집착하고 현상들의 개별적 원인으로 거슬러 올라가면서, 인간사의 표면적인 무질서를 통해 사람 간에 어느 정도의 질서를 만드는 원리들을 어떻게 발견하는지 가르쳐 준다. 그리고 사물들 자체가 그에게 자신의 비밀을 알려 준다. 예전에는 사람들이 신의 섭리에 기대어 그 비밀을 발견하고자 애썼다면, 이제 그에게 비밀을 털어놓는 것은 사물들 그 자체이다.

전체 계획을 이해하기를 포기하는 순간 무질서한 것으로만 보이

---

10 〈역주〉 토마스 아퀴나스는 신을 '최초의 보편적 원인(cause première et universelle)'이라고 부른다.

던 정신계는 각각의 부분 안에서 이해할 수 있게 된다. 인간은 사회 조직들이 내포하는 목적에 따른 자신의 고유한 기준들에 의거해 삶 그 자체를 해석하고 평가할 수 있는 방법을 찾았다. 또한 사회현상들을 연관 지으며 서로 비교한 후 그 정신을 추출하고, 보편적이고 초월적인 원인에 의거하지 않고 그 현상들을 이해하는 법을 배웠다. 신학적 사고가 세계사의 계획을 알 수 있게 해 준다 해도 그 자체로 고려되는 인간 제도들에 내포되어 있는 지성에 대해서는 아무것도 알려 주지 않는다. 신학적 사고는 역사의 여러 시기에서 사람들이 무슨 의도를 지니고 있었는지에 대해 거의 관심이 없다. 신학적 사고에 그것은 부차적인 문제이다. 중요한 것은 어떻게 신이 자신의 계획을 실현하기 위해 인간의 의도를 이용할 수 있는지를 이해하는 것이다. 모든 것을 인간의 의지와 지성을 초월하는 목적에 가져다 붙인다면, 인간의 제도들과 그 역사의 고유한 성격들 그리고 그 발전의 내재적 논리를 생동적으로 만드는 내적인 삶에 대해 신학적 사고가 무슨 관심이 있을 수 있겠는가? 몽테스키외의 해석은 이와는 완전히 다르다. 그는 인간 역사의 최종 목적이 무엇인지 괘념치 않으며 사회 내부에서 작용하는 힘들을 분석하고, 민족들을 움직이게 만드는 개별적 원인들로 거슬러 올라가면서 그 민족들의 역사를 서술한다.

물론 보쉬에도 역사적 사건이 발생하는 개별적 상황들을 탐구한다. 그는 말한다. "일반적으로는 지도적인 민족들과 개별적으로는 군주들 그리고 끝으로 세상에서 그들이 맡아야 했던 역할의 중요성으로 인해 국가의 흥망성쇠와 공공의 운명에 좋은 식으로든 나쁜 식으로든 기여했던 모든 비범한 사람들의 기질과 풍습 또는 한마디로 말해 성격을 관찰해야 한다."(『세계사 강론』, 3부, 2장) 가장 먼 원인들에서 그 결과들을 탐구할 수 있도록 정신을 훈련시켜야 한다. "진정한 역사학은 각 시대에서 커다란 변화를 준비했던 그 은밀한 성향들과 그런 일이 일어나도록 만들었던 중요한 상황들에 주목하는 것이다.”(『세계사 강론』, 3부, 2장) 따라서 보쉬에에게 일련의 사건들에서 무엇이 신의 비밀 계획이었는지 아는 것이 전부는 아니다. 신학자 보쉬에는 동시에 세속적인 역사가이기도 하다. 그러나 다른 무엇보다 더 중요한 문제는 다양한 역사적 상황 속에서 사람들을 움직이게 했던 동기가 무엇이었는지 알기보다는 사람들이 그렇게 행동함으로써 어떻게 신의 섭리에 기여했는지 이해하는 것이다. 제국들의 격변에는 나름의 이유가 있었다. 그러나 그로 인해 일어난 일들을 이해하려면 어떻게 격변들이 신의 섭리에 따라 해결되었는지 이해해야만 하고, 어떻게 “이 땅에 존재했던 모든 대제국이 종교를 위해 그리고 신의 영광을 위해 다양한 방식으로 공헌했는지”(『세계사 강론』, 3부, 1장) 볼 수 있어야만 한다. 한마디로 말해 “인간사를 그것이 종속되어 있는 이 영원한 지혜의 질서들에 연관시키는 법을”(『세계사 강론』, 3부, 1장) 배워야 한다. 민족들이 지배권과 권력을 놓고 다투었던 이 무자비한 경기를 어떻게 해석해야 하는가? 이를테면 계속 서로를 공격하는 이 일련의 대제국들 속에서 어떻게 길을 찾아야 하는가? 만약 신이 은밀한 판단을 내려 그들에게 목표를 정해 주고 영원한 섭리에 따라 그들을 이끌어 주지 않았다면, 무력의 과시나 사람들과 민족들의 커다란 노고가 무슨 소용이 있겠는가?

이것이 바로 역사의 의미라는 문제이다. 몽테스키외는 결코 자기 자신에게 이 문제를 명시적인 용어로 제기하지 않았다. 그러나 우리는 그가 민족들의 역사를 바라보는 방식을 통해 그의 관점을 이해할 수 있다. 몽테스키외는 모든 민족이 자신에게 고유한 목표를 향해 발전한다고 말한다. 민족이 살고 있는 상황과 주민들의 정신이 민족에게 갈 길을 보여 준다. 민족은 조직화되고, 그 본성과 처한 상황이 민족에게 제시하는 개별적인 목표에 부응해야만 하는 총체적인 제도와 법을 만든다. 모든 인간 공동체는 스스로를 보존하고, 자신에게 맞는 특성을 개발하며 나름의 방식으로 살아가는 것을 목표로 삼는다. 모든 민족은 자신을 위해 살고, 노력할 대상을 찾아 개별적인 목표들을 실현해 나간다.

이런 관점에 의거해 역사를 본다면, 민족들은 더 이상 세상이 끝날 때까지 사건들이 벌어지는 드라마 속에서 신의 섭리에 따라 지정된 역할을 수행하는 인물들처럼 보이지 않는다. 각 민족은 자신의 특정한 운명을 지니고 있고, 각자의 역할은 자신에게 할당된 활동 영역에서 활동하는 것과 다름없다. 정신계는 더 이상 민족들이 출현했다 사라지는 커다란 무대, 어떤 계시를 통해 운명의 비밀이 밝혀지지 않는 한 그들이 이유도 모른 채 움직이면서 살고 죽는 커다란 무대처럼 보이지 않는다. 그 세계는 모든 민족이 자리를 잡고 있는 일종의 커다란 지도와 유사하다. 각 민족은 자신의 삶을 가지고 있고, 나름의 방식으로 문제를 해결하며, 타고난 재능과 능력에 적합한 제도와 법을 찾으려고 노력한다. 이렇게 하여 민족들은 이를테면 자율적인 존재가 되었다. 보편적 계획의 후견에서 벗어나 그들은 독립과 개별성을 되찾았다.

그러나 민족들은 정말로 자신들의 운명의 주인인가? 모든 역사적 대사건들 속에는 예상치 못한 어떤 부분, 인간의 모든 능력을 벗어나며 민족들의 운명을 설명해 주는 어떤 것이 존재하지 않는가? 그들의 운명을 이해하기 위해 그들 사회조직의 독특한 구조와 이런저런 방향으로 그들의 제도와 보편 정신을 바꿔 놓은 복잡한 상황들로 거슬러 올라가는 것으로 충분한가?

　예상치 못한 것, 그것은 바로 인간 정신이 인지할 수 있는 개별적 원인들 너머에 신의 섭리라는 영원한 하느님의 뜻을 개입시켜서 교회만이 밝혀낼 수 있는 총체적인 요인들이 존재한다는 것을 증명하기 위해 교회가 사용하는 주요 논거이다. 비종교적 정신은 역사적 사건들의 흐름을 설명할 수 없기 때문에 우연과 운명의 장난에 의지하는 것 이외에 다른 설명 방법들을 찾지 못하지만, 교회는 "인간사를 다스림에 우연이란 없으며 (...) 운수는 아무런 의미도 없는 말일 뿐"(보쉬에, 『성서에 근거한 정치학 Politique tirée de l'Écriture sainte』, 7권, 명제 5)이라는 점을 비종교적 정신에게 가르쳐 준다. "우연이나 운수에 대해서는 더 이상 말하지 말자. (...) 우리의 불확실한 의도에 비추어 우연적인 것은 더 높은 차원의 섭리 안에서 준비된 계획이다. (...) 오직 신만이 모든 것을 뜻대로 하실 수 있다. 그런 까닭에 개별적인 원인만을 바라보면 모든 것이 예상치 못한 일이다. 하지만 모든 것은 규칙적인 일관성을 가지고 앞으로 나아간다."(『세계사 강론』, 3부, 3장)

　몽테스키외가 생각하기에도 '운수'라는 것은 없다. 그러나 민족들의 운명을 설명하기 위해서 초월적 해석에 의존할 필요는 없다. 몽테스키외는 개별적인 원인들 속에서 민족들의 운명을 쥐고 있는 이유들을 되찾을 희망을 버리지 않는다. 예를 들어 로마사를 이해하기 위해서 신의 섭리로부터 도움을 받아야 하는가? "영원할 것만 같았던 이 대제국"(『세계사 강론』, 3부, 1장)의 영광과 몰락은 신이 어떻게 인간사를 운영하는지를 증명하기 위해 교회가 사용하던 전형적인 실례였다. 다른 어느 민족들의 역사보다 로마인의 역사는 신의 은밀한 심판을 알려 준다고 교회는 말한다. "이 세상의 모든 제국 중 가장 강한 제국에 대한 신의 심판이 우리에게 드러났다."(『세계사 강론』, 3부,

1장) 몽테스키외가 로마의 역사에 대해 어떻게 생각하는지 보자. 몽테스키외는 "로마인들의 역사는 한마디로 말해 이렇다. 그들은 모든 민족을 자신들의 규범으로 정복했다. 그러나 그 정복의 끝에 이르자 그들의 공화국은 존속할 수 없었다. 정체를 바꿔야만 했다. 그리고 이 새로운 정부에서 사용했던 규범들은 최초의 규범들에 반(反)했기 때문에 그들의 위대함은 소멸되었다"라고 말했다. "세계를 지배하는 것은 운수가 아니다. 로마인들을 보라. 그들은 어떤 계획에 입각하여 통치를 받을 때 연달아 지속적인 번영을 누렸다. 그리고 그들이 다른 계획에 입각하여 이끌려 갈 때 연속적으로 끊임없이 패배를 겪었다. 정신적이거나 물질적인 일반 원인들이 각각의 군주제에서 작용하며 그것을 발전시키거나 유지시키거나 혹은 추락시킨다. 모든 사건은 이러한 원인들로 일어난 것이다. 한 전투의 불운, 즉 하나의 개별적 원인이 나라를 몰락시켰다면, 그 나라가 전투 한 번으로 멸망할 수밖에 없었던 일반 원인이 있었던 것이다. 한마디로 말해 주요 형세가 모든 개별 사건을 유발하는 것이다."(『로마인의 흥망성쇠 원인론』, 18장)

국가의 운명을 결정하는 원인은 국가 자체의 활동 속에서 찾아야 한다. 그 원인들은 종종 복잡하고, 결과를 예측하기 어렵다. "종종 복잡하고 알 수 없는 이유들"(『로마인의 흥망성쇠 원인론』, 17장)로 인해 국가가 존속되기도 하고, 하찮아 보이는 변화가 국가의 멸망에 관여하기도 한다. 정치에서 모든 것을 예측할 수는 없다. "기계장치에는 많은 마찰이 있고, 이것이 종종 이론적인 결과들을 바꾸거나 막는다. 정치 또한 나름의 마찰이 있다."(『법의 정신』, 17권, 8장) 그럼에도 불구하고 몽테스키외는 국가의 흥망성쇠를 설명해 줄 원인들을 계속 탐구한다. 그가 보기에 모든 세속적 설명을 무색하게 만드는 역사 속미지의 요인은 수많은 작용과 반작용 속에서 민족의 운명을 결정하는, 종종 매우 복잡한 요인들의 총합으로 귀착된다. 그는 『법의 정신』에서 한 민족의 제도들이 얼마나 많은 원인의 영향을 받는지 그리고 법을 분석할 때 얼마나 많은 관계를 고려해야 하는지를 입증했다. 또한 어떤 입법자가 취한 대단치 않은 조치 하나가 얼마나 멀리까지 영향을 미칠 수 있는지 그리고 일견 충분히 예상할 수 있는 것처럼 보이는 결과들 옆에서 전혀 예상하지 못한 결과들이 생겨날 수 있다는 것을 보여 주었다.

그는 어떻게 사회조직이 부지불식간에 변화의 영향을 받는지를 입증했고 또 사회 활동의 모든 복잡성을 보여 주었다. 역사적 사건들에 대해 예전에 제시되었던 설명들은 얼마나 단순하고 원시적으로 보이는가. 이제 한 사회는 매우 복잡한 톱니바퀴 장치를 지닌 기계처럼 보이게 된다. 과거에는 사물에 대해 지나치게 단순한 시각으로 인해 운수나 혹은 초월적 세계의 작용만을 보아 왔던 역사적 사건들에서, 인간 정신은 이 복잡함 자체로 인해 제대로 된 설명을 찾는 일을 허락받은 것처럼 보인다. 따라서 신의 섭리의 비밀을 꿰뚫어 보고자 신경을 쓰기보다는 몽테스키외는 원인들을 탐구하고, 제도들의 톱니바퀴들을 재구성하고 그것들의 정신을 분석하면서 관계를 구성한다. 그는 그 존재 자체와 활약이 언제나 우연의 일부를 내포한 것처럼 보이는 위대한 역사적 인물들에 주의를 집중하지 않는다. 그는 로마 공화정이 "억압당했다고 해도, 그렇다고 해서 몇몇 개인의 야망을 비난해서는 안 된다. 카이사르와 폼페이우스가 카토처럼 생각했다고 해도, 다른 사람들은 카이사르와 폼페이우스가 했던 것처럼 생각했을 것이다. 멸망할 운명인 공화국은 다른 사람에 의해서라도 파멸했을 것이다"(『로마인의 흥망성쇠 원인론』, 11장)라고 말했다. 그는 한 민족의 역사에 강렬한 빛을 비추는 것처럼 보이는 대사건들에 주의를 기울이지 않고, 따로 분리시키지도 않으며, 인간 정신의 예상을 뒤엎도록 예정된 것으로도 간주하지 않는다.

승리와 패배, 빛나는 업적, 갑작스러운 격변, 재앙, 이 모든 것은 미리 준비되는 것이고 종종 아주 먼 원인들의 결과일 뿐이며, 이 모든 것으로 인해 마침내 우리는 한 국가의 삶 속에서 작용하는 요인들 전체를 보는 시각을 갖는다. 사실 한 국가가 건강하다면 견뎌 낼 것이고, 국가 조직이 "내부의 악"으로 공격을 받고 "나쁜 점들이 또 나쁜 점들을 낳았다면"(『로마인의 흥망성쇠 원인론』, 18장) 멸망할 것이다. 몽테스키외가 보기에 그 안에서 이러한 운명이 완성되는 외적인 사건들은 그리 중요하지 않다. 외적인 사건들은 이를테면 언제나 한 사회의 내부에서 벌어지는 일의 결과물일 뿐이다.

이처럼 역사는 우리가 한 사회에서 작용하는 원칙들이 작동하는 모습을 볼 줄 아는 순간 그 비밀을 드러낸다. 모든 것이 일치를 보이고 모든 것이 통일된 원칙들과 관련 있을 때, 모든 것은 동일한 목표에 협력한다. 반대로 한 사회의 근본적인 경향에 이질적인 요소들이 사회 활동에 도입될 때, 법과 제도들이 서로 간의 그리고 전체와의 관련성을 상실할 때, 여러 변화로 인해 한 민족이 그들이 걸어야 할 길에서 벗어날 때, 국가는 쇠퇴하고 자신의 영혼을 잃게 된다. 은밀한 본능이 민족들을 그들의 보편 정신에 적합한 형태를 찾도록 이끈다. 그 형태를 찾는다면 그들은 내적 필요성에 따라 발전할 것이고, 정신과 제도가 유기적인 전체를 형성하지 못하면 법은 힘을 잃고 정신은 타락한다. 그러나 지금까지 한 민족을 이끌어 온 정신을 이탈시키지 않는 상태에서도, 그 민족의 삶 속에서 위기들이 생겨날 수 있고, 새로운 상황이 변화들을 요구할 수 있다. 민족이 창조한 제도들 전체를 위험에 빠뜨리지 않으면서 어떻게 새로운 상황에 적응할 것인가? 민족들의 운명은 종종 그런 문제들의 해결 여부에 달려 있다.

따라서 민족들의 삶 속에서 모든 것은 상당한 정도로 관련을 맺고 있다. 역사 속에서 발생하는 사건들은 연속되는 원인과 결과들의 정연한 질서 안에서 정리된다. 사건들은 원칙들과 관련 있고, 우리가 한 국가의 조직을 주재하는 정신으로 거슬러 올라갈 때 모든 것이 그 국가의 개별적인 역사 속에서 자리를 잡고 서로 연관을 맺는다. 이렇게 이해되는 인간 역사는 정말이지 더 이상 일률적인 법의 지배를 받는 거대한 전체의 양상을 보여 주지 않는다. 그것은 더 이상 수 세기에 걸쳐 신이 부여한 목표를 향해 나아가는 인류라는 전망과 관계없다. 모든 국가는 고유의 규칙을 따라 발전하는 조직을 구성하는데, 그 특성들을 잘 구분할 줄 알아야 한다. 인간 정신은 예로부터 언제나 신학적 사고를 부추기는 이상, 즉 세계사의 관점을 포기하면서도 개별적인 현상들 그 자체 속에서 민족들을 지배하는 규칙을 탐구하는 것을 포기하지는 않았다. 인간 정신은 예전에는 전체의 관점에서 찾던 그러한 법칙성을 각 민족의 개별적인 삶 속에서 되찾는다. 개별적인 제도들에 대한 깊은 분석을 통해 모든 것이 필연적인 관계에 따라 이루어진다는 것이 그에게 드러난다. 인간의 삶에 의해 이렇게 무한히 다양한 모습을 띠게 된 형태들 속에는 우연이나 초월적 법이 존재하지 않는다. 연속되는 사건들이 불규칙하고 무질서해 보인다고 해도 그 사건들을 통해 드러나는 내재적 논리가 존재하며, 우리는 바로 이 내재적 논리를 통해 민족들의 변화 그리고 삶과 죽음의 이유를 이해하게 된다.

이처럼 정신과학들에서 완성되는 발전은 자연과학 안에서 이루어졌던 발전과 몇몇 유사성을 보여 준다. 신의 섭리라는 원리는 자연

현상들만큼이나 인간 삶의 현상들 역시 잘 설명하지 못한다. 현상을 그 자체로 설명해 주는 방법을 찾아야만 했다. 사실들을 분석하고 원인들로 거슬러 올라가야 했다. 몽테스키외는 『로마인의 흥망성쇠 원인론』에서 따라야만 하는 방법의 한 모범을 보여 주었고, 『법의 정신』에서 그 방법을 일반화했다. 실증과학이 자연의 지배로 이끈 것과 마찬가지로, 몽테스키외가 주는 지침을 통해 인간 정신은 사회적 삶을 스스로 지배할 수 있는 방법을 탐구하는 것이 가능해진다. 인간 정신은 민족들의 역사 속에서 작용하는 힘이 무엇인지 알게 되었고, 그 힘을 역사의 교훈에 따라 이끌어 가는 방법을 찾는다. 정치 활동은 새로운 도약을 하게 된다. 인간사의 이해할 수 없는 불가사의 앞에서 체념하는 것은 끝났다. 인간이 민족들의 삶 속에서 이루어지는 변화의 원인을 파악하게 된 지금, 그는 그 깨달음을 바탕으로 사회적 삶을 규제하고자 한다. 몽테스키외는 수많은 예를 통해 왜 어떤 법은 좋은 결과를 가져오고 어떤 법은 나쁜 결과를 초래했는지, 또 이러저런 이유들로 어떻게 국가들이 번영하거나 쇠퇴했는지를 인간에게 보여 주었다. 그는 민족들의 운명을 지배하는 원칙들이 작동하는 모습을 알려 주었고, 이를테면 사회 기구의 내부, 그 구성요소, 역동성을 분석했다. 몽테스키외의 영향을 받은 사람들이 어떻게 계속 그 모든 것을 받아들이고 그 밖의 것에 대해서는 신의 섭리를 믿을 수 있겠는가? 몽테스키외는 결과들로부터 원인들로 거슬러 올라가면서 단지 그들에게 어떤 상황하에서 취해진 어떤 조치가 어떻게 어떤 결과에 이를 수밖에 없는지를 보여 준 것만이 아니다. 그는 또한 그들에게 입법자가 해야만 했던 일이 무엇인지 말해 주었다. 몽테스키외의 방식으로 이해된 역사는 거대한 경험의 장처럼 나타난다. 이후 사람들은 자신의 차례가 되면 어떻게 행동해야 하는지 그리고 무엇을 해야 하는지 알려 줄 교훈을 이끌어 낼 수 있다. 정치가는 정치 활동을 합리적 목표로 이끌어 나갈 수 있어야 한다. 인간의 계획에 항상 붙어 다니는 무기력함과 불안의 감정은 지식이 주는 자신감으로 대체되었다. 몽테스키외는 인간 이성이 법의 일반적 특성을 제정하면서, 모든 민족을 지배한다고 말한 바 있었다. 인간은 일단 이성의 힘을 의식하면 사회적 삶을 규제해 줄 방법을 찾게 될 것이다. 이를테면 스스로를 의식하게 된 지성은 더 이상 존재하는 것을 찾는 데 만족하기보다는 존재해야 할 것을 알고자 할 것이다. 몽테스키외는 여러 민족이 이성에 따라 완수한 성과를 분석함으로써 지성에게 길을 알려 주었다. 입법은 응용과학, 과학적 탐구에 기초한 기술이 된다. 정치학은 분명 우리에게 정신계 전체를 파악하고, 우리가 그 개별적 사례들을 추론할 수 있는 정신계의 일반 법칙을 규명할 수 있게 해 줄 지식에 기초한 절대적 확신을 내포하지는 않는다. 그것은 몽테스키외의 방법론이 아니다. 그의 연구 대상은 언제나 개별적 사례이다. 그는 개별적 사례들을 분석한 후에 그 차이점들을 무시하지 않고 그 사례들을 배치하고 분류한다. 그는 다양한 관점을 취해 대비되는 것들과 비슷한 것들을 조사한다. 그는 사회현상들을 비교하며 유사하거나 상반되는 점들을 규명하고, 다양한 사건들을 획일적으로 단순화하지 않으며 모두 포용하려고 노력한다. 그가 찾는 것은 기존의 사회적 해결책이나 이미 주어진 진리 체계가 아니라, 사회적 삶의 무한히 다양한 형태 가운데서 길을 찾게 해 주는 방법들이다.

이제 세상은 더 이상 17세기의 신학자들과 철학자들이 탐구하던 조화와 통일성의 특성을 보여 주지 않는다. 여전히 부조화들이 존재한다. 모든 인간사에는 끝이 있고, 이 세상 아무것도 안정적이지도 확실하지도 않다. 그러나 그러한들 무슨 상관이 있는가. 풍습과 제도가 다르고, 다양한 시대 다양한 장소의 사람들이 다른 평가와 다른 판단을 내리고, 그 무엇도 안정적이지 않고 모든 것이 변하고 모습을 바꾼들 무슨 상관인가. 우리는 어느 곳에서나 인간 이성이 작용하고 있음을 보고, 아무것도 자의적이지 않고, 모든 것이 저절로 그런 것처럼 일반 원칙에 부합하니 말이다. 만약 이 체계에서 인간이 전체적인 전망을 잃었고 신의 은밀한 심판을 간파하여 그로부터 인류 공동체에 예정된 운명을 알아낼 수 있다고 자부할 수 없을지라도, 인간은 불명예스러운 것도 아니고 삶의 다양한 형태 앞에서 무방비 상태가 되지도 않는다. 왜냐하면 그 형태들 각각이 인간에게 그의 정신을 밝혀 주기 때문이다. 이렇게 무한히 다양한 법과 풍습 속에서도 인간은 갈 길을 찾고 어디나 자기 집이며 원리들이 그에게 길을 알려 준다. 정신계는 인간의 영역이며, 그곳에서 우리가 보는 다양성은 단지 인간들이 조직을 이루기 위해 쏟은 노력의 복합적인 결과일 뿐이다. 사회현상들이 아무리 다양하고 모순되어 보인다고 해도, 모든 일의 발생이 인간에게서 비롯되는 세상에서 인간은 그 어느 것도 자신에게 이해되지 않는 상태로 남을 수 없을 것이라는 점을 느낀다. 삶이 창조한 것 속에서 삶을 되찾고, 인간이 원했던 것의 심오한 의미를 끌어내면서, 인간은 사회적 활동의 다양한 발현을 통해 인간의 본성을 파악하기를, 점점 더 잘 파악하기를 원할 것이다.

이처럼 역사는 신학적 해석에서 해방된다. 그러나 교회가 사람들에게 강요하고자 하는 그런 도덕과 절대적 진리만을 용납하는 신학자의 그러한 교조적 정신으로부터 역사가가 벗어나지 못한다면, 이 해방은 불완전한 것으로 남을 것이다. 사실 신학자는 신의 섭리로 정해진 최종 목적을 밝힘으로써 인간사의 흐름을 설명할 수 있다고 자부할 수 없으면서도 여전히 이 세상의 선과 악을 판단하는 데 필요한 지식을 갖고 있다고 주장한다. 신학자는 사람들과 민족들을 분류한다. 그는 어떤 제도가 신의 법에 부합하는지 아닌지 평가한다. 사람들과 민족들의 최종 심판자인 그가 믿는 신은 빛과 어둠을 분리하고, 악한 자들을 심판하고 선한 자들에게 보상을 준다. 비종교적인 역사가는 신의 심판을 채택할 수 없으며 속세의 일들을 신학자로서 판단할 수 없을 것이다. 교회의 도덕이 곧 사회의 도덕이 될 수는 없을 것이다.

제2장
사회도덕과 교회의 도덕

우리는 앞에서 17세기에 가톨릭교회가 겪었던 정신적 위기에 대해 말했다. 교회는 신자들에게 세속적인 재물에 대한 욕심을 버리라고 설교한다. 교회에는 그 도덕적 이상을 실현하는 교회의 영웅들, 세상을 버렸던 성인들이 있다. 그러나 다른 사람들, 이 세상에 머무는 나약한 보통 사람들에 대해서는 교회가 무엇을 할 것인가? 그들에게 영웅과 성인이 되라고 요구할 것인가? '완벽함에 대한 조언'을 모든 신자가 지켜야 할 일반적인 법으로 만든다면 교회는 사람들을 잃을 위험이 있다. 그렇다고 이 세상의 헛된 것을 용납해 준다면 도덕적 위엄을 상실하게 될 것이다. 어떻게 이 진퇴양난에서 벗어나 얀센파[1]의 도덕적 엄격주의와 예수회의 관대함 사이에서 중도를 찾을

---

1 〈역주〉 얀센주의(혹은 장세니슴)는 17세기 네덜란드의 얀세니우스 Jansenius가 창시한 교리로 아우구스티누스의 주장을 받들어 은총의 절대성과 운명예정론을 주장했다. 프랑스에서는 포르루아얄의 은둔자 등을 중심으로 신봉되었으나 인간의 자유 의지를 내세우는 예수회와 갈등을 일으키게

것인가? 그런데 이 도덕적 문제를 더 복잡하게 만드는 것은 교회 옆에 위치한 또 다른 권력, 바로 국가이다. 교회는 국가가 이 세상에서의 삶을 규율할 권력을 가지고 있음을 인정한다. 교회는 왕들에게 복종하라고 신자들에게 가르친다. 그런데 왕들은 거의 언제나 기독교의 규범에 의존하지 않으며, 이는 교회가 애석하지만 사실로 인정하는 일이다. 교회를 움직이는 정신과 왕들을 움직이는 정신의 차이는 너무 커서 언젠가 그 차이가 없어지리라는 기대를 해 볼 여지가 없다. 몽테스키외가 말하듯, "종교의 권고와 세상의 권고는 상반된다." (『법의 정신』, 4권, 4장) 하지만 여전히 교회는 신자들에게 '왕들에게 복종할 것'을 설교한다. 그러나 그 결과 백성들은 언제나 일치하기 어려운 두 종류의 규범을 동시에 따르게 되고, 이로 인해 온갖 종류의 불확실성과 타협들이 생겨난다.

몽테스키외는 사회적 관점과 종교적 관점을 분명하게 구별하고, 이 세상의 삶을 규율해야 하는 규범의 독립성을 정립함으로써 이 도덕적 문제에 대한 해결책을 제시한다. 그는 "신의 법"과 "인간의 법"은 "그 기원과 목적과 본질에서 다른 것이다"라고 말한다. "인간의 법의 본질은 발생하는 모든 사건에 따르고, 사람들의 의지가 변화하면 같이 바뀌는 것이다. 반대로 종교법의 본질은 절대 불변하는 것이다. 인간의 법은 선(善)에 대해 판결을 내리고, 종교는 최선(最善)에 대해 판결을 내린다. 여러 가지 선이 있기 때문에 선은 다른 목적들을 가질 수 있다. 그러나 최선은 오직 하나뿐이며, 따라서 최선은 바뀔 수 없다. 법들은 언제라도 바꿀 수 있다. 왜냐하면 그것들은 그냥

되어 1713년 로마 교황에 의해 금지되었다. 얀센주의를 신봉하는 사람들은 특히 엄격한 도덕관을 가지고 있었다.

선한 것으로만 간주되기 때문이다. 그러나 종교 제도들은 언제나 최선이라고 상정된다."(『법의 정신』, 26권, 2장) 다른 차이점도 있다. "종교에서 끌어낸 완벽함의 법²은 그 법이 준수되는 사회의 선보다는 법을 준수하는 인간의 선을 목적으로 한다. 반대로 시민법은 개인보다는 일반적인 사람들의 도덕적 선을 목적으로 한다."(『법의 정신』, 26권, 9장) 신의 법은 언제나 절대적 성격을 지닌다고 말할 수 있을 것이다. 그 법은 불변하는 것으로 상정되고, 개인의 구원을 위한 것이다. 반면 인간의 법은 상대적이고 변화하며, 사회의 공익을 목적으로 한다. 법의 정신은 그것을 보여 준다. 사회에 확립된 규율은 그 사회의 조건들과 관련해서만 존재할 수 있다. 그것은 결코 그 자체로 좋거나 나쁜 규율의 문제가 될 수 없다. 그것은 단지 이런저런 특정 상황하에서 해롭거나 유용한 규율이 될 뿐이다. 예를 들어 로마 공화정에서 좋거나 나쁜 법이 프랑스 군주제에서도 그러한 것은 아니며, 그 반대도 마찬가지다.

그러므로 한편에서는 역사가나 법률가 — 오늘날은 사회학자라고 불러야 할 것이다 — 가, 또 다른 한편에서는 신학자가 서로 상황을 다르게 판단하는 것이다. 신학자의 정신이 "세상의 명예", 즉 "헛된 것들, 허영, 겉치레, 외적인 화려함"에 우리가 부여하는 그리고 우리를 진정한 선으로부터 이탈시키는 그런 명예에 "사로잡히는 것"(보쉬에, 『명예에 대한 강론 Sermon sur l'honneur』)을 용납하지 못하는 반면, 몽테스키외는 사회적 관점에서 그로부터 이끌어 낼 수 있는 모든 유용성을 본다. 만약 "명예라는 것이 종교가 때로는 없애 버리려 하고

---

2 〈역주〉 '완벽함의 법(les lois de perfection)'은 '신의 법(les lois divines)'과 같은 의미로 사용된다.

때로는 규제하려고 애쓰는 편견"이라면, 몽테스키외는 다만 "존재해야 하는 것이 아니라 존재하는 것"(『법의 정신』, 4권, 3장, 주 1)만을 말하고자 한다. 명예는 웃음거리의 대상이 되는 것은 사실이다. 그것은 겉으로 보이는 모습, 외적인 화려함을 좋아한다. 명예의 차원에서 "소리 없이 행해지는 것은 어떻게 보면 보잘것없는 것이다."(『법의 정신』, 3권, 5장) 우리는 명예 때문에 모든 사람에게 종속된다. "명예의 본질은 온 세상을 검열관으로 두는 것이다."(『법의 정신』, 5권, 19장) 동시에 명예는 변덕스럽고, 남들보다 뛰어나고자 하는 욕망을 불러일으키며 덕성의 원칙에 거의 얽매이지 않는다. "덕성에 대한 계속적인 조롱"이 군주제에서 "대다수의 궁정 신하의"(『법의 정신』, 3권, 5장) 주요 특성을 형성한다. "사람들이 우리에게 보여 주는 덕행은 언제나 다른 사람들에게 해야 마땅한 것이라기보다는 자기 자신을 위한 것이다. 그것은 우리를 동료 시민들에게 이끌기보다는 그들과 구별하게 만든다. 여기서 사람들의 행동은 선한 것이 아니라 아름다운 것, 정당한 것이 아니라 위대한 것, 합리적인 것이 아니라 비범한 것으로 판단된다."(『법의 정신』, 4권, 2장)

그런데 모럴리스트가 보기에 이 "괴상한 명예"가 많은 비판을 불러일으키고, "철학적으로 말해 거짓된 명예"(『법의 정신』, 3권, 7장)라는 것이 사실이라도, 그 감정을 정치적이고 사회적인 관점에서 바라본다면 전혀 다르게 볼 수 있다. 보쉬에는 명예를 단죄하면서도 군주정에 애착을 보인다. 그것은 분명하다. 그러나 명예는 군주정의 조건을 이룬다. 군주정에서 명예야말로 "정치집단의 모든 부분을 움직이는 힘이다. 명예는 그 작용 자체를 통해 그 모든 부분을 연결한다."(『법의 정신』, 3권, 7장) 군주정을 보존하고 싶다면, 명예라는 감정을 보존해야 한다. 풍기단속 감찰관을 내포하지 않는 정체에서는 감찰관을 만들어서는 안 되며, 명예라는 감정을 인정해야 한다. 당신은 사람들의 야망을 비판하면서 헛된 위대함을 경멸하도록 가르치고 싶어 하지만, 야망은 "군주정에서 좋은 효과를 낼 수 있고 그 정체에 활력을 불어넣는다."(『법의 정신』, 3권, 7장)

이처럼 동일한 사실들이 종교적 관점에서 보는가 아니면 사회적 관점에서 보는가에 따라 다르게 나타난다. 교회는 사람을 허영에서 벗어나게 하는 일에 그 어느 것보다 더 집착한다. 몽테스키외는 허영이 정체에는 훌륭한 원동력이라고 말할 것이다. "무수히 많은 좋은 것들(...), 즉 사치, 산업, 예술, 유행, 예절, 취향이 허영으로부터 나온다."(『법의 정신』, 19권, 9장) 사회적 관점에서 보면 이런저런 동기들을 그것이 개인적 완벽성의 이상과 잘 부합하지 못한다는 구실하에 나쁜 것으로 치부하는 것보다 더 잘못된 것은 없다. 따라서 사실들을 혼동해서는 안 되며 자신이 위치한 관점에 따라 그 가치를 판별할 줄 알아야 한다. 모든 정치적 악덕이 도덕적 악덕은 아니며, 모든 도덕적 악덕이 정치적 악덕은 아니다.

악덕에 대해 사실인 것은 미덕에 대해서도 사실이다. 입법자에게 미덕이라는 말은 신학자가 부여하는 의미와는 완전히 다른 의미이다. 정치적 관점에서 미덕은 개인적 감정에 대한 사회적 감정의 우위, 개별 이익에 대한 공익의 우위를 의미하는 것과 다름없다. 미덕은 개인적 완벽이라는 그러한 개념과는 아무런 상관이 없다. 그 개념은 도리어 고독한 은둔자의 삶에서 구원을 엿보게 함으로써 개인으로 하여금 사회적 이익을 외면하게 할 수도 있을 것이다. "정치적 덕성을 지닌 인간"은 "기독교적 덕성을 지닌 인간"(『법의 정신』, 「일러두기」)이 아니다. 로마 제국이 쇠퇴할 때 "철학 이후의 기독교"는 "사색적인 삶으로 이끄는 모든 것에 결부된 완벽성의 개념"을 확립한다.

(『법의 정신』, 23권, 21장) 분명한 것은 그 이상이 로마 공화국에서라면 완전히 폄하되었을 것이고 공화정의 미덕과 모순되었을 것이라는 점이다. 또 정치적 관점을 견지하는 몽테스키외는 로마 제국보다는 로마 공화국을 선호한다는 것도 분명하다. 또 다른 한편 너무 관조적인 삶은 법이 선호해야 할 목적이 아니다. "인간은 자신을 보존하고 먹고 입고 모든 사회적 활동을 하도록 만들어져 있기 때문에 종교가 인간에게 너무 관조적인 삶을 강요해서는 안 된다."(『법의 정신』, 24권, 11장) 기독교적 미덕과 정치적 미덕을 혼동하지 말자. 정치적 관점에서 바라보는 의무는 종교적 관점에서 바라보는 것과는 다르게 나타난다.

이처럼 몽테스키외는 도덕에서 사회적 요인에 우선권을 부여하기 때문에, 그는 정치적 미덕이란 개념 그 자체에 지나치게 절대적인 것이 있을 수도 있다는 점을 믿지 않는 데까지 나간다. 입법자의 관심을 끌 수 있는 유일한 도덕은 사회도덕일 뿐 아니라, 입법자는 그 도덕이 적용되어야 하는 민족이 처한 상황과 민족의 성향에 따라 그 도덕을 완화하고 적용할 줄 알아야 한다. 언제 어디서나 미덕이 존재해야 한다고 말해서는 안 된다. 어느 곳에서 미덕이 필요하고 어느 곳에서 미덕이 필요 없는지를 자문해 보아야 한다. 물론 그중에서도 특히 "법과 조국에 대한 사랑(...)이라고 정의할 수 있는", 그리고 "언제나 자기 자신의 이익보다는 공익을 중시할 것을 요구하는" 사회적 미덕이 있다.(『법의 정신』, 4권, 5장) 그러나 모든 민족이 그러한 엄격함을 견딜 수 있는 것은 아니다. 절대적 의미에서 보자면 사회적 미덕은 공화국들에만 존재한다. 그런데 여기서 다시 근대의 민족들이 공화국을 만들 수 있는 역량을 지니고 있는지 미심쩍어 보인다. "자기 희생은 (...) 언제나 매우 고통스러운 일이다."(『법의 정신』, 4권, 5장)

그러므로 미덕이 반드시 모든 정부의 토대가 될 필요는 없다. 그렇게 되는 것도 사실 불가능하다. 이런 관점에서 볼 때 군주정의 정치는 공화정의 정치에 비해 "가능한 한 최소한의 미덕으로 큰일을" 하게 하는 장점을 제공하기까지 한다. "이는 마치 가장 잘 만들어진 기계 장치에는 가능한 한 최소한의 운동과 힘과 톱니바퀴를 사용하는 기술이 있는 것과 마찬가지다. 국가는 애국심, 진정한 영광에 대한 욕망, 자기희생, 자신의 가장 소중한 이익의 포기, 우리는 단지 말로 들어 본 적만 있는 고대인들의 그 모든 영웅적 미덕들과는 상관없이 존속한다. 그리고 군주정에서 법은 그 모든 미덕을 대신하여, 사람들이 그것들을 전혀 필요로 하지 않는다."(『법의 정신』, 3권, 5장) 공화주의자가 미덕이 있어야 한다는 것은 당연하다. 그러나 군주제의 모든 백성을 유덕한 존재로 만들려 하고, 그들에게 허영과 명예를 금하고 절대적 무사무욕을 설교하는 정도까지 나아가서는 곤란하다. 너무 그들을 고결한 존재로 만들려고 들면, 군주제의 원동력을 이루는 것을 약화시킬 위험이 있을 것이다.

그러나 신학자는 이렇게 반박할 수 있을 것이다. 그렇다면 인간 사회가 확립하는 그 가치들은 도대체 어떠한 것이 될 수 있겠는가? 인간에게만 귀속되는 모든 것처럼 그 가치들은 불안정하고 근거 없고 가벼운 것이 아니겠는가? 마시용[3]은 말한다. "이 교만함과 허영의 구조물에 입김만 불면, 그것은 즉시 보잘것없는 폐허가 될 것입니다."(마시용, 『소(小)사순절 강론집 *Petit Carême*』, 「수난 주일을 위한 강론.

---

3 〈역주〉 Jean Baptiste Massillon(1663~1742): 프랑스의 설교가. 클레르몽과 오베르뉴의 주교를 역임했다. 일찍이 명설교가의 명성을 얻고 1700년 루이 14세 앞에서 대림절 설교를 하여 왕의 극찬을 받기도 했다. 종종 보쉬에와 비견된다.

인간적 영광의 허위에 대하여 Sur la fausseté de la Gloire humaine」, 1부)
"상황, 기회 그리고 사람들의 판단에 의지하는" 인간적 미덕들은 "끊임없이 그 빈약한 받침대와 함께 추락합니다. 이기심의 한심한 과실인 미덕들은 언제나 그 불안정한 영향력하에 놓여 있습니다. 결국 인간이 만든 나약한 미덕들은 인간과 마찬가지로 그 어떤 것에도 견뎌내지 못합니다."(『소사순절 강론집』, 「수난 주일을 위한 강론. 인간적 영광의 허위에 대하여」, 1부)

분명 몽테스키외도 인간적 가치가 안정적이라고 주장하지는 않을 것이다. 그는 도리어 그것의 불안정성을 강조할 것이다. 그러나 인간적 가치가 근거 없는 것은 아니다. 인간들의 평가와 판단은 사회조직에 근거하기 때문에, 민족의 정신을 동시에 변화시키지 않는 한 그 평가와 판단을 바꿀 수 없다. 따라서 그것들은 필연적이다. 즉 사회적 필요성에 근거한 것이다. 따라서 그것들에는 자의적이거나 변덕스러운 것은 없다. 어떤 판단이나 어떤 관습을 따로 떼어서 본다면, 거기시는 어쩌면 인간 정신의 기이함만을 보게 될지 모른다. 그러나 몽테스키외는 사실을 전체적인 사회적 삶에 결부시키라고 가르친다. 그는 그러한 행위가 사물들의 당연한 논리에 따라 이루어진다는 것을 이해하도록 만든다. 신학자는 말한다. "종교를 없앤다면, 그 토대를 친다면, 건물 전체가 붕괴하고 모든 미덕은 몰락합니다. 더 이상 아무것도 남지 않습니다. 왜냐하면 우리 자신만 남기 때문입니다." (『소사순절 강론집』, 「수난 주일을 위한 강론. 인간적 영광의 허위에 대하여」, 3부) 그러나 몽테스키외는 "아니다. 무언가가 남는다"라고 말할 수도 있을 것이다. 사람들의 개별적 성격을 결정하고 가치를 확립하는 것은 사회이다.

교회가 그것을 모를 수 있을까? 교회는 기독교적 관점에서 볼 때 비판을 받을 여지가 충분하다. 루이 14세의 국가에서 겸손함과 기독교적 평등을 찾는 것은 헛된 일이다. 그러나 교회는 모든 방법을 동원해 이러한 국가를 지원하고 절대군주제를 강력히 지지한다. 그런데 이 국가는 정확히 말해서 교회가 악덕으로 간주하는 것에 따라 유지되는 국가가 아닌가? 이 악덕을 통탄하면서 그리고 세상의 교만과 명예를 단죄하는 듯하면서도, 교회는 귀족들에게 귀족이 "고귀한 권력자로 태어난 것"은 "우연이 아니라고"(『소사순절 강론집』, 「사순절 두 번째 일요일 강론. 귀족이 종교에 마땅히 바쳐야 할 존경에 관하여 Sur le respect que les grands doivent à la religion」, 1부) 알려 준다. 그리고 귀족들이 갖는 "소박하고 때 묻지 않은 기질"에서 나오는 영혼의 위대함과 백성들의 "둔함과 천함"(『소사순절 강론집』, 「사순절 두 번째 일요일 강론. 귀족이 종교에 마땅히 바쳐야 할 존경에 관하여」, 1부)을 잘 분별하라고 가르친다.

이에 대해 몽테스키외의 관점은 더욱 분명하다. 그는 더욱 고차원적인 관점에서 보면 악덕으로 간주될 수 있는 것이 가질 수 있는 사회적 유용성을 솔직히 인정한다. 그에 대해 한탄하지는 않는다. 기독교인의 눈에 복음의 정신에 반하는 듯 보이는 것을 사회적 삶 속에 수용해야 할지 말지 결정해야만 했다. 매주 일요일마다 귀족들에게 파문 선고를 포기하거나 아니면 교만하고 허영에 찬 귀족들을 만들어 내는 사회질서를 공격해야만 했다. 사실 공공질서는 영적 질서에 속하는 것은 아니고, 그것이 무엇이든 간에 기존 질서는 존중해야 한다고 교회는 말할 것이다. 그러나 결국 있는 그대로의 사회, 교회가 용인하고 지지하는 사회가 인간의 허영심이 없으면 안 될 것이라는 사실을 인정해야만 한다면, 무엇 때문에 기존의 확립된 것을 단죄하고, 훌륭한 강론을 통해 이 세상의 저속한 이익과 허영심에 대해

한탄해야 하는가?

그러므로 몽테스키외가 완벽과 내세를 지향하는 교회의 교리에 맞서서 인간적 가치를 그것이 지니는 사회적 유용성에 따라서만 평가하는 도덕적 상대주의를 내세울 때 그는 전적으로 합당한 논리를 펴는 것이다. 이 세상의 입법자는 자기 나름의 조치들을 강구하며, 다양한 형태의 법체계를 연구하는 입법자는 그가 추구하는 목적의 본질에 부합하는 것 외에 다른 고려사항에 좌우되어서는 안 된다. 그에게 선과 악은 완수해야 할 특정 과업에 따라 항상 상대적인 것이다. 어떤 여건이 전체적인 사회적 삶에 필요한 것이고 어떤 것이 그렇지 않은가? 바로 이것만이 문제이다. 그러므로 사회에 영향력을 행사하는 행위는 그 어떤 것도 그것이 전체와 맺는 관계 밖에서 고려될 수 없다. 종교 그 자체도 사회적 관점을 벗어날 수 없을 것이다. 몽테스키외는 말한다. "하늘에 뿌리를 둔 종교에 대해서 이야기하든 아니면 지상에 뿌리를 둔 종교에 대해서 이야기하든, 나는 세상의 다양한 종교를 사회 상태에서 사람들이 그 종교로부터 이끌어 내는 선과 관련해서만 검토할 것이다."(『법의 정신』, 24권, 1장) 이런 방식으로 다양한 종교를 검토하면서 그는 자신이 일반 제도를 위해 확립한 규칙들이 종교제도에도 마찬가지로 적용된다는 사실을 발견한다. "한 종교가 한 국가 속에서 태어나고 성장할 때, 그 종교는 보통 자신이 뿌리 내린 정체의 계획을 따라간다."(『법의 정신』, 24권, 5장) 한 국가의 종교적 관행이 얼마나 "그 나라의 정체에 부응하는지"(『법의 정신에 대한 변호』, 2부, 「일반 개념」) 검토해 보아야 한다. 가장 진실하고 가장 성스러운 교리도 그것이 사회의 원리와 결부되지 않으면 매우 나쁜 결과를 가져올 수 있다. 반대로 가장 거짓된 교리라도 사람들이 그것을 똑같은 사회의 원리에 어울리게 만든다면 경탄할 만한 결과를 가져올 수 있다."(『법의 정신』, 24권, 19장) "한 나라의 종교를 다른 나라로 옮겨 놓는 데 많은 어려움이 따른다는 것은 매우 흔한 일이다."(『법의 정신』, 24권, 25장) 종교들이 "사람들이 생각하고 느끼는 방식과 화합하는 방법"(『법의 정신』, 25권, 2장)을 검토해야 한다.

그것은 종교를 "인간의 제도"로 만드는 것이다. 즉 사회적 삶을 특징짓는 제도, 관례, 관습의 방대한 영역에 종교를 위치시키는 것이다. 진정한 종교가, 이 경우에는 기독교가 되겠는데, 이 규칙에 예외가 되는지 아닌지를 아는 것은 그리 중요하지 않다. 원칙이 정해졌고 방법이 확립되어 있기 때문이다. 이후로는 종교를 모든 다른 집단적 현상들과 동일한 방식으로 이해할 수 있다. 이를테면 이런 식으로 역할이 전도된다. 예전에는 사회질서를 종교적 개념으로 거슬러 올라가 이해하고자 했다면 이제는 종교를 사회적 개념에서 출발하여 검토한다. 예전에는 사회질서가 종교에 부합하는지 물었다면 이제는 종교가 사회질서에 부합하는지 자문한다.

그것은 또한 종교 문제로 끊임없이 다투는 사람들을 침묵시키는 방법이기도 하다. 교리는 종교가 가질 수 있는 사회적 유용성보다 중요하지 않다. 신을 기쁘게 하는 "가장 좋은 방법"은 신이 당신들을 "태어나게 한 사회에서 선량한 시민으로" 그리고 신이 당신들에게 "주신 가족 안에서 좋은 아버지로서 사는 것이다."(『페르시아인의 편지』, 편지 46) "우리에게는 종교가 진실이라는 것보다는 종교가 사람들의 풍습을 부드럽게 만들어야 한다는 것이 더 분명한 사실이다." (『법의 정신』, 24권, 4장) 사람들은 모든 종교를 허용할 수 있다. "모든 종교는 사회에 유용한 가르침을 담고 있다."(『페르시아인의 편지』, 편지 86) 종교는 시민법과 마찬가지로 "사람들을 선량한 시민으로 만드는 것을 주된 목표로 삼아야 한다."(『법의 정신』, 24권, 14장)

그러므로 정치인은 종교를 전적으로 사회적 관점에서 바라볼 것이다. 그는 종교의 유용성을 인정할 것이다. "종교는 그것이 설사 거짓된 종교라 할지라도 사람들이 사람으로서의 성실성을 갖도록 담보할 수 있는 가장 좋은 방법이다."(『법의 정신』, 24권, 8장) 그런데 이 유용성이라는 것도 상대적일 뿐이다. 그것에는 많은 요인이 개입한다. 종교적 관심사가 다른 이익들에 해를 끼칠 만큼 중요성을 띠고 온 정신을 빼앗아, "교회 권력과 세속 권력의 본질"과 "한계"가 무시되는 일이 있어서는 안 될 것이다. "이 중대한 분별은 민족들이 누리는 안녕의 토대가 되는 것으로 단지 종교에 기초할 뿐만 아니라, 실제로 분리되어 있고 분리되어야만 존속할 수 있는 것들이 결코 혼동되지 않기를 바라는 이성과 자연에 기초한다."(『로마인의 흥망성쇠 원인론』, 22장) 다른 한편 사회적 요인으로서의 종교가 가질 수 있는 중요성은 정체의 형태에 좌우될 것이다. 전제 국가에서는 종교가 큰 힘을 갖는 것이 좋다. 왜냐하면 군주의 무제한적인 의지에 대항할 수 있는 유일한 방법이 종교이기 때문이다. "종교법은 좀 더 우선하는 규칙에 속한다. 왜냐하면 그 법은 백성들과 마찬가지로 군주에게도 적용되기 때문이다."(『법의 정신』, 3권, 10장) 종교는 몇몇 경우에는 전제 국가의 "구조를 어느 정도 바로잡는다."(『법의 정신』, 5권, 14장) 또한 때때로 "종교의 법전이 시민법을 보완하여 독단을 바로잡는다." (『법의 정신』, 12권, 29장) 그런데 종교가 법체계가 추구하는 목표와 조화를 이루고, "종교, 법, 풍습과 예의범절의 완벽한 통합"(『법의 정신』, 19권, 19장)이 이루어지는 국가들도 있는데, 그것은 완전히 그 국가들에 유리한 상황이 된다.

그러므로 어떤 방식으로 종교를 바라보든 정치인은 결코 사회적 관점을 포기할 수 없을 것이다. 몽테스키외는 종교 현상에 대해서 비종교적인 학문의 원리와 방법론을 적용했는데, 이러한 적용보다 그 원리와 방법론이 획득한 독립성을 더 잘 보여 주는 것은 없다. 세속적 정신은 다른 차원의 진리 앞에서 발을 멈추고 신학 앞에 머리를 수그려야만 하는 것처럼 보였다. 그러나 '지상의 모든 민족의 법과 관습과 다양한 관례'를 포용하는 정신을 지닌 몽테스키외는 종교에 대한 논의를 포기할 수 없다. 종교는 필연적으로 그의 계획에 들어가고, 집단적 삶의 한 부분을 대표한다. 따라서 종교는 다른 인간 제도와 마찬가지로 역사가 혹은 사회학자의 규칙과 방법론에 따라야 하며, 모든 다른 사회현상과 마찬가지로 그것이 보여 줄 수 있는 상대적 정당성의 관점에서 고려될 수 있어야만 한다. 이렇게 해서 도덕 및 정치학의 해방이 이루어진다. 세속적 정신이 다루는 것은 더 이상 인간 삶의 어떤 개별 현상들이나 사건들의 제한된 영역이 아니다. 그것은 인류 역사의 모든 방대한 영역을 다루게 된다.

따라서 종교를 포함한 모든 인간사는 사회적 관점에서 고려될 수 있다. 그 관점은 그 자체로 충분하다. 역사가가 사건의 흐름을 설명하기 위해 더 이상 보편적 계획이나 초월적 원인으로 거슬러 올라갈 필요가 없는 것처럼, 정치인은 이 세상의 일들을 판단하기 위해 더 이상 교회를 통해 인간들에게 해야 할 일과 하지 말아야 할 일을 결정적으로 알려 주었을 신에게 도움을 청할 필요가 없다. 보편적인 것과 절대적인 것은 신학자의 몫이다. 입법자의 관점은 상대적일 수밖에 없다. 그는 사물들을 그것들의 관계 속에서만 볼 수 있다. 선과 악에 대한 학문은 그의 관할이 아니다. 그는 상황에 따라 달라지는 좋은 사안들과 나쁜 사안들만을 안다. 그는 이미 정해진 판단을 내리지 않는다. 그는 상황을 여러모로 차분히 검토하고, 해야 할 일을 결정하기 전에 할 수 있는 일이 무엇인지 자문한다. 그는 가치를 강요하지 않으며, 말하자면 사실들에서 가치를 끌어낸다. 그는 사물과 사람을 판단할 관점을 미리 정하지 않으며, 그것들을 관찰할 관점을 찾는다. 그가 이것은 좋다 혹은 나쁘다고 말할 때, 그는 이것이 모든 시대 모든 민족에게 좋거나 나쁘다고 말하는 것이 아니다. 그가 말하고자 하는 바는 어떤 시대 어떤 민족에 속하는 사람인 당신에게 이것이 좋거나 나쁘다는 것이다. 사람들이 솔론에게 "그가 아테네인들에게 행한 법이 최상의 법인지" 물어보았을 때, 그가 아테네인들에게 "그들이 참고 견딜 수 있는 법 중 가장 좋은 법을 주었다"(『법의 정신』, 19권, 21장)라고 대답한 것은 바로 그런 이유이다. 모든 민족의 제도들을 다 담고 있는 이 거대한 세계 속에서 그 자체로 좋거나 나쁜 것은 없다. 인간의 삶은 갖가지 상대적 선으로 가득 찬 무한히 많은 형태들 속에서 꽃을 피워 나간다. 우리는 아무도 거부하지 않을 것이고, 인간 이성이 발현되는 모든 곳에서 인간 이성을 보여 주는 노력들을 인정할 것이다. 우리는 다양한 인간적 목표를 받아들일 것이고, 그 목표를 실현하기에 적절한 방법을 모색할 것이다. 완벽한 인간, 완벽한 민족이란 존재하지 않는다. 완벽에 도달할 수 있는 인간들과 민족들만이 있을 뿐이고, 그 완벽은 언제나 그들이 발전하는 상황과 관계를 가진 완전히 상대적인 완벽함이다. 그 사실을 인정하려면 사람들과 민족들의 행위를 그들의 역량을 넘어서는 목적과 목표에 결부시키는 전통과 결별해야 했다. 사회에서 살고 있는 사람들을 그 사회로부터 분리시키는 저 다른 사회에서가 아니라 바로 자신들이 사는 사회 속에서 그들이 추구하는 목표를 다시 찾아야만 했다. 신학적 개념에서 탈피하여 지상에 머물면서 이 세상의 일들을 이해해야만 했었다.

바로 그것이 몽테스키외가 했던 일이다. 그에게는 신학이 필요 없다. 그는 말한다. "나는 관례를 정당화하지 않는다. 다만 그 이유를 밝힐 뿐이다."(『법의 정신』, 16권, 4장) 그래서 모럴리스트가 아닌 역사가로서 문제를 다루는 것은 그의 권리이다. 이는 그가 정치인으로서 너무 앞서 나가지 않고 한 사회가 어떤 관례나 어떤 편견에 잘 맞는지 아닌지 자문해 보는 것이 그의 권리인 것과 마찬가지다. 정치인으로서 그는 "일반적인 사람이나 사물과 관련이 없는 완벽성"(『법의 정신』, 24권, 7장)에는 관심이 없다. 그가 상황을 평가할 수 있게 해 주는 기준들과 원칙들을 찾는 곳은 바로 상황 그 자체에서이다. 우리가 보았듯이 그가 하는 일은 마땅히 그래야 하는 것이 아니라 있는 그대로의 것을 진술하는 것이다.

이처럼 몽테스키외는 신학에 맞서 정신과학의 입장을 옹호했고, 인간 정신이 만들어 낸 모든 것에 대해 인간 정신의 절대적 지배력을 명확하게 확립했다. 신학자들은 마치 신학이 존재하지 않는 듯 그리고 신성한 진리로 거슬러 올라가지 않으면서 인간과 인간의 역사를 다룰 수 있다는 사실을 인정하려 하지 않았다. 신학은 단지 저 다른 세상의 일에 대한 학문만이 아니라, 또한 인간사의 흐름을 설명하고 인간에게 이 세상에서의 그의 운명이 어떠한 것인지 그리고 왜 그와 같이 되어야 하는지 알려 주는 학문이 되고자 한다. 신학은 인간에게 원죄와 은총에 대해 이야기한다. 일반적인 인간사를 다룬다고 주장하는 모든 시도는 여기서 시작해야만 한다. 그것은 필수적인 서두이다. 결혼을 다룬다면 그 제도를 "아담에게 배우자를 주었고, 최초의 남자를 최초의 여자와 절대 풀 수 없는 관계로 결합시켰고, 양육해야 할 자식을 갖게 하신 신 자체에" 결부시켜야만 할 것이다.(『법의 정신에 대한 변호』, 2부, 「결혼」) 그런데 몽테스키외는 원죄나 그런 종류의 다른 개념을 이야기하지 않고도 인간사를 해석할 수 있다고 주장한다. 결혼은 인간의 제도이다. 사람들 간에 통용되는 여타 관례와 법을 다루는 방법과 다른 방법을 결혼에 적용할 이유는 없다. 이 문제와 관련해 교회가 그를 "하느님의 계시와 연관된 모든 것을 피해 나간다"(『법의 정신에 대한 변호』, 2부, 「결혼」)라고 비난하는 것은 잘못된 일이다. 그는 "신학 개론"(『법의 정신에 대한 변호』, 1부, 「세 번째 반론에 대한 답변」)을 쓰는 것이 아니다. 그는 자기 것이 아닌 학문에서 개념들을 차용할 이유가 없다. 그는 법률가이고, 그것으로 충분하다.

이처럼 몽테스키외는 동시대인들에게 인간적 관점에서 정신적 세계를 보라고 가르친다. 그것은 정확히 말해 이단은 아니다. 종교적 진리를 건드리는 것이 아니기 때문이다. 그러나 그것은 아마도 이단 이상일 것 같은데, 왜냐하면 신학에서 한 영역 전체를, 신학이 필수적이라고 주장하던 영역을 탈취하는 것이기 때문이다. 몽테스키외는 가톨릭 체계를 직접적으로 공격하지 않는다. 그 체계를 사용하지 않는 법을 가르칠 뿐이다. 그는 교리를 반박하지 않는다. 역사와 사회과학들에는 교리가 필요 없다는 것을 보여 줄 뿐이다. 이를테면 그는 도덕을 세속화한다. 인간을 하늘에서 지상으로 다시 데려오는 것이다.

세상의 창조에 관한 옛 전설들에 기대지 않고 물리적 세계를 설명하는 것만 해도 벌써 종교적 사고의 영향력을 유난히 축소하는 것이었다. 그러나 계시된 진리에 의존하지도 않고 반박도 하지 않으면서 정신계에서 갈 길을 찾고자 하는 것은 신학자가 보기에 훨씬 더 심각한 것으로 보였음이 분명하다. 요컨대 신이 인간에게 그의 운명을 계시해 주었는가, 아닌가? 신이 인간을 창조하면서 어떤 의도를 가지고 있었다는 것, 신이 이런저런 제도를 신성한 것으로 만들었다는 것, 신이 인간에게 계명을 주었다는 사실을 인정하는가, 안 하는가? 우리에게 법의 역할을 그것의 가장 폭넓은 의미 속에서 보여 주며 모든 인간사를 판단할 수 있다고 주장하는 책이라면 그런 질문을 묵과할 수 없다. 신학자를 당황하게 만들었음이 분명한 것은 정확히 말해 몽테스키외가 그런 질문에 그렇다, 아니다 대답을 하지 않은 것이 아니라 그런 질문은 그와 상관없다고 결론을 내리는 것처럼 보인다는 점이다. 그러나 가련한 자여, 당신의 모든 설명은 시작해야 할 곳에서 시작하지 않았기 때문에, 그것 없이는 이 세상에서 벌어지는 일을 아무것도 이해할 수 없게 되는 신의 의지로 거슬러 올라가는 작업을 무시하고 모든 것을 해석했기 때문에 아무런 가치도 가질 수 없다는 것을 깨닫지 못하는가?

교회는 역사를 자신의 방식으로 만들었고, 그 해석은 교회의 주장을 가장 견고하게 뒷받침해 주어야 했다. 따라서 교회는 세속적 정신이 역사와 관련한 가톨릭 교리의 핵심 토대를 어지럽히지 못하도록, 기하학자와 물리학자가 과학의 자율성을 선언했듯이 이른바 역사의 자율성을 말하면서 세상사에 대한 교회의 시각을 비종교적인 시각으로 대체하지 못하도록 해야만 했다. 인간 역사의 신비는 교회의 영역으로 머물고, 역사가는 그것을 존중해야만 했다. 인류는 신의 왕국이고, 사건들을 이해하기 위해서는 신의 해답을 알아야만 한다는 사실을 명심해야 했다.

그것이 곧 교회가 세속적 역사가에게 신학자가 될 것을 요구한다는 것은 아니다. 우리가 보았듯이 인간적인 것과 세속적인 것의 혼합은 신교도들에게 소중하지만 가톨릭교도들에게는 훨씬 덜 소중하다. 보쉬에는 자신이 쓴 역사에서 아무 때나 신과 성경을 언급하지 않는다. 그는 이 세상의 관점에서 상황을 논해야 할 때가 언제인지 잘 안다. 우리는 『성서에 근거한 정치학』에서 그 점을 보았는데, 그가 신약과 특히 구약에서 가져오는 인용에도 불구하고 그가 왕들에게 하는 조언은 종종 예수 그리스도의 제자가 아니라 정치가가 하는 조언처럼 들린다. 17세기의 교회는 두 가지 권력을 구분할 것을 설교하고 이 세상의 것과 저 세상의 것 사이에 존재하는 차이를 명확히 하는데 너무 열중해서, 원칙의 혼동을 원한다는 것은 있을 수 없었다. 그래서 교회는 몽테스키외에게 항상 저술할 때 성경을 참조하며 제도와 법을 판단할 때 절대 성경의 가르침을 잊지 말라고 요구하지 않는다. 개신교도인 로크[4]가 했던 대로 하라고 그에게 요구하지 않는 것이다. 도리어 교회는 신학을 자신만의 것으로 남겨 두고자 할 것이다. 왜냐하면 자격 없는 사람들이 종교적인 일들에 끼어들면 언제나 위험이 따른다는 것을 알기 때문이다.

그러나 방법에도 여러 가지가 있다. 비종교인이 자신과 관계 없는 일에 끼어들지 않으려는 매우 가상한 배려를 한다고 해서 그가 마땅히 신학에 바쳐야 하는 경의를 표하지 않아도 되는 것은 아니다. 자, 보자. 몽테스키외는 법의 정신에 대한 위대한 작품을 저술한다. 그는 당연히 법의 정신과 이유를 정립하는 것부터 시작한다. 그는 신

---

4 〈역주〉John Locke(1632~1704): 영국의 철학자이자 정치이론가. 명예혁명 직전에는 왕당파의 박해로 인해 네덜란드로 망명하여 1688년 명예혁명 후에 영국으로 돌아왔다. 그는 『인간오성론』(1690)에서 감각론적 유물론을 개진했다. 로크는 데카르트의 본유관념을 부인하면서 경험과 감각으로부터 반성이 나온다고 보았다. 한편 정치적인 면에서는 절대주의를 반대하고 권력 분립을 선호하는 입장으로 인해 정치적 자유주의의 창시자가 되었다. 그는 입헌군주제에 호의를 보이면서 사회는 계약에 근거를 두어야 한다고 생각했다. 그러나 군주가 그 권리를 넘어선다면, 자연권을 지키기 위한 시민들의 반란은 정당하다고 주장했다. 그의 사회계약설은 루소에게 큰 영향을 미쳤다.

학자가 아니다. 그는 저 세상의 일에는 정통하지 못하다. 그렇다고 해서 그가 자신의 책 서문에서, 예를 들어 원죄에 대해 한마디 말함으로써 자신이 기독교인이고 교리문답을 잊지 않았음을 말하지 못하라는 법은 없을 것이다. 이렇게 하면 그는 비종교적 방법론 그 자체만으로는 인간사를 이해할 수 없으며 그것 말고도 신학의 도움을 받아야 한다는 것을 독자들에게 이해시킬 수 있을 것이다. 그러면 모든 것이 순조로울 것이다.

그런데 몽테스키외는 이런 종류의 타협을 할 준비가 되어 있지 않았다. 그는 "순수하게 정치적이고 순수하게 법률적인 작품"(『법의 정신에 대한 변호』, 1부)을 저술하고, "인간적 방식"으로 "인간적인 것들"(『법의 정신에 대한 변호』, 2부)에 대해 이야기한다고 주장한다. 그는 사람들이 그의 정치학 저서에 다른 차원의 진리들을 삽입하게 강요함으로써 그의 의도와는 상관없이 역사가이자 법학자일 뿐인 사람을 '결의론자', '교회법 학자', '신학자'(『법의 정신에 대한 변호』, 2부, 「이자」)로 만들고 싶어 한다는 것을 용납하려 하지 않는다. "어떤 학문에 대한 저술을 그 학문 자체를 공격할 수도 있을 논거들을 이용하여 논증해서는 안 된다."(『법의 정신에 대한 변호』, 3부) 정치사는 신학과 아무런 관련이 없다. "법의 정신은 그 증거를 제공한다." 원죄와 구원의 교리를 정립하는 것부터 시작해서, 역사 분야의 연구에 전통적 모델에 따른 교조적 서문을 덧붙이고, 저서의 표제에 몇몇 신학적 진리를 맨 앞에 내세우는 것이 사실 몽테스키외에게 무슨 쓸모가 있었겠는가? 인간 역사의 구체적인 사건들을 해석하기 위해 그가 역사가로서 사용해야 했던 어떤 방법도 알려 주지 않았을 서문과 그가 법에 대해 말한 것을 어떻게 양립시킬 수 있었겠는가? 그가 사용하는 방법들은 다른 출처에서 나온 주장들을 반박하게 되었을 것이다. 역사가와 신학자는 따로따로 놀았을 것이다. 법은 그 자체로 이해된다. 법의 원칙들은 사물의 본성에서 나온 것이다. 법은 서로 일관되게 연결되어 있으며 상호적으로 해명된다. 주제에서 벗어나는 것들의 질서를 참조할 필요는 전혀 없는 것이다. 신학은 문제를 주제에서 벗어나게 할 뿐이다. "논의의 대상과 관련 없는 것들을 불러오며, 다양한 학문을 그리고 각 학문의 개념들을 혼동하는 이러한 추론 방식은 좋지 않다."(『법의 정신에 대한 변호』, 3부) 신학자들은 자신의 일을 하면 된다. 몽테스키외는 그들이 해야 할 일을 자신이 해야 맞는다고 생각하지 않는다. 신학자의 복장은 학자에게 어울리지 않는다.

이처럼 정치를 연구하는 역사가는 신학이 필요하지 않다. 그는 신학이 필요 없을 뿐만 아니라 신학과 결별해야 한다. 다양한 차원의 개념들을 구별하는 것으로 충분하지 않다. 여기서는 그 자체로 양립할 수 없는 두 가지 정신적 태도가 문제되는 것이다. "신학은 그 나름의 방법과 한계를 가지고 있다. 신학이 가르치는 진리는 널리 알려진 것이기 때문에 사람들은 그것을 충실히 따라야 한다. 그리고 사람들이 그로부터 멀어지는 것을 막아야 한다. 이 분야는 천재가 활개를 치면 안 되는 곳이다. 오히려 천재를 울타리 안에 가둬 놓아야 한다. 그러나 바로 이 울타리를 인간과학을 연구하는 사람들 주변에 놓아두고자 하는 것은 세상을 조롱하는 것이다."(『법의 정신에 대한 변호』, 3부) 인간과학은 어떤 종류의 속박도 받지 않고 마음껏 활개를 칠 수 있어야 한다. 그것을 제한하고자 하는 것은 학자연하는 태도일 뿐이다. "우리의 세기는 아카데미를 설립했다." 그런데 무엇 때문에 "몽매한 시대의 학교에 우리를 재입학시키려"(『법의 정신에 대한 변호』, 3부)고 하는가?

본질적으로 자유로운 이 과학적 정신이야말로 신학에 맞서 자신의 권리를 주장한다. 사람들이 교회라는 체제에 대립시키고자 하려는 것은 이미 만들어진 어떤 체제가 아니다. 정말 그렇지 않다. 그것은 과학 그 자체, 과학의 정신, 연구 방법, 이상의 문제인 것이다. 몽테스키외는 사실 무엇을 주장하는가? 사람들에게 그들이 더 이상 종교에서 찾지 못하는 확신을 찾아주는 것? 아니다. 그의 포부는 거기까지 나아가지 않는다. 우리가 신에 대해서 그리고 세상의 운명에 대해서 무엇을 아는가? "신은 아주 높은 곳에 있어서 우리는 그의 구름조차 볼 수 없다."(『페르시아인의 편지』, 편지 69) 우리가 신에 대해 말할 때 하는 일이란 무엇인가? "우리는 남모르게 자신을 성찰하면서 그 성찰을 통해서만 사물들을 평가하기" 때문에 우리 식으로 신의 모습을 상상하는 일에 불과하다. 몽테스키외는 말한다. "내가 원자 위를, 다시 말해 우주의 한 점일 뿐인 지구 위를 기어 다니는 사람들이 대놓고 자신이 신의 섭리의 모델이라고 나서는 것을 볼 때, 나는 어떻게 그런 엄청난 광언을 그렇게 미미한 존재와 일치시켜야 할지 모르겠습니다."(『페르시아인의 편지』, 편지 59) 몽테스키외는 자신의 "미미함"을 "전혀" 느끼지 못하는, "그럼에도 불구하고" 자신이 "우주에서" 중요하기를 원하며, "우주에서 중요한 역할을 맡은 중요한 대상이고 싶어 하는"(『페르시아인의 편지』, 편지 76) 이러한 존재, 즉 인간에게 겸허할 것을 설교한다. 그는 자신의 진리를 남에게 강요하려 하지 않는 겸손한 사람들을 좋아한다. "겸손한 사람들이여, 와서 내 인사를 받으시라. 당신들은 삶의 부드러움과 매력을 만듭니다. 당신들은 아무것도 가지고 있지 않다고 믿지만, 나는 당신들이 모든 것을 가지고 있다고 말하겠습니다. (…) 내 머릿속에서 당신들을 내가 곳곳에서 보는 그 절대적 사고를 지닌 사람들과 비교할 때면, 나는 그들을 그들의 법정에서 끌어내어 당신들 발아래 꿇리고 싶습니다."

몽테스키외는 동일한 무기를 들고 신학자와 싸울, 즉 독단에 독단으로 맞설 사상가가 아니다. 그는 모든 형태의 절대를 신학자들에게 내맡긴다. 명확하고 절대적인 성질만을 알고 반면에 '다소간'이라는 말이 무엇을 의미하는지는 전혀 모르는 사람들이 있다. 그것은 몽테스키외에게는 해당되지 않는다. 그가 정립하는 것은 인간 정신이 안주할 수 있을 그런 진리가 아니라, 진리를 탐구하는 방법들이다. 『법의 정신』은 이론이 아니다. 그 책은 어떤 방법론에 힘입어 그가 몰두했던 관찰과 연구를 통해 나온 복잡한 결과이다. 그 방법론 덕에 그는 이해하기 매우 어렵고, 겉보기에 뒤죽박죽이고 모순된 의미로 가득 찬 법률 문서들을 해독할 수 있었다. 그러나 그는 법률 속에서 드러나는 정신을 발견했다는 주장 외에 다른 주장은 하지 않았다. 그는 그가 접하는 모든 법과 관습에 그것을 적용하고, 개별적인 것과 구체적인 것에 그것을 적용한다. 그러면서도 그의 연구로부터 어떤 결정적인 것, 완전히 결정된 어떤 것도 나오지 않는다. 그러나 어찌 다를 수 있겠는가? 인간사는 불안정하고 변덕스러우며, 미묘한 차이가 풍부하고, 무한히 변화하는 관계 속에서만 존재할 수 있는 운명인 것이다.

바로 그런 것이 인간의 역사이다. 그것이 무엇이든 간에 더 이상 보편적 계획도, 절대적 도덕도, 교리도 존재하지 않는다. 사상가는 더 이상 "나는 역사를 알고 있소. 나는 인류의 시작이 어떠했는지 그리고 어떤 종말을 향해 가는지 알고 있소"라고 말하지 않을 것이다. 그는 이렇게 말할 것이다. "나에게 다양한 민족과 그들의 역사에서 가져온 사실들, 모든 종류의 사실을 건네주시오. 그러면 내 방법론을 적용하여 그 사실들을 이해할 수 있게 해 주겠소." 그는 더 이상 "나는 사람이 마땅히 해야 하는 바가 무엇인지 그리고 인간의 완벽성이 무엇인지 알고 있소"라고 말하지 않을 것이다. 그는 이렇게 말할 것이다. "내게 상황을 알려 주시오. 내게 한 사회의 삶이 발전하는 조건들을 말해 주시오. 그러면 그 민족이 무엇을 해야 할지 그리고 다양한 가능성 가운데서 어떻게 최선의 것 또는 어려움이 가장 적은 것을 선택할지 알려 드리겠소." 그는 더 이상 "이것이 진실이오. 저것은 거짓이오. 의심하지 마시오"라고 말하지 않을 것이다. 그는 이렇게 말할 것이다. "나는 두 가지 현상 간의 어떤 관계를 확인했소." 그렇게 말하면서 그는 자신이 알지 못하는, 그러나 언젠가는 찾아내게 될 많은 다른 관계들이 여전히 존재한다는 사실을 인정할 것이다. 사회과학은 자유로운 학문이 되었다. 그것은 자체에 기초를 두고, 고유의 방법론을 발전시킨다. 17세기에 자연과학이 했던 일을 18세기에는 정신과학이 완성시킨다. 방대한 영역의 학문들 전체는 이후로 비종교적 정신에 따르게 된다.

이처럼 신학적 방식이 강요했던 족쇄에서 풀려난 정치적 개념들은 심층적인 변모를 겪게 될 것이다. 몽테스키외는 사회현상을 자유롭게 분석하고 사회의 삶을 결정하는 관계들로 거슬러 올라가면서 절대주의 체계가 근거를 두고 있는 이론들의 공허함을 보여 주었다. 정신과학의 영역에서 교회의 권위를 몰아내는 것은 동시에 교회가 강력하게 지지했던 절대군주제의 권위를 뒤흔드는 것이었다.

제3장
군주 전제정과 국민정신

　　몽테스키외는 인간 역사에서 신의 섭리를 떼어 놓았다. 그러나 신의 섭리만 있는 것은 아니라 왕들에 관한 전설이 있다. 국민은 왕을 믿는다. 왕의 섭리가 항상 신의 섭리만큼 좋게 작용하지 않는다는 것은 사실이다. 왕이 나쁜 왕이거나 혹은 단순히 게으른 왕일 때라도, 그것은 심지어 가끔 역행하는 섭리가 된다. 그러나 왕들은 여전히 후광과 신적 속성으로 장식된다. 국민에게 왕은 이 땅에 사는 신의 대리인이다. 민족들의 운명이 일차적으로 신에게 달려 있다면, 신이 이 땅에서 그의 계획을 실현하는 것은 전능한 왕들을 통해서이다. 따라서 역사를 만드는 것은 왕들이다. 모든 권력을 왕의 수중에 집중시키고자 하는 절대주의는 오직 이러한 믿음을 강화할 수밖에 없었다. 국시 전체가 군주에게로 집중된다. 따라서 국가에서 일어난 사건들의 추이는 왕의 뜻에 따라 흘러간다. 왕의 절대적 권력이라는 신조와 왕권신수설에 대한 믿음은 서로를 보완하고, 역사를 왕들의 업적으로 만들게 하는 해석으로 수렴된다. 이런 시각에서 보는 역사는 그

저 계속되는 왕들의 연대기 이상의 것이 아니다. 정치로 말하면, 그 것은 왕들의 정신과 성격을 도야하는 기술로 축소된다. 즉 정치는 군 주들의 교육으로 요약되는 것이다.

우리는 교회가 왕들의 장점들과 결점들에 전적으로 중요성을 부 여했음을 알고 있다. 마시용은 말한다. "이 땅의 왕들과 군주들의 운 명은 그러한 것이어서, 다른 모든 사람의 구원이나 파멸을 위해 정해 진 것입니다. 하늘이 그들을 세상에 낼 때, 그것은 하늘의 자비 혹은 심판이 민족들에게 준비하는 공공의 은총 혹은 징벌이라고 말할 수 있습니다."(『소사순절 강론집』「성모 취결례를 위한 강론, 귀족들의 예Sermon pour la fête de la purification de la Sainte Vierge, Des exemples des grands」) 이와 같은 역사관은 사회현상들의 심층적인 분석을 견뎌 낼 수 없었다. 몽테스키외는 사회의 구조를 적나라하게 폭로함으로 써 그러한 역사관이 전적으로 부질없음을 보여 주었다. 사실 군주정 에서 사람들을 움직이고 그들이 생각하고 느끼는 방식을 결정하는 것은 무엇인가? 군주 개개인의 일시적인 의지인가? 아니다. 그것은 그보다는 덜 조잡하고 개인과는 더욱 관계없는 어떤 것이다. 그것은 백성들의 정신만 아니라 왕들의 정신도 지배하는, 좀 더 일반적인 중 요성을 지닌 요인들의 총합에 의해 만들어지고 결정되는 사회정신이 다. 몽테스키외는 그것이 "명예, 군주처럼 제후와 국민 위에 군림하 는 명예"(『법의 정신』, 3권, 10장)라고 말한다. 몽테스키외로부터 사물 들을 그것들의 복잡성과 다양성 속에서 있는 그대로 보는 법을 배운 사람들에게 "군주의 덕성 혹은 악덕"은 한 국가의 삶을 결정하는 수 많은 요인 가운데 완전히 부차적인 역할만을 하는 "우연한 사고와 같 은 것들"(『법의 정신』, 11권, 9장)이다. 왕들도 인간이다. 그리고 역사 에서 몽테스키외는 개인들 그리고 그들의 장점과 결점보다는 제도에서 비롯되는 내재적인 논리에 매달리며, 그 민족의 심성을 결정하는 원칙들에 집중하는데 그 심성에는 왕들도 결부되어 있다. 그는 리슐리외 추기경을 유쾌하게 조롱한다. 리슐리외 추기경은 "아마 자기가 국가의 여러 계층을 너무나 약화시켰다고 생각하면서, 국가를 유지하고자 군주와 대신들의 미덕에 호소하고 그들에게 많은 것을 요구하지만, 사실 천사 말고는 그 정도의 주의력, 깨달음, 단호함, 지식을 갖춘 사람은 없을 것이다." 그러니 "지금부터 군주국들이 멸망할 때까지 이런 국왕이나 대신들을 만날 수 있으리라는 기대는 거의 하지 않는 편이 좋을 것이다."(『법의 정신』, 5권, 11장)

몽테스키외가 보기에 왕들 역시 다른 모든 사람과 마찬가지로 한 사회의 삶을 결정하는 요인들로부터 자신의 존재를 이끌어 낸다. 사회적 조건을 분석하면서 그는 사회들이 그 자체로 스스로 존재한다는 것을 알았다. 군주정 형태를 채택한 사회들이 있듯이 그것과는 상이한 법에 따라 다스려지는 다른 사회들이 존재한다. 그러나 정체가 어떻든 간에 중요한 것은 언제나 이 형태 자체이지 일시적으로 권력을 행사하는 개인들이 아니다. 그러니 왕들은 내버려 두고 군주정에 대해 이야기하자. 군주정을 분석해 보면, 왕이 어떻게 만들어지는가가 아니라 국가가 어떻게 구성되는가를 아는 것이 중요하다는 사실을 알게 될 것이다. 이곳에서 군주정의 원활한 기능을 위한 모든 조건이 충족되었는가? 귀족과 의회는 이러한 정체 내에서 그들에게 위임된 역할을 수행하기 위해 필요한 권력을 부여받았는가? 군주정의 원리 그 자체를 손상시키면서 전제적 정부로 퇴보시키는 요인들 중 어느 것도 거기에는 존재하지 않는가? 바로 이런 것들이 역사의 흐름을 결정하고 민족들의 운명을 좌우하는 문제들이다. 이러한 커다란 사회적 문제들에 비추어 보면 당대 군주들의 장점들이나 결점들에 의해 이루어지는 역할은 부차적인 것일 수밖에 없다. 몽테스키외의 정신에 따르면, 이 세상의 주인은 왕이 아니라는 것을 깨달을 수밖에 없다. 이 세상을 움직이는 것은 원칙들의 힘과 그것과 결부된 법의 힘이다.

이렇게 역사적 현상을 이해하는 비개인적 방식은 몽테스키외가 탁월하게 사용하는 방식으로, 왕들의 전설을 무너뜨리는 데 나름대로 크게 기여했다. 편견을 무너뜨리기 위해 반드시 그것을 논박할 필요는 없다. 사람들에게 어떤 전체 사실들이 그런 편견에 의존하지 않고도 설명될 수 있다는 것을 보여 주는 것으로 충분할 때가 종종 있다. 몽테스키외는 신의 섭리의 개입 없이도 역사를 이해할 수 있다고 가르침으로써 신학에 치명타를 가했다. 마찬가지로 그는 역사적 현상들이 왕들의 의지와는 다른 이유로 발생했다고 설명함으로써 절대주의의 토대 그 자체를 뒤흔든다. 역사적 현상들은 다양한 사회의 구조를 분석함으로써 설명된다는 것이다. 이런 맥락에서는 왕들과 지배 가문들에 중요성을 부여할 필요가 전혀 없다. 이것은 정치적 문제와 관련되어 기존에 알고 있던 사실들을 완전히 바꿔 놓는다. 정치학이 집단적이고 사회적인 사실들의 분석에 근거하는 학문이 된 순간, 교회가 하늘 높은 곳에 앉아 있는 신의 모습을 본떠서 이 땅의 왕들을 포장했던 소위 "무시무시한 존엄"은 어떤 의미에서 사라진다. 왕들은 그들의 권력은 아니라 해도 적어도 그들의 위엄과 권위를 상실한다. 왕들은 모든 것이었으며, 민중의 관심과 존경 그리고 사랑이 그들의 거룩한 인격과 결부되어 있었다. 보쉬에는 말한다. "군주는 자신을 이 세상에서 인류의 시선을 끄는 가장 위대한 존재라고 본다."(보쉬에, 『성서에 근거한 정치학』, 10권, 6항, 명제 9) 이후 왕들은 주목받는 직위를 확실하게 수행하는 공인이 될 것이지만, 그 때문에 태양왕 루이 14세와 같은 광휘를 빛내지는 못할 것이다. 그들의 역할은 더 겸허하고 신중하게 된다. 과거에는 반신반인이었던 그들은 다시 사람이 되었다. 그들이 그 정점에 자리 잡았던 조직은 그 자체로 존재한다. 그들은 다른 사람들과 마찬가지로 그 조직의 일부를 이룬다. 그들의 내면에는 국가를 살아 움직이게 하는 보편 정신의 어떤 것이 반영된다. 그들은 역사의 흐름을 결정하기는커녕 그 안에서 한 국가의 삶이 전개되는 일반적 조건들에 종속된다. 그들이 다스리는 국민의 운명을 좌우하는 주인이기는커녕 국민들과 운명을 같이한다. 그들은 그 흐름을 따른다. 국가와 마찬가지로 군주 위에 이 비개인적 힘이 군림하고, 역사가는 국가의 구조와 사회적 삶을 결정하는 요인들을 분석하면서 그 힘의 효력을 발견한다. 어떤 의미에서 몽테스키외는 그의 새로운 역사관 속에서 왕들을 쫓아냈다. 왕들은 더 이상 혼자서 그리고 그들의 강력한 인격을 통해 이 세상의 운명이 이루어지는 무대의 전경을 독차지하지 못한다. 그들은 민족의 운명이 최종적으로 달려 있는 지적이고 정신적인 거대한 힘 앞에서 자취를 감춘다.

그러나 이것이 곧 왕들이 국가에 어떠한 종류의 영향력도 전혀 발휘하지 못한다는 말은 아니다. 그들이 상황에 잘 적응하느냐 혹은 그렇지 않느냐에 따라 어느 정도까지는 이로운 혹은 해로운 존재가 될 수 있을 것이다. 그러나 그들이 자신의 권력을 만들고 행사한다 해도 소용이 없다. 형세는 그들의 뜻대로 흘러가지 않는다. 그들은 국민을 지배하고 있다고 믿는다. 왜냐하면 법을 부과하는 것은 그들이기 때문이다. 그러나 그들이 오직 자기들 마음대로 법을 제정할 수 있다고 가정한다고 해도, 그런 법을 제정하거나 폐지하면서 그들의 행동이 어떤 결과를 가져올지 그들이 과연 알겠는가? 한 번 제정된 법은 사회조직 내에서 가장 멀리 떨어진 곳에까지 그리고 전혀 예측하지 못한 방식으로 파급 효과를 낳는다. 법은 상황에 따라 완전히 대립적인 방식으로 작용하게 될 것이다. 실제로 왕의 권력은 항상 그리고 극단적으로 제한되어 있다. 법적으로 왕은 원하는 것을 모두 할 수 있다. 하지만 실제로는 할 수 있는 일이 거의 없다. 로마 황제가 로마의 몰락을 막기 위해 무슨 일을 할 수 있었단 말인가? 로마인들의 타락을 준비하고 있었던 논리는 로마인들이 황제에게 부여했던 절대권력보다 더 강력했다. 왕들은 지배하고 있다고 믿지만 실제로는 지배당한다. 이것이 바로 몽테스키외가 정립한 바와 같은 역사 개념들로부터 생겨나는 결과이다. 아마 교회도 같은 말을 했는지는 모르겠다. 그러나 교회가 왕보다 더 강력한 그 권력을 신에게서 보았다면, 몽테스키외는 그것을 비개인적 힘, 제도와 법의 논리에서 보았다.

따라서 몽테스키외는 왕의 전능함 앞에 굴복할 수 없을 것이다. 그는 왕들이 자신의 뜻대로 할 권리가 있다고 믿는 곳에서 상황들을 계산하고 검토한다. 몽테스키외의 사려 깊은 정신에 비추어 볼 때, 왕들은 자신이 어디로 가는지도 모르면서 과감하게 결정하는 몸집만 큰 어린애와도 같다. 물론 상황을 인식하고 자신이 처한 조건들로부터 배움을 얻을 줄 아는 왕들도 있다. 그러나 입법의 기술은 무엇보다 더 어려운 기술이다. 좋은 법을 만들 줄 알기 위해서는 사회적 삶의 수많은 관계를 고려할 줄 알아야 하고, 기존의 것을 흐트러트리지 않아야 하며, 가장 섬세한 방식으로 국민정신을 이해할 줄 알아야 한다. 군주가 최선의 의도로 고양되어 있고 보쉬에나 페늘롱[1] 같은 사

---

1 〈역주〉 François Fénelon(1651~1715): 프랑스의 성직자이며 철학자.

람들에게 교육을 받았다고 할지라도, 정치에서 제기되는 복잡한 문제들을 해결할 능력이 있다고 누가 보증할 수 있겠는가? 그러므로 입법을 지배하는 과학적 정신은 권력의 위엄을 소멸시킨다. 독단과 과학은 함께할 수 없을 것이고, 과학 그리고 역사적이며 사회적인 현상들의 연구를 통해 발전된 비판적 정신은 자신의 판단을 포기하고 신이 왕들을 이 땅의 대리인으로 세웠다는 구실로 왕들에게 호의를 보이지는 못할 것이다. 사회현상들의 분석은 왕들의 신화를 대체한다. 모든 것을 고려하면, 역사 속의 왕들은 그들이 믿는 것만큼 혹은 민중이 상상하는 것만큼 흥미롭지 않다.

물론 민중은 왕의 인격에 즐겨 부여하는 전설적 모습들을 그렇게 빨리 포기하지 않을 것이다. 계속해서 오랫동안 그들은 왕을 아이들이 필요로 하는 것을 마련해 주어야 하는 전능하신 아버지처럼 생각할 것이다. 그러니 그들은 왕을 사랑할 것이다. 몽테스키외는 말한다. "사람들이 군주를 사랑한다는 증거를 하나 든다면, 사람들이 그를 신뢰하여 어떤 대신이 거부할 때라도 여전히 군주는 승낙했을 것이라고 생각한다는 것이다. 심지어 국가가 큰 재앙을 맞았을 때도 사람들은 직접 그를 비난하지 않는다. 사람들은 그가 이를 모르고 있다고 혹은 부패한 간신배들에 둘러싸여 있다고 한탄한다. 그들은 말한다. '임금님이 아신다면!'"(『법의 정신』, 12권, 23장) 그러나 국가의 이익을 이해하는 이러한 원시적 방법들은 시간이 흐름에 따라 더 수준이 높은 다른 방법들로 대체될 것이다. 민중은 국가와 왕, 제도와 사

1689년 루이 14세의 손자 부르고뉴 공작의 가정교사로 임명되어 공작의 교육을 위해 『텔레마크의 모험담』을 썼다. 1695년 캉브레의 대주교로 임명받은 그는 신비주의자 기용 부인을 만나 정적주의에 빠져들어 보쉬에와 결별하고 왕의 총애를 잃었다.

람, 민족이라는 집단적 인격과 개인을 구별하는 법을 배우게 될 것이다. 민중은 높은 권좌에 앉아서 백성들을 지배하는 왕의 단순한 이미지와는 전혀 관계가 없는 민족, 법, 정체와 같은 복잡한 개념들을 이해하는 방법을 조금씩 배우게 될 것이다. 그리고 예전처럼 신에게 좋은 왕을 보내 달라고 요청하는 대신에, 차라리 좋은 법을 가지길 기원할 것이다. 자연과학에서 하늘 높은 곳에서 천체를 작동시키는 신의 개념이 자연법칙과 기계적 장치로서의 자연이라는 개념으로 대체되었던 것도 바로 이러한 방식이었다. 정치학은 자연과학과 마찬가지로 과학적 방법론과 맞지 않는 편견에서 해방되어야만 했다. 국가를 재구성하는 작업을 시작하기 전에, 과거의 훌륭한 왕이라는 이미지를 사회구조가 내포하는 복잡한 일반 개념으로 대체해야만 했다. 몽테스키외는 정치 분야에 관한 한 18세기의 위대한 교육자이다. 왜냐하면 문제를 제기하기 위해 어떻게 행동해야 하는지 동시대인들에게 보여 줄 줄 알았고, 사회현상들의 집단적 성격을 증명하고 제도와 법의 정신을 밝힘으로써 한 사회의 구조 내에 들어 있는 일시적이고 개인적인 요인들을 그것들이 그 구조 내에서 가질 수 있는 완전히 상대적인 중요성으로 환원시켰기 때문이다.

이처럼 왕들의 전설은 자취를 감춘다. 이후로는 왕이 어떤지, 좋은 왕인지 나쁜 왕인지 아는 것은 더 이상 중요하지 않게 될 것이다. 역사와 사회현상들을 이해하기 위해서는 국민이 어떤지, 그들의 제도, 풍습, 전통이 어떤지 아는 것이 중요할 것이다. 어린 왕자들을 위한 교육 계획을 만들고, 왕의 의무를 정립하는 것으로는 더 이상 충분하지 않을 것이다. 입법의 기술을 창조해야 한다. 역사에서 왕들은 신의 섭리와 동일한 운명을 맞게 될 것이다. 신은 더 이상 세상의 주인이 아니며, 적어도 그의 지배는 더 이상 역사적 사건들을 통해 느껴지지 않는다. 왕들도 역시 더 이상 그들이 다스리는 백성들의 운명을 좌우하는 주인이 아닐 것이다. 왕들은 법, 제도, 국민들의 삶을 지배하는 원칙들에 내포된 힘으로 통제될 것이다. 사람들이 그 거대한 비개인적 힘을 더 잘 이해할수록, 절대군주제의 토대 역할을 하는 개념들의 허망함이 그들에게 더 잘 보이게 될 것이다. 역사를 만드는 것은 왕도 아니고 신도 아니다. '역사는 스스로 이루어진다.' 사건들은 몇몇 조건에 따라 전개되고, 오직 인간 이성만이 그에 적응하면서 그 사건들에 의미를 부여할 수 있다. 사회가 따르는 변화 과정에 대한 설명을 찾아야 하는 것은 이러한 인간 이성이 표현되는 법 안에서이지 그 사회에 초월적인 혹은 외부적인 어떤 원인에서가 아니다. 이러한 확신이 강해진 국민들은 사람들과 사물들을 위에서 내려다보며 자신이 원하는 대로 그들을 움직인다고 주장하는 정체들을 더 이상 참을 수 없을 것이다.

　정치집단의 모든 부분을 움직이는 그리고 영혼을 형성하고 정신을 도야하며 자체의 힘에 따라 작용하는 원리들을 찾아내면서 몽테스키외는 자유의 개념에 대립하는 장애물들 중 가장 큰 것을 떼어 냈다. 절대주의자에게 국가는 강압이다. 국가는 그 기원이 강압이고, 강압은 국가를 유지하는 원리이다. 국가는 내부적으로 유지될 수 없을 것이다. 국가는 이를테면 자신의 통일성을 매 순간 외부적으로 다시 만드는 지속적인 의지를 통해서만 유지될 수 있을 것이다. 군주 없는 국가는 머리 없는 몸과 같다. 절대 권력을 발휘하는 통치권이 분열을 막기 위해 존재하지 않는다면, 국민은 그 안에서 모든 것이 뒤죽박죽이 될 사람들의 결합일 뿐이다. 그래서 통치권이 강하면 강할수록 더 좋을 것이다. 오직 왕의 의지만이 사회 통합을 만든다. 왕의 의지가 없다면, 사회도 존재하지 않는다. 자신의 성향에만 따라 행동하는 사람들은 규칙도 질서도 없는 무리만을 구성했을 것이다. 이 무정부적 상태에서 벗어나기 위해서는 그들을 지배하는 권력, 그들을 지휘하는 머리가 필요했다. 보쉬에는 말한다. "달리 통합이란 있을 수 없다. 사람들은 흩어진 양떼처럼 방랑자로 떠돈다."(『성서에 근거한 정치학』, 1권, 3항, 명제 3) 이것이 바로 절대주의의 사회학적 원리라고 부를 수 있을 것이다. 왕의 의지는 사회 통합의 기원인 동시에 영원한 이유이다. 이러한 의지가 없다면, 사회도 없다. 몽테스키외는 집단적 삶의 일반 원인들과 진정한 토대들로 거슬러 올라가면서, 상황을 완전히 다르게 본다. 사회의 기원과 관련하여 말하자면, 그 기원을 찾는 것은 그가 보기에 "우스꽝스러운 짓"이다. 그는 말한다. "사람들이 사회를 구성하지 않고 서로를 기피하고 서로에게서 도망가려고 한다면, 그 이유를 물어보고 왜 사람들이 떨어져 있는지 알아보아야 할 것입니다. 그러나 사람들은 모두 서로 결합된 상태로 태어납니다. 아들은 아버지 곁에서 태어나고 떨어지지 않습니다. 이것이 바로 사회이자 사회가 생긴 이유입니다."(『페르시아인의 편지』, 편지 95) 홉스[2]의 이론에서 가장 완벽하게 표현되는 이 절대주의 철학 전부는 몽테스키외가 보기에 아무런 가치도 없다. 몽테스키외는 이렇게 말한다. 홉스가 말하듯이 "사람들이 하늘에서 떨어졌거나 카드모스의 병사들처럼 서로를 파멸시키기 위해 땅에서 완전무장한 채 솟아났다고 가정해서는 안 된다. 그것은 전혀 인간들의 상태가 아니다."

---

2 〈역주〉 Thomas Hobbes(1588~1679): 영국의 철학자이자 정치학자로 자연 상태를 '만인의 만인에 대한 투쟁'이라고 규정하고, 이 무질서를 벗어나기 위해 모든 사람이 군주에게 자연적 권리를 양도하는 계약을 맺을 때 그들은 사회 상태로 진입하게 된다고 말한다. 그는 절대군주제를 옹호하는 사상가로 간주되지만, 권력에 대한 제한을 이론화한 것도 사실이다.

(몽테스키외 남작, 『몽테스키외의 미발표된 사상과 단상 *Pensées et Fragments inédits de Montesquieu*』, 보르도: G. Gounouilhou, 1899, 1권, p. 396) 만인의 만인에 대한 투쟁은 자연적 상태가 아니다. 서로 접촉하는 것은 인간의 본성에 속한다. 그러므로 몽테스키외는 강압적인 정부의 필요성을 더욱 굳건히 확립하기 위해 사람들이 타고난 무정부주의자라고 주장하는 이러한 이론들을 받아들일 수 없을 것이다. 그러나 사람들이 그 본성에 의해 무정부주의자든 — 루소는 이 무정부주의자들을 선량하게, 홉스는 사악하게 본다 — 반대로 매우 사회적인 존재이든, 그것은 몽테스키외에게 별로 중요하지 않다. 그가 관심을 갖는 문제는 사회에서 통합을 유지시키는 바가 무엇인지 아는 것이다. 그리고 이 점에서도 그는 절대주의자와 의견을 같이할 수 없을 것이다. 집단적 삶의 일반 원인들과 진정한 토대로 거슬러 올라갈 줄 아는 사람에게는, 모든 사람이 굴복하는 절대 권력을 갖는 기관에 의해 사회 통합이 유지된다고 설명하는 것은 지나치게 단순한 가정이다. 절대주의는 추상적 관념만을 알 뿐이다. 질서의 원리인 왕이 그러한 추상적 관념의 일례이고, 기질적으로 무질서를 지향하는 신민들이 또 다른 일례이다. 몽테스키외는 그러한 허구들을 파괴한다. 왕과 신민들은 서로 유사하게 제도와 관습의 총합에 의해 결정되는 매우 복잡한 존재들이다. 정치집단의 통합을 유지하는 것은 정확히 말해 그 제도와 관습들이다. 그것은 곧 통합은 외부가 아니라 내부에 의해서 이루어지는 것이라는 말과 같다. 한 국가의 구성원들은 동일하게 행동하고 느끼는 방식, 몇몇 감정, 행위를 평가하고 가치와 가치의 위계를 만드는 몇몇 방법을 공유한다. 교육은 체계가 잘 잡혀져 있다면 그러한 태도를 발전시키고 강화한다. 그리고 제도는 그것을 영속화한다. 이처럼 군주정에서 명예는 모든 행위와 모든 감정의 척도 역할을 하고,

모든 것은 명예를 발전시키는 방향으로 나아간다.

법, 관습, 제도, 편견은 틀을 만든다. 개인은 몇몇 원칙에 근거한 그리고 그를 어떤 특정한 방식으로 움직이게 만드는 관계들의 체계에 끌려 들어간다. 사회 속에서 작용하는 다양한 힘이 서로 간에 잘 결합되어 있고 그 힘들이 모두 동일한 목표를 향해 나아가며 서로 보완관계를 이룰 때, 사회 통합이 유지된다. 법의 조화라는 말을 가장 넓은 의미에서 이해할 때, 그것은 통합을 만들어 내는 것이다. 물론 "사회는 정부 없이", 이를테면 "모든 개별적 힘들의 통합"인 "공동의 힘"이 없다면 "존속할 수 없을 것이다."(『법의 정신』, 1권, 3장) 그러나 그 개별적 힘들이 통합되는 것은 강압에 의해서가 아니다. 그 힘들은 말하자면 자발적으로 통합된다. 보쉬에에게서 "모든 힘은 최고 행정관에게 전해진다."(『성서에 근거한 정치학』, 1권, 3항, 명제 5) "각자는 자신의 의지를 포기함으로써 그것을 군주와 행정관의 의지로 전달하고 통합한다."(『성서에 근거한 정치학』, 1권, 3항, 명제 3) 몽테스키외에게서 의지들은 사회조직의 내부에서 통합된다. 그것들은 조화로운 전체를 구성하는데, 그 전체는 법에 의해 강요를 받기보다는 인도를 받는다. 한 사회의 구성원들을 그들 간에 결합하게 해 주는 것은 바로 정신적 일치이다. "왜냐하면 각 민족에게는 공통의 성격이 있고, 각 개인의 성격은 다소간 그 성격을 물려받고 있기 때문이다."(『몽테스키외의 미발표된 글모음 *Mélanges inédits de Montesquieu*』, 파리: J. Rouam et Cie, 1892, p. 137) 사람들을 국민의 삶에 결부시키기 위해 높은 곳에서 내려오는 왕의 의지는 필요 없다. 사람들은 외적인 힘에 의해 움직이는 무기력한 대중이 아니다. 그들은 내적인 삶에서 활력을 얻는 유기체이다. 그리고 왕들은 그들을 떠나 존재할 수 없으며 또한 한 국민의 모든 구성원을 지배하는 정신에서 벗어날 수 없을 것이다. 왕들은 이 정신에 순응함으로써만 통치할 수 있다.

이런 식으로 몽테스키외는 한 사회의 통합을 이해한다. 그것은 심층적인 그리고 유기적인 통합이며, 국민정신 자체에 그 근거를 두고 이러한 정신에 적응된 제도 전체에 의해 유지되는 통합이다. 절대주의자들에 따르면, 사회 통합은 정부가 행사하는 강압이 매 순간 개입해야만 지속될 수 있다. 보쉬에는 말한다. "신이 손을 빼면, 세상은 무(無)로 되돌아가게 될 것이다. 왕국에서 권위가 멈추어 서면, 모든 것은 혼란에 빠질 것이다."(『성서에 근거한 정치학』, 5권, 4항, 명제 1) 국가는 정부의 의지에 따라서만 존속한다. 만약 권위가 약화된다면, 어떤 재앙이 백성들을 멸망과 파멸로 몰아갈지 모를 일이다. 세상은 무질서에 빠지고, 혼돈 상태로 되돌아갈 것이다. 그러나 몽테스키외처럼 정치집단을 움직이는 원동력을 볼 줄 아는 사람에게는 왕들의 그런 주장은 약간 터무니없는 것처럼 보인다. 만물의 삶과 활동은 자동적으로 이루어진다. 그런데 왜 왕들은 사실상 스스로 유지되는 것들의 상태를 자신이 유지하는 척하는가? 왕들은 일이 굴러가도록 만들기 위해 위엄 있는 몸짓을 연출하고 성대함을 과시하고 대단한 힘을 쓰는데, 실제로 그 일이란 사회적 삶의 필요성에 따라 이끌려 저절로 이루어지는 것이다. 그러니 보편 정신이 주어진 형태 속에서 작동하도록 내버려 두면 충분한 일을 언제나 명령하고 강압해야 하는지 그 이유를 사람들은 도대체 이해할 수 없다.

절대주의자들은 사람들을 믿지 않는다. 사람들은 변덕스럽고 자신의 욕망 외에 다른 규칙을 모른다고 말한다. 사람들이 하고 싶은 대로 내버려 둬라. 그러면 통합은 끝장난다. 이와는 반대로 몽테스키외는 사람들이 단지 개인적 변덕에 따라 행동하는 것이 아니고, 모든 인간 공동체는 공동체의 구성원들 각각에 활기를 불어넣고 사회적 삶을 규율하는 일련의 감정들을 내포하고 있다고 말한다. 사람들의 내면에서 사회적 원칙들이 작동하게 만드는 것이야말로 사람들에게 더 많은 자유를 부여하는 것이다. 루이 14세 시대의 한 프랑스인에게 어떤 상황에서 그가 원하는 것을 자유롭게 할 수 있다고 말한다면, 그는 야만적 상태로 돌아가지 않을 것이다. 그는 자신의 심성을 형성 했던 몇몇 이념에 따라 행동할 것이다. 그는 17세기 프랑스인, 군주 정에 적합한 교육을 받은, 군주제 국가의 신민이 될 것이다. 그는 명 예를 중시하는 사람이 될 것이다. 사회에 의해 형성된 그의 존재를 구성하는 요소가 되어 버린 명예의 감정만큼 강력한 외적인 강압은 존재하지 않는다. 왜냐하면 군주제 국가에서 "명예는 도처에 스며들 어 생각하고 느끼는 모든 방식으로 들어가기" 때문이다. "이 괴상한 명예는 자기가 원하는 것만을 미덕으로 만들고 자기가 원하는 대로 만 미덕을 만든다. 그것은 우리에게 명해진 모든 것에 대해서 독자적 으로 잣대를 들이민다. 우리 의무의 원천이 종교에 있든 정치에 있든 아니면 도덕에 있든 상관없이 명예는 우리 의무를 제멋대로 확대하 거나 제한한다."(『법의 정신』, 4권, 2장)

군주정과 관련해 사실인 것은 다른 정체들에도 그 못지않게 사실 이다. 몽테스키외는 사회집단을 움직이는 내밀한 원동력을 알고 있 기에 자유를 두려워하지 않는다. 사회 속에서 살아가는 인간의 의지 는 사회 현실과 접촉하면서 형성되고, 그의 생각은 이웃들의 생각과 같고, 근본적인 동기에서 보자면 모든 사람의 생각과 부합한다. 자기 가 원하는 것을 행하는 일은 거의 언제나 다른 사람들이 자기였다면 했었을 일을 하는 것이다. 그것은 관례에 따르는 것이고, 집단 그 자 체의 삶을 규율하는 원칙들에 따라 행동하는 것이다. 시민들은 자신 들의 정신 상태에 따라 행동하면서 당연히 해야 하는 방식대로, 다시 말해 사회적 목표와 부합하는 방식으로 행동한다. 몽테스키외는 관례가 가지고 있는 모든 힘을 잘 이해했다. 사람들을 다스리는 것은 왕이 아니라 오히려 관례이다. "관례의 노예"인 사람이 말의 철학적인 의미에서 자유롭지 않다고 해도, 그는 적어도 어느 정도는 왕의 명령에서 자유로운 것이다.

몽테스키외는 왕들에게 말할 것이다. 한 국가에 속한 사람들의 심성이 사회적 삶을 내부적으로 규율하는 대원칙들에 의해 형성된다고 한다면, 그들이 스스로 하려 하지 않는 것을 하라고 강제할 수 있으리라 생각하십니까? "정체의 원칙들이 일단 타락하면, 가장 좋은 법이 나쁜 법이 되어 국가에 해를 끼친다. 정체의 원칙들이 건전하면, 나쁜 법도 좋은 법의 효과를 가져온다. 원칙의 힘이 모든 것을 이끄는 것이다."(『법의 정신』, 8권, 11장) 따라서 내부적으로 이미 해결된 것을 외부적으로 해결하고자 하는 것은 소용이 없을 것이다. 사람들에게 강압적으로 그들의 기질에 맞지 않는 것을 강요하는 짓은 소용이 없을 것이다. 한 개인 혹은 여러 개인의 의지는 그것이 아무리 강하다고 해도, 공통의 심성에 의해 이미 통합되지 않은 것을 그 자신의 힘만으로 통합하기에는 충분하지 않을 것이다. 그러므로 사회가 존재하는 것은 왕 때문이 아니며, 마찬가지로 국가의 통합을 유지하고 국가에서 분열이 발생하지 않도록 저지하는 것 역시 끊임없이 작용하는 왕의 권위가 아니다. 각 국가에는 사람들의 성격을 결정하고, 그들 사이에서 질서와 통합을 지향하는 성향들을 유지하도록 만드는 어떤 정신이 있다. 그것은 절대주의 이론가들이 원하듯 한 개인의 정신이 아니라 보편 정신이다. 그리고 왕들까지도 한 국가의 모든 구성원을 지배하는 이 정신에서 벗어날 수 없을 것이다. 왕은 그 정신에 부응함으로써만 통치할 수 있을 것이다. 진정한 통합은 백성들에게 명령을 내림으로써 이루어지지 않는다. 그것은 백성들의 정신 속에서 그들을 어떤 특정한 방식으로 행동하게 하고 이탈하는 것을 막을 성향들을 키우고 발전시킴으로써 이루어지는 것이다.

이것은 사회집단의 통합이 만들어지는 조건들의 더 심층적인 분석이 어떻게 절대주의 체제의 토대를 무너뜨리는지 보여 준다. 인간 사회의 원리를 이해하도록 만들기 위해 목자와 그의 양떼를 예로 드는 것은 적합하지 않다. 절대주의 이론은 표면적인 단순성으로 인해 어떤 매력이 있을 수 있다. 그런데 그 이론의 결함은 바로 그 단순성에 있다. 사회적 통합이 완성되는 복잡한 조건들을 무시하는 그러한 이론에서 통합이란 단지 획일성 외에 다른 것이 될 수 없었다. 질서가 권위의 산물인 것처럼 이해되는 순간, 질서는 규칙성과 평온함의 양상만을 띨 수밖에 없었다. 보쉬에는 말한다. "왕이 존재하는 그 즉시 백성들은 그의 권위 아래 평온하게 지내기만 하면 된다."(『성서에 근거한 정치학』, 4권, 1항, 명제 5) 모든 것이 제자리에 있다. 아무것도 움직이지 않는다. 따라서 모든 것이 가장 좋은 국가 속에서 가장 좋은 상태로 있는 것이다. 절대 권력을 지닌 국가의 목적인 이 추상적 질서는 본질적으로 부정적이고 비생산적인 개념이다. 사람들은 무정부 상태에서 벗어나기 위해 사회를 이루었다. 그다음에는? 사람들은 무엇을 하는가? 수많은 세대가 지나가지만, 보쉬에가 말하듯 "권위는 결코 사라지지 않는다."(『성서에 근거한 정치학』, 1권, 3항, 명제 6) 그리고 이 자비로운 권위 아래서 사람들은 살아간다. 그러나 세상의 종말까지 계속되는 이 질서로 말하자면 그것은 무엇을 만들어 내는가? 보쉬에는 말한다. "이 질서는 방종을 억제하는 힘이다."(『성서에 근거한 정치학』, 명제 2) 이는 질서는 질서를 만들 뿐, 사실상 다른 어떤 것도 만들어 내지 않는다는 말이다. 우리는 절대주의 이론가들이 왕의 무제한적 권력을 확립하기 위해 공공의 안정과 그로부터 끌어내는 논거에 얼마나 집착하는지 알고 있다. 백성들이 자발적으로 행동할 생각이 조금이라도 보이면, 절대주의 이론가들이 보기에는 국가가 위험에 빠진 것이다.

몽테스키외는 사회집단 속에서 작용하는 수많은 그리고 다양한 요인을 알고 있기에, 어떤 것도 방해할 수 없을 안정에 대해 이렇게 지속적으로 집착하는 것을 인정할 수 없었다. 절대적 안정은 전제군주가 지배하는 나라에서나 있는 일이다. "전제정의 원리가 공포이듯이, 그 목표는 안녕이다."(『법의 정신』, 5권, 14장) 군주정 국가들에는 역동성과 생기가 더 넘쳐흐르고, 각자는 이를테면 더 넓은 공간을 차지한다. 성격은 더 자연스럽고, 정신은 더 유동적이다. 몽테스키외가 보기에 강압으로 부과되는 통합은 통합이 아니다. 통합은 강요되지 않는다. 통합은 창조되고, 매 순간 재창조된다. 모든 사람을 단일 의지에 종속시킴으로써 힘으로 통합을 강요하고 싶더라도, 그것은 절대 이루어질 수 없다. 항상 분열을 감춘 허울뿐인 통합만을 얻게 될 것이다. 몽테스키외는 말한다. "아시아의 전제군주정, 다시 말해 절제를 모르는 모든 정체의 화합에는 언제나 실제적인 분열이 있다."(『로마인의 흥망성쇠 원인론』, 9장) "함께 모인 것은 시민들이 아니라 나란히 매장된 시체들이다."(『로마인의 흥망성쇠 원인론』, 9장) 정치집단 내의 진정한 통합은 이와는 전혀 다른 것이다. 그것은 각자가 자신의 개인적 의지를 포기하라고, 단일 의지에 복종하는 신민이 되라고 요구하지 않는다. 그것은 삶의 역동성을 인정하고, 불일치 그 자체로부터 질서가 생겨나게 할 줄 안다. 몽테스키외는 말한다. "정치집단에서 통합이라고 부르는 것은 매우 애매한 것이다. 진정한 통합은 조화의 통합인데, 마치 음악에서 불협화음들이 모여서 전체 화음을 만들어 내듯이, 그것은 겉보기에는 대립적으로 보이는 부분들일지라도 모두 사회의 공익을 위해 협력하게 만든다. 혼란스러워만 보인다고 생각되는 국가에도 어느 정도의 통합, 다시 말해 그로부터 행복이 생겨나고 그 하나만이 진정한 평화인 어떤 조화가 존재한다. 이는 한편의 작용과 다른 편의 반작용으로 영원히 관계를 맺는 이 우주의 부분들도 마찬가지다."(『로마인의 흥망성쇠 원인론』, 9장)

따라서 진정한 통합은 결코 획일성이 아니다. 통치권에 의해 강제적으로 부과된 경직된 외적 질서와 국가권력의 유동적 작용에 따라 이를테면 유기적으로 생겨난 내적 질서를 혼동할 수 없을 것이다. 외적 질서는 완전히 형식적이며, 자기 자신 외에 다른 목적이 없다. 그것은 질서를 위한 질서이다. 몽테스키외가 생각하는 질서는 더 유연하고 더 자율적이다. 그는 삶이 표현되는 유동적이고 다양한 형태들을 인정한다. 몽테스키외가 생각하는 이러한 넓은 개념의 사회에는 아무리 다양한 움직임이라고 해도 그것들을 받아들일 공간이 있다. 그것들이 설사 반대 방향으로 흘러간다 해도 말이다. 그리고 인간 삶의 모든 발현을 위한 자리가 있다. 정치적 문제는 사회조직 안에서 나타나고자 하는 여러 다양한 경향을 억누르는 것이 아니라 그것들이 서로 조화를 이루도록 만드는 것이다.

사회질서가 실현되는 조건들을 더욱 복합적으로 조명하면 사회적 통합이 강압의 산물이라는 이론을 필연적으로 배척할 수밖에 없었다. 사회적 요인들의 복합성을 확립하고 인정하는 개념과 자유의 개념 사이에는 직접적인 관계가 있다. 절대주의 이론은 어떻게 보면 사회학의 초기 단계를 나타낸다. 그 이론은 관계들의 복합성, 이익의 상대성, 개인적 열망을 이해할 수 없는 것과 마찬가지로 자신이 이해할 수 없는 자유를 두려워한다. 그 체계는 사건들이 복잡해지는 듯 보이자마자 삐걱거린다. 그 이론은 복잡한 상황을 좋아하지 않으며, 그 이론에서 자유는 언제나 국가의 통합과 권력을 해치는 복잡한 상황을 초래할 뿐이다. 이런 체계에서 자유를 위한 자리는 없다. 자유는 상황을 얽히게 만들고, 모든 것이 제자리를 잡고 단일 의지에 의해 유지되는 국가적 계획의 통일성을 망칠 수 있기 때문이다. 개인들이 자기들 마음대로 이 방향으로 갔다 저 방향으로 갔다 하는 것을 어떻게 용납할 수 있으며, 단일한 목적에 따르지 않는 다양한 이해관계들이 출현하는 사회를 어떻게 이해할 수 있으며, 그런 사회가 무질서를 초래하지 않고 지도적 원리의 힘을 손상시키지 않는다고 어떻게 생각할 수 있겠는가. 그렇지만 몽테스키외는 이렇게 말할 것이다. 사람들이 다양한 요인을 조합하고 그것들을 일련의 제도와 법에 따라 이끌 줄 안다면, 또 사회집단의 삶을 일치협력하여 작용할 수 있고 작용해야만 하는 총체적 경향의 산물로 이해한다면, 그것이 가능할 것이라고. 몽테스키외에게서 자유란 통합을 저해하는 요인이 아니다. 그 반대이다. 그가 보기에 진정한 통합, 정신의 통합이 이루어지기 위해서는 사회적 삶이 진정 자유롭게 발전해 나가는 것이 필요하다. 몽테스키외는 인간을 신뢰한다. 그는 인간 정신이 보이는 일탈과 불규칙성을 두려워하지 않는다. 작용과 반작용이 생겨나는 것을 막는 행위, 사회집단의 모든 부분에 획일화된 의지를 강요하려고 하는 행위, 수동적인 복종과 절대적 평온만을 원하는 것, 그것은 정치집단을 움직이는 원동력을 파괴하고 그 활력소를 제거하는 일이 될 것이다. 정치의 기술은 앎에 있다.

베르나르 그뢰퇴유젠의 원고는 여기서 끝난다. 그러나 1907년 베를린 대학교에서 이루어진 강의에서 그가 남긴 그리고 그가『프랑스대혁명의 철학』이라 이름 붙인 노트를 통해 우리는 그의 사유를 더 멀리 따라갈 수 있다. 우리는 그 노트를 프랑스어 번역으로 여기에 수록한다. 여러분은 이 책에서 1789년 대혁명의 이데올로기를 형성하는 데 기여했던 다양한 사상의 흐름에 대한 분석을 보게 될 것이다. 건설 중인 새로운 사회의 원칙들을 설명하는 장들, 볼테르와 보편적 이성에 대한 그의 열정에 할애된 장들, 루소와 일반 의지의 주권에 할애된 장들을 통해 왜 혁명가들이 몽테스키외의 구성적 이성에 빚진 점을 인정하면서도『법의 정신』의 상대주의에 만족할 수 없었는지 더 잘 이해할 수 있을 것이다.

알릭스 길랭

제2부 프랑스 대혁명의 철학

머리말

　'프랑스 대혁명의 철학'은 새로운 체계들의 철학적 발명을 (적어도 말의 본래 의미에서의) 대상으로 삼지 않는다. 이 글은 이미 주어진 몇몇 이념이 대혁명의 방향으로 발전하는 과정을 다룬다. 그리고 이 글의 목적은 어떻게 몇몇 추상적 원칙이 구체화되어, 말하자면 살아 있는 이미지들—그것들은 의지의 충동에 부응하고 어떤 의미로는 그 시대의 사람들이 지향하는 목적들을 구체적으로 표현한다—이 되었는가를 보여 주는 데 있다. 그다음으로 활발히 작동하는 이러한 원칙들을 추적하고, 현실적인 삶에서 작용하는 이러한 원칙들을 그것들이 야기할 수 있는 모든 반응과 함께 묘사해야 한다. 그러므로 한편으로 이념들의 내재적인 논리가 있고, 다른 한편으로는 그 이념들이 현실에서 취하는 형태와 그것들이 현실과 만나면서 발생하는 새로운 문제들이 있다. 그리고 이러한 과정 전체는 집단적인 그리고 어떤 의미로는 익명적인 변화 덕분에 실행되는데, 여기서 대중으로부터 나온 개인들은 단지 대중이 사물들을 이해하고 느끼는 방식을 표현할 뿐이다. 그림[1]은 라이프치히 대학에 있을 때 자신이 공부했던 법철학과 관계되는 몇몇 개념과 이론적 자료들이 프랑스에서 새로운 활기를 띠는 것을 보고 깜짝 놀랐다. 이러한 그림의 태도는 우리가 다루려는 문제를 잘 예시하고 있다. 우리는 자연법의 개념들을 다룰 것인데, 그것은 법, 권리의 평등, 국민의 의지와 같은 개념들이다. 그런데 그 개념들이 자연법 교과서에서 나오는 이론적 형태로만 제시된다면 사람들은 전혀 열광하지 않을 것이다.

이러한 개념들 중 맨 마지막을 예로 들어 보자. 국민의 의지란 무엇인가? 그것은 다수의 의지라고 말할 수 있다. 그러나 이러한 대답은 우리를 만족시킬 수 없다. 우리가 자신을 희생하고 봉사해야 할 국민, 그 의지가 언제나 옳고 선한 국가는 시민들의 과반수에 하나가 더 많은 것일 수 없다. 혹은 다른 설명 없이 그것은 국민의 의지라고 말할 수도 있다. 그렇지만 국민이란 무엇을 의미하는가? 프랑스에 거주하는 수백만의 사람? 숫자로 표현될 수 있는 이러한 군중은 우리에게 단지 추상적인 것 외의 어떤 것도 의미하지 않는다. 우리는 대중의 생생한 삶에서 어떻게 그 의지를 파악할 수 있는가? 우리 중 가장 순진한 사람들에게 국민이란 사람들, 우리가 여기저기서 매일 거리나 논밭에서 보는 그러한 사람들일 것이다. 그러나 그것은 단지

---

1 〈역주〉 Friedrich Melchior Baron von Grimm(1723~1807): 독일의 작가이자 비평가. 1748년부터 1790년까지 파리에 살면서 디드로, 루소, 볼테르 등 철학자들과 친교를 맺었다. 이탈리아 음악의 애호가로서 부퐁 논쟁 때 라모에 대항하여 루소의 편을 들었다. 1753년 레날 신부의 뒤를 이어 〈문예통신Correspondance littéraire〉의 편집자가 되어 프랑스의 문화를 유럽에 알리는 데 공헌했다. 그는 가혹한 비평과 철학적 회의주의로 종종 비난을 받았지만 18세기 최대의 문예비평가로 평가된다.

부분적인 시각에 불과하다. 국민 전체는 어디에 있는가? 결국 사람들은 국민이란 아직도 구현해야 할 하나의 단일성이라고 대답할 것이다. 모든 다양한 의지의 경향들로부터 단 하나의 의지가 형성되어야 한다. 그러나 이 모든 것도 아직 인간 공동체로서의 개념을 구현하지 못한다. 국민, 국민 전체를 사랑해야 한다. 그리고 국민은 우리에게 실제로 존재해야 하며 우리에게 아무것도 의미하지 않는 대중으로 남아서는 안 된다. 국민이 지배해야 한다. 그러므로 그 의지는 어떤 식으로든 명백히 드러나야 한다. 그것이야말로 어떻게 국민의 개념이 혁명적이 되는가를 보여 주는 문제들 중 하나이다.

이러한 개념 외에 또 다른 개념들, 예를 들면 자유와 평등의 개념들이 있다. 이러한 개념들이 어떻게 활기를 띠어 나가는지를 이해하기 위해서는 그 시대 사람들의 정신 상태를 알려고 노력해야 하며, 당시 개인이 자신이 속한 대중에 대해 그리고 세계와 자연에 대해 느꼈던 것을 이해하려고 노력해야 한다. 우리는 그 개인이 삶과 생생한 현실을 이해하는 방식을 파악하고 그가 어디에 가치를 부여하는가를 알아야 한다. 이러한 작업은 분명 우리가 역사의 흐름을 거슬러 올라가기를 요구할 것이다. 우리는 여기서 인문학에서 표명된 몇몇 견해들을 이용해 어떻게 보면 그 징후들을 보여 주는 의미작용 내에서 이러한 변화 과정을 명백히 보는 데 도움을 줄 수 있는 요소들을 발견하려고 시도하는 데 만족할 것이다.

제1장
낙관주의에서 합리적 비관주의로

데카르트

데카르트를 출발점으로 삼자. 자연은 아주 단순한 대(大)법칙들의 지배를 받는다. 어느 장인이 제작했을 법한 기계와 마찬가지로, 우주도 대지도 별이 총총한 하늘도 수수께끼 같은 것이 아니다. 어느 곳, 신이 새로운 세계를 창조하려고 시도했을 어느 공간을 상상해 보라고 데카르트는 말한다. 너무도 복잡하게 뒤얽힌 혼돈 앞에 놓이기 때문에 그 혼돈을 이해하기 위해서는 시인이 될 수밖에 없을 것이다. 그런데 그 혼돈은 간단명료한 기본 법칙들에 따라 정리된다. 이제 조금씩 하늘, 행성들, 혜성들, 태양, 항성과 지구가 구별된다. 그리고 지구에서는 산, 바다, 샘, 강, 초목이 자라는 들판이 구별된다. 인간의 육체 역시 우주를 지배하는 법칙들을 따른다. 인간 정신의 경우, 추론하면서 우주를 지배하는 법칙들을 이해하고 사유를 통해 우주를 재구성하기 위해서는 자기 자신의 고유한 지성의 법칙들에 따라 움직이는 것으로 충분하다. 이를 위해 필요한 수학과 역학 분야의 지식 외에도 언어, 지리, 역사, 그리고 일반적으로 경험에 속하는 모든 것과 같은 2차적 분야의 지식들이 많이 있다는 것은 사실이다. 한평생을 바쳐도 그 지식들을 얻는 데 충분하지 않을 것이다. 그런데 이것이 어떤 의미가 있을까? 현자는 유럽에서 가장 작은 나라의 역사를 알 필요가 없는 것만큼이나 그리스와 로마 제국의 역사를 알 필요가 없다. 마찬가지로 삶에서 어떤 행동을 할 때 엄격한 명증성의 법칙에 따라 행동할 필요는 없다. 대개의 경우 우리들은 그저 사실임 직한 견해들로 만족할 수밖에 없다. 바로 그렇기 때문에 인류의 풍속을 개혁하거나 정치에 관해 조언하는 위험을 무릅쓸 수 없는 것이다. 사실 이를 위해서는 궁정 생활의 음모에 익숙해야 할 것이다. 또한 현자는 우주의 의미가 무엇인지 또 어떤 목적으로 우주가 창조되었는지 질문하는 사람들에 답변하려고 애쓰지도 않는다. 사회학적 고찰은 데카르트의 세계에서 배제되어 있다. 게다가 이 우주 속에서 완벽함이란 오직 총체적인 것이어서 우리의 세계라는 이 유일한 세계에서 온전히 표현되지 않을 수 있다. 아마도 하나의 세계가 다른 세계에 자리를 내주기 위해 사라져야 하는 것이 우주의 주요한 완벽함들 중 하나일지도 모른다.

파스칼

생생한 현실에서 갈피를 잡기 위해서는 또 다른 정신적 태도가 필요하다. 파스칼은 기하학적 정신과 섬세한 정신을 대비시킨다.

그는 이렇게 쓴다. "두 종류의 정신이 있다. 하나는 원리의 결과들을 신속하고 또 깊이 있게 통찰하는 정신으로 바로 정확한 정신이다. 다른 하나는 수많은 원리를 혼동하지 않고 이해하는 정신으로 바로 기하학적 정신이다. 하나는 정신의 힘과 정확성이고, 다른 하나는 정신의 폭넓음이다. 그런데 정신은 강하면서도 폭이 좁을 수도 있고 또한 폭이 넓으면서도 약할 수도 있어서, 하나는 다른 하나 없이도 존재할 수 있다."

"기하학적 정신과 섬세한 정신 사이에는 많은 차이점이 있다. 기하학적 정신에서 원리들은 손에 잡힐 듯 명백하지만 일반적으로 잘 사용되지 않는다. 그러므로 사람들은 이에 익숙하지 않기 때문에 그쪽으로 고개를 돌리기를 꺼린다. 그러나 조금이라도 그쪽에 관심을 가지기만 한다면 그 원리들을 완전히 이해하게 된다. 그리고 아주 정신이 부정확한 사람이 아니고서야, 간과할 수 없을 만큼 너무나도 명백한 그 원리들에 대해 잘못된 추론을 하지 않을 것이다."

"그러나 섬세한 정신의 원리들은 일반적으로 널리 사용되고 모든 사람의 눈앞에 존재한다. 사람들은 굳이 그쪽으로 고개를 돌리거나 애쓸 필요가 없다. 오로지 문제는 눈이 좋아야 한다는 것이다. 정말로 좋아야 하는데, 그 원리들이 극히 섬세하고 그 수도 무척 많아서 놓치지 않기가 거의 불가능하기 때문이다. 그런데 하나의 원리라도 빠뜨리면 오류에 빠지게 된다. 그렇기 때문에 모든 원리를 파악하기 위해서는 눈이 아주 밝아야 하며, 그다음으로 이미 알고 있는 원리에 대해 잘못된 추론을 하지 않기 위해서는 정확한 정신이 필요하다."

"그러므로 모든 기하학자는 눈이 좋다면 섬세해질 것이다. 그들이 알고 있는 원리들에 대해 잘못된 추론을 전혀 하지 않기 때문이다. 그리고 섬세한 정신을 가진 사람들은 익숙지 않은 기하학의 원리들 쪽으로 시선을 돌릴 수 있다면 기하학자가 될 수 있을 것이다."

"따라서 몇몇 섬세한 사람들이 기하학자가 되지 못하는 것은 기하학의 원리에 관심을 전혀 쏟을 수 없기 때문이다. 그리고 기하학자들이 섬세하지 못한 것은 눈앞에 있는 것을 보지 않기 때문이다. 그리고 그들은 분명하고 단순한 기하학의 원리들에 익숙해지고 또 그 원리들을 잘 보고 다루고 난 이후에서야 추론을 하는 데 익숙해져서, 그 원리들이 같은 방식으로 사용될 수 없는 섬세한 사물들에 직면하면 갈피를 잡지 못하기 때문이다. 그 원리들은 좀처럼 눈에 띄지 않는다. 그것들은 보이기보다는 오히려 느껴지는 것이다. 스스로 그것들을 느끼지 못하는 사람들에게 그것들을 느끼게 하기란 한없이 어려운 일이다. 너무나 미묘하고 또 그 수도 많기 때문에 그것들을 느끼기 위해서는 아주 예민하고 명확한 감각이 필요하다. (...) 대개의 경우 기하학에서처럼 그것들을 순서대로 증명할 수는 없는데, 그 원리들은 그런 식으로 파악되는 것도 아니고 또 그렇게 시도한다는 것은 끝이 없는 일이기 때문이다. 그러므로 단 한 번의 눈길로 사물을 척 보아야 하며, 적어도 어느 정도까지는 점진적인 추론을 따르지 말아야 한다. 그렇기 때문에 기하학자들이 섬세하거나 섬세한 사람들이 기하학자인 경우가 드문 것이다."

"(...) 따라서 그저 기하학자에 지나지 않는 기하학자들은 정의와 원리를 통해 모든 것에 대해 충분한 설명을 받기만 한다면 정확한 정신의 소유자가 된다. 그렇지 않으면 그들은 부정확하고 참기 어려운 존재가 되는데, 충분히 규명된 원리에 대해서만 정확하기 때문이다. 또한 그저 섬세하기만 한 사람들은 사변적이고 상상적인 사물들의 근본 원리까지 파고드는 인내심을 가질 수 없는데, 그들은 그 원리를 세상에서 본 적도 없고 그것을 쓰는 것도 본 적이 없기 때문이다."[1]

---

1 파스칼, 『팡세』.

만물이 일체를 이룬다고 해도 그것들은 서로 매우 다르다. 만물에는 다양한 특성이 있고 영혼은 다양한 경향을 띤다. 영혼에 제공되는 것 중 어떤 것도 단순하지 않으며, 영혼이 사물을 주시하는 방식도 결코 단순하지 않다. 오로지 "평범한 사람들만이 사람들 간의 차이를 발견하지 못한다. 사람들은 지성이 높아질수록 독창적인 사람들이 더 많이 있음을 알게 된다."[2] 게다가 개인 역시 결코 그 자신과 비슷한 상태로 남아 있지 않는다. 시간에 따라 그는 다른 사람들만큼이나 그 자신과도 달라진다. 우리가 사는 동안 우리는 사물을 다른 측면에서뿐만 아니라 다른 눈으로 인식한다. 우리는 더 이상 동일한 사람이 아니다.

그런데 파스칼에게 사물의 이 모든 다양성은 동시에 부조리한 것으로 보인다. "피레네 산맥 이쪽에서는 진리인 것이 저쪽에서는 오류가 된다." "위도가 3도만 올라가도 법 전부가 뒤집어진다." "강이나 산이 경계를 만드는 우스꽝스러운 정의"[3]는 시대마다 다르며 유행을 따른다. 파스칼은 예전에는 인간의 정의를 믿었지만, 얼마 되지 않아 그 정의는 사람과 나라에 따라서 다르며 인간의 본성은 끝없이 변하기 쉽다는 것을 깨달았다. 그리고 그가 이렇게 끝없는 변덕스러움과 불안정과 불안의 탓이 무엇인지 자문했을 때, 사람들이 이렇게 괴로움을 겪는 것은 그들이 홀로 있으면서 자신의 비참함을 정면으로 바라볼 수 없기 때문이라는 사실을 이해했다. 사람들은 가만히 있는 것과 명상에 잠기는 것을 두려워한다. 그들은 자기 자신에게서 벗어나게 할 수 있는 것을 호시탐탐 찾는다. 그들은 하루의 단 한 시간도 자

---

2 같은 책.
3 같은 책.

신에 대해 깊이 명상할 여유가 없도록 직업에 몰두하여, 대법관이 되고 재판장이 된다. 인간의 비참함은 모두 인간이 더 이상 주의를 다른 데로 돌리지 못하고 자기 자신을 되돌아보게 되자마자 비탄, 견딜 수 없는 비탄이 그를 엄습하는 데서 비롯된다. 인간은 죽음도 비참함도 무지도 극복할 수 없으므로 더 이상 다른 방도를 찾지 못해, 단지 더 이상 그것에 대해 생각하지 않고 기분 전환을 하거나 가장 잡다한 일에 몰두하며 가만히 있는 상태를 회피할 뿐이다. 사람들의 한평생은 이와 같이 흘러가고, 이것이 바로 그들이 행복해지기 위해서 찾을 수 있었던 전부이다.

그리고 인간이 세계로 시선을 돌릴 때, 그는 세계에서 어떤 자리를 차지하는가? 세계에서 그가 알아볼 수 있는 것이라고는 고작 무한 속의 티끌뿐이다. 무한 속에서 인간이란 무엇인가? 그때 인간이 그가 상상할 수 있는 가장 작은 것에 관심을 돌린다고 해도, 그는 다시 무한, 즉 그 나름의 세계와 별이 빛나는 하늘, 그리고 동물 등등이 계속해서 영원히 살아가는 우리의 대지와 같은 대지를 포함하는 무한 앞에 놓인다. 그러므로 인간은 무(無)와 무한 사이, 즉 무한히 작은 것과 무한히 큰 것이라는 두 가지 무한 사이에 자리 잡고 있다. 이 두 가지 무한 사이에 위치한 우리는 확실한 어떤 것도, 변하지 않는 어떤 것도 전혀 찾을 수 없다. 유한을 둘러싸고 있지만 동시에 유한을 멀리하는 이 두 가지 무한 사이에 존재하는 유한이 무엇인지에 대해 어떤 것도 정의를 내릴 수 없다. 우주의 한 공간을 방황하는 인간은 무한에 의해서 사방으로 갇힌 채 살고 있다. 그는 자신이 무한한 우주에서 다른 곳이 아니라 정확히 왜 거기에 있는지 알고 있는가? 지나간 영원과 다가올 영원 사이에서, 다른 시간대가 아닌 이 특정한 시간대가 왜 자신에게 마련되었는지 알고 있는가? 그러나 인간은 이 무한과 이 영원에 대해 더 이상 생각하지 않음으로써 그것들을 소멸시킬 수 있기라도 하듯, 그것들에 대해 생각하려고 하지 않는다. 파스칼이 보기에는 잠이 든 상태로 무인도로 옮겨진 인간이 잠에서 깨어나자 자신이 어디에 있는지도 더 이상 알지 못한 채 그곳을 떠나려고 애쓰지만 소용이 없는 것과 같다. 그는 자기 주위에 자신을 닮고 자신과 같은 상황에 처한 다른 피조물들을 보는데, 그들은 이러한 사실을 이해하고 있지 않은 듯하다. 그들은 주변의 모든 것을 둘러보면서 재미있는 것을 찾아 그로부터 쾌락을 맛본다. 그가 이 사람들과 어떤 공통점이 있을 수 있겠는가? 그들은 그가 죽는 데 도움을 주지 않을 것이다. 그는 마치 혼자인 것처럼 살아야 할 것이다. 그는 인간에게 초월적 의미를 부여하고 다른 삶, 다른 세계를 믿는 것 외에는 다른 해결책을 찾을 수 없다. 인간이 겪는 모든 비참함은 인간이 지닌 초월적인 위대함의 증거가 될 뿐이다. 인간은 자신이 비참함을 알기에 위대하다. 그는 폐위된 왕이지만, 자신이 왕임을 알고 있다. 삶에 동반되는 불안과 비참 속에서 어떤 의미를 발견하는 것에 대해 말하자면, 그것을 찾아나서는 것은 부질없는 일일 것이다.

17세기 말의 사람들은 삶이 부조리하고 정신계에서는 어떤 것도 합리적이지 않으며 물질계는 이해할 수 없는 신비로 남아 있다는 생각의 지배를 받았다. 파스칼은 인간의 지성이 파악할 수 없는 우주의 무한성 앞에서 공포에 사로잡힌다. 미지의 것은 그를 두렵게 만든다. 데카르트의 관점은 완전히 다르다. 이성이 소우주와 마찬가지로 대우주의 형성을 주재하는 근본 법칙을 분명하게 아는 이상, 세계들의 크기가 그에게 무슨 상관인가? 그 크기가 작은 쪽으로 무한하든 큰 쪽으로 무한하든 법칙들은 그로 인해 지배해야 할 더 좁거나 혹은 더 넓은 영역을 가질 뿐이다. 논리적이고 스스로를 확신하는 사유는 미지의 것을 두려워하지 않는다. 지고의 권한을 갖는 이성에 주어진 대상이 무엇이든, 이성은 그 명료성을 통해 그 대상을 지배할 것이다. 태양이 비추는 대상이 태양에게 무슨 중요성이 있겠는가? 태양의 빛을 받는 사물의 중요성에 따라 태양이 더 태양이 되거나 덜 태양이 되겠는가? 파스칼은 이러한 체계적 정신을 따를 수 없을 것이다. 체계적 정신은 우리에게 무엇을 가져다줄 수 있는가? 수학과 역학의 몇몇 원칙과 그것들이 뒷받침하는 증명들? 그런데 도대체 이러한 지식들이 어떤 점에서 인간 정신의 요구를 충족시킬 수 있겠는가? 파스칼이 알고 싶은 것은 바로 인간과 그의 존재 이유이다.

라신과 코르네유

라신[4]에게 삶의 부조리함은 내면극이라는 형태로 나타난다. 그 부조리함은 인간 그 자체에 존재하는 것이다. 인간의 내면에는 인간에게는 낯설지만 가장 깊숙한 곳에서 그를 뒤흔드는 무엇인가가 있으니, 그것이 바로 정념이다. 인간의 삶은 그 자신이 아닌 이러한 요인에 따라 결정되는데, 인간은 이러한 요인을 싫어하며 이에 맞서 싸

---

4 〈역주〉 Jean Racine(1639~1699): 몰리에르, 코르네유와 더불어 프랑스 고전 희곡의 최고봉을 이루는 비극 작가. 그는 『앙드로마크』, 『브리타니쿠스』, 『바자제』, 『미트리다트』, 『올리드의 이피제니』, 『페드르』, 『아탈리』 등 위대한 비극 작품들을 남겼다. 라신 작품의 특징은 인간을 파국으로 이끄는 숙명적인 정념이다. 여기서 외적인 사건은 전혀 존재하지 않으며, 숨겨진 정념이 등장하는 순간 죽음 외의 다른 해결책은 없다. 연극의 지속은 단지 등장인물들의 망설임, 사랑과 증오 사이에서의 주저에 기인할 뿐이다. 라신은 위기의 순간에 포착된 정념이 죽음으로 결말을 맺는 단순하고 압축된 줄거리를 지향했다.

우지만 소용이 없다. 이것은 인간이 내면에 지닌 자신의 운명이자 그에게 닥친 어떤 것으로, 어디서 온 것인지도 왜 생겨난 것인지도 알지 못한다. 그런데 차츰 이것이 온통 그를 사로잡는다. 생각과 감정 하나하나, 인생의 매 순간이 이것의 영향을 받게 된다. 이것이 바로 인간이 어쩔 수 없이 받아들이는 정념이다.

코르네유[5]의 경우는 완전히 다르다. 그의 비극들은 자유의 드라마이다. 가장 깊숙한 내면에서 인간은 자유롭다. 정념에 대항하는 투쟁 속에서 인간은 자신의 위대함, 자유의 영웅주의를 드러낸다. 자유 의지의 절대성 속에서 인간은 고결하게 행동한다. 인간이 자유롭고 고결하기 위해서 무엇을 해야 하는지를 그에게 보여 주던 것이 바로 그 자유 의지의 절대성이다. 인간 의지의 절대적 자유에, 인간의 이성에, 인간의 위대함과 아름다움이 자리하는 것이다. 혹은 데카르트가 말하듯, 진정한 고귀함은 자신의 의지에 따르고 자신의 삶에서 자신이 마음속에서 정한 방침을 부단히 따르는 자유가 아니라면 어떤 것도 진정으로 자신의 것이 될 수 없다는 인간의 의식 속에 존재한다. 이것이 바로 가장 높은 정도의 자의식이며 또한 인간이 자신과 타인들에 대해 가질 수 있는 가장 높은 정도의 존중이다. 실제로 이러한 자유는 어떤 인간에게나 있고, 그 무엇보다도 중요한 선의의 경

---

5 〈역주〉 Pierre Corneille(1606~1684): 프랑스 고전 비극의 아버지로 불리는 프랑스의 희곡 작가. 『르 시드』, 『오라스』, 『신나』, 『폴리왹트』가 대표적인 걸작이다. 코르네유 연극의 핵심적 주제는 영예이다. 영예는 자아가 선택한 것이라면 그 선택이 어떤 계층의 기존 도덕에 일치하는 것이든 혹은 심지어 범죄이든 그것을 열정적으로 실현하는 것을 가리킨다. 라신이 있는 그대로의 현실적 인간을 그렸다면, 코르네유는 불굴의 의지로 정념을 극복하는 이상적 인간을 그렸다고 평가된다.

우에도 마찬가지일 수 있다. 이러한 고귀함 덕택에 인간은 자신의 정념을 제어할 수 있으며, 그 안에 삶의 모든 불안에 대한 치유책이 존재한다. 그리고 이러한 자유는 모든 사람에게 해당되기 때문에, 가장 무력한 영혼의 소유자들조차도 자신의 정념을 완벽하게 제어하게 되는 것이 가능하다. 실제로 해로운 것은 정념 그 자체가 아니라 정념의 부조화이며 바로 이것이 모든 악의 근원이다. 지혜와 이성을 실천한다는 것은 바로 삶의 전반적인 계획 속에 충돌 없이 정념을 받아들이는 것이어야 한다. 그때 인간은 깊은 만족을 느낄 것이며, 외부에서 온 그 어떤 자극도 그의 마음속에 타격을 줄 수 없다는 것을 깨달을 것이다. 자신의 완벽함과 자유를 자각한 인간의 영혼은 자기 자신을 관조하며 즐거움을 느낄 것이다.

그러나 파스칼은 바로 이러한 점을 용납할 수 없을 것이다. 자기 자신을 되돌아보는 인간은 내면에서 오직 자기 자신의 비참함만을 볼 뿐이다. 그런데 어떻게 자신의 내면을 성찰하면서 인간이 행복해질 수 있을 것인가? 어떤 사람들은 정념에 맞서 싸우기 위해서는 다른 정념들을 사용해 정념에 대항해야 한다고 생각한다. 데카르트와 마찬가지로 코르네유에게 정념에 맞서 싸우기 위해서 다른 정념들로 정념에 대항하는 것, 즉 영혼이 끊임없이 투쟁을 다시 시작하게 함으로써 영혼을 훨씬 더 비참하게 될 수밖에 없는 갈등 속으로 밀어 넣는 것보다 더 나쁜 방법은 없다. 영혼은 자기 자신의 무기, 즉 굳건하고 아주 명확한 원칙에 따라 삶을 지배하면서 내면의 불안과 싸워야 한다. 그러나 사람들은 더 이상 스토아학파를 믿지 않는다. 영혼의 이 위대한 노력들은 단지 순간적인 충동에 불과하고, 영혼은 자신이 출발했던 곳에서 곧 다시 떨어진다. 라신의 비극들은 오직 이성의 무력함을 입증하기 위해서만 쓰였던 것으로 보인다.

라브뤼예르, 라로슈푸코, 르사주

스토아학파가 자기 내면에서 평화를 찾기 위해서는 자기 자신을 되돌아보는 것으로 충분하다고 주장할 때 그들이 말한 것은 사실이 아니라고 라브뤼예르[6]는 말한다. 사람들에게는 그들의 능력을 뛰어넘는 영웅주의가 장려된다. 그들에게 불가능한 것이 요구되는 것이다. 스토아철학은 삶이 합리적이며 인간은 이성의 인도를 받는다는 생각에서 출발한다. 이것이 바로 스토아철학의 오류이다. 그래서 라브뤼예르는 『성격론』에서 그려 내는 몇몇 인간 유형의 묘사를 통해 인간이 얼마나 비이성적인지 입증하려고 시도한다. 사람들이 위대하고 중요하다고 간주하는 것에 대한 개념들보다 더 혼란스러운 것은 없고, 그들의 견해보다 더 변덕스러운 것은 없으며, 그들의 행위보다 더 앞뒤가 맞지 않는 것은 없다. 하루 동안 인간의 머리와 마음에 스치는 것을 상상하려고 노력해 봐야 소용이 없을 것이다. 그만큼 인간의 사고와 감정은 무질서하다. 인간은 정의를 내리기 불가능한 존재이다. 인간이 자기 몫이 아닌 역할을 평생 동안 맡는, 그런 상황들이 존재할 수 있다. 인간에게는 성격이 없으며 혹시 성격이 있다고 해도 그것은 정확히 말하면 성격이 없는 성격이다. 자신의 과거를 잠깐 뒤돌아보는 노인은 그것에 대해 혼란스러운 동시에 단조로운 시각만을 갖는다. 그가 자신의 삶에서 어떤 일관성을 발견하려고 애를 써도 허

---

6 〈역주〉 Jean de La Bruyère(1645~1696): 프랑스 파리 출생의 모럴리스트. 그의 『성격론』은 상류 사교계의 인물들을 중심으로 인간 희극의 양상들을 포착한다. 그는 인간의 깊숙한 내면보다는 인간의 다양한 변모에 매력을 느꼈다. 『성격론』에서 볼 수 있는 사회적 조건에 대한 관심은 다가올 18세기의 문학을 예고한다.

사일 것이다. 그가 아는 것은 한 가지뿐이니, 그것은 그가 오랫동안 잠을 잤다는 사실이다.

라로슈푸코[7] 역시 우리 삶에서 합리적인 것은 아무것도 없다고 본다. 변덕과 운명이 이 세계를 지배한다. 우리가 우리 행동의 결과를 예견할 수 있다고 믿는 것, 우리 중 하나에게 왜 이러저러한 일이 일어났는지 알 수 있다고 믿는 것은 얼마나 큰 착각인가! 우리는 좋은 혹은 나쁜 팔자를 타고나며, 현세에서 자신을 영웅으로 간주하는 사람들은 그저 다른 사람들보다 허영심이 더 강한 사람들이다.

완전히 다른 환경의 작가인 르사주[8]의 경우를 들면, 그에게 세계는 정신병원인 것 같다. 모든 나라에서 온 사람들과 온갖 사회적 신분의 사람들이 쓴 가면들로 이루어진 사육제에서 광인들 모두는 똑같이 서로 의사소통을 할 수도 서로를 이해할 수도 없다. 세계는 잡다하게 치장된 혼란스러움에 불과할 뿐이다. 광인들 중 어떤 이들은 정신병원에 감금되고 다른 이들은 방치된 상태에 있을 뿐이다. '절름발이 악마'는 클레오파스에게 세상에서 어떤 일이 일어나는지 보여 주고자 한다. 악마는 가옥의 지붕들을 걷어 그에게 사람들이 거주하는 방들을 보여 준다. 언제나 새로운 형태를 띠기는 하지만 그 광기

---

7 〈역주〉 La Rochefoucauld(1613~1680): 프랑스의 모럴리스트. 1665년에 나온 그의 대표적인 작품 『잠언과 성찰』에는 모든 인간의 행위란 결과적으로 이기심과 위선에서 온다는 사상을 바탕으로 한 500여 개의 잠언이 실려 있다. 프랑스 고전주의 시대를 대표하는 작가의 한 사람으로 알려졌다.

8 〈역주〉 Alain-René Lesage(1668~1747): 프랑스의 소설가이자 극작가. 희곡 『주인의 연적이 된 크리스팽』과 소설 『절름발이 악마』로 명성을 얻었다. 또한 1715년부터 1735년에 걸쳐 연작으로 출간된 『질 블라스 이야기』는 에스파냐의 악한소설을 모방했지만 풍속을 예리하게 관찰하고 신랄하게 풍자하여 근대적 사실주의의 선구적 작품으로 평가받는다.

는 동일하다. 어떤 의미도 없는 왕복 운동. 현세는 개인이 영문도 모른 채 이리저리 흔들리는 모험의 연속이다. '질 블라스'에게 이러한 삶은 지긋지긋하다. 질 블라스는 어디론가 은거하여 작은 오두막집에 머물기를 원한다. 그러나 삶은 다시 그를 낚아채고 그는 새로운 모험 속으로 끌려 들어간다.

벨

삶이 불합리하다는 시각은 벨에 이르러 정점, 즉 최후의 논리적 귀결에 다다른다. 바로 이성이 자기 자신에게 등을 돌리고 스스로에 대해 비판적이 된다. 벨은 인간이 저지른 오류들을 모두 모으고 싶어 한다. 그는 인간들이 자기 자신을 경멸하는 법을 배우도록, 인간들의 무지가 제공하는 자재를 가지고 개선문을 세우려고 한다. 세계가 돌아가는 방식에 대해 자신의 견해를 제시하고자 하는 사람은 정말 바보다. 그런 사람은 어떤 희곡의 대사 몇 줄을 들어 봤을 뿐인데도 감히 그것에 대해 논하려는 사람을 연상시킨다. 세계에서 일어나는 일에 비추어 볼 때 인간의 일생은 10만 페이지에 달하는 2절판 책에서 기껏해야 단 하나의 낱말 정도에 불과할 것이다. 그런데 어떻게 인간이 세계의 질서가 보여 주는 드라마에 대해 감히 논할 수 있겠는가? 철학을 공부할수록 거기서 불확실성이 발견된다. 철학 학파들이 주장하는 것은 정도의 문제이기는 하지만 사실이 아니라 사실임 직한 견해들에 불과하다. 아리스토텔레스, 에피쿠로스, 데카르트, 기껏해야 모두 서로 모순되는 말을 하는 가설들에 불과하다. 이러한 불일치로부터, 우리는 사태들이 여러 가지 관점에서 나타나고 이 각각의 관점들이 진실의 양상을 띠고 있으며 진실들 간의 관계가 진실들이 서로에게 근거의 역할을 할 수 있을 정도는 아니라는 결론을 내려야 한다. 그리고 실천적 이성은 이론적 이성만큼이나 무의미하다. 이성이 우리에게 정도(正道)를 보여 주기 위해 주어졌다고 인정한다고 해도, 그것은 사람들이 마음대로 아무 쪽으로나 이끌 수 있는, 그 자체로 불분명하고 우유부단하고 유동적인 것에 불과한데 어떻게 신뢰할 수 있는가? 인간의 경우도 혼돈이다. 영혼과 육신, 이성과 감각, 감수성이 예민한 영혼과 이성을 지닌 영혼은 서로 맹렬히 싸운다. 인간의 영혼이 제시하는 광경보다 더 놀라운 광경이 펼쳐지는 연극은 만천하에 존재하지 않는다. 자신이 믿는 것과 자신이 행하는 것을 조화시킬 줄 모르며 그 정념이 조변석개하는, 이른바 이 합리적인 존재보다 이성이 더 파악하기 어렵고 기묘한 피조물은 세상에 존재하지 않는다. 사람들 간의 관계, 전쟁을 벌이는 사람들, 서로 싸우는 이웃들을 관찰해 보면, 이 모든 것이 얼마나 불가사의한 혼돈인가! 이와 같은 광경 앞에서 이성은 무력한 상태에 있다. 이성은 일어나는 일에 개입할 수도 없고 이를 이해할 수도 없다. 게다가 이성의 임무는 진실을 확립하기 위해서 증거를 만들거나 보여 주는 것이 아니다. 이성은 논거를 찾을 수 있을 뿐이지 그 해결책을 찾을 수 있는 것이 아니다. 이성의 임무는 자기 자신의 한계를 탐구하고, 인간의 정신에게 정신의 경계가 어디까지인지를 보여 주며, 인간 정신의 오만함을 꺾는 것이다.

이런 식으로 이성에 대한 믿음이 소멸된다. 기하학적 정신으로서의 이성은 삶의 생생한 다양성을 파악할 수 없으며, 무한 앞에서 무력하다. 정념에 대한 투쟁에서 이성은 먼저 무릎을 꿇으며, 이성의 능력을 가지고는 삶을 지배할 수 없다. 자기 자신에 대한 비판적 태도를 취할 때 이성은 이제 자기 자신의 무의미함을 인정할 수밖에 없다는 것을 안다. 벨은 외친다. "가련한 인간 정신이여!" 사람들은 우주에 그 법칙을 부여하고, 사물을 조화롭게 하여 아름답게 만들며, 영혼과 삶 사이에 통일성을 창조했던 것이 인간 정신이라고 믿어 왔다. 그러나 이러한 믿음은 더 이상 존재하지 않고 합리적 비관주의로 바뀌었다. 이것은 명확성과 조화의 결핍, 그리고 삶의 특징이기도 한 법칙의 부재로 고통받는 비관주의이며, 어떤 경우에도 합리적인 의미를 찾지 못하는 것을 참을 수 없어 하며 삶을 지배하는 비논리와 혼돈에 익숙해질 수 없는 비관주의이다. 고전주의의 이상에서 깊은 영향을 받은 그는 개인의 삶과 인간들 간의 관계에서 무질서와 불균형을 확인하면서 그 추함 때문에 충격을 받는다.

그러므로 17세기는 끝까지 적절한 균형, 삶의 합리적인 행동에 대한 이상에 충실한 채로 남아 있다. 17세기 초에 사람들은 이성과 자유 의지의 유용함을 믿었다. 불합리한 것에는 부차적인 중요성만을 부여했다. 그러나 17세기 말경 삶의 광경은 한편에는 균형과 명확성과 이성이 또 다른 한편에는 혼동과 모호성과 비이성이 모순적으로 공존함을 보여 주었고, 이로 인해 이성에 대한 믿음은 사라졌고 이성은 비판과 풍자, 심지어는 비극의 대상이 되었다. 물론 이러한 비관주의에는 다른 곳에서 유래하는 다른 요인들도 있다. 이를테면 파스칼의 경우 영혼과 삶의 흐름이 양립할 수 없다는 감정, 삶 자체로 인한 고통, 그리고 시간 속에서 연속적으로 일어나는 사건들과 개인이 무한 속에서 차지하는 공간의 무의미함에서 유발되는 고통 등이 그러하다. 이것이 바로 후일 19세기 초엽 샤토브리앙,[9] 세낭쿠

---

9 〈역주〉 François-René de Châteaubriand(1768~1848): 19세기 프랑스 낭만주의 문학의 선구자. 샤토브리앙은 프랑스 대혁명으로 희생된 귀족으로 혁명 이후 아메리카와 영국에서 망명 생활을 했으며 정치적으로는 왕정주의자였다. 그는 비상한 상상력과 정열을 지닌 언어의 마술사로 종교적 감정을

르,[10] 스탕달,[11] 플로베르,[12] 생트 뵈브[13]와 같은 사람들에게서 발전된 형태로 보게 되는 요소들이다. 그러나 인간 자체에 내재한 비극적

부활시키고 중세에 대한 관심을 불러일으켰으며(『기독교의 정수』), 이국 취향과 자연에 대한 찬양을 퍼뜨렸고(『아탈라』, 『르네』), 개인적인 감정이나 정열의 고백, 시인의 우울, 무한에 대한 욕망 등을 통해 낭만적인 분위기를 구체적으로 표현했다.

10 〈역주〉 Étienne Pivert de Sénancour(1770~1846): 프랑스의 소설가. 루소의 영향을 크게 받았으며, 낭만주의의 커다란 주제 중 하나인 무한에 대한 욕망과 그에 따르는 환멸과 절망과 권태의 가장 절망적인 형태를 소설 『오베르만Oberman』을 통해 보여 주었다.

11 〈역주〉 Stendhal, Marie Henri Beyle(1783~1842): 『적과 흑』을 쓴 프랑스의 소설가로 발자크와 함께 프랑스 근대 소설의 대표자로 꼽힌다. 스탕달은 일찍이 낭만주의자로 자처했던 작가이고, 그런 만큼 그에게서는 낭만주의적 요소들이 다양하게 발견된다. 이를테면 그의 주인공들에게서 나타나는 격렬한 열정, 강렬한 감동에 대한 취향, 정력 예찬과 영웅 숭배의 경향, 개인주의와 자아중심주의의 성향, 방종과 무절제의 옹호, 모험적인 기질 등이 그것이다. 그러나 그는 샤토브리앙 식의 장황하고 감상적인 낭만주의적 문체를 극도로 혐오해서, 나폴레옹 법전과 같이 짧고 명쾌한 문체를 모델로 삼아 당대의 정치 사회를 배경으로 치밀하게 인간 심리를 분석하고 묘사했다. 그는 이러한 점에서 탁월한 사실주의의 면모를 보이기도 한다.

12 〈역주〉 Gustave Flaubert(1821~1880): 프랑스의 소설가로 사실주의의 대가이다. 플로베르는 서정적이고 낭만적인 기질과 이와는 대조적으로 과학적 엄정성에 기초한 냉정한 사실적 경향을 공유하고 있는 작가였다. 그의 걸작 『보바리 부인』은 낭만주의적 환상 때문에 파멸되는 보바리 부인을 객관적이고 냉소적인 필치로 그려 나가지만, 그는 "보바리 부인은 바로 나다"라고 고백하기도 한다.

13 〈역주〉 Charles Augustin Sainte-Beuve(1804~1869): 프랑스의 비평가이자 시인이며 작가. 생트 뵈브는 역사적이고 심리적 방법을 가지고 근대 비평을 확립했다. 신비감과 낭만주의적 성향을 보이는 동시에 분석 정신이 결합된 소설 『애욕』을 쓰기도 했다.

인 면만이 뚜렷해진 것은 아니다. 오히려 인간관계의 부조리함, 공동체 내부에서 그 흐름이 뒤섞이는 삶의 무의미, 이를테면 사회에서 살아가는 인간들의 양상이 보이는 뒤죽박죽 난장판의 구체적인 이미지가 뚜렷해진 것이다.

18세기는 모든 것을 지배하고 통제하는 이성에 대한 이상과 생생한 현실, 즉 여기저기서 전개되며 일상적으로 관찰할 수 있는 그대로의 삶에 대한 비관적이며 부정적이고 비판적인 태도를 동시에 간직하고 있다. 볼테르의 소설과 보마르셰[14]의 희극을 떠올리는 것으로 충분하다. 삶과 이성 사이의 모순은 다음과 같이 이해된다. 한편에는 합리적인 합법칙성이 규정하는 목적을 추구하며 그 합리적 합법칙성에 의해 형성된 이 목적론적 전체 — 이성이 우주의 모든 것에 자신의 형태를 부여하면서 자기 자신을 의식하는 전체 — 안에서 인간을 포함하는 자연이 있고, 또 다른 한편에는 인간들의 삶이 증언하는 비합리성이 있다. 그런데 자연의 합법칙성 그 자체가 합리적인 원리를 원동력으로 삼는다면 그리고 인간들이 자신들의 이성에 근거하여 이 원리를 의식한다면, 우주를 지배하는 조화를 이해하면서도 자신들의 삶을 조화시키지 못하며 자신들에게 내재된 이성의 원리에 따라 삶을 영위하지 못하는 사람들이 어떻게 이 세상에 그리도 많은 것인가? 그러므로 한편에는 자연과 이성을 부여받은 인간이 있고, 또 다

---

14 〈역주〉 Pierre-Augustin Caron de Beaumarchais(1732~1799): 프랑스의 극작가. 보마르셰는 1784년 『피가로의 결혼』을 상연하면서 가장 큰 성공을 거두었다. 그는 고귀한 심정과 교활한 비도덕주의로 양분되는 18세기의 대표자로, 그의 희극은 바로 이 두 요소를 결합하고자 했던 것이다. 또한 그의 희극은 개인적인 문제를 넘어서 봉건적인 상황과 사회의 문제를 재판하는 수준으로까지 올라간다.

른 한편에는 삶이 있다. 그런데 이성이 자연에 의해 형성된 전체 안에 인간들을 들어오게 해서 그 원동력이 되는 합리적인 원리에 따라 바로 그들을 이 전체 안에서 생산적으로 만들어 그들이 그 전체의 의미를 완수하는 데 기여하게 되는 것이 왜 불가능하다는 말인가? 이성은 집단적 삶의 조건을 변화시키고 인간들 사이에서 합리적 질서를 창조하며, 이렇게 해서 인간의 삶이 내포한 불합리성을 해결한다. 그리고 이를 통해 인간의 삶에서 모든 것은 자연으로부터 지시받은 의미를 획득한다. 바로 그렇기 때문에 이성은 자기 자신의 완성에 이르며 세계가 발전하는 과정에서 건설적으로 변화한다. 이것이 바로 혁명이 갖는 신비주의적 사유이다. 그러나 우선은 정신계의 역사에 의해 드러난 다양한 사실 속에서 방향을 잡을 수 있게 할 체계적인 정신 상태를 창출하는 것이 관건이었다. 인식의 새로운 방법을 만들어 내고 그 방법 덕분에 지금까지 혼돈으로 보였던 것에 질서를 부여할 만큼 충분히 규모가 큰 정신의 절대적 지배력에 이르는 것도 필요했다. 인간이 이성에 대해 전적으로 부정적이고 비판적인 태도를 취했던 합리적 비관주의의 시대와 이성이 건설적으로 변화하고 집단적 삶을 창조하는 책임을 맡는 시대 사이에, 지식을 추구하는 인간이 사물들 간의 다양한 관계를 보면서 느끼는 호기심과 기쁨의 지배를 받는 시기가 자리한다. 18세기 초반을 특징짓는 것은 바로 섬세한 정신이다.

제2장
18세기의 섬세한 정신

17세기는 문체 면에서 진지함, 세밀하게 구축된 문장, 정확한 표현을 추구했다. 가능한 여러 표현 중에서 단 하나의 표현만이 우리의 생각을 나타낼 수 있다. 나머지 전부는 그 표현과 비교하면 부족하며, 재사(才士)의 마음에 들 수 없을 것이다. 대체로 그것은 가장 단순하고 가장 자연스러운 낱말, 아마도 단번에 우리에게 떠올랐을 낱말이다. 실제로 진리는 언제나 단순 명료하다. 평범한 정신의 소유자들만이 정확한 낱말을 찾아낼 수 없어서 유의어들을 덕지덕지 늘어놓는다. 그런데 성숙기가 존재하는 자연에서와 마찬가지로 예술에도 완벽함의 정도가 있다. 취향은 넘칠 수도 모자랄 수도 없을 정도로 그것에 대한 정확한 직관을 갖는 데 있다. 17세기가 좋아하지 않는 것은 불명확하고 스스로를 확신하지 못하는 표현이며, 꼭 필요하지도 않고 정신의 내적 필연성에 근거하지도 않으며 또한 다른 낱말로 대체되어도 무방할 말을 쓰는 데서 보이는 경박함이다. 그것은 지적인 품위가 없는 문체가 드러내는 나약함, 진지함의 결핍, 불안감이다.

18세기의 경우는 전혀 다르다. 18세기 사람들은 세련되고 섬세한 표현을 좋아했다. 세련됨은 말하지 않아도 많은 것을 짐작하게 만드는 것이며, 섬세함은 단정적인 표현을 쓰는 것을 거부하고 볼테르가 말하듯 "자신의 생각을 직설적으로 표현하지 않으면서도 쉽게 알아차릴 여지를 남기는 기술, 곧 수수께끼"[1]이며 그의 부연에 따르면 "재사들은 단번에 그 단어를 알아맞힌다." 17세기는 견고한 구조를, 시간의 너머에 위치하고 있는 체계의 객관성에 근거를 둔 논리적으로 연관된 생각을 원했는데, 이와 반대되는 것은 시간, 우연, 인간 정신의 주관성에 의해 결정되는 일련의 생각일 것이다. 18세기가 우리의 생각에 논리적 구조가 필요하다는 것에 이의를 제기하지 않는 것은 사실이지만, 이 구조는 은밀하게 유지되어야 하고 결코 감지되어서는 안 된다. 생각이 논리적으로 연관되어야 할지라도, 독자가 그것을 깨달아서는 안 된다. 18세기가 좋아했던 것은 바로 재치이다. 적어도 이 단어가 정의되는 바와 같이 재치는, 때로는 비교하고 미묘하게 암시하는 것이며 때로는 어떤 의미를 부여하면서도 다른 의미로 해석이 가능한 낱말을 사용하는 것이다. 혹은 공통점이 별로 없는 생각들 사이를 미묘하게 연관 짓는 것이며, 거리가 먼 것들을 가까이 놓거나 결합되어 있는 듯 보이는 것을 분리하는 것이다. 때로는 과감하게 비교하는 것이며, 때로는 대담한 은유를 통해 이미 알고 있는 존재들 사이에서 그때까지 눈에 띄지 않았던 특별한 관계들을 발견하는 것이다. 그것은 생각을 절반쯤만 표현하고 그 생각을 간파할 여지를 남기는 기술이다. 재치는 대화를 온갖 매력으로 채우는 것이다. 대화를 나눌 때 모든 것은 이를테면 머릿속 생각처럼 꼬리에 꼬리를

---

1 볼테르, 『철학 사전 *Dictionnaire Philosophique*』, 「섬세함」 항목.

무는 듯하다. 그러나 어떻게 생각이 우리에게 떠올랐는지는 말할 수 없을 것이다. 어떤 이는 진실을 파악한다고 생각하지만, 진실은 곧 그에게서 빠져나간다. 다른 이는 첫 번째 사람의 생각을 되풀이하며 자신이 알아차리지도 못한 채 그것을 완전히 다른 것으로 만든다. 갑자기 비교 하나가 모든 것을 명확히 밝혀 주는 듯 보인다. 그러나 그것은 그저 도깨비불에 불과했다. 새로운 생각들이 전면에 나타난다. 지나치게 확실한 단정에서 생겨나는 별로 공손하지 않은 진부함을 피할 수 없을 정도로 모든 것이 너무나도 분명해지기 전에 끊어야 한다. 어떤 단언이든 정확하지 않은 면을 충분히 내포하고 있어서 다른 사람들이 언제나 "그렇지만..."이라고 말할 수 있어야 한다. 재치를 유발하는 모호함이 남아 있어야 한다. 생각이 오고 갈 때 방해가 있어서는 안 된다. 생각에 미묘함을 부여하기 위해서는 가벼운 오류의 뉘앙스, 비문(碑文)의 아름다운 거짓말(bella falsitas)이 필요하다. 합리적인 인간은 이성에 어긋나게 말하는 법이 결코 없다. 재치 있는 인간의 경우는 다르다. "주목하세요. 당신은 지혜로운 말을 듣게 될 것입니다"보다는 "그것은 보이는 것만큼 그렇게 터무니없지 않습니다"라고 말하는 것이 낫다. 그것은 이어지는 생각들 속에서의 섬광, 생각의 교류, 재빠르게 포착하는 생각, 이전의 모티프가 만든 파문이 사라지기도 전에 생겨나는 새로운 모티프, 교차, 뒤얽힘, 대화의 '무엇인지 잘 알 수 없는 것'을 이루는 여러 가지 주제의 포개짐이다. 그리고 '무엇인지 잘 알 수 없는 것'은 삶과 예술 안의 모든 곳에서 다시 찾아내야 한다.

마리보의 정원

이 '무엇인지 잘 알 수 없는 것'은 어떤 정원 어딘가에서 발견된다고 마리보[2]는 말하는데, 정원은 그가 쓰는 비유 중 하나이다. 우연과 무질서가 이 정원의 주인인 듯하다. 여성들은 그 정원을 오간다. 여성들은 지나가면서 어떤 몸짓을 하고, 자신들이 눈에 띌 겨를이 생기기도 전에 사라진다. 다른 여성들이 오고 또 다른 여성들이 온다. 여성들은 여기저기를 들렀지만 어디에도 머무르지 않았다. 바로 이러한 때 '무엇인지 잘 알 수 없는 것'의 목소리가 들리는 것이다. 돌아보아도 그것을 알아차리지 못한다. 그리고 다시 그 목소리가 들린다. 그것은 어디에 있는 것인가? 그것은 이렇게 말한다. "당신 주위를 둘러보십시오. 나는 아무리 단순하고 불규칙하더라도 당신이 여기서 보는 모든 것, 심지어 그저 되는대로 던져진 듯한 것 속에 존재합니다. 나는 도처에 있습니다. 어떤 하나의 형태로 있는 나를 찾으려 애쓰지 마십시오. 나는 수천 가지 형태를 띠고 있으며 그중 어떤 형태로도 결코 계속 머물러 있지 않습니다." 이 '무엇인지 잘 알 수 없는 것'은 옷마다 가구마다 찾아낼 수 있다. 눈은 대상의 실루엣을 언뜻 보아서는 결코 안 된다. 끊임없이 이런저런 디테일에 시선이 고

---

2 〈역주〉 Pierre Carlet de Chamblin de Marivaux(1688~1763): 프랑스의 희극작가이자 소설가. 희극으로는 『사랑과 우연의 장난』, 『거짓 고백』이 유명한데, 그는 여기서 여성의 심리를 섬세하게 분석하고 사랑이 싹트는 과정을 훌륭하게 묘사한다. 그의 이름에서 '마리보다주(marivaudage)'라는 말이 만들어졌는데, 그것은 정교한 표현을 통해 감정의 모든 뉘앙스를 표현하고 마음의 모든 움직임을 설명하기에 적합한 언어, 심정의 정교한 수사법을 의미한다.

정되고 매혹되어야 하는 것이다.

이와 같은 식으로 바토[3]의 그림에서 커플들, 남성들, 여성들이 등장하는 것이 보인다. 그들은 마치 어느 순간에 다시 한번 멈추길 바라듯이, 출발하기 전에 뒤를 돌아보며 떠나간다. 걸음을 멈추지 않으려고 그들의 무릎은 살짝 구부려져 있다. 그들은 비스듬히 앉아 있는데, 등을 기대지 않은 채 상체를 앞쪽 혹은 뒤쪽으로 가볍게 숙이거나 한 손을 땅에 짚고 있다. 그들은 사람들이 그들에게 속삭이는 소리를 듣는 둥 마는 둥 할 뿐이며, 어떤 대상이 잠깐 그들의 관심을 끄는 것 같더라도 그것을 보는 둥 마는 둥 할 뿐이다. 망설임, 우유부단, 모순되는 애매한 생각들, 기껏해야 살짝 몸을 움직일 정도만큼의 힘만을 갖는 충동, 바토가 사랑한 것은 바로 이러한 것이다. 연인은 사랑하는 여인을 자기 쪽으로 끌어당긴다. 여인은 그에게 저항하면서도 그가 하는 대로 내버려 둔다. 서로 상반되는 두 가지 움직임인 것이다. 동시에 어떤 대상이 여인의 관심을 끈다. 여인은 그것을 바라본다. 여인은 세 번째 몸짓을 취하기 시작한다. 자세를 여러 번 바꾼 탓에 마침내 여인은 균형을 잃을 지경에 이른다. 의지할 데를 찾아 붙잡기 위해 새로운 자세를 취한다. 이렇게 몸을 기울이는 모든 행동 덕에 드레스에는 더할 나위 없이 다양한 주름이 생긴다. 사람들은 단지 신체의 구조를 추측하고, 사유와 대화와 예술을 지배하는 구

---

3 〈역주〉 Jean-Antoine Watteau(1684~1721): 18세기 로코코 회화를 대표하는 화가. 그의 그림 주제는 사랑과 관련된 인간의 마음, 감정이다. 그림에 등장하는 사람들의 자세와 시선 등은 망설임, 아쉬움, 후회 등의 스쳐지나가는 감성을 잘 표현한다. 또한 예리한 통찰력을 통해 눈에 잘 띄지 않는 미세한 동작을 순간적으로 포착한다. 대표작으로 「카테라섬의 순례」, 「정원에서의 대화」 등이 있다.

성 원리를 예감하기만 한다.

그런데 이러한 처리 방식에는 주관적인 것이 전혀 없다. 이것은 예술가들의 창조적인 상상력에 특유한 것이 아니다. 자연도 마찬가지로 작용한다. 그 점에서 예술은 단지 자연을 모방하는 것이라고 디드로는 생각한다. 자연은 자연 현상에 통일성을 부여하는 관계들을 가장 섬세한 방식으로 우리에게 감춘다. 인간의 영혼도 이와 마찬가지로 극도로 다양한 단계를 거친다. 적어도 마리보는 이러한 식으로 인간의 영혼을 해석한다. 그리고 이 단계들 하나하나가 수많은 생각, 감정, 충동, 욕망, 의도를 불러일으키는데, 그 관계들을 알아내기란 너무도 어려운 일일 것이다. 어떤 사람이 어떤 것을 생각한다. 그것을 기대한다. 그것을 진심으로 믿지는 않지만 그것을 바란다. 결국 그것이 일어날 수 있는 가능성은 배제되지 않는다. 그리고 나서 갑자기 어떤 것이 당신의 머릿속에 다시 떠오른다. 그것 때문에 당신은 낙담한다. 자기 자신에 대해 깊이 생각해 보고 자신을 나무란다. 하지만 왜 괴로워하는가? 희미한 기억이 당신의 눈앞에 아른거린다. 그리고 다시 평온을 되찾는다. 그러다 이번에는 예전의 불안감이 되살아난다. 이 모두가 한순간에 일어난다. 무수히 많은 미세한 움직임과 영혼의 동요, 그리고 무수히 많은 생각과 희미하게 드러나는 감정들이 순서도 없이 잇달아 일어난다. 그것은 때로는 거의 감지되지 않는 욕망, 때로는 기껏해야 한순간도 지속되지 못할 반향, 사라졌다 다시 나타나는 이미지다. 이 모두를 표현하기 위해 어떻게 낱말들을 찾아낼 것인가? 겨우 그 편린(片鱗)들만 간직할 수 있을 뿐이다. 심리학자는 말이 없는 생각에 말을 부여해야 하고, 극작가는 영혼의 가장 미세한 움직임 모두를, '예'와 '아니요'를, '그러나'와 '그래서'를, '어쩌면'을, 질문과 답변을, 영혼의 끊임없는 독백을 이해해야 한다.

대면한 여러 사람이 문제가 될 때 일은 훨씬 더 복잡해진다. 그러면 어느 영혼이 다른 영혼에 영향을 미치는 온갖 방식을 모두 밝혀야 한다. 가령 마리보의 희극에서는 종종 변장의 도움을 받아 어떤 상황에서 서로 얼굴을 맞댄 두 사람이 배치된다. 이것은 그들을 시험에 빠뜨리는 방식이며, 곧 두 영혼 사이에 번갈아 밀고 당기는 유희가 시작된다. 라신의 경우에는 오로지 단 하나의 정념이 불타오르다가 사그라지거나 오고 가는 것, 정념이 사로잡은 영혼에 미치는 정념의 영향만이 관건이었다. 질문을 던지고, 희망하고 절망하며, 간청하고 애원하는 것은 바로 정념이다. 이러한 반응들은 단 하나의 대주제가 갖는 다양한 형태나 변이에 불과했는데, 그 주제는 영혼을 온통 지배했으며 영혼의 다양성 안에서도 그것에 일관성을 부여하던 감정이 제시한 것이었다. 그러나 마리보의 시대에 영혼은 번갈아 나타나는 일련의 무의식적 욕망과 생각과 감정들 속에서 사라지는 듯 보이는데, 이러한 상황에서는 한 개인에게 어느 정도 통일성을 부여하는 것이 거의 감지되지 않는다. 이렇게 다양한 정신 상태는 얼굴에도 반영되어, 얼굴에서도 역시 모든 것이 변화한다. 그러므로 얼굴이 취할 수 있는 표정에서 나타나는 모든 뉘앙스를 파악하기 위해서는 아주 뛰어난 심리학자여야 한다. 디드로는 자신이 여성 친구들 중 한 사람의 얼굴을 명확하게 표현할 수 없다고 느낀다. 기껏해야 어제 어느 순간에 어떤 모습이었는지만 알 뿐이다. 왜냐하면 그 여성이 곧 표정을 바꾸곤 했기 때문이다. 그 여성이 웃거나 울 때 물론 같은 얼굴이지만, 이 얼굴이 실제로 무엇이었는지 그는 알지 못한다. 각각의 얼굴마다 눈 둘, 코 하나, 입 하나가 있지만, 어떤 얼굴도 다른 얼굴과 유사하지 않은 것이 사실이라고 마리보는 인정한다. 우리는 사람들 속에서 동일한 사람이 수없이 변화하는 모습을 언제나 볼 수도 있지만 바로 그 사람 자신에 대해서는 알지 못한다. 이것이 바로 18세기의 개인주의라고 부를 수도 있는 것의 한계가 보이는 지점이다. 아마도 디드로를 제외하면, 사람들이 생각하는 방식과 느끼는 방식 사이에서 확인되는 차이는 깊이 이해되지 않은 것 같다. 유사한 요소들을 무한히 조합하는 방식들이 있을 수 있다. 그러나 주어진 것은 바로 이 조합 방식들이지 요소들 자체나 그 요소들을 좌우하는 구성 원리들이 아니다. 사람들은 개인의 정신 상태를 그 자체로 이해하려고 애쓰지 않는다. 사람들은 어떤 사고방식에 따라, 어떤 성향에 따라, 어떤 개인 특유의 존재 방식에 따라 사태를 관찰하려고 노력하는 심리적 관점에서 출발하며, 또 이 개인의 생각이 취하는 특유한 맥락에 따라 복잡하게 얽힌 어떤 지적 동기들을 분석하는 관점에서 출발한다. 어떤 사람이 어떤 방식으로 말을 하거나 행동을 할 때 그가 어떤 생각을 하는지 알고 그의 저의가 무엇인지 간파하려고 노력하거나, 어떤 몸짓을 하거나 표정을 지을 때 정신 상태가 나타나는 구체적인 양상들을 통해 정신 상태를 파악하려고 시도한다. 사람들은 말과 얼굴 표정 속에 자신이 무슨 생각을 하는지를 숨기고 그것을 추측하게 내버려 두는 것에서 기쁨을 느낀다. 여기서는 엄밀히 말해서 심리학을 공부하는 것보다는 오히려 사람들을 관찰하고 그들을 아는 것이 더 중요하다. 사람들은 어떤 사람의 얼굴 표정과 몸짓을 보고 첫인상에 관해 문학적으로 묘사하는 것을 즐긴다. 사람들은 지적인 뉘앙스가 끊임없이 변화하는 것을, 이 생각이 저 생각을 대체하며 부단히 계속되는 것을 좋아한다. 마리보는 이렇게 생각들이 연속되는 것을 인류가 진보하는 과정에서 끊임없이 성장하는 인간 정신의 보배로 생각한다. 역사의 발전은 생각의 지속적인 기여와 다름없다. 한 세대의 사람들은 흔적도 없이 사라졌지만 자신들의 생각으로 다음 세대를 풍요롭게 만들었다. 인간 정신이 획득한 것은 계속 불어난다. 대를 이어 자신의 삶을 영위할 인간들이 존재하는 한 이것은 지속될 것이다. 물질이 띨 수 있는 모든 형태를 아직 발견하지 못한 것과 마찬가지로, 영혼은 자신이 될 수 있는 모든 것을 아직 드러내지 않았다. 따라서 생각하는 방식과 느끼는 모든 방식이 남김없이 발현된 것은 아니다.

18세기에 정신은 사물을 이해하고 규명하는 새로운 방식들을 모색했다. 사물의 모든 양상, 가장 미세한 뉘앙스들을 알아내고 그와 함께 새로운 관계들 속으로 파고들어 여태까지 해 왔던 것과 다르게 그것들을 정리하고 이 발견들에 부합하는 모든 종류의 표현을 찾아내고자 했다. 정신의 역사가 제공하는 자료들의 생생한 현실과 다양성에 직면하여, 정신은 그것들을 표현할 수천 가지 방식을 발견한다. 정신은 세계의 광경이 보여 주는 다양성을 따르기에는 기하학적 이성이 너무도 경직되고 논리적이어서 그것에 더 이상 안내를 맡기지 않는다. 정신은 자신의 상상력에 빠져들고, 섬세한 정신을 도야하여 그 덕에 자연에서 얻는 자료들의 다양성에 부합하는 가능성들을 고찰할 수 있다. 퐁트넬은 말한다. "인간 정신의 갖가지 관점은 무한하다. 자연 역시 무한하다."[4] 한편으로는 정신의 지배적 작용이 있다. 그것은 자신에게 주어진 가능성들을 평가하고, 어떤 생각을 그만두었다 다시 하며, 맥락을 꿰뚫어 보고, '무엇인지 잘 알 수 없는 것', 즉 생각들의 변화에 따르며 상반되는 사물들을 연결하기도 하고 반면에 유사한 사물들을 분리하는 지적 유연성과 언제나 생각을 새롭게 분류하고 새로운 가능성들을 창출하는 상상력을 암시한다. 그리

---

4 퐁트넬, 『세계의 다양성에 관한 대화 *Entretiens sur la pluralité des mondes*』.

고 다른 한편으로는 영혼, 즉 견고하고 균일한 구조가 없는 세계가 존재하는데, 그 세계는 자기 관계의 다양성 속에서 그리고 자기 자신의 풍요로움 속에서 구성 혹은 관계의 모든 가능성에 대한 이미지를 정신에 제공하고 그것에 가장 다양한 통찰을 마련해 준다. 마찬가지로 예술에서는, 교차하고 인접하며 서로 얽히고 서로 피하며 서로 포개지고 사라졌다 다시 나타나는 선들의 유희, 다양한 가능한 조합들의 전체, 사물들과 사람들의 불확실하고 무의지적이며 자의적인 집합이 정신에 생생히 존재하게 된다. 이것은 한편으로는 세계의 광경이 제공하는 다양성과 다채로움에 대한 형이상학적 전망을 이끌어내고, 다른 한편으로는 사물의 이 놀라운 풍부함 속에서 사물들을 담는 형태들을 창조할 수 있는 정신의 지배력에 대한 느낌을 이끌어 낸다. 지금으로서는 인간 정신이 대면한 이 풍요로움에서 인간 정신이 사물들을 개별적으로 또한 그 관계 속에서 인식할 수 있게 하는 이론적 기초와 인간 정신이 이러한 지식들을 발전시킬 수 있게 만드는 방법을 발견하는 것이 중요했다.

디드로

자신이 세계를 느끼는 방식에서 디드로는 섬세한 정신에 최고의 표현을 부여한다. 세계는 영원히 움직이는 무한한 다양성이다. 우주는 서로서로 작용하고 반작용하며 어떤 형태에서 모든 것이 파괴되었다가 또 다른 형태로 구성되는 무한한 물질의 덩어리이다. 이 우주에서는 같은 성질을 지닌 물질이란 있을 수 없다. 물질은 그 자체로 이질적이어야 한다. 무한하게 다양한 요소가 있어야 한다. 사람들이 '불'이라고 부르는 이 분자 더미들 속에서 각각의 분자가 자기 자신의 본질과 활동을 가지는 것과 마찬가지로, 이 요소들 각각은 자신의 고유한 힘, 자신의 작용 방식을 지니고 있다. 각각의 분자가 갖는 고유한 힘들 사이의 차이만큼이나 많은 법칙이 있다. 이 우주에 절대적인 평온이란 존재할 수 없다. 여기에서 모든 것은 움직이고 있으며, 영원한 흐름 속에 있다. 자연에서 사물이 띠는 형태들은 결코 결정적인 것이 아니다. "모든 존재는 서로가 서로의 내부에서 순환하고 있으며 따라서 모든 종(種)도 그렇습니다. (...) 모든 동물은 어느 정도는 인간입니다. 모든 광물은 어느 정도는 식물인 셈이고, 모든 식물은 어느 정도는 동물인 셈이지요. 자연에는 명확한 것이 아무것도 없습니다. 모든 사물은 어느 정도는 어떤 사물이기도 하고, 어느 정도는 흙이기도 하며, 어느 정도는 물이기도 하고, 어느 정도는 공기이기도 하며, 어느 정도는 불이기도 하고, 어느 정도는 이런 계(界)에 또 어느 정도는 저런 계에 속하기도 합니다."[5] 이 세계에서 결정적으로 정의되는 개체들은 존재할 수 없다. 존재란 무엇인가? 몇 가지 성향의 총합이다. 삶이란 무엇인가? 작용과 반작용의 연속이다. 살아서 나는 총체로서 작용하고 반작용하며, 죽어서 나는 분자로서 작용하고 반작용한다. 나는 진정한 의미에서 죽는 것이 아니다. 다른 모든 것과 마찬가지로 죽는 것이 아니다. 태어나는 것, 사는 것, 죽는 것, 이것은 형태를 바꾸는 것이다. 띠고 있는 형태가 무슨 상관인가. 각각의 형태에는 그 나름의 행운 혹은 불운이 있다. 모든 것은 변화하고 모든 것은 지나간다. 존속하는 것은 총체밖에 없으며, 세계는 끊임없이 시작되고 끝이 나며, 매 순간마다 그 시작이자 끝이다.

자연은 항상 유동하고 매 순간 자기 자신과 달라지면서 무한한

---

5 디드로, 『달랑베르의 꿈 *Rêve de d'Alembert*』.

다양성 속에서 사라진다. "어느 분자와 유사한 분자는 하나도 없으며, 어느 순간에 여전히 유사한 모습으로 있는 분자 또한 하나도 없다."[6] 사람들의 삶도 마찬가지이다. "세계 곳곳에는 각각의 나라가 있다. 하나의 나라에도 각각의 지방이 있다. 하나의 지방에도 각각의 도시가 있다. 하나의 도시에도 각각의 가족이 있다. 하나의 가족에도 각각의 개인이 있다. 각각의 개인도 매 순간 얼굴과 표정이 다르다."[7] 인류 전체에서 서로 아주 조금이라도 닮은 두 명의 개인이란 존재하지 않는다. 사실대로 말하면, 어떤 인간도 결코 타인을 이해하지 못할 것이다. 사람들의 의견에서 어느 정도 차이가 눈에 띄기는 하지만, 인지되지 않는 차이가 훨씬 더 많이 존재한다. 누구나 나름대로 보는 방식이 있으며, 사물을 다르게 보고 이야기한다. 그리고 개인 각각은 끊임없이 관점을 바꾼다. 삶의 다양한 시기들마다 영혼은 동일하지 않다. 동일한 인간에서도 모든 것은 끊임없이 변화한다. 우리는 한순간도 동일하게 존재하지 않는다. "존재들의 상태는 영원한 변화 속에 존재한다."[8] 생각들은 이어지지만, 인간 자신은 어떻게 그러한지도 알지 못한다. "이와 같이 첫 번째 생각이 두 번째 생각을 불러오고, 이 두 가지 생각이 세 번째 생각을 불러오며, 세 가지 생각 모두가 네 번째 생각을 불러오는 식으로 계속됩니다." 이 과정은 한없이 계속된다. 우리 마음속에서 생각의 흐름이 끊임없이 진행되는 것을 느끼기 위해서, 또한 이것은 끝이 없으며 어떤 규칙에도 따르지 않는다는 것을 이해하기 위해서, 우리는 우리 자신의 내면으

---

6 같은 책.

7 디드로, 『회화론 *Essai sur la Peinture*』, 4장.

8 디드로, 『자연의 해석에 대하여 *De l'Interprétation de la Nature*』, 58.

로 들어가 암흑과 침묵 속에서 우리 마음속에 일어나는 것이 무엇인지 귀를 기울이는 것으로 충분하다. 그러면 우리는 우리 정신의 작용 속에서 "놀랄 만한 도약"을 확인하게 된다. 종종 "깨어난 하나의 생각은 불가사의한 간격을 둔 조화의 배음(倍音)을 울리게 만들 것입니다."[9]

이것이 바로 섬세한 정신의 세계, 언제나 새롭고 끊임없이 일신하는 세계, 각각의 사물이 가장 다양한 측면에서 나타나고 시시각각 양상을 바꾸는 세계이다. 실제로 각각의 사물은 다른 모든 사물의 편린(片鱗)을 내포하고 있으며 어느 정도는 다른 사물이므로 가장 미묘한 뉘앙스만이 사물들을 서로 구별시키며, 사람들은 조금씩 이 사물에서 저 사물로 옮겨 가기 때문에 이를 알아차리지 못한다. 이 세계에 통일성을 부여할 하나의 주요 구성 원리는 존재하지 않는다. 우주 전체를 작동시키고 끓어오르게 만들면서 무한한 양의 힘이 발휘된다. "모든 것은 총체적인 흐름이다."[10] 마찬가지로 각각의 존재는 여러 가지 방식으로 끊임없이 결합하는 성향들의 총합일 뿐이다.

이질적인 요소들이 끊임없이 흐르는 디드로의 세계는 디드로의 정신 속에서 일어나는 현상과 흡사한데, 그의 정신 속에서는 생각들이 잇따르고 서로 교차하며 서로를 밀어내고 결코 완전히 동일하지 않으며, 수천 가지 방식으로 모이고, 하나의 생각이 반쯤 졸고 있던 수천 가지 다른 생각을 깨운다. 그런데 이 다른 생각들은 때로는 더 강하게, 때로는 더 약하게 자신을 깨운 생각에 공명하고 이후 사라져 메아리로만 존재하다가 다시 나타나, 새로운 생각이 다른 생각에 추

---

9 디드로, 『달랑베르와 디드로의 대화 *Entretien entre d'Alembert et Diderot*』.
10 『자연의 해석에 대하여』.

가되고 점점 더 명확해져서 전체를 변화시키게 되기까지 매 순간 달라지는 미세한 뉘앙스 속에 녹아든다. 마이스터[11]는 다음과 같이 기록한다. "내가 디드로에 대한 기억을 떠올릴 때, 엄청나게 다채로운 그의 사상, 놀랍도록 다양한 그의 지식, 신속한 비약, 열의, 격렬하게 동요하는 그의 상상력, 온갖 매력, 온통 뒤죽박죽인 그의 대화를 떠올릴 때, 나는 감히 그의 영혼을 그 자신이 보던 바와 같은 자연과 비교한다. 풍요롭고 비옥하며, 온갖 종류의 싹이 풍성하고, 부드럽고도 거칠고, 단순하고도 장엄하며, 고상하고 숭고하지만, 어떤 지배적인 원칙도 없고 주인도 신도 없는 자연과 같은 영혼."

『백과전서』

그러나 이 모든 다양성을 정리하는 어떤 원리가 있다는 것을 부정한다면, 각각의 사물이 어느 정도는 다른 사물이고 그것을 구별하는 어떠한 경계도 없다면, 이 모든 점에서 과학은 무엇이 되는가? 결국 유리된 연구들의 목록, 어떤 것도 연관 짓지 못하고 분류도 할 수 없을 사실들의 열거로 귀착될 것이다. 17세기 사람들은 우주에는 일정한 구조가 있어서 만물이 세계에서 차지하는 영역에 상응하는 과학의 항목 아래 정리되기 위해서는 그 구조를 아는 것으로 충분하다고 생각했다. 자연으로 귀착되는 구성 원리는 또한 과학적 분류를 주재하는 원리임이 틀림없었다.

그러나 18세기 사람들은 결정적으로 확립된 이러한 질서를 더 이상 믿을 수 없게 되었다. 우주는 체계적인 방식으로 전혀 분류될 수

---

11 마이스터 Jacques-Henri Meister, 『디드로의 넋에게 *Aux Mânes de Diderot*』.

없는 무한한 수의 개별 존재들로 구성된다. 그것들 중 어떤 것도 최초의 존재나 혹은 최후의 존재로 지칭될 수 없을 것이다. 모든 것은 연관되어 있고, 거의 감지되지 않을 정도로 조금씩 단절 없이 이어진다. 디드로는 말한다. "바위로 된 돌출부와 같은 몇몇 물체가 지표의 균일성을 깨뜨리는 듯 보이는 것은 사물 자체와는 아무런 관계가 없는 개별적 체계나 불분명한 관습이나 우연에 기인한다. 그래서 이것은 자연의 의도와는 아무런 관계가 없다."[12]

비종교적 학문들의 원리부터 신앙의 원칙까지, 형이상학부터 미학의 문제까지, 군주들의 권리부터 민중들의 권리까지, 지구부터 토성까지, 천체의 역사부터 곤충의 역사까지, 사람들은 모든 것을 탐구했다. 이 모든 것이 자세히 검토되고 분석되었거나 적어도 토의의 대상이 되었다고 달랑베르는 확인한다. 사물들을 그 특성에 따라 하나하나 관찰하고, 관계가 먼 것들과 이상한 것들을 관찰하며, 그것들의 차이점과 그것들의 결합 방식을 관찰하면서 새로운 정신, 새로운 호기심, 새로운 즐거움이 태동했다. 사람들은 세계의 광경이 제시하는 다양성을 가까이서 보려고 애썼다. 그러나 체계라는 낡은 환상에 다시 빠지지 않고 어떻게 이 모든 통찰과 이 개별 발견들을 총체적으로 해석할 것인지 자문하는 순간이 도래했다. 디드로와 달랑베르가 『백과전서』에서 해결하고자 애쓴 것이 바로 이러한 문제이다.

우리가 그때까지 학문이 얻어 낸 성과들을 훑어보면, 우리는 어떤 분야이든 근본 원리로 거슬러 올라갈 수 없었고 그것은 언제나 구름 뒤에 숨어 있다는 것을 확인한다. 우주는 우리가 더 작거나 더 큰 몇몇 섬을 얼핏 보게 되는 대양과도 같다. 그러나 그 섬들과 대륙과

---

12 디드로. 〈역주〉 저자가 디드로의 글을 풀어쓴 것이다.

의 관계는 우리에게 감추어져 있다. 우리는 세계의 몇몇 음절만을 해독하는데, 그로부터 어떠한 의미도 이끌어 낼 수 없다. 우리가 알고 있는 진실의 사슬은 수천 군데에서 끊긴다. 몇몇 고리는 서로 연결되어 있지만, 다른 고리들은 분리되어 있으며 다른 어떤 것과도 관계가 없는 진실들을 나타낸다. "학문의 거대한 울타리"는 "곳곳에 어두운 곳과 밝은 곳이 있는 거대한 대지와 같다"라고 디드로는 기록한다. "우리의 작업은 밝은 곳의 경계를 넓히거나 대지 위에 빛의 중심지를 증가시키는 것을 목적으로 삼아야 한다."[13] 이 목적은 개별적인 사실들을 탐색하면서 달성된다. 이어 이 개별 탐색들의 결과를 분류하고자 한다면 — 우리가 우리 자신에게 제기했던 문제에 대해 답변하는 것은 바로 이 지점이다 — 정신은 자신의 조합 능력에 의해 무한한 수의 관점과 분류 가능성을 제시한다. 그러나 이 분류들 중 어떤 것도 실재적인 가치를 지닌다고 주장할 수는 없다. 자연은 칸들로 구획되어 있는 것이 아니며, 단절이 있는 것도 아니다. 여기서 실재적인 부분을 구별할 수 없는 것이다.

그러나 어쨌든 인간 정신은 우리의 지식들에 질서를 부여하기 위해 일련의 조합 가능성들을 제시하고 있는 상황에서, 우리의 선택을 이끌게 될 원리는 무엇인가? 각각의 학문 내 여러 가지 조합 가능성들 사이에서 이 선택의 원리는 가능성들이 추구하는 목적에 의해서만 결정될 수 있다. 선택을 좌우하는 것은 과학 그 자체에 내재되어 있는 목적론이다. 각각의 학문은 그 자신에 고유한 원리들만을 가지고 있으며, 특정한 구조를 부여받고 일정한 목적을 지향하는 개별적인 총체를 형성한다. 각각의 학문에 고유한 이 원리들에 조합 가능성

---

13 『자연의 해석에 대하여』, 14.

들을 맡겨야 한다. 『백과전서』에서 따르는 방법은 지리학자가 이용하는 방법과 비교될 수 있다. 『백과전서』는 마치 지도와도 같다. 여기에서는 주요 국가들, 그들의 상황, 상호 의존관계가 보인다. 그리고 특별한 지도들이 있는데, 바로 『백과전서』의 다양한 항목들이다. 여기서 사람들은 지리학자의 방법을 따른다. 다시 말하면 탐험한 지역들의 지도를 아주 공을 들여서 상세히 묘사하지만, 미지의 땅이 여전히 존재하기에 생기는 빈 공간을 지도들 사이에 남겨 둘까 봐 두려워하지는 않는다. 그리고 세계전도가 지리학자가 취하는 관점에 따라 좌우되는 것과 마찬가지로, 『백과전서』가 취하게 될 형태는 그 공동 편찬자들의 정신적 태도와 각각의 대상이 제시되는 방식에 따라 좌우될 것이다. 인간 지식을 분류하기 위해서도 다양한 세계 지도들만큼이나 많은 체계를 생각할 수 있을 것이다. 『백과전서』는 산, 평원, 바위, 수면, 들판, 동물 그리고 풍경이 포함할 수 있는 다양한 사물 모두를 볼 수 있는 아주 광대한 풍경을 연상시킨다. 여기서 모든 것은 햇빛을 받지만, 대상 각자가 밝은 정도는 다르다. 이와 같이 각각의 공동 편찬자, 각각의 학문, 각각의 예술, 각각의 항목, 각각의 수제는 『백과전서』 안에서 자신의 언어와 문체를 찾아낸다.

여기서부터 18세기에 섬세한 정신이 전개되는 과정을 엿볼 수 있다. 17세기 사람들은 자연 속에서 지적 능력으로 이해할 수 있는 법칙들을 따르는 논리적이고 수학적인 맥락을 본다. 마찬가지로 예술에서는 인간들이 발견해야 할 완벽함에 부합하는 비율과 완벽한 법칙에 따르는 구조가 존재한다. 물질계와 예술의 이 합법칙성은 무한히 다양한 정신계나 사람들의 삶에서는 발견되지 않는다. 이러한 점에서 17세기에는 해결할 수 없는 모순이 존재한다.

반면 18세기에 들어와 데카르트의 신봉자들과는 달리 사람들은 자연과학에서 실험을 통한 연구에 몰두하고 — 우리는 여기서 모든 체계적 관찰을 포기한 이러한 방법을 단지 암시할 수 있을 뿐이다 — , 다른 한편으로는 인간 정신의 모든 능력을 마음껏 펼치게 하면서도 개별적 다양성 속에서 방향을 잃지 않는다. 이때 정신은 자신의 지배력을 발휘하여 가장 다양한 존재를 가장 다양한 관점에 — 그것이 존재들 사이의 차이나 유사성의 관점이든 혹은 또 다른 모든 종류의 관계의 관점이든 — 따라 항상 새로워지는 개별적인 형태 아래 분류하기 때문이다.

과학은 개별 사실들을 파악하고 싶어 하므로 우선 그것들을 가능한 많이 모으는 것이 관건이라고 백과전서파들은 말한다. 이 사실들 중에서 어떤 관점을 취하는가에 따라 가장 상이한 관계들을 상상할 수 있다. 사실들 각각은 어떤 측면에 의해서 때로는 그것들 중 어떤 것 또 때로는 다른 것과 연관될 수 있다. 그러므로 수천 가지 다양한 방식으로 존재들을 분류하는 것이 가능하다. 자연 그 자체는 사물들을 배치하는 실재적 원리를 우리에게 제시하지 않는다. 자연에서는 실재적 분류, 예컨대 인간, 동물 혹은 식물이라는 개념과 같이 틀에 박힌 개념들이 발견되지 않는다. 우주의 광경이 보여 주는 다양성 속에서 분리된 존재들을 정리하는 것은 인간 정신의 역할이다.

과학적 실증주의

그러나 그렇게 해야겠다는 생각이 어떻게 우리에게 떠올랐는지 모를 이 모든 자의적 분류에서 출발하면서, 어찌 되었든 그 자체에 근거를 둔 과학적 지식에 어떻게 접근하겠는가? 우리가 보았듯이, 이것은 객관적인 합법칙성이나 사물들 사이의 실재적 관계들을 모색

함으로써가 아니라 ― 그것들을 아는 것은 생각할 수 없는 일이
다 ― 과학을 통해 형성된 이상적인 전체 속에서 가능한 모든 관계
중 가장 근거가 확실할 관계들을 발견하려고 노력함으로써 가능해질
것이다. 이것이 바로 후일 오귀스트 콩트[14]에게서 그 정점을 이루게
될 실증주의적 관점이다. 이 관점과 18세기 인간의 태도, 즉 섬세한
정신 간에 존재하는 관계는 명확하다. 인간의 상상력이 창조한 사물
들 간의 관계들이 갖는 여러 가지 가능성 앞에서, 섬세한 정신은 그
것들이 상대적이며 그것들에 절대적 혹은 배타적 가치를 부여하는
것은 불가능하다는 사실을 이해한다. 이전의 형이상학과 대비되는
과학적 실증주의는 사물들 간의 관계들이 갖는 이 여러 가지 가능성
들 중에서 과학적 선택의 원리를 찾는다. 현재 사람들은 17세기의 철
학자들에게 이렇게 말할 수 있다. 우리가 생생한 현실의 객관적 합법
칙성을 파악할 수 없는 것은 사실이지만, 인간은 자신의 정신이 제공
하는 관계의 형태들에 의해서 이 세계의 새로운 양상들을 끊임없이
훑어보면서, 사물들이 정해진 목적을 달성하도록 그것들에 질서를
부여한다. 그런데 인간이 사물들을 정리하면서 따르는 규칙들은 그
목적론적 유효성과 관련이 있다. 게다가 그 규칙들은, 인간 정신으로
하여금 가능한 최소한의 원리를 가지고 가장 많은 수의 사실들을 포
괄할 수 있게 하는 배치가 가장 훌륭한 배치가 되도록 구상되어야 한

---

14 〈역주〉 Isidore Marie Auguste François Xavier Comte(1798~1857): 프랑
    스의 철학자이자 사회학자. 콩트는 대표작인 『실증철학 강의』에서 사회학
    을 자연법칙에 종속된 하나의 과학으로 정립시키려고 시도했다. 그는 관찰
    을 토대로 사회를 연구하고 그 사회를 지배하는 근본적 원리를 발견하는 것
    이 사회학의 목적이라고 생각했다. 그는 인간의 지식이 신학적 단계, 형이
    상학적 단계, 실증적 단계로 진보한다고 주장했다.

다. 그러므로 과학은 이중의 목적을 지닌다. 우선 그것은 개별 사실들에 대한 탐구를 시도하고, 이어서 자신이 이와 같은 방식으로 이룩하게 될 연속적인 혹은 동시적인 발견들을 가지고 형이상학적 의미의 체계를 만드는 것이 아니라 대상들이 종류에 따라 분류되고 항목별로 정리되거나 어떤 법칙들을 따르는 집합체들에 통합되는 잘 정돈된 전체를 창조하는 것이다. 그렇다고 해서 개별 자료들을 체계적인 방식으로 제어하는 것이 과학의 목적 그 자체라는 의미는 아니다. 개별적 지식들은 지식들의 일반적인 집합체에 속해 있다는 사실만으로는 가치를 획득할 수 없다. 이러한 소속은 부차적인 것일 뿐이다. 소속은 자신이 집합체에 가져오는 개별 지식들에 의해서만 가치를 지닌다. 여기서는 개별 사실들을 더 잘 파악하기 위한 수단만이 중요하다. 분류 방법에서 확립된 일반성에 만족하는 사람은 어느 나라에 가지 않고 그 나라의 지도를 보는 것으로 만족하는 사람과 비교될 수 있을 것이다. 과학의 최종 목표는 언제나 개별 사실들을 그것들이 주어진 그대로 아는 것이다.

우리가 보았듯이, 이렇게 사물들을 보는 실증주의적 방식은 개별 사실들을 확인하고 그것들의 상호 관계가 제시하는 다양한 가능성 속에서 인간 정신의 창조적 활동을 확인하기를 좋아하는 섬세한 정신의 방식과 유사하다. 이 방식은 실험적 연구와 개별적 발견을 지향하는 자연과학의 방향과 연관을 갖는다. 마찬가지로 그것은 식물학과 지질학에서의 분류 시도와 더불어 — 여기서는 린네[15]와 뷔퐁[16]을

---

15 〈역주〉 Carl von Linné(1707~1778): 스웨덴의 박물학자. 린네의 『식물의 종』은 식물 명명법, 『자연의 체계』는 동물 명명법의 기준이 되었다.

16 〈역주〉 Georges-Louis Leclerc, comte de Buffon(1707~1788): 프랑스의 박물학자이자 계몽사상가이며 진화론의 선구자. 뷔퐁은 1739년 이후 왕립

언급하는 것으로 충분하다 — 로크와 콩디야크[17]가 발전시킨 감각주의 인식론과 유사하다. 의미에 이를 수 있는 개별 사물, 주어진 사물, '여기 그리고 지금'은 사람들이 그것에 대해 갖고 있는 개념들보다 우선한다.

여기서 중요한 것은 바로 과학적 지식에 대한 또 다른 개념에 기초를 둔 과학의 가치를 고려하는 새로운 방식이다. 17세기 초반에 과학은 세계, 세계의 체계를 인식하는 것을 목적으로 삼았고, 이러한 점에 과학의 가치, 존재 이유가 있었다. 반면 18세기에 과학의 목적은 개별 사실들을 알고 그것들을 최대한 모아서 달성하고자 하는 목적에 부합하는 다양한 관계를 그 개별 사실들 사이에서 확립하는 것이다.

그러나 사람들이 어떤 목표들을 추구하는 것을 과학의 존재 이유로 부여한 이상, 훨씬 더 나아갈 수 있다. 과학이 삶의 실재를 파악하거나 절대적 진실에 도달하기를 희망할 수 없음을 인정하면서도, 사람들은 과학의 가치를 그것을 넘어서는 어떤 가치 체계에 종속시

식물원 관장을 역임하고 몽바르에 있는 자신의 영지를 관리하면서 1747년부터 총 44권의 『자연사』를 간행했다. 그는 어떠한 신학에도 의거하지 않고 동물과 인간의 진화로 우주를 설명하고자 시도한 최초의 사람이었다. 또한 수학, 물리학, 광학 등에 대한 다양한 논문을 쓰기도 했다.

17 〈역주〉 Étienne Bonnot de Condillac(1715~1780): 프랑스의 철학자. 콩디야크는 1746년 나온 최초의 저서인 『인간 인식 기원론』에서 인간 인식을 기호로 변형된 감각에 정초시켰다. 그는 이후 『감각론』(1754)에서 인간을 모든 감각이 닫혀 있는 대리석상에 비유하고 이 대리석상에 후각부터 시작하여 순차적으로 감각을 부여하면서, 감각으로부터 모든 관념과 복합적인 정신적 기능들이 나오는 과정을 밝혔다. 이때 자아는 데카르트의 그것처럼 그 자체로 존재하면서 사유하는 실체가 아니라 인간이 받아들이는 감각의 연속과 변형으로서 간주된다.

킬 수 있다. 『백과전서』는 계몽주의 시대, 창조적 이성의 우위를 인정하며 창조적 이성의 법칙을 따르는 지성의 세기의 성과이다. 과학은 이성에 봉사한다.

과학적 지식 그 자체, 경험, 역사를 통해 확립된 사실들은 창조적 이성의 기반 역할을 할 수 없으며 삶을 이끌어야 할 원리를 제시할 수도 없다. 그것들은 그저 시간에 따라 변하고 단지 진실에 다가가게 하는 상대적인 자료들일 뿐이다. 반면 이성에 내재한 구성 원리들은 절대적인 가치를 지니며 우리가 가지고 있는 법에 대한 의식 속에 존재한다. 그리고 이 의식은 확실하며 시간에 따라 변하지 않는다. 세계가 무엇인지, 지금까지 만물은 무엇이었고 지금 만물은 무엇인지에 대해, 우리는 아는 것이 별로 없다. 그러나 선과 법이 지배하기 위해서 무엇이 존재해야 하는지, 그것에 대해 우리는 확신하고 있다. 우리의 혁명적 의무는 우리에게 선천적인 절대적 원리들에 따라서 법과 선의 지배를 창출하는 것이다.

따라서 과학들은 집단적 삶을 조직하는 데 도움이 되어야 할 것인데, 여기서 우리는 18세기의 발전 과정 중 두 번째 단계에 도달한다. 그것들은 인간에게 무엇이 정의롭고 선한지 가르칠 것이고, 무엇이 아름다운지 아는 법을 가르칠 것이며, 인간이 이용할 수 있을 역사 속 실례들을 제공할 것이고, 인간의 편견들을 뒤흔들 것이며, 행복의 새로운 가능성들을 인간에게 열어 줄 것이다. 이것이 바로 과학들에 대한 프랑스 대혁명의 관점, 최소한 혁명 초기의 관점이다. 과학들은 이성이 창출한 집단적 조직 내에서 자신의 자리와 역할을 찾아낸다. 그 자체로는 이와 같은 조직 원리를 만들어 낼 수 없지만, 과학들은 법의 확실한 개념에 따라서 인간에게 더 나은 삶을 만들기 위해 이성이 이용하는 수단이 된다. 그때까지 정신계의 광경이 보여 준 혼돈 속에서, 사람들은 하나의 원리, 법칙들을 따르는 하나의 총체를 찾았지만 허사였다. 그러나 창조적 이성만이 공동체의 삶을 인도할 수 있는 규칙들을 제시할 수 있었다.

우리에게 남은 일은 이성이 어떻게 창조적인 것이 되었는지, 또 모든 과학적 인식의 상대성과 비교할 때 그 원리들과 그 원리들을 표현하기 위해 만들어진 구호들이 어떻게 발견되었는지 살펴보는 것이다.

제3장
몽테스키외

구성적 이성

　몽테스키외를 출발점으로 삼자. 그 시대의 사람들처럼 몽테스키외도 인간 존재가 갖는 다양한 형태를 좋아한다. "우리의 영혼은 생각하기 위해, 즉 보고 이해하기 위해 만들어졌다"라고 그는 말한다. "그러한 존재는 반드시 호기심을 유발하게 되어 있다. 왜냐하면 모든 것은 각각의 생각이 다른 생각을 앞서고 또 다른 생각을 뒤따르는 연쇄 속에 존재하기 때문에, 우리는 어떤 것을 보면 그로부터 발생하는 또 다른 어떤 것을 보고자 갈망할 수밖에 없다. (...) 그러므로 영혼은 언제나 새로운 것을 찾으며 결코 이를 중단하지 않는다. 바로 이러한 이유로 영혼에게 많은 것을 보게 해 주거나 볼 것이라고 기대했던 이상을 보게 해 줄 때 우리는 항상 영혼의 환심을 살 수 있다고 확신할 것이다."[1] 영혼을 언제나 새로운 대상으로 이끄는 이러한 영혼의 성향으로 인해 "영혼은 놀라움에서 생겨나는 모든 쾌락을 맛보게 된다."[2] 영혼은 아름다운 것보다 매력적인 것을 좋아한다. "여성은 거의 한 가지 방식으로만 아름다울 수 있는 반면, 수만 가지 방식으로 매력적이 될 수 있다"[3]라고 몽테스키외는 쓴다. "시선을 멀리 두는 것 또한 '영혼'에게 커다란 기쁨이다."[4] 그런 까닭에 영혼은 위대한 사상을 발전시킨다. 몽테스키외는 또한 말한다. "보통 위대한 사상을 만드는 것은, 어떤 사람이 수많은 다른 것을 보게 해 주는 어떤 것을 말할 때나 또 독서를 많이 한 다음에야 발견할 수 있던 것을 단번에 발견하게 해 줄 때이다."[5] 그를 사로잡는 것은 바로 주어진 그대로의 생생한 현실이 그에게 항상 새롭고 다양한 성찰의 대상을 제공한다는 것이다. 모든 것을 하나로 통합하는 것이 문제가 아니다. 철학적 정신은 정확히 말해 사물들을 서로 식별해 내고 그 뉘앙스를 인지하는 것으로 이루어진다.

그러나 이 생생한 현실은 인간 정신과 무관하게 존재하는 주어진 여건이 아니다. 모든 곳에서 이미 인간들이 창조자로서 개입했다. 인간들은 관례, 관습, 법, 국가를 만들었다. 개인들은 개인으로 분산해 있는 것이 아니라 연합, 민족, 국민, 사회 계급으로 결속되었다. 개인들이 조직을 형성한 것이다. 몽테스키외는 집단적 삶의 양상을 갖는 이 모든 다양한 조직 형태들을 두루 살피고 이를 서로 간에 비교하여 그것들이 어떤 점에서 차이가 있으며 어떤 점에서 유사한지를

---

1 몽테스키외, 『취향에 관한 성찰 Essai sur le Goût』, 「호기심에 대하여 De la curiosité」.
2 같은 책, 「놀라움의 쾌락들에 대하여 Des plaisirs de la surprise」.
3 같은 책, 「무엇인지 알 수 없는 것에 관하여 Du Je ne sais quoi」.
4 〈역주〉 같은 책, 「호기심에 대하여」.
5 〈역주〉 같은 책, 「놀라움의 쾌락들에 대하여」.

알아내고자 한다.

이 다양한 법과 풍습에서 인간은 그냥 자기 마음 내키는 대로 움직이는 것이 아니다. 이러한 제도, 이러한 관습과 법에는 어떤 의미, '정신'이 들어 있음이 분명하다. 그것은 의지, 어떤 계획들을 추구하는 행위의 산물이다. 그것은 인간이 다양하게 자신을 드러내는 행위, 즉 역사에 참여함으로써 만들어 내는 구성물들이자 정신적 창조물들로, 그에 따라 민족들은 자신의 운명을 결정한다. 몽테스키외는 사람들의 조직 형태를 그것이 도달하고자 하는 목적에 따라 연구하려고 한다. 그는 법의 근거를 이해하려고 시도한다. 만약 어떤 법이 처음볼 때는 이상하게 보인다고 해도, 그 법이 보기보다 훨씬 더 합리적이며 그 존재 이유가 있다는 사실을 인정해야 한다.

입법자는 입법 행위를 할 때 어떤 조건들, 말하자면 주어진 구체적 현실에 직면한다. 그는 한 민족에게 법을 만들어 주어야 하는데, 그 민족에게는 자신만의 특별한 존재 방식이 있다. 몽테스키외가 여행을 하며 충격을 받은 것은 베네치아 사람들이 제노바 사람들과 그리고 남부 사람들이 북부 사람들과 아주 다를 수도 있다는 점이다. "영국인, 프랑스인, 이탈리아인은 세 개의 상이한 정신이다."[6] 민족은 각기 개성이 있다. 이 개성들은 매우 상이한데, 각각의 개성을 그 전체 모습 속에서, 즉 그것이 삶을 영위하는 각양각색의 상황, 기후, 경제적 조건, 공동체 구성원 간에 세워진 위계질서, 그들의 도덕적 혹은 종교적 사고, 사람들의 정신적·물질적 구성과 그들 간의 관계가

---

6 몽테스키외 남작, 『몽테스키외의 미발표된 사상과 단상 *Pensées et Fragments inédits de Montesquieu*』, 2권, 1901, p. 171, XVI; 「민족적 특성들」, 1382 (376, I, p. 359).

내포하는 모든 것을 고려하여 분석하는 것이 중요하다. 또한 한 민족의 개성, 그 민족을 특징짓는 정신이 어떻게 복잡하고 각양각색인 그러한 조건들 내에서 탄생하는지 이해하고자 노력해야 한다. 따라서 입법자는 도덕적이고 경제적인 여건들로 이루어진 복잡한 전체에 직면한다. 그가 만드는 법은 이러한 유기적 조직들의 특이성에 부합해야만 한다. "만약 한 국가의 법이 다른 나라에도 적합할 수 있다면 그 것은 정말 대단한 우연"[7]의 결과라고 할 것이다.

그러나 법이 스스로 구축해야 하는 그 전체의 존재 방식에 부합해야만 한다면 입법자의 구성적 활동은 논리적 연관을 갖는 몇몇 관념을 전제로 하며 또 자신에게 고유한 논리를 따르는 몇몇 정체를 상대하게 되는데, 입법자는 그 논리를 찾아내야 한다. 법은 여러 집합체를 형성하고 또 그 집합체들 내에서 서로를 근거로 해서 생겨난다. 우선 민주정이든 군주정이든 전제정이든, 하나의 국가 통치에 그 형태를 부여하는 법이 있다. 이러한 정체는 일단 정해지면, 바로 그 성격에 따라 몇몇 법, 예를 들어 선거권을 규정하는 법 또는 시민들 간에 사회적 위계질서를 만드는 법을 수반한다. 그것들은 선택된 국가 통치의 논리 그 자체로부터 도출된 법이다.

따라서 입법자는 두 가지 주어진 여건으로부터 출발해야 한다. 하나는 그 자신에 내재적인 법에 따라 구성된 정체이고, 다른 하나는 법이 적용되어야 하는 민족의 특유한 개성으로서 이는 몇몇 종교적·도덕적 개념과 그 나라의 조건들에 따라 결정된다. 이러한 법이 창조적인 방식으로 살아 있는 공동체에 개입하여 효과적이 되기 위해서는, 민족의 '정신'이 한 방향을 지향해야 하고, 그 개성이 명확히 정

---

7 『법의 정신』, 1권, 3장.

해진 목표로 나아가야 한다. 각각의 정체는 느끼는 특정한 방식, 모든 집단적 조직의 구성을 지배해야 하는 정신을 전제로 한다. 민주정의 원리는 덕이고, 군주정의 원리는 명예, 전제군주정의 원리는 공포이다. 공동체가 이 원리를 따르기 위해서는 공동체의 조직 전체가 이 원리에 부합해야 하며 동일한 정신 속에서 하나가 되어야 한다. 교육법, 재판, 제도, 풍습, 모든 것이 어떤 특정한 정부 형태에 상응하는 공동체를 구성하는 데 기여해야 한다. 개별적 동기에 따라 생겨날 수 있는 모든 상이한 의지에 하나의 공통된 방향을 부여해 줄 수 있을 만큼 충분히 효과적인 감정의 통일성이 존재해야 한다. 전체의 부분들 모두가 하나의 동일한 추진력에 복종해야 한다.

따라서 입법자는 경제적·도덕적 상황에 따라 어떤 특정한 정신적 성향을 지니게 된 많은 사람을 재료로 두고 있는 셈이다. 남부 사람과 북부 사람은 자기 나름의 정신적 성향을 지니고 있다. 모든 법과 모든 제도는 이러한 성향에 일치해야 한다. 그러나 또한 주어진 재료가 어떤 특정한 정체에 적합한 내용을 구성할 수 있도록 이러한 성향을 강화하고 이끌어 나가야 한다. 예를 들어 군주정을 설립하는 것이 문제라면, 한 국민의 정신적 성향, 예를 들어 섬나라라는 상황으로 인해 생긴 영국인의 정신적 성향으로부터 출발하여, 명예라는 집단적 감정을 만들어야 할 것이다. 그다음으로 정체들과 그것들에 의존하는 법이 국민정신을 형성하고 발달시키는 데 기여할 수 있다. 공동체가 생각하고 느끼는 방식에 작용하여 이를 변모시키는 것은 예를 들면 몇몇 의회 제도의 활동이다.

각각의 사회는 특별한 성격, 자기만의 사고방식, 수 세기에 걸쳐 형성된 정신을 지니고 있다. 이러한 정신은 일단 존재하면 곧 전능한 것이 된다. 권력 기관과 소속 관리들이 행하는 모든 것이 이러한 정신과 관련 있다. 어떤 힘도 국민정신을 압도하지 못한다. 그 정신에 기초하지 않는 힘은 존재하지 않는다고 말하는 것이 심지어 더 진실에 가까울 것이다. 집단적 조직은 완전히 붕괴할 때까지 정신의 지배를 받는데, 정신은 어떤 면에서 그 조직의 원동력이며 그것과 지속적인 상호 반응 관계를 갖는다. 법은 활기를 띠고, 새로운 창조물들은 공동체 내부의 새로운 이데올로기적 경향에 상응한다. 한 국민의 법과 정신적 여건은 서로 간에 끊임없이 대립한다. 그런데 집단정신과 법이 취하는 형태들 사이의 갈등은 그 변증법적 운동의 와중에서 고조되다가 지속적으로 지양될 수도 있다. 그러나 또한 그 갈등이 사람들을 파멸로 이끌어 가는 것도 가능하다. 법과 사람들의 보편 정신 사이에서 작용과 반작용이 끊임없이 이루어지는 가운데 국가의 조직들은 서로 간에 구별되고, 또한 그것들이 역사적 발전의 흐름 속에서 거쳐 가는 국면을 통해 자기 자신들로부터도 구별된다. 이처럼 입법 활동 속에서 생겨나는 지속적인 변모를 분석함으로써 사람들의 삶을 추적할 수 있다. 그러나 한 국민의 법과 정신 사이에 통일성이 생겨나자마자, 또 그 전체 구조가 나타나자마자 국민은 그 구조가 부여한 형태 아래서 지속적으로 발전한다. 그것은 몇몇 가능성의 한계 내에서 이루어지는 진보 혹은 퇴보의 움직임이다. 그러므로 그 한계들을 넘어서거나 그 한계들의 노선을 변경하는 것은 매우 어려운 일일 것이다. 입법자가 한 국가에서 역사를 통해 확고해지고 국민이 여전히 충실히 지키고 있는 기본법을 변경하려는 시도를 할 때는, 극도로 신중을 기해야 한다. 몽테스키외는 다음과 같이 쓴다. "몇몇 법을 개정하는 일은 때때로 필요하다. 그러나 그런 경우는 드물다. 그리고 그런 일이 생기더라도 매우 조심스럽게 접근해야만 한다."[8]

이 각각의 집단적 조직, 각각의 국가는 스스로를 유지하는 것이 주요 목적이다. 법은 보존 본능이 취하는 형태이다. 그것이 법의 존재 이유이다. 국민들은 법에 힘입어 성장하고 강력해진다. 그러나 한 국가의 역사가 진행되는 과정에서 기본법들 사이에서 내적 모순이 생겨날 수도 있고, 혹은 정신적 조직을 만들어 내야 할 법이 더 이상 정체를 본받지 않거나 혹은 외부 영향력이 의지에 다른 방향을 취하게 함으로써 국민정신 혹은 정신적 조직이 입법의 정신과 더 이상 부합하지 않을 수도 있다.

그러나 "모든 국가가 일반적으로 자기 보존이라는 동일한 목표를 가지고 있다고 해도, 각각의 국가는 또한 자기 나라만의 특별한 목표를 갖고 있다"라고 몽테스키외는 쓴다. "로마의 목표는 확장, 스파르타의 목표는 전쟁, 유대법의 목표는 종교, 마르세유의 목표는 상업",[9] 그리고 영국의 목표는 정치적 자유였다. 이러한 목표가 주어지면 그 목표는 실현되기 위해 특별법을 요구한다. 그러나 법은 또 기후 조건, 토양, 인구밀도, 지배적 종교 같은 다른 여건들과 관련을 맺고 있는데, 그 여건들은 각각 전체의 입법과 조화를 이루어야 하는 적절한 입법을 요구한다.

따라서 각각의 국가는 그 구조 전체가 몇몇 규정된 목적을 추구하는 전체, 사람들이 나타낼 수 있는 모든 다양한 경향이 공동체를 유지하거나 몇몇 공동 이익을 발전시키는 데 기여하는 법 안에서 통일된 목적을 찾는 조직을 구성한다. 그리고 그러한 법은 자신이 형태를 부여해야만 하는 내용의 성질에 따라 상이한 성격을 지닌다. 몽테스키외는 법을 예술 작품으로 간주한다. '아름다운 법'이 있고, 추악

---

8 『페르시아인의 편지』, 편지 79.
9 『법의 정신』, 11권, 5장.

한 법이 있다. 사회를 만들고 조직하는 예술은 모든 것 중 으뜸의 것으로, 모든 다른 것은 그것에 종속되어야 한다. 왜냐하면 사람들의 삶과 행복이 바로 그것에 달려 있기 때문이다. 예술가인 입법자는 자신에게 주어지는 무한히 다양한 소재 속에서 영감의 끝없는 원천을 발견한다. 새로운 법의 조합들이 끝없이 그의 머릿속에 떠오른다. 그러나 대부분의 입법자는 편협한 사람이었다. 몽테스키외는 말한다. "그들은 자신이 만드는 작품의 위대함과 품격조차 인식하지 못했던 것처럼 보인다. (...) 그들은 "불필요한 세부 사항에 열중했고 개별적인 사례에 몰두했는데, 이는 사물을 부분적으로밖에 보지 못하고 어떠한 것도 일반적인 관점으로는 파악하지 못하는 편협한 재능의 표시이다."[10] 그런데 입법자의 첫 번째 의무는 정확히 말해 사물을 그것이 구성하는 전체와 관련해서만 고려하는 것이다. 그는 전체의 부분들 사이에서 언제 협화음이 있어야 하는지 또 언제 불협화음이 있어야 하는지 알아야만 한다. 법들은 "모두 함께 다루어 모두 함께 비교해야만 한다."[11] 겉보기에 완전히 상이한 요소들이 국가의 이익에 기여하는 일도 있을 수 있다. 또 몽테스키외는 말한다. "위대한 재능이란 어떤 경우에 일관성이 필요하고 어떤 경우에 상이함이 필요한지 아는 데 있는 것이 아닐까?"[12] "정치집단에서 통합이라고 부르는 것은 매우 애매하다. 진정한 통합은 조화의 통합인데, 마치 음악에서 불협화음들이 모여서 전체 화음을 만들어 내듯이, 그것은 겉보기에는 대립적으로 보이는 부분들일지라도 모두 사회의 공익을 위해 협

---

10 『페르시아인의 편지』, 편지 79.
11 『법의 정신』, 29권, 11장.
12 같은 책, 29권, 18장.

력하게 만든다. 혼란스러워만 보인다고 생각되는 국가에도 어느 정도의 통합, 다시 말해 그로부터 행복이 생겨나고 그 하나만이 진정한 평화인 어떤 조화가 존재한다. 이는 한편의 작용과 다른 편의 반작용으로 영원히 관계를 맺는 이 우주의 부분들도 마찬가지다."[13]

법들의 이러한 조합이 갖는 가치에 대해 알려면 그 조합이 진정 그 목적을 달성하는지, 그 조합이 다스리는 사람들이 흥하는지 망하는지 자문하는 것부터 시작해야 한다. 사람들이 살아가는 상황이 변화하거나 발전한다. 이전에는 존재 이유를 가지고 있던 법이 존재 이유를 상실한다. 모든 문제는 현행 입법의 형태가 그 새로운 상황에 부합할 수 있을지 아는 데 있다. 사람들의 운명은 바로 그것에 달려 있다. 법의 절대적 가치에 대해 알아보거나 가장 완벽한 정체를 찾는 것이 문제가 아니다. 법의 가치는 완전히 상대적인 것으로, 그것은 "법을 고려하는 사람들"과 관련 있다. 절대적 가치들이 있을 수도 있지만 우리의 정신은 그것들을 정의할 능력이 없다. "이러한 원칙을 명심해야 하는데, 이 원칙은 대부분의 편견을 지워 버리는 지우개이기 때문이다. 이것은 고대 철학 전체, 아리스토텔레스의 자연학과 플라톤의 형이상학에 대한 재앙이다. 철학자 플라톤의 「대화」편을 읽어 본다면, 그것이 이 원칙에 대한 무지로 인해 생겨난 일련의 궤변에 지나지 않는다는 것을 알게 될 것이다."[14]

몽테스키외가 여행할 때 그가 충격을 받은 것은 여러 공동체가 취하고 있는 형태들의 상대적 가치였다. 그 형태들을 단 하나의 관점

---

13 『로마인의 흥망성쇠 원인론』, 9장.
14 『몽테스키외의 미발표된 사상과 단상』, 2권, p. 477, IX; 「철학」, I. 형이상학, 2062(410, I, p. 374).

으로 판단할 수는 없다. 그는 말한다. "여행을 통해 정신은 매우 폭넓어진다. 사람들은 자기 나라의 편견에서 벗어나며 외국인들의 편견을 받아들이기에도 거의 적합하지 않게 된다."[15] 나라들을 있는 그대로 보아야 한다. 그리고 "마다가스카르섬의 여러 민족을 볼 때와 동일한 객관성을 가지고 유럽의 모든 민족을"[16] 바라보아야 한다. 한국가의 관습과 관례가 다른 국가의 그것보다 우월하다고 말할 수는 없다. 게다가 그런 판단을 내리기 위해 사용할 수 있을 만한 척도란 어떤 것인가? 몽테스키외는 어떤 외국인, 예컨대 유럽에 온 페르시아인이 우리에게는 전혀 특별한 것이 없는 세상 속에서 자기가 보고듣는 모든 것을 이상하게 여기면서 어리둥절해하는 모습을 상상하길 좋아한다. 그는 세상의 광경이 보여 주는 다양성, 사물들을 대하는 사람들의 다양한 태도, 우리가 다른 민족의 관례와 관습을 보면서 느끼는 어린아이 같은 놀라움, 우리가 지닌 민족적 편견과 우리가 살고 있는 시대의 영향을 받아 생겨나는 편협한 평가를 관찰한다. 그는 그 결과 사물을 평가하는 것은 오로지 상대적인 관점에서만 가능하다는 결론을 내린다.

그는 여행을 하면서 인간의 삶이 보여 주는 다양한 양상을 순수한 관찰자의 눈으로만 바라볼 수는 없다. 인간의 행복 또는 불행이 그것에 달려 있고 각양각색의 다양한 조합을 통해 민족들의 삶의 원리 그 자체가 나타나는 이상, 어떻게 그 앞에서 무심한 태도를 유지

---

15 『몽테스키외의 미발표된 글모음』, 「정신에 영향을 미칠 수 있는 원인들에 대한 시론Essai sur les causes qui peuvent affecter les esprits」, 1892, p. 144.
16 『몽테스키외의 미발표된 사상과 단상』, 1권, 보르도, 1899, p. 34, 86*(1297, II, F° 137).

할 수 있겠는가?

그는 말한다. "외국을 여행할 때, 나는 내 나라인 것처럼 그곳에 애착을 가졌다. 그들과 운명을 같이했고, 그들이 번영하기를 기원했다."[17] 다양한 법을 평가하기 위해 몽테스키외가 취한 것은 바로 이러한 관점이다. 법의 가치는 법에 따라야만 하는 인간 정신의 경향과 태도에 대해 법이 어느 정도 적응하느냐 또 이러한 목적을 이루기 위해 법이 얼마나 그 수단들을 경제적으로 이용하느냐에 달려 있다. 그리고 인간들 혹은 인간의 집단들은 그들 간에 차이가 있기 때문에 어떤 법이 다른 모든 법 중에 최고의 법이라고 말한다는 것은 불가능하다. "인간의 법은 최선에 대해서가"[18] 아니라 "선에 대해서 판결한다." 그런데 "여러 가지 선이 있다. 하지만 최선은 단지 하나이다."[19] 따라서 "각각의 법을 각각의 법과 비교하는 것"[20]을 삼가야 한다. 언제나 중요한 것은 법을 그 법이 다른 법들과 구성하는 전체 속에 위치시키고, 그 법들이 지향하는 다양한 목적을 탐구하면서 그것 모두를 함께 비교하는 것이다. 법을 평가하는 이러한 상대적인 방식 속에서 제기되는 유일한 문제는 현행법이 옳은 것인지, 다시 말해서 어느 정도로 그 법이 한 국민의 보존에 유리하게 작용할 수 있는지 그리고 한 국가의 보편 정신에 부응할 수 있는지를 아는 것이다.

몽테스키외가 생각하는 정신계는 상이한 원리에 따라 규제되는 공동체들의 집합이다. 그 공동체들이 그것들을 모두 포괄할 보편적 법을

---

17 『몽테스키외의 미발표된 사상과 단상』, 1권, p. 9(4, 213, I, p. 220).

18 〈역주〉 몽테스키외는 "최선에 대해서 판결하는 것은 종교"(『법의 정신』, 26권, 2장)라고 말한다.

19 『법의 정신』, 26권, 2장.

20 같은 책, 26권, 11장.

따르는 전체를 구성하는지 아닌지를 아는 것은 그에게 중요하지 않다. 공동체 간의 관계는 더 긴밀하기도 덜 긴밀하기도 하고, 더 적대적이기도 덜 적대적이기도 하다. 공동체들은 서로 투쟁한다. 각 공동체는 서로 다른 공동체의 희생을 바탕으로 확장된다. 공동체 간에 협정이 이루어지지만, 공동체들은 보편적 발전 법칙을 따르지는 않는다.

따라서 몽테스키외는 역사에서 나타나는 정치적 자료들의 무한한 다양성 전체를, 상대적 가치를 가지며 각자가 어떤 특정한 목표를 지향하는 유기체의 계승이나 공존 혹은 각자가 개별적 특성과 자기 나름의 적법성을 갖는 공동체들의 계승 혹은 공존으로 간주한다. 국민들은 법적 구조의 내적 필연성에 따라 번영하고 쇠퇴한다. 이러한 여러 가지 유기체에 공통적일 수 있을 법을 발견하는 것, 그러한 문제를 몽테스키외가 검토했던 것으로는 보이지 않는다. 그는 각 국가가 동일한 진보 과정을 거쳐야 한다고 생각할 정도로 나아가지 않는다. 그것은 나중에 인류의 발전이 진보의 관점에서 고려될 때 검토될 수 있으리라. 몽테스키외는 각 국가에 고유한 법들을 연구하고 그것들의 다양한 구조를 서로 비교하는 것에 만족한다. 그는 단지 역사가 자신에게 제공하는 자료들 중 몇몇 특정한 입법 형태의 일반 규칙을 귀납적 추론을 통해 발견하고자 시도한다.

17세기는 이 세상이 가질 수 있는 의미에 대해 성찰했다. 몽테스키외는 그것에 몰두한 것처럼 보이지는 않는다. 지구는 광활한 우주 속 "원자"에 불과하다. 그는 외친다. "기껏해야 한 점보다 조금 큰 이 조그만 지구에 대해 책을 저술하는 것이 무슨 의미가 있는가?"[21] 그의 관심사는 정신계의 역사를 통해 드러나는 다양한 자료 속에서 몇

---

21 『몽테스키외의 미발표된 사상과 단상』, 2권, 1752, p. 305(1057, II. f° 61, V°).

몇 목표를 추구하는 인간 정신에 의해 만들어진 집단적 개별성들의 의미를 발견하고 그것들의 상대적 가치를 탐구하는 것, 단지 그뿐이었다. 변화의 여지가 있는 각양각색의 것, 개별적으로 파악할 때는 의미가 없던 것이 어떤 특정한 목적 달성을 위해 법에 따라 구성된 공동체 집단들 속에서는 어떤 의미를 획득한다. 물론 인간에 의해 구성된 법의 구조가 우주의 건축을 주재했던 구조의 위대함을 갖기에는 턱없이 부족하다. 인간의 삶은 인간의 육체나 동물들과 마찬가지로 법칙들의 지배를 받는 것이고, 이러한 법칙들은 신에 의해 확립된 것이기에 그 본질상 변하지 않는다. 그러나 인간은 "무지와 오류와 수많은 정념을 피할 수 없는 (…) 제한적인 존재"이며, 다른 한편으로는 그 본성에 의해 독자적으로 행동하는 존재이다. "인간은 스스로 행동하고", 생산해야만 한다. "사회에서 살도록 만들어진"[22] 인간은 공통된 삶의 형태들을 찾아야만 한다. 그런 까닭에 인간은 자신의 변화하는 삶과 사람들의 삶에 어떤 불변성을 부여할 수 있는 형태를 스스로에게 만든다. 그는 인간의 이성과 다르지 않은 법을 제정하고, 그 법은 이 세상 민족들을 지배하며 인간 이성이 만들어 내야 하는 다양한 목적에 다양한 방식으로 부응한다.

　이런 것이 생생한 현실을 대하는 정신의 새로운 태도이다. 생생한 현실은 더 이상 그 앞에서 인간이 무력감을 느끼는, 의미가 결여된 무질서한 혼란 상태가 아니다. 인간의 정신은 그 정신의 산물들이 거쳐 지나가는 변화들을 주도한다. 정신은 자기 마음대로 변화를 이용하고 만들고 변형시킨다. 여기서 문제가 되는 것은 오로지 인식으로만 획득되는 질서가 더 이상 아니다. 단순히 사물들 간의 가능한

---

22 『법의 정신』, 1권, 1장.

그리고 다양한 관계 속에서 갈피를 잡고, 현실의 자료들을 분류하고 규합하는 지성의 다양한 방식을 명확히 아는 것이 문제가 아니다. 섬세한 정신과는 다른 요소가 여기에 개입한다. 인간은 스스로 현실에 개입하여 그 현실에 모양을 부여하는 것이 가능하다고 느낀다. 인간은 사람들의 삶에 형태를 부여하는 예술가, 건축가이다. 그에게 사회는 더 이상 그저 주어진 것이 아니라 건설해야 할 재료로 이해된다. 인간은 그 구성 원리에 따라 국가를 분석하고, 법을 그 상호 연관 속에서 파악하고, 공동체 전체를 그것이 추구하는 목적에 따라 바라보는 법을 배운다. 공동체의 목적이 주어지자마자 그에 맞는 몇몇 법이 뒤따라야 하고, 그 법들은 하나의 정해진 방향으로 나아가는 통일성을 제공해야 한다. 이러한 법들 하나하나에 대해, 그 법이 집단의 목적론적 구조를 따르는지, 그 집단이 추구하는 목적을 달성하는 데 기여하는지 자문해야 한다. 그러나 몽테스키외에게서 국가는 두 가지 목적만을 가질 수 있다. 하나는 주된 목적인 자기 보존이고, 다른 하나는 자신에게 특정한 것으로 다른 국가들의 정복, 상업 등과 같은 목적이다. 절대적 가치를 지닌 목적은 없다. 어떤 법도 그 자체로 좋은 법이라고 말할 수 없다. 법은 어떤 때는 좋은 것일 수 있고 다른 상황에서는 나쁜 것일 수 있다. 법은 그 법의 지배를 받는 민족의 개성에 얼마나 적합한지에 따라 그 가치를 지닌다. 법에 대한 판단은 현존하는 조건들과 정해진 목적론적 입법에 따라 형성된 집단 내에서 그 법을 바라볼 때 가능하다.

『법의 정신』에 나타난 자유주의와 대혁명이 이해하는 바와 같은 자유

프랑스 대혁명이 이 관점에 머물러 있을 수 없었음은 말할 것도 없다. 혁명가들은 몽테스키외가 놀라운 통찰력으로 법들이 서로 맺는 관계를 연구하고 분석한다고 말할 것이다. 그러나 그의 연구는 법이 이런저런 정체에 얼마나 부합하는지 검토하는 데 한정된다. 그런데 이러한 정체가 정의로운지 아닌지 아는 것이 무엇보다 중요하지 않은가? 그는 사람들에게 이렇게 말하는 것처럼 보인다. 그러한 정체는 그것이 원래 그러하다는 이유 하나만으로 그렇게 되어야 하며, 동일한 이유로 그것은 또한 지금 있는 그대로 존속되어야 한다. 그런데 그렇게 되면 그 정체가 이성에 부합하는지 아닌지를 그리고 당위의 관점에서 타당한 것인지 아닌지를 아는 문제를 전혀 해결하지 못한다. 언제나 그는 마땅히 그래야 하는 것을 찾기보다는 현재 그러한 것의 근거를 찾는 데 몰두한다. 어떻게 하나의 사실로부터 그 사실의 정당성을 도출할 수 있는가? 그것은 사실의 상태를 당위의 상태로 대체하는 것과 같다. 이런 방식이라면 모든 오류와 부조리와 범죄가 정당화된다. 몽테스키외에게서는 역사가로서의 몽테스키외와 입법자로서의 몽테스키외를 구분해야 한다. 그는 거의 언제나 역사가이고, 드물게만 입법자의 모습을 보인다. 그는 몇몇 민족의 관습과 그 민족들이 사는 상황을 우리에게 알려 준다. 그는 귀납적 추론을 통해 그 상황으로부터 도출되는 어떤 결론에 도달한다. 그러나 그것이 그의 결론에 보편적인 영향력을 부여해야 한다는 의미가 될까? 『법의 정신』에서 결여된 것은 바로 시작과 끝이다. 그의 법에는 법적 근거도 법적 목표도 없다. 바로 이것이 프랑스 대혁명 기간 내내 몽테스키외에게 끊임없이 가해진 비난이다. 사람들은 그가 사실로부터 당위라는 결론을 이끌어 내고, 현존하는 것에만 몰두하며 존재해야 하는 것에는 관심이 없다는 사실을 용납할 수 없을 것이다. 사람들은 그에게 이렇게 반박한다. 어떤 일이 어떤 나라에서 일어났든, 그것이 천 년 전이든 아니면 지금이든 어떤 시대에 일어났든, 또 어떤 환경에서 일어났든, 또 그것이 어떤 국가가 추구하는 특별한 목적에 따라 정당화되었든 아니든, 그것이 옳은지 그른지 좋은지 나쁜지 항상 검토할 필요가 있다. 살인은 그것이 세계 어느 곳에서 범해졌든지 간에 살인일 뿐이다. 시간과 공간에 따른 수많은 다양성에 법 규범의 보편성, 단일성, 일반성이 대립된다. 그리고 그로부터 출발하여 더 멀리 나아갈 수 있다. 만약 인간 정신의 역사를 통해 우리에게 다양하게 제공되는 각각의 개별적 사실과 관련하여 그것이 좋은지 나쁜지 혹은 옳은지 그른지 말할 수 있다면, 전체적으로 사건들이 도덕과 정의에 부합하려면 어떻게 되어야 하는지 규정할 수도 있지 않겠는가? 인간 공동체를 형성하기 위한 규범을 찾을 수도 있지 않겠는가?

이런저런 법은 나쁘거나 부당하다. 나는 그렇다고 알고 있고 또 그것을 확신한다. 그러나 법이 좋고 정당한 것이 되려면 어떻게 되어야 하는가? 가치 판단은 가치의 보편적 특성에서 생겨난다. 그런데 모든 사람에게 유효할 수 있는 규범, 절대적 가치들이 실현되기 위해서는 모든 것이 어떻게 되어야 하는지 우리에게 말해 줄 수 있는 규범은 어디에 있는가? 몽테스키외는 집단적 조직인 국가를 어떤 목적을 추구하는 조직체, 즉 잘 규정된 집단 혹은 목적론적 통합체를 형성하는 것을 목표로 삼는 법에 따라 구성된 전체로 이해했다. 그런데 공동체들이 추구하는 목적을 어떻게 보편적인 가치 기준에 따라 정의할 것인가? 한편에는 볼테르가 있는데, 그는 전체에 차별 없이 적용 가능한, 언제나 동일한 가치 기준에 따르는 보편적 비판을 내세운다. 다른 편에는 몽테스키외가 있는데, 그는 몇몇 목적을 달성하기 위해 건설된 사회의 건축 원리들을 주장한다. 한편에는 단 하나의 원칙, 즉 당위의 원칙을 주장하는 극단적인 비판적 의식이 있고, 또 다른 한편에는 사람들을 각기 상이한 목적을 추구하는 통일된 공동체들로 결속하기 위해 구성적 이성이 사용할 수 있는 무한히 다양한 원리가 있다.

따라서 어떤 것이 정당한지 아닌지 우리는 안다. 우리는 또한 생생한 현실을 어떻게 다루어야 그것을 변모시키고 법에 따라 통치할 수 있는지를 안다. 이제 공동체들의 어떤 목적을 추구하는 공동체를 만드는 데서 관건은 절대적 가치를 지닌 목적을 달성하기 위해 행동하는 것이다. 이 절대적 목적은 권리 속에서 발견된다. 각각의 인간은 권리의 관점에 본다면 절대적 가치이다. 세상 어느 곳에 있든, 어느 시대에 살고 있든, 각 인간은 인간이라는 사실로부터 몇몇 자연적 권리를 갖는다. 이 권리들은 인간 그 자체와 더불어 정립된다. 이렇게 이해되는 인간은 권리의 관점에서 절대적 가치를 지니고, 그 성격은 그의 권리들에 의해 규정된다. 인간은 살아갈 권리, 행위의 구속을 받지 않을 권리, 계약을 체결할 권리 등을 지닌다. 어떤 행위가 좋은지 나쁜지 혹은 옳은지 그른지 알고 싶다면, 그 행위가 인간이 부여받은 권리의 본래 성격에 반하는지 아닌지 자문해 보아야 한다. 한 인간이 다른 인간에게 폭력을 행사하여 그에게 봉사를 하도록 한다면 그는 타인이 갖는 자유의 권리를 침해하는 것이다. 그러나 한 사람이 몇몇 조건을 걸고 다른 사람에게 봉사를 한다는 약속을 맺는 계약을 했다면, 권리의 침해는 없는 것이다. 국가를 통해 구성된 공동체가 한 개인에게 봉사를 요구할 때도 이와 다를 바 없다. 양자 간에 계약이 존재한다면 이러한 요구는 정당화되지만, 그 반대의 경우라면 정당화되지 않는다. 모든 법은 그 법이 인간의 권리에 부합하는지 반하는지에 따라 판단되어야 한다. 권리는 법에 우선한다. 모든 법은 권리에 기반을 두어야 하고, 권리를 지향해야 한다. 국가란 권리를 부여받은 개인들의 결사이고, 그 결사의 목적은 모든 사람의 권리를 충족시키는 것이다. 이러한 조건에 부합하는 국가를 만들기 위해서는 법에 근거한 집단적 조직이 필요하다. 개인의 자연적 권리들을 정립하는 것부터 시작하자. 그러면 각각의 법에 대해 그것이 권리에 근거한 것인지 아닌지, 정당한 법인지 아닌지 말할 수 있을 것이고, 법률의 관점에서 그 가치와 시의적절함에 대해 판단할 수 있을 것이다. 우리에게 공동체를 건설할 수 있도록 해 줄 절대적 규범은 바로 권리의 원칙들에서 찾아야 한다.

따라서 몽테스키외의 관점과 프랑스 대혁명의 관점 사이에는 심각한 차이가 있다. 몽테스키외는 정신계를 많은 수의 공동체로 이해한다. 각 개인은 공동체와 어떤 관계를 맺고 있다. 그의 삶, 운명, 그의 정신이 잡고 있는 방향은 상당 부분 그가 속한 공동체를 통해 결정된다. 그는 공동체와 함께 살고 발전한다. 그는 심지어 필요한 경우 공동체를 위해 죽는다. 각 개인은 자신 안에서 공동의 삶의 어떤 것, 보편 정신의 어떤 것을 강하게 느끼는 것이 분명하다. 자신은 의식하지 못하는 가운데 그를 규정하고 이끌어 가는 그 보편 정신이 그의 내면에서 생생하게 살게 되는 것이 분명하다. 각 개인은 그것에 대해 의식하고, 그것이 행위의 원동력이 되어야 한다. 몽테스키외는 이처럼 우리가 시민 의식이라고 부를 수 있는 것의 지표를 세운다. 그는 공동체의 가치를 개발하고, 공동체를 구성하는 개인들의 감성과 사고를 그 공동체에 집중시킨다. 그러나 프랑스 대혁명은 사람들의 삶에 창조자로서 개입하여 그들의 상황을 변모시키고자 한다. 혁명은 말한다. 공동체적 삶의 새로운 형태들을 만들자. 새롭고 행복한 국민을 만들자. 바로 그때 개인은 공동체 속에서 자신의 행복을 찾을 것이고 아주 자연스럽게 공동체에 결합될 것이다.

몽테스키외는 또한 다음과 같이 말한다. 공동체의 삶은 비개인적 힘, 이를테면 법에 따라 결정되는데, 그 법은 각 개인의 삶에 개입하며 개인을 능가하고 여러 세대에 걸쳐 살아남아 내재적 논리에 따라 발전하며 개인들의 자의성과 주관적 성격에서 벗어나 공정하고 객관적인 것으로 존재한다. 개인들은 이 비개인적 조직 형태 내에서만 행동할 수 있다. 공화국의 원로원 위원들, 왕국의 왕과 관리들은 전체 자국민을 통제하는 법적 장치의 톱니바퀴들 중 하나일 뿐이다. 그들의 활동은 법에 따라 주어진 형태하에서만 표면화될 수 있다. 그들이 법에 대항한다면 그들은 소멸될 수밖에 없다. 혹 그렇지 않다면 그 국민은 멸망할 것이다. 그러므로 바로 거기에 역사적으로 주어진 여건이 있다. 비개인적 힘이 개인을 지배한다. 우리는 그 힘에만, 인간이 아니라 인간의 이성인 법에만 복종해야 한다. 왕을 포함하여 모든 것을 능가하는 권력이 있어야 한다. 왕은 오직 법을 통해서만 통치해야 하며, "사물의 본질"에서 유래하는 "필연적 관계"인 법을 집행할 수 있을 뿐이다.

그러나 이 점에서도 마찬가지로 프랑스 대혁명은 몽테스키외를 넘어선다. 혁명은 묻는다. 법을 제정하는 권력은 도대체 무엇인가? 몽테스키외에게서 법은 역사적 과정의 산물이다. 법은 때로는 입법자나 현자, 때로는 이웃한 민족의 제안으로 만들어진다. 또한 법은 승전국에 의해 패전국에게 강요되었을 수도 있다. 정체가 취하는 형태에 따라 어느 곳에서는 원로원이 다른 곳에서는 의회가 법을 만들고, 때로는 민족 전체가 또는 입법자로 활동하는 왕이 법을 만든다. 인간의 이성은 역사가 진행되는 과정에서 그리고 여러 민족에게서 그렇게나 많이 가장 다양한 방식으로 표현되어 왔다.

반면 프랑스 대혁명은 법을 개인이나 개인들의 집단에서 나오는 산물이 될 수 있다고 생각하지 않는다. 개인은 그 본성상 자의적이고 편협하며 개인적 이유들에 따라 결정될 수밖에 없다. 법의 비개인적 본성에 부응할 수 있는 것은 비개인적 입법권밖에 없다. 법을 만들어야 하는 것은 바로 공동체의 일반 의지이다. 전체 자체에 대해 결정해야 하는 것은 바로 전체이며, 그 속에서 모든 개별적 경향이 모여 녹아들고 개별 이익이 공익의 우위를 인정한다. 스스로에게 법을 부여할 수 있는 것은 오직 국민뿐이다. 이미 몽테스키외는 역사가 그에게 보여 준 바대로의 국민을 심리적 전체, 법이 조화를 이루어야 하는 영혼을 지닌 유기체로 간주했다. 그러나 이러한 법을 만드는 책임을 위임받은 개인들은 나라의 상황과 현행 정체에 따라 달랐다. 국민정신에 의해 형성된 전체는 법의 '대상'일 뿐이었다. 그러나 프랑스 대혁명하에서 전체는 입법권의 '주체'가 된다.

몽테스키외는 최고의 권한을 갖는 이성에 법을 만들고 미래 세대의 운명을 결정할 힘을 부여했다. 프랑스 대혁명 동안 이성의 힘에 대한 이러한 믿음은, 법에 의해 실행되고 공동체의 모든 개인의 삶을 결정하면서, 바로 이 공동체가 최고의 권위를 갖고 자신의 국민에 대해 취하는 조치를 결정해야 한다는 확신에 이른다. 분명 몽테스키외는 생생한 현실에 적용되는 인간 이성의 발현을 법에서 보았다. 그러나 그에게서 그것은 변화하는 역사적 현상들 속에서 출현하는 이성, 다양한 여건에 순응하고 적응하며 그것들에 대항해 술책을 쓰고 또 그것들을 신중하게 고려하는 이성, 그리고 그 자신 역시 수많은 오류에서 벗어나지 못하는 이성이다. 그것은 항상 상대적인 가치와 상이한 성격을 지닌 법의 조합들, 자연법의 통일성, 즉 자연의 위대하고 변함없는 법칙성과는 아무 관련이 없는 법들을 만들어 낸다. 이렇게 여러 모습을 지닌 상대적 이성에 프랑스 대혁명은 보편적이고 절대적이며 항상 자기 확신을 갖는 이성을 대립시키는데, 이 이성은 전 세계에 적용할 수 있으며 모든 것을 해결해야 하는 법의 원칙들, 모든 사람에게 타당한 권리의 원칙들을 표방하기 때문에 그러한 성격을 지닌다. 이 원칙들을 적용하면, 인간은 자연의 법칙성만을 따르고 인간의 본성 그 자체에 근거한 것만을 실현한다.

사실 이 권리의 원칙들을 실현하는 방법에는 많은 차이가 있을 수 있다. 바로 그 점에서 대혁명 초기나 말기에 몽테스키외의 영향력은 대단했다. 국가의 주도로 구성된 공동체가 가질 수 있는 상대적 가치의 목적들 중 몽테스키외는 시민의 자유를 언급한다. 그것은 예를 들어 영국이 정했던 목적이다. 몽테스키외는 덧붙여 말한다. 국가가 이 목적을 달성하려면, 몇 가지가 실현되어야 하고 몇 가지 조건이 법에 따라 규정되어야 하는데, 예를 들어 입법권과 행정권의 경우 그것들을 동일한 한 사람이 장악해서는 안 된다. 그런데 몽테스키외에게는 단지 상대적인 이 목적은 프랑스 대혁명 동안 절대적 목적 혹은 규범이 된다. 자유는 자연적 권리이고, 따라서 국가의 목적이 되어야 한다. 게다가 또한 몽테스키외는 자유를 실현하기 위해 사용해야 할 방법들을 지시한다. 따라서 이렇게 말할 수 있다. 우리는 자유롭기를 원하며, 그것은 우리의 권리이다. 몽테스키외가 정립한 바와 같이, 우리가 자유롭게 되기 위해서는 입법권과 행정권이 분리되어야 하고 어떤 권력도 시민을 억압할 수 없도록 하기 위해서는 권력들이 균형을 이루어야 한다. 대혁명의 시대를 사는 사람들이 추구하는 이상, 그들의 가치, 그들이 느끼는 방식은 변모한다. 그러나 몽테스키외는 그들에게 어떤 목적을 실현하려면 어떻게 해야 하는지를 가르쳐 주는 예술가, 사회의 법적 구조와 사회적 기술인 입법의 규칙들을 보여 주는 건축가로 남아 있다.

제4장
볼테르 혹은 이성의 열정

볼테르는 몽테스키외와 마찬가지로 정신의 역사가 그에게 드러내는 세계, 자연의 모든 경이로움만큼이나 놀랍고 또 사람들이 사람들과 어울려 살아도 마찬가지로 잘 살기 때문에 훨씬 더 흥미진진한 인간의 세계를 그 다양성 안에서 이해한다. 그리고 그는 몽테스키외와 마찬가지로 사람들이 그 지배를 받으며 사는 법의 다양성을 본다. 사람들을 다스리는 것은 여기서는 민선 장관이고 저기서는 집정관이고, 아레오파고스회의[1] 혹은 원로원이다. 국가를 구성하는 정체는 민주정이기도 하고 귀족정이기도 하고 군주정이기도 하다. 여기서는 오직 한 명의 부인을 둘 수 있는데, 저기서는 여러 명의 부인을 둘 수도 있다. 여기서는 아버지가 자기 마음대로 자신의 상속인을 결정할수 있는데, 저기서는 장자상속권이 지배한다.

그러나 볼테르는 『법의 정신』의 저자와는 달리 역사 연구를 통해

---

1 〈역주〉 아테네에서 가장 오래되고 유서 깊은 법정.

어떤 민족도 훌륭한 법의 지배를 받으며 살고 있지 않다고 생각하게 된다. 그 모든 법은 일시적인 이익인 입법자의 이익에 따라 강요되었다. 그것들은 무지와 미신에 근거를 두고 있다. 사람들은 미리 정해진 도면도 없이 되는대로, 공간적·시간적 조건과 인간들의 필요에 따라 도시를 건설하듯이 법을 만들었다. 그는 예카테리나 2세에게 다음과 같이 썼다. "법은 마치 물이 새는 선박의 널빤지 틈을 메우듯이 사후에 만들어집니다. 법률의 수는 무수히 많은데, 그 이유는 그것들이 계속 생겨나는 필요에 따라 만들어지기 때문입니다. 그리고 그 필요가 항상 바뀌기 때문에 항상 모순적입니다. 게다가 매우 졸렬하게 작성되는데, 거의 언제나 야만적인 정부 아래에서 현학자들이 쓰기 때문입니다. 그것들은 불규칙하게 되는대로 건설되어 좁고 꼬불꼬불한 길들에 왕궁과 초가집들이 섞여 있는 우리의 도시들과 비슷합니다."[2]

그리고 우리가 사람들의 의견들을 검토할 때 사정은 마찬가지다. 우리는 도처에서 차이와 모순들을 재발견한다. 철학의 모든 체계 중 무엇이 남았는가? 의혹과 망상의 혼란만이 남았을 뿐이다. 체계의 건립자들인 이 철학자들 중 말년에 이르러 "내 시간을 허비했다"라고 생각하지 않았을 사람은 하나도 없을 것이다. 형이상학의 이러한 모든 체계, 그 모든 존재론과 심리학은 영혼의 소설 혹은 몽상에 불과하다. 우리는 이러한 사정을 납득하지만 그것들을 대신할 수 있는 어떤 것도 갖고 있지 않다. 볼테르는 뒤 데팡 후작부인[3]에게 이렇게 쓴

---

2 「볼테르가 예카테리나 2세에게 보내는 편지」 II, 1770년 7월 20일.

3 〈역주〉 Marie Anne de Vichy-Chamrond, marquise du Deffand(1697∼1780): 프랑스의 서간문 작가이자 사교계인 살롱의 운영자이다. 볼테르의 친구였으며 달랑베르, 퐁트넬, 마리보 등과도 가까운 사이였다.

다. "당신은 진리를 사랑하지만, 그것을 재주껏 붙잡아 보십시오. 나는 일생 동안 진리를 찾았지만 그것을 발견할 수 없었습니다. 나는 단지 사람들이 진리로 오인하는 어떤 희미한 빛을 보았을 뿐입니다."[4] 불확실한 것 외에는 존재하지 않는다. 그런데 왜 우리가 이러한 사실에 놀라야 하는가? 그는 '형이상학적인 문제들에 대한' 편지에서 "우리는 불확실성 속에 빠져 있습니다. 우리에게는 명확한 생각들이 매우 적은데, 이것은 당연합니다. 왜냐하면 우리는 약 1미터 70센티미터의 키에 약 $10cm^3$의 뇌를 가진 동물에 불과하기 때문입니다"[5]라고 쓴다. 게다가 이 광대한 우주에 비교할 때 인간이란 무엇인가? "거의 지각되지 않는 존재", "거대한 대양 속의 물 한 방울"에 불과하다. 그의 "존재란 하나의 점이고", 그가 "지속하는 삶은 한순간"이며, 그가 거주하고 있는 지구는 "원자"[6]에 지나지 않는다. 예를 들면 역사가 우리에게 전달했던 사실들을 비판에 부치면 논란의 여지가 없는 결과에 도달할 수 있음은 말할 것도 없다. 자연과학에서도 사정은 마찬가지인데, 거기서 인간의 정신은 모든 사물을 측량하고 계산하고 무게를 재고, 그것이 무엇이든 추측하지 않도록 매우 조심한다. 갈릴레이와 뉴턴은 바로 이렇게 행동했다. "뉴턴은 결코 체계를 만들지 않았습니다. 그는 보았고 사람들로 하여금 보게 했지만 자신의 상상력으로 진리를 대체하지는 않았습니다. 우리의 눈과 수학이 우리에게 입증하는 것을 진리로 간주해야 합니다. 그 나머지 것에

---

4 「볼테르가 뒤 데팡 후작부인에게 보내는 편지」 II, 1772년 5월 18일.

5 「볼테르가 '형이상학적인 문제들에 대하여' 모씨(某氏)에게 보내는 편지」, 1776.

6 볼테르, 『미크로메가스 *Micromégas*』, 2·4장.

대해서는 '나는 모른다'고 말하기만 하면 됩니다."[7] "뉴턴은 중력을 계산했지만, 그 원인을 발견하지는 않았습니다. (...) 우리는 운동의 법칙을 알고 있지만, 운동의 원인은 제1원리이기 때문에 영원히 밝혀지지 않을 것입니다."[8] 또 우리 영혼의 몇몇 능력은 기억력, 판단력, 상상력 등의 이름을 부여받았지만, 이 능력들은 그 자체로 무엇이며 혹은 그 제1원리는 어떤 것인가? 영혼이 무엇인지에 대해 우리는 정말 아무것도 모를 것이다. 정리하고, 통합하고, 분리하고, 수를 세고, 무게를 재고, 길이를 재는 것은 우리의 능력에 속하지만, 그것이 우리가 할 수 있는 전부이다.

반대로 도덕법을 아는 것은 완전히 다르다. 자연의 법칙 일부를 알기 위해서는 몇백 년이 필요했다. 그러나 현자가 인간의 의무를 알기 위해서는 하루면 충분하다. 소크라테스와 에피쿠로스, 공자와 키케로, 마르쿠스 안토니우스[9]와 무라드,[10] 조로아스터부터 섀프츠베리[11]에 이르기까지 철학자들 모두는 사물들의 원리에 대해서는 서로

---

7 「볼테르가 M.L.C에게 보내는 편지」, 1768년 12월 23일.

8 「볼테르가 M.L.C에게 보내는 편지」, 「불가사의한 특성들에 대하여」, 1768.

9 〈역주〉 Marcus Antonius(B.C. 83~B.C. 30): 마르쿠스 안토니우스는 고대 로마의 정치가이자 군인으로 옥타비아누스, 레피두스와 함께 제2차 삼두정치를 이끌었다. 동방 원정으로 군사적·경제적 성공을 거두었으나 클레오파트라를 애인으로 삼아 로마의 신임을 잃고 악티움 해전에서 옥타비아누스에게 대패하여 이듬해 알렉산드리아에서 자살했다.

10 〈역주〉 오토만 제국의 술탄 이름으로 무라드 1세부터 무라드 5세까지 있다.

11 〈역주〉 Anthony Ashley Cooper Shaftesbury(1671~1713): 섀프츠베리는 영국의 도덕 철학자이다. 그는 인간에게 본래 도덕 감정이 있으며, 자애의 성향과 사회적 성향이 일치하는 것이 선(善)이라고 주장했다.

다른 생각을 갖고 있지만, 도덕법에 대해서는 모두 똑같은 말씀을 가르친다. 그리고 이것은 또한 다양한 종교에 대해서도 해당된다. 사람들은 교리에 대해서 언쟁을 하고 전쟁을 벌였다. 어떤 민족은 다른 민족이 마호메트가 아니라 예수 그리스도를 믿는다고 그들을 죽였다. 우리는 종교사에서 가장 불합리한 종류의 미신들과 가장 다양한 종교의식을 보지만, 조로아스터든 마호메트든 예수 그리스도든 종교의 창시자들이 내세운 것은 언제나 똑같은 도덕적 요구들이다. 그리고 이러한 도덕은 미신이나 종교적 의식에 있는 것도 아니며 교리와도 아무런 관련이 없다. 교리는 각각의 종교에서 다르지만 도덕은 자신들의 이성을 사용하는 모든 사람에게서 하나이며 동일하다. 관습, 문제가 되는 이해관계, 언어, 법과 종교의식이 취하는 형태에서 확인될 수 있는 모든 차이에도 불구하고, 모든 나라에 적용되고 우리가 우리 내면에서 그 자명함을 인정하는 하나의 공동 토대, 하나의 법이 모든 곳에서 보이는데, 그것은 도덕법이다. 사람들은 각각의 민족에게서 특정한 그리고 종종 매우 불합리한 종교 제례들을 본다. 마찬가지로 형이상학자들과 신학자들은 너무나 끔찍한 의견들을 내놓는다. 그러나 착하게 행동해야 하는지 악하게 행동해야 하는지를 아는 것이 문제가 되면, 세계 전체는 의견을 같이한다. 법규에 따른다면 그것으로 충분하다! 나머지 모두는 자의적인 것이다.

그러므로 모든 법률과 계약과 종교와는 무관한 옳고 그름의 개념이 있다. 병과 건강, 일치와 불일치, 맞는 것과 틀린 것을 분리하는 경계에 대해 합의하는 것이 종종 쉽지 않은 것과 똑같이, 몇몇 경우에 올바른 것과 올바르지 못한 것 사이에 경계를 짓는 것이 어려울 수 있음은 물론이다. 그러나 어떤 혼동이 있다면, 그것은 단지 뉘앙스에 불과하다. 분명한 색깔들은 명백하다. 오직 단 하나의 기하학이 있는 것처럼 단 하나의 도덕이 있으며 그것은 이성적으로 생각하는 모든 사람에게 동일한 것이다. 중력의 법칙이 모든 천체와 물질 전체에 영향을 미치듯이, 도덕의 기본법은 우리가 아는 모든 민족에 영향을 미친다. 이 법을 해석하는 데 다양한 경우에 따라 수많은 차이가 있을 수는 있지만 그 원칙은 언제나 동일한데, 그것은 옳고 그름의 관념이다. 우리의 내면에는 우리가 옳은 것을 느끼게 하는 본능, 모든 사람에게 공통적인 공정함에 대한 감각이 있다. 그것은 자연법 덕분에 존재하며, 오직 모든 사람의 마음속에 이미 새겨진 진리들만을 명백히 보여 주며 정치법이 갖는 자의적인 요소들은 하나도 없다. 사실 사람들이 이 자연법을 잊어버리는 일은 종종 있지만 그렇다고 이러한 사실이 무엇인가를 입증하는 것은 전혀 아니다. 왜냐하면 장애인, 마비환자, 병자들이 존재하는 것 역시 자연스럽기 때문이다. 사람들은 자연의 목소리를 눌러 버렸다. 그들은 자연법에 다른 법들을 덧붙였다. 이로부터 그들의 법체계가 보여 주는 공정함의 결핍이 생겨난다. 그렇지만 영원한 존재자인 신이 인간 각자의 내면에 도덕의 싹을 심었고, 그 결과 인간은 이제 그것을 가꾸기만 하면 된다. 우리는 도덕의 본성을 포기할 수 없으며, 우리의 재판관은 우리 마음속에 있다.

인간들에게 필요한 지식을 이루는 것은 이러한 도덕적 개념들이다. 다른 모든 지식은 그들에게 유용하지 않다. 다른 모든 지식이 유용하지 않다는 가장 훌륭한 증거는 사람들이 그것들에 대해 의견이 일치하지 않으며, 우리가 그것들에 대해서는 어떤 정확한 것을 알지도 못하고 이해하지도 못하며, 그것들이 그 비밀을 간직하고 있다는 사실이다. 언제 어디서나 사람들에게 유용하지 않은 것은 누구에게도 유용하지 않다. 언제나 논쟁거리가 되는 것은 모두 영원히 유용하지 않은 것이다. "사람들이 4,000년 전부터 4,000가지 방식으로 검토하고 있는 모든 의혹 중에서 가장 확실한 것은 자신의 양심에 반하는 어떤 일도 결코 행하지 말라는" 것이다. "우리의 깊은 무지 속에서 최선을 다 합시다."[12]

오직 도덕적 개념들만이 우리가 우리의 삶을 다른 사람들과 함께 영위하는 방향으로 인도하는 데 도움이 될 수 있다. 바로 이러한 이유로 도덕적 개념들에 대한 지식만이 우리에게 필요하며 다른 모든 지식은 그 지식에 종속되어야 한다. 역사를 예로 들어 보자. 우리는 역사의 전체 자료를 모을 생각을 할 수는 없다. 우리가 직접적으로 관심이 없는 자료와 마찬가지로 우리에게 중요한 자료도 사정은 같다. 프랑스 역사만 해도 그것을 다루는 저서들이 적어도 2만 권은 되고, 그중 대부분은 여러 권으로 이루어져 있다. 어떤 학구적인 사람이 있어서 백 년을 산다 해도 그 책들을 다 읽을 시간은 없을 것이다. 우리 앞에 있는 이 산더미같이 쌓인 엄청난 자료들은 마치 우리가 유용하게 보이는 것을 찾는 커다란 창고와 같다. 지루하면서도 사실과 다르게 전달되는 전쟁들의 모든 세부적 사항, 상호 간에 행해지는 근거 없는 협잡에 지나지 않는 모든 사소한 뒷거래, 거대한 사건들로부터 관심을 돌리게 만드는 모든 개별적 사건을 연구하는 것이 무슨 소용이 있는가? 아무런 결실을 맺지 못하는 이 모든 세세한 사항은 마치 군대의 행군을 방해하는 거추장스러운 짐에 불과하다. 역사가 추구하는 목표는 완전히 다르다. 그 유용성은 우리가 역사를 통해 우리나라의 관습을 외국이나 과거 국가들의 관습과 비교하여 그 정확한

---

12 「볼테르가 프로이센의 왕자 프리드리히 빌헬름에게 보내는 편지」, 1770년 11월 28일.

가치에 따라 더욱 잘 평가할 수 있다는 데 있다. 우리는 예전에 살았던 다른 국민들의 잘못을 통해 오늘날 그 잘못을 되풀이하지 않는 것을 배운다. 그것이야말로 역사의 실용적 개념인데, 지금 시대의 사람들이 과거를 고찰하는 것은 오로지 자신들의 삶을 더욱 잘 사는 데 도움을 받기 위해 역사로부터 교훈을 끌어낼 수 있기 위해서이다.

철학마저도 실용적이 되어야 하며 삶과 도덕적 가치들에 따라 방향을 잡아야 한다. 볼테르는 프로이센의 왕자 프리드리히 빌헬름에게 보내는 편지에서 "나는 될 수 있는 한 나의 형이상학을 언제나 도덕에 귀착시킵니다"라고 쓴다. 인간의 본질을 만드는 것이 무엇인가라는 문제에 대해 사람들이 어떤 생각을 할 수 있든지 간에, 끊임없이 자신에게 제기해야 하는 문제는 악덕과 미덕의 문제이다. 그러므로 철학의 임무는 자신의 절대적 관점들을 전개시키면서도 생생한 현실에 개입하여 사회의 이익을 위해 일하고 인간 정신을 교육시키는 데 기여하는 것이다. 그는 덧붙여서 "인류는 내 모든 사유의 원칙입니다"[13]라고 말한다.

그러므로 볼테르에게 인간 정신의 역사가 제시한 다양한 사실에서 통일성을 만드는 것은 도덕적 가치이다. 그것은 모든 곳에서 그리고 각자의 내면에서 결정적인 객관적 요인으로 나타난다. 우리들 각자는 하나의 동일한 원칙, 즉 자연법에 따라 움직이는데, 그것은 우리가 따라야 할 지침들이 무엇인지 또 우주에서 우리의 역할은 무엇인지를 우리에게 규정한다. 그리고 바로 여기서 볼테르와 몽테스키외의 차이가 가장 분명히 드러난다. 물론 몽테스키외에게도 법의 모

---

13 「볼테르가 프로이센의 왕자 프리드리히 빌헬름에게 보내는 편지」, 1737년 10월.

든 다양한 창조를 통해 표현이 되는 그리고 언제나 자기 동일적이며 변함없는 이성이 있을 수 있다. 그러나 이러한 이성은 변치 않는 목적으로 규정되지 않는다. 그것은 인간에게서 끊임없이 새로운 형태를 창조하는 구성적 능력이며, 특정한 여건들에 따라 분화되며 그 일반 규칙들은 오로지 형식적 성격만을 지닐 수 있는 능력이다. 반대로 볼테르에게서는 인간의 이성이 자기 내면에서 모든 특정한 법체계를 지배하는 보편적인 법칙성을 발견하기 위해서라면 인간이 자신의 내면으로 돌아가 자신이 타고난 도덕적 원칙들에 대해 성찰하는 것으로 충분하다. 인간은 이러한 이성을 통해 도덕법에서 인류의 단일성을 보게 되는데, 이는 현인들의 의견이나 각자가 자신에 대해 성찰할 때 생겨나는 언제나 유사한 결과들 속에서 표현된다.

그때 그는 자신의 성향을 통해 자연과 마찬가지로 동일한 법칙들에 의해 지배받는, 그러나 이번에는 도덕적 질서에 속하는 법률들에 의해 지배받는 하나의 전체를 형성하는 인류를 재발견한다. 이러한 도덕법들은 그 보편성에서 다양한 국민의 역사와 다양한 종교와 철학적 체계들의 연구를 통해 객관적으로 확인된다. 인류의 발전 과정 도처에서 공동 토대를 볼 수 있다. 그리고 이 공동 토대, 즉 도덕적 개념은 있는 그대로의 사람들 각자에서 발견되기 때문에, 각자는 공리와 유사한 도덕적 요구사항을 분명하게 인식하면서 도덕적 개념을 의식하게 될 수 있다.

그러므로 도덕적 가치는 한편으로는 객관적인 소여, 자연법, 사람들이 인류에 대해 품는 조화로운 생각이며, 다른 한편으로는 각각의 인간이 자신의 내면으로 돌아갈 때 재발견하는 주관적인 소여이다. 이러한 가치는 각자의 마음에 있는 것처럼 인류 안에 있다. 그리고 각자는 자명하게 자신 안에서 이러한 가치를 느낄 수 있기 때문에, 그는 또한 세계가 그에게 제공하는 다양한 소여를 가치의 보편적인 원칙들에 따라 판단할 수 있다. 그가 생각할 수고를 감내한다면 가치에 대한 자기 자신의 의식이 그에게 부여하는 판단 기준에 따라, 자신에게 제공되는 모든 것의 가치를 올바르게 판단할 수 있다.

특히 이 점에서 볼테르는 몽테스키외에 반대한다. 몽테스키외 역시 역사가가 다양한 형태의 법률의 진가를 올바로 평가할 수 있고 심지어 평가해야만 한다고 생각한다 해도, 그의 비판은 다양한 사회 조직이 추구하는 특정한 목적들에 따라 항상 달라진다. 그것은 미리 정해지거나 명백하게 주어진 가치의 관점에서 출발하지 않고, 자신의 가치 판단을 그것이 적용되는 특정한 사례들에 따라 차별하고 개별화한다. 어떤 것이 예전에는 좋았을 수도 있지만 지금은 더 이상 그렇지 않을 수 있다. 똑같은 법이 어느 나라에서는 좋을 수 있지만 다른 나라에서는 그렇지 않을 수 있다. 반대로 볼테르의 비판은 보편적인 가치의 관점에서 출발하는데, 그것은 이성에 제시되는 자료들을 평가할 때 이성이 지니는 절대적인 지배권이다. 일어나고 있거나 일어났던 일, 우리는 그것에 대해 어떻게 생각해야 할지 알고 있다.

역사가 볼테르는 일어났던 모든 일에 비판을 가하고, 절대적인 가치의 관점에 따라 역사적 전개 전반을 고찰한다. 그가 이렇게 대략적으로 묘사하는 그림은 아주 특별한 관점을 획득한다. 그에게 역사, 적어도 중세와 근대의 역사는 약간의 햇살이 여기저기 구멍을 내는 커다란 그림자 덩어리에 불과하다. 이 어둠의 근원은 교회이다. 교회는 역사에서 일정한 형태 없는 커다란 덩어리이다.

현재의 세계에서 일어나는 것에 말하자면, 그것이 어떤 곳에서 혹은 어느 때 일어나든 상관없이 인간은 그것을 판단하기 위해 자기 양심의 소리를 듣기만 하면 된다. 어떤 일이 일어난다. 나는 그 일에 대해 사람들이 말하는 것을 듣는데, 그것은 정의롭지 못한 일이다. 나는 분개하는데, 이러한 분개는 내게 개인적인 것도 아니고 주관적인 것도 아니다. 아니다, 그것은 내 안에서 나타나는 더욱 고귀하고 보편적인 법 양심의 표현으로, 자연법이 위반된 것에 대해 그리고 객관적인 관점에서 존재하지 않아야 할 일에 대해 느끼는 분개이다. 나는 모든 사람에게 공통적인 도덕적 감각에 따라 그것을 아는데, 그 덕분에 나는 모든 사람과 내 분개를 공유할 수 있다.

사람들이 내게 와서 "그것이 당신과 무슨 상관이 있는가?"라고 묻지 않도록 해라. 볼테르는 뒤 데팡 후작부인에게 보내는 편지에서 다음과 같이 쓴다. "인류와 관계되는 모든 일은 무엇보다도 우리의 관심을 끌어야 합니다. 왜냐하면 우리는 인류에 속하기 때문입니다. 당신은 영혼을 갖고 있지 않으십니까. (...) 당신은 여성이 아니십니까? 신의 섭리가 존재한다면, 그것은 가장 어리석은 파리의 얌전 떠는 여성들과 마찬가지로 당신을 위해서도 존재하지 않습니까? 산토도밍고의 절반이 지진으로 방금 파괴되었고 리스본 역시 그랬었다면, 똑같은 일이 생조제프에 있는 당신의 저택에는 일어날 수 없을까요?"[14] 사람들은 도덕적으로 비슷하며, 그들 각각의 내면에는 도덕적 본능이 있고, 각자는 공평무사함을 추구하는 보편적 양심 안에서 다른 사람들에게 자행되는 불의를 느낄 수 있으며, 자기 자신의 도덕적 양심 안에서 다른 사람들에게 자행되는 불의로 상처를 받는다는 바로 그런 이유들 때문에 그들 간에는 도덕적 연대가 존재한다.

바로 이러한 관점에서 볼테르는 인류 역사를 다시 체험한다. 그는 뒤 데팡 후작부인에게 "내 하루의 역사, 그것은 인류의 역사"이

---

14 「볼테르가 뒤 데팡 후작부인에게 보내는 편지」, 1770년 8월 8일.

고, 프리드리히 대왕의 생각이고, 예카테리나 2세의 개혁이고, "몰다비아, 베사라비아, 아조프, 에르주름, 메디아국의 일부에서 추방된 터키인들"[15]이라고 쓴다. 그것은 또한 법정이 저지른 범죄들, 장-칼라스, 시르뱅, 드 라 바르 기사, 랄리[16]가 관계된 소송이다. 그는 재판관처럼 모든 것을 관찰하고 비판한다. 그리고 이러한 비판은 그의 내면에서 점점 더 반항과 분노가 된다. 그의 법 양심은 상처를 받았을 때 열정으로 바뀐다. 그는 이렇게 쓴다. "합리적 열광은 위대한 시인들의 몫이다. (...) 합리적 열광은 그들 예술의 완성이다. 이 때문에 예전 사람들은 그들이 신으로부터 영감을 받았다고 믿었던 것이다."[17] 그것은 이성에 반하는 행동, 불합리, 법의 위반을 인식할 때 깨어나는 열정으로, 이것에 의해 인간은 자신이 침해를 받았다고 느낀다. 왜냐하면 그는 '사유하는 존재', 이성을 부여받은 존재이기 때문이다. 불합리한 것과 부조리한 것의 타파를 요구하며 이성과 법에 일치하는 삶의 실현을 목표로 하는 열정. 이성의 근거이자 목표를 법의 논리에 따라 이해되는 것으로 보는 이성의 열정, 매일매일의 삶의 구체적인 경우들에서 이성에 반하는 것들로 인해 객관적이고 비개인적인 방식으로 고통을 받는 열정. 끝으로 너무나 부정에 민감해서 그 특정한 사례들이 어느 장소에서 발생하든 명료하고 자기 확신적인 이성의 일반적 법칙에 따라 그것들에 개입하지 않을 수 없는 열정.

볼테르는 나이가 들수록 더 은둔자로 살며 이러한 열정은 그의 내면에서 더 커져 간다. 그는 뒤 데팡 후작부인에게 다음과 같이 쓴

---

15 「볼테르가 뒤 데팡 후작부인에게 보내는 편지」, 1769년 12월 11일.

16 〈역주〉 모두 가톨릭이 저지른 종교적 박해들과 관계된 사건들로, 볼테르는 이러한 사건들에 적극 개입하여 광신을 비난하고 종교적 관용을 주장했다.

17 볼테르, 『철학 사전』, 「열광」 항목.

다. "은거로 인해 열정은 더 강렬해지고 깊어지는 것 같습니다. 파리의 삶은 모든 생각을 산만하게 만듭니다. 사람들은 모든 것을 잊고 이 거대한 환등기 안에서 잠시 동안 모든 것을 가지고 노는데, 거기서 모든 인물의 영상들은 그림자처럼 신속하게 지나갑니다. 그러나 고독 속에서 사람들은 자신의 감정에 열중합니다."[18] 사람들은 위대한 열정 안에서 외부로 관심을 돌리지 않아 확고해지고 자기 존재의 통일성을 발견한다. 그리고 볼테르는 자신의 열정에 점점 더 집중하기 때문에 열정은 점점 더 분명한 방향을 잡는다. 그의 삶에서 목표가 되는 것은 교회에 대한 투쟁이다.

그는 프리드리히 2세에게 "1,700년 전부터 기독교 종파는 오직 나쁜 일만을 해 왔습니다"[19]라고 쓴다. 콘스탄티누스[20] 이후 신학적 논쟁들로 인해 세상에 재앙이 없었던 시기는 한 달도 없었다. 기독교의 창설 이래 어느 곳에서나 당파와 격변과 범죄로 인한 똑같은 혼란들이 있어 왔다. 언제 어디서나 다양한 수많은 명목으로 똑같은 대학살들과 비극들이 있어 왔다. 철학자들은 자신들의 나라가 어디이든, 자신들이 속한 학파가 무엇이든, 이러한 교회에 반대하는 투쟁 안에서 뭉쳐야 한다. 도처에서 "유럽의 이쪽 끝에서 저쪽 끝까지 진리의 화살로 광신에 구멍을 내는 보이지 않는 손들을" 들어 올려야 하며,

---

18 「볼테르가 뒤 데팡 후작부인에게 보내는 편지」, 1774년 12월 31일.

19 「볼테르가 프로이센의 왕자 프리드리히 빌헬름에게 보내는 편지」, 1767년 4월 5일.

20 〈역주〉 콘스탄티누스 황제는 313년 밀라노 칙령을 공포하여 기독교를 로마 제국의 한 종교로 인정했으며, 325년 교회 내부의 논쟁을 종식시키기 위해 니케아 종교회의를 개최하여 삼위일체설을 채택했다. 이로 인해 삼위일체설을 부인하는 아리우스파(派)는 추방당했다.

수많은 펜이 활동해야 하며, 수많은 목소리가 다른 사람이 듣도록 제 소리를 내야 하며, 불관용의 남용을 분쇄하기 위해 익명의 글들이 보급되어야 한다. 그는 "네덜란드에서는 2년 전부터 미신에 반대하는 책들이 60권 넘게 인쇄되었습니다"[21]라고 쓴다. "당신은 북부 유럽 전체가 우리 편이고, 조만간 남부 유럽의 비열한 광신자들이 아연실색할 것이 틀림없다는 것을 알지 못하십니까? 러시아의 여제, 폴란드의 왕, 미신이 성행하는 오스트리아를 정복한 프로이센의 왕, 또 다른 수많은 군주가 철학의 기치를 들었습니다. 12년 전부터 사람들의 정신 속에서 괄목할 만한 대개혁이 일어났습니다."[22] "용기를 내십시오! 신의 왕국은 멀지 않습니다. 유럽의 이쪽 끝에서 저쪽 끝까지 사람들의 정신은 계몽되고 있습니다."[23] 계몽은 사방으로 전파된다. 이성의 지배가 준비되고 있다. 철학자들은 서로 뭉쳐야 하며, 그들은 선생이 될 것이다. "나는 당신에게 지금 만들어지고 있는 시대를 권합니다."[24] 그는 자신의 동지들인 철학자들에게 다음과 같이 말한다. "당신이 앞으로 즐길 아름다운 치세의 시작을 보기도 전에 나는 죽게 되어 화가 납니다."[25] "그러나 나는 손을 놓지 않을 것이고 (...) 죽을 때까지 나의 계획을 단념하지 않을 것입니다.[26] 나는 고집이 셉니다. 내 마지막 순간까지 나는 '파렴치를 타도하라'는 내 변하지 않는 신념을 반복할 것입니다. 이것은 거대한 투쟁, 생각하는 모

---

21 「볼테르가 빌비에유 후작에게 보내는 편지」, 1768년 12월 20일.
22 「볼테르가 엘베시우스에게 보내는 편지」, 1765년 6월 26일.
23 「볼테르가 다밀라빌에게 보내는 편지」, 1764년 9월 19일.
24 「볼테르가 달랑베르에게 보내는 편지」, 1766년 10월 15일.
25 「볼테르가 달랑베르에게 보내는 편지」, 1774년 6월 15일.
26 「볼테르가 달랑베르에게 보내는 편지」, 1775년 2월 8일.

든 사람이 생각하지 않는 사람들에 대해 벌이는 투쟁입니다" "생각하는 모든 사람은 사람들을 박해하는 광신자들과 위선자들에 대항하여 (...) 애정을 가지고 단결해야 합니다."[27] 그들은 독자적인 국민을 이루어야 한다. "철학자들은 프리메이슨처럼 조합을 만들어서 모여 서로를 지원하고 조합에 충실해야 합니다."[28] 볼테르는 독일의 소도시 클레베에 철학자들의 식민지를 만들 생각을 한다. 그곳에는 유용하고 짤막한 작품들을 발간할 작은 비밀 인쇄소가 들어설 것인데, 친구들만이 그 작품들의 유일한 위탁판매 상인이 될 것이다.

그러나 그를 슬프게 한 것은 현명한 사람들의 경우라도 그 정도로 현명하지도 않으며 서로 의견이 일치하지도 않는다는 것이다. 그들은 그렇게 능숙하지도 열의가 있지도 않고 친하지도 않다. 그는 달랑베르에게 이렇게 쓴다. "당신들은 파리에서 얼마나 미온적이십니까. 당신들은 등불을 그릇으로 덮어 놓아 둡니다."[29] "뭐라고요! 그 가련한 수도사들은 똑같은 하나의 정신과 마음을 갖고 있으며, 죽을 때까지 수도원의 이익을 지킬 것입니다. 그런데 사람들을 계몽해야 할 사람들은 오합지졸 무리에 불과하여 때로는 늑대들에게 잡아먹히고 때로는 서로에게 이빨을 들이댑니다!"[30]그는 또 이렇게 쓴다. "나를 가장 화나게 하는 부분은 현학자들과 광신자들과 사기꾼들은 단결되어 있는 반면, 선한 사람들은 흩어져 고립되어 있고 열의가 없고 무관심하며 자신의 사소한 안락만을 생각한다는 것입니다."[31] 어쩌

27 「볼테르가 달랑베르에게 보내는 편지」, 1761년 10월 20일.
28 「볼테르가 달랑베르에게 보내는 편지」, 1761년 4월 20일.
29 「볼테르가 달랑베르에게 보내는 편지」, 1762년 7월 12일.
30 「볼테르가 엘베시우스에게 보내는 편지」, 1766년 10월 27일.
31 「볼테르가 달랑베르에게 보내는 편지」, 1767년 12월 26일.

면 그들은 심지어 우정을 알지 못하는 것인지 모른다. 어떻게 철학이 우리를 단결시키지 않고, 우리가 서로를 돕지 않을 수 있을까? "그렇게나 많은 어리석은 광신자들조차 바보들의 당파를 만들었는데, 그렇게나 많은 우월한 지성의 소유자가 작은 규모나마 이성의 학파도 거의 만들 수 없는 것은 어떤 운명의 장난이란 말입니까? 그것은 어쩌면 그들이 현명하기 때문인지 모르겠습니다. 그들에게는 열광과 활력이 부족합니다. 철학자들은 모두 너무 미온적입니다. 그들은 사람들의 잘못을 분쇄하는 대신 비웃는 것으로 만족합니다."[32]

파리에서 디드로도 그런 사람이다. 그는 자기 정신의 풍요로움과 삶이 취하는 다양한 형태를 즐긴다. 그는 아이디어가 반짝이고 아무런 목적 없이 뒤섞이는 대화를 사랑한다. 그는 괴짜들, 예를 들면 라모의 조카[33] 같은 사람에게 끌린다. 그는 모든 것이 우리가 사는 곳과는 다른 타히티처럼 먼 곳에 있는 나라를 생각하고, 찬반양론을 주장할 수 있게 해 주는 도덕적 문제들에 흥미를 갖는다. 달랑베르 또한 그렇다. 볼테르는 그에게 이렇게 쓴다. "다양한 형태로 변신하는 프로테우스[34] 선생님(...) 당신은 위대한 사상가이자 위대한 실천가이지만, 다른 사람들보다 더 재치가 있다는 것을 입증하는 것으로 충분

---

32 「볼테르가 달랑베르에게 보내는 편지」, 1766년 6월 26일.

33 〈역주〉 Jean-François Rameau(1716~1777): 장 프랑수아 라모는 오르간 연주자이자 작곡가로서 당시의 유명한 음악가 장 필리프 라모의 조카이다. 디드로의 대화체 소설 『라모의 조카』에서 실패한 음악가이자 기묘하고 혼란스러운 성격을 지닌 인물로 등장한다.

34 〈역주〉 그리스 신화에 나오는 바다의 신들 중 하나로, 뛰어난 예언 능력 때문에 찾아오는 사람들이 많았지만 이들을 피하기 위해 여러 가지 형태로 변신하여 도망 다녔다.

하지 않습니다. 제발 인류에게 도움을 주십시오. 그리고 인류의 적들에 대해 경종을 울리지 않는다면 인간으로서 부끄러워해야 하지 않겠습니까?"[35] "당신은 인간의 이성에 대해 당신이 사용하는 시간에 대한 책임을 지고 있습니다."[36] 달랑베르는 그에게 이렇게 회답한다. "나는 정말 이성에 봉사하고 싶습니다만, 조용히 있기를 훨씬 더 바랍니다. 사람들은 계몽하기 위해 수고를 들일 만한 가치가 없습니다."[37] 그리고 다른 편지에서 장 자크 루소와 흄[38]의 언쟁을 다루면서 "나로서는 모든 것에 대해 웃듯이 웃을 것입니다"라고 말해서, 친구를 머리끝까지 화가 나게 만들었다. 볼테르는 그에게 회답한다. "아닙니다, 다시 한번 나는 당신이 '나는 웃을 것'이라고 말하면서 편지를 끝내는 것을 참을 수 없습니다. 아! 친구여, 지금이 웃을 때입니까?"[39] 미신을 경멸하는 것으로는 충분치 않다. 그것을 증오하고 일소시켜야 한다. 나에 대해서는 "웃으세요", 그리고 "웃기세

---

35 「볼테르가 달랑베르에게 보내는 편지」, 1761년 5월 7일 혹은 8일.

36 「볼테르가 달랑베르에게 보내는 편지」, 1765년 10월 16일.

37 「달랑베르가 볼테르에게 보내는 편지」, 1765년 11월 22일.

38 〈역주〉 David Hume(1711~1776): 데이비드 흄은 스코틀랜드 에든버러 출신의 영국 철학자이다. 에든버러 대학에서 법학을 공부했지만, 로크나 뉴턴 등 다방면의 학문 서적을 탐독했다. 한때 상업에 종사했으며 1734~1737년 프랑스에 머물렀다. 1744년 에든버러 대학, 1751년 글래스고 대학에서 교수직을 구했으나 무신론자라는 이유로 거절당했다. 1763년에는 파리 주재 영국대사의 비서관으로 근무하기도 했으며, 1767년부터 1769년까지 국무차관을 지낸 뒤 에든버러에 정착했다. 그는 1742년부터 1751년에 걸쳐 출간된 『도덕 정치론』과 1764년부터 에든버러에서 출간되기 시작한 『영국사』로 국내외에서 명성을 얻게 되었다. 그는 로크, 버클리와 더불어 18세기 영국 경험론을 대표하는 인물로 평가받는다.

39 「볼테르가 달랑베르에게 보내는 편지」, 1766년 7월 23일.

요."[40] 그러나 "그렇게 즐거워하는 가운데도 항상 파렴치를 타도하도록 노력하십시오. 이 세상에서 우리의 주된 업무는 이 괴물을 물리치는 것이어야 합니다. 나는 당신에게 하루에 대여섯 마디의 재치 있는 말만을 부탁합니다. 그것으로 충분합니다. 괴물은 그로부터 회복되지 못할 것입니다. (...) 그리고 현자들은 승리를 거둘 것입니다."[41] 웃음거리를 다룰 줄 아는 재능은 소중한 재능이며, 정성껏 그것을 개발해야 한다. 웃음거리로 만드는 것은 사람들을 격분시킬 수 있는 발판이며, 아주 예리한 비수로 타격을 가하는 것이다. "웃음거리로 만드는 것은 모든 것을 물리쳐 이기며 무기들 중 가장 강한데, 아무도 당신보다 그것을 더 잘 다루지 못합니다"라고 볼테르는 달랑베르에게 쓴다. "당신이 파렴치를 타도하지 않으면, 당신은 당신의 소명을 그르친 것입니다."[42]

그리고 또 파리에서 뒤 데팡 후작부인이 그랬는데, 그녀는 오로지 자신을 따분하게 만드는 사람들만을 싫어했다. 그는 그녀에게 "나는 당신이 당신을 따분하게 만드는 사람들만을 싫어하는 것을 알고 있습니다"라고 쓴다. "그러나 당신을 속이고 지배하려고 했던 사람들은 왜 마찬가지로 미워하지 않으십니까? 게다가 그들은 모든 학술적인 이야기들보다 백배나 더 지루하지 않습니까? 그리고 그것이야말로 당신이 그들에게 벌해야 하는 죄가 아닙니까?"[43] 또 데피네 부인[44]도 그랬는데, 그녀는 항상 자기가 이미 알고 있는 것을 이해하는

---

40 「볼테르가 달랑베르에게 보내는 편지」, 1764년 1월 30일.
41 「볼테르가 달랑베르에게 보내는 편지」, 1764년 1월 30일.
42 「볼테르가 달랑베르에게 보내는 편지」, 1766년 6월 26일.
43 「볼테르가 뒤 데팡 후작부인에게 보내는 편지」, 1769년 9월 6일.
44 〈역주〉 Louise Florence Pétronille Tardieu d'Esclavelles, marquise

새로운 방식을 찾으려고 애썼고, 독창적인 사고방식을 발견하려는 희망에서 새로운 사람들을 — 예를 들면 장 자크 루소 같은 사람 — 만나고 싶어 했으며, 대화를 좋아했다. 볼테르는 그녀에게 대화는 전투 수단의 구실을 해야 한다고 쓴다. "사람들로 하여금 자신의 말에 귀를 기울이게 만드는 10여 명의 신사가 백 권의 책보다 훨씬 더 좋은 일을 합니다. 책을 읽는 사람은 거의 없지만 모든 사람은 대화를 나누고, 진실한 것은 강한 인상을 줍니다."

"자, 용감한 디드로여, 대담한 달랑베르여, 내 친애하는 다밀라빌[45]과 합류하십시오", 그리고 "진실의 수호자인 용감한 기사단"을 만드십시오. "맥 빠진 웅변, 형편없는 궤변, 역사적 오류, 수없이 많은 모순과 불합리를 쳐부십시오. 양식 있는 사람들이 양식 없는 사람들의 노예가 되는 것을 막으십시오. 미래의 세대는 당신들 덕분에 이성과 자유를 갖게 될 것입니다."[46] "오, 나의 철학자들이시여, 마케도니아의 군대처럼 밀집대형으로 전진해야 할 것입니다. 그들이 패배했던 것은 오로지 분산된 상태로 전투를 했기 때문입니다.[47] "선교사들은 육지와 바다를 누비고 있습니다. 적어도 철학자들은 거리를 쏘다녀야 하며 이 집 저 집에 좋은 씨를 뿌려야 하며",[48] 사람들에게 '파렴

---

d'Epinay(1726~1783): 프랑스 여류 작가로 뒤클로, 볼테르, 그림 등과 사귀었으며, 한때는 루소의 후견인 역할을 했다. 루소는 1747년부터 그녀와 친분을 맺기 시작했다. 그녀는 회상록의 형식을 빌린 소설 『몽브리양 부인의 이야기』를 남겼다.

45 〈역주〉 Étienne Noël Damilaville(1723~1768): 프랑스의 문학자로 볼테르와 디드로 그리고 달랑베르의 친구였다.

46 「볼테르가 다밀라빌에게 보내는 편지」, 1765년 11월 19일.

47 「볼테르가 달랑베르에게 보내는 편지」, 1769년 7월 23일.

48 「볼테르가 달랑베르에게 보내는 편지」, 1766년 6월 26일.

치를 타도하라'고 외쳐야 합니다. 이러한 투쟁에서는 어떠한 방법을 쓰든 모두 좋습니다. 그 괴물을 웃음거리로 만드시고 혐오스럽게 만드십시오. 지치지 말고 계속 똑같은 말을 반복하시고, 사람들의 머리에 우리의 구호를 강하게 새겨야 합니다. 파렴치를 타도하라! "괴물 같은 박해자들이여, 내게 움직일 수 있는 7, 8명의 사람만 주어진다면 나는 너희들을 끝장낼 것이다."[49] 그는 달랑베르에게 "당신 같은 기질을 갖고 있는 5, 6명의 사람만 있어도 파렴치를 공포에 떨게 하고 세상을 계몽하는 데 충분할 것입니다"라고 쓴다. 그 거대한 야수를 넘어뜨리자. 조만간 이성이 승리할 것이 틀림없다. 나는 더 이상 "이 멋진 변화를 보지 못할 것이지만 당신은 적어도 그 시작을 볼 것입니다."[50] 이성이 지배할 시기가 곧 다가오고 있으며 철학자들이 인류의 교사가 될 지혜의 교회가 준비되고 있다. "이 멋진 시기들을 앞당기고 당신이 심어 놓은 나무들의 과일을 익게 하는 임무는 오직 당신에게 달려 있습니다."[51]

변증법적 비판과 불합리한 것을 통한 증거

볼테르는 18세기 섬세한 정신의 변증법적 형태를 보여 준다. 그것은 정신의 변증법적 유동성이며, 복잡하고 혼란스러운 일련의 사유들, 즉 체계의 면밀한 검토이며, 어떤 문제의 다양한 그리고 가능한 해결책들을 모순적인 형태 아래 한데 모으는 것이고, 통용되고 있

---

49 「볼테르가 달랑베르에게 보내는 편지」, 1766년 8월 25일.
50 「볼테르가 달랑베르에게 보내는 편지」, 1767년 9월 30일.
51 「볼테르가 달랑베르에게 보내는 편지」, 1764년 5월 1일.

는 견해들을 반박하기 위해 사례들과 구체적인 사실들을 사용하는 것이다. 볼테르는 추상적인 것을 분석하면서 그것을 구체적이고 확실하게 만든다. 그는 순수한 사유였던 모든 것과 멀리 있는 모든 것을 생생하고 즉각적인 어떤 것으로 환원시킨다. 그는 사유를 선명히 묘사하여 그것을 설득력 있게 만들기 위해 자신이 고안할 수 있는 모든 방법을 다 사용한다.

디드로로 말하면, 그는 새로운 사유를 찾는 중이다. 그는 어떻게 사람들이 일반적으로 상상하는 것과는 아주 다르게 사물들을 상상할 수 있는지를 보여 주고 싶어 한다. 어떤 생각은 겉으로 보기에는 어리석어 보이지만 사실은 전혀 그렇지 않다. 어떤 모순은 옹호될 수 없겠지만 그것을 옹호하려고 시도할 때, 그 모순은 얼마나 우리에게 기쁨을 주고, 얼마나 많이 새롭고 재미있는 생각들이 우리 정신에서 생겨났던가. 그것이 어떤 합리적인 것을 말했던 것보다 오히려 더 낫지 않을까? 어떤 때는 서로 합쳤다가 어떤 때는 서로 분리되는 생각들의 왕복 운동, 이러한 사유의 끊임없는 밀물과 썰물 운동이 바로 재미있는 것이다. 반면 볼테르에게서는 지배적인 사유의 단조로움이 언제나 재발견되며, 변증법적인 방법들이 갖는 복합성 전부는 단지 이러한 사유를 돋보이게 하는 데 사용될 뿐이다.

예를 들면 우리는 잘 진행되는 논증을 앞에 두고 있다. 각각의 문장은 선행하는 문장과 관련을 맺고 연결되어 있으며, 주제와 밀접한 연관을 맺는다. 중요한 것은 논증이 급소를 찌르도록 가능한 한 최대로 말을 절약하는 것이다. 그리고 그때 게임이 시작된다. 어떤 주장을 확증하거나 반박하기 위해 우리 생각에 떠오를 수 있는 구체적인 사실들은 수도 없이 많다. 주장이란 일반적으로 그 성격상 너무 많은 개별적 사실들을 내포한다. 그것은 세상과 삶에서 생겨나는 개별적인 모든 것과의 관계에서 올바른 것으로 증명될 필요가 있다. 그것은 지금 전개되는 바로 그대로 그리고 역사에서 전개되었던 바로 그대로의 모습으로 삶이 갖는 풍부함 전체를 대면해야만 한다. 우리는 그 삶의 풍부함 전체에서 우리의 생각에 떠오르는 것들을 끌어내지만, 논증은 한층 더 구체적일 수 있다. 사실들에 비추어 그가 틀리게 될 가능한 모든 상황에서 다음의 주장을 전개했던 사람을 생각해 보자.

논리적이고 객관적인 관점에서 그 주장은 조리가 없었다. 그것은 명석하고 정확한 논증의 결과로 나타난다. 사람들은 다음에 그것을 일상적인 삶의 사실들에 대조하면서 그것이 얼마나 터무니없는 것이었는지를 알게 된다. 어떤 이야기의 주인공이 일어나고 있는 모든 사건이 그가 주장하고 있는 바와는 반대되는 것을 명백하게 입증하는 삶의 순간들에서 그 주장을 고수할 때, 그것은 우스꽝스러운 것이 된다. 게다가 마침내 그 자신도 더 이상 그것을 믿을 수 없게 되는데, 그것이 바로 사람들을 격분시키는 것이다. 그런데 이러한 주장이 교회의 교리라면 어떻겠는지 상상해 보라. 수많은 사람이 그 주장을 위해 희생될 것이다. 바로 이러한 이유로 그것을 쳐부수어야 한다. 파렴치를 타도하라.

우리는 어떤 이론을 앞에 두고 있다. 그것은 복잡하다. 그 이론에 있는 불합리한 점은 우리의 눈에 쏙 들어오지 않는다. 거기에는 찬성할 부분도 있고 반대할 부분도 있다. 사태를 이해 가능하게 만들기 위해, 우리는 그 이론에 대해 토론하는 사람들의 대화 형태로 찬반 논의를 정리한다. 그리고 사태를 더욱 구체적으로 만들기 위해, 그 이론을 옹호하는 사람은 철학자이고 상대방은 멀리서 온 완전히 순진한 사람이라고 상상하자. 이러한 이론을 앞에 두고 편견이라고는 전혀 없는 아주 단순하고 자연스러운 사람은 어떤 태도를 취하게 될 것인가? 그다음에 대화를 나누는 이 두 사람은 삶 자체가 논증의 역할을 함으로써 이 이론에 대해 찬성하거나 반대하는 어떤 상황에 놓아두도록 하자. 그 이론은 그것에 대해 찬성이나 반대를 표하는 상황에서 설명된다. 이러한 찬성과 반대는 극적인 모습을 갖는다. 참여하는 사람은 단둘일 수도 있고, 서로 다른 관점들을 대표하는 여럿일수도 있다. 오직 사유의 영역에 속해 있었던 것이 가시적이고 생생하고 극적인 것이 된다. 역사적 전개 과정에서 단지 과거에 속해 있었던 모든 것이 깨어나 즉각적인 것이 된다. 사람들의 의견들은 극적인성격을 띤다. 그것들은 반명제들의 변증법적 통일을 이룬다. 이러한의견들의 옹호자들은 우리 앞에서 서로 언쟁을 벌이며 우리가 그것에 대해 어떻게 생각하는지를 알기 위해서 우리에게 말을 건다. 우리는 사유가 바로 자기 자신과 나누는 생생한 대화 안에서 사유의 전개과정 자체에 직접 참여한다. 그리고 이후 우리가 똑똑히 보고 어떤주장이 불합리하다고 깊이 확신하기에 이르게 될 때 반대로 그 주장을 옹호하는 사람이 자신의 권위를 내세우고 자신의 의견을 다른 사람들에게 강요한다면 열정, 즉 이러한 의견과 그것을 대표하는 사람들에 대한 증오가 우리를 사로잡고, 우리가 지닌 지적 창의력의 재능전부는 이러한 증오에 봉사하게 된다.

운명예정설 교리가 문제라고 가정하자. 그 불합리성을 입증하기위해 한 예를 들자. 모로코의 술탄은 500명의 자식을 두고 있었다. 그는 탁자 주위에 자식들을 불러 모아 말했다. "나, 물레이 이스마일은 명예욕이 매우 강하기 때문에 내 영광을 위해 너희들을 낳았다. 나는 너희들 모두를 다정하게 사랑하여 다음과 같이 결정했다. 내 아들 중 하나는 타필랄트를, 다른 한 사람은 모로코를 가지게 될 것이다. 다른 498명의 자식에 대해서는, 그중 절반은 거열형(車裂刑)을 받고 다른 절반은 화형에 처하게 될 것을 결정했다. 왜냐하면 나는 물레이 이스마일이기 때문이다." 얀센주의자들과 몰리니즘[52]주의자들과 또 다른 종파들이 가르치는 것 역시 똑같은 종류의 것이다. 바로 이렇게 유추를 통해서 볼테르는 어떤 이론의 불합리성을 보여 준다. 어떤 사람이 이러한 종류의 짓을 저지른다면 사람들은 뭐라 말할 것인가? 그때 신이 그러한 짓을 허락할 수 있을까? 만약 어떤 사람이 이런 종류의 말을 한다면, 당신은 그를 정신병자라고 생각하지 않을까? 그렇지만 당신에게 이런 종류의 말들을 하고 그 말을 따르라고 강요하는 사람들이 많은데, 이를테면 얀센주의자들과 몰리니즘주의자들과 또 다른 종파들이 그렇다. 이러한 헛소리들이 이렇게나 혐오스러운 불합리한 짓거리들로 지상의 평화를 깨뜨리는 일이 언제나 멈추게 될까?

그러므로 사람들은 유추를 통해 구체적인 사례들의 뒷받침을 받아 어떤 이론이 얼마나 불합리한가를 입증한다. 사실들은 감정을 극도로 고양시키기 위해 모아진다. 이런 것을 주장하는 일은 정말 너무나도 우스꽝스럽다. 그렇지만 계속 그런 짓을 하는 인간들이 있다. 이때 우스꽝스러움은 경멸로 바뀐다. 이렇게 고집을 부리기 위해서는 정신이 나가야 하지 않는가? 그런데 이 정신 나간 사람들은 생각하고 싶어 하는 합리적인 사람들을 괴롭힐 정도로 파렴치함을 보이

---

52 〈역주〉 스페인 예수회 회원은 몰리나Molina(1536~1600)의 교의로, 그는 신이 인간의 자유로운 행위를 미리 결정하지 않으며 하느님의 은총에 대한 인간 의지의 동의가 있을 때만 은총이 인간의 자유를 침해하지 않는다고 주장했다. 한편 그는 하느님의 전지전능함을 훼손하지 않기 위해 신은 인간이 자기 의사를 어떻게 선택하는지 미리 안다고 말했다. 얀센주의자들은 몰리니즘을 지나치게 관용적이라고 비난했다.

지 않는가. 그때 이러한 경멸은 격분이 된다. 생각들이 모이고 서로가 서로를 밀어 준다. 어떤 암시가 어떤 문장에 슬그머니 들어간다. 어떤 세부적인 사실, 어떤 이름은 다시 공격에 나서기 위한 우회적인 수단, 일시적인 중지, 어찌 보면 계략이다. 사람들은 계속 승리를 거두며 전진하고, 분노나 경멸심이 깃든 동정에 이른다. 모든 것이 전투 수단으로 사용될 수 있다. 일상적인 삶의 역사에서 추출된 사례들도 마찬가지다. 어떤 사람이 외국으로 옮겨지고, 그로 하여금 그 나라의 종교에 대해 토론하도록 하는데, 사실 그때 사람들이 염두에 두는 것은 자기 나라의 종교이다. 전체적인 이야기들이 꾸며진다. 사건들이 거듭되며, 그것들은 어떤 의견의 옹호자들을 점점 더 우스꽝스러운 상황들 속으로 몰아넣는데, 여기서 사람들은 이러한 의견이 어떠한 가치를 지니는지 알게 된다. 그러고 나서 비유와 모든 종류의 암시와 풍자와 독설이 등장한다.

그리고 훨씬 더 구체적인 방식으로 연극, 즉 비극은 광신이 가져올 수 있는 그 비극적 결과에서 비참한 모든 것을 가장 강렬한 색채로 드러낸다. '파렴치를 타도하라'는 여기서 가장 다양한 형태를 취한다. 넘쳐흐르는 지적인 상상력은 가능한 대조들, 대담하고 예기치 못한 비교, 거의 윤곽도 드러나지 않는 말, 비교, 이 생각에서 저 생각으로 점진적으로 이동하기 등의 모든 형태를 창조해 내는데, 이 모든 것은 동일한 열정의 지배를 받는다.

그리고 이론들이 분명해지고 이러한 비판적인 변증법의 흐름을 따라 조직되고 삶과 접촉함에 따라, 그 이론들은 어색함과 이질성을 일부 잃어버린다. 그것들은 토론이 가능해진다. 사람들은 그것들이 표현하는 것을 스스로 명백하게 보고, 그것들을 자기 자신의 삶에 비추어 보면서 그것들에 대해 구체적인 생각을 할 수 있다. 바로 이것이 체계이다. 무엇보다도 중요한 점은 그 각각의 증거와 논거를 이해 가능한 것으로 만들어 그것들에 대해 토론할 수 있도록 하는 것이다. 예를 들면 스피노자는 무엇을 말하는가? 신은 전체다. 그러므로 스피노자는 다른 사람들이 신에게 그 존재를 의존하고 있다고 생각하는 위대한 전체를 신으로부터 분리하지 않는다. 이것은 토론을 허용하는 의견이다. 사람들은 그것에 대해 어떻게 생각해야 하는가? 그것은 우리가 자신에게 제기할 수 있는 질문에 대한 답변이다. 하나의 신과 하나의 세계. 세계는 신과 어떤 관계에 있는가? 문제의 또 다른 답들이 있다. 다양한 의견을 대표하는 사람들로 하여금 서로 토론하게 하자. 역사에서 사유가 도달했던 결과들은 변증법에 의해 지배를 받을 수 있으며, 각자가 이해할 수 있는 그리고 각자에게 주어진 문제라는 관점에서 그것들을 검토할 때 변증법적 질서에 종속될 수 있다. 철학적 체계들은 더 이상 불가해한 것이 아니라 모든 사람이 자신에게 제기하는 문제들에 주어지는 답변이다. 단지 중요한 것은 모든 사람이 그 문제들을 명백하게 제기하는 것이다. 그때 철학적 이론들은 저절로 논리적 연관성을 갖게 될 것이고 사람들은 스스로 그 이론들에 관해 입장을 취하게 될 것이다.

볼테르가 낙관주의에 가한 비판을 예로 들어 보자. 악은 어디에서 생겨나 이 세상으로 오는가? 이것이 주어진 문제이다. 볼테르는 사람들에게 삶의 온갖 불행을 보여 주는 것부터 시작한다. 질병, 죽음, 전쟁, 학살된 수많은 사람. 이것들은 부조리한 교리라는 이름으로 혹은 두 명의 여왕이 서로 합의를 할 수 없어서 생겨난다. 우리는 "이 모든 것은 어디에서 생겨나는가? 이러한 불행은 어디에서 생겨나 이 세상으로 오는가?"라고 물을 것이다. 무신론자, 마니교도, 이교도, 유대인, 터키인, 이신론자는 제각기 우리에게 답을 줄 것이다.

그러고 나서 라이프니츠[53]의 제자 한 사람이 올 것인데, 그는 이 세상에서 악을 말소하기를 원할 것이다. 그는 "모든 것이 좋다"라고 말할 것이다. 그러면 사람들은 그에게 그것이 무엇을 의미하는지 물을 것이다. 그것은 모든 것이 기계적 법칙에 따라 배열되었고 질서를 부여받았다는 것을 의미하는가? 그것은 이해된다. 그것은 각자가 행복하고 각자가 살기 위해 필요한 것을 가지고 있으며 아무도 고통받지 않는다는 것을 의미하는가? 모든 사람은 그것이 거짓이라는 것을 안다. 그것은 이 세상을 지배하는 불행이 신이 보기에는 좋고 신은 그것을 즐기고 있다는 것을 의미하는가? 아무도 그런 끔찍한 것을 믿지 않을 것이다. 그렇다면 그것은 도대체 무엇을 의미하는가? 가능한 한 세계들 중 최선의 세계에서 모든 것이 최선이다. 얼마나 웃기는 이론인가! 호사를 누리면서 친구들에 둘러싸여 만찬을 드는 루쿨루스[54]가 이런 말을 한다면 그것은 이해가 된다. 그러나 가난한 사람들과 불행한 사람들을 보기 위해서는 창문을 통해 시선을 한 번만 던져도 충분하다. 그때 어쩌면 포프[55]의 제자 한 사람이 우리에게 와

---

53 〈역주〉 Gottfried Wilhelm Leibniz(1646~1716): 독일의 철학자이자 수학자며 자연과학자로 법학·역사·신학·언어학 등 여러 방면에서 뛰어난 업적을 남겼다. 그는 특히 뉴턴과 같은 시기에 미적분을 발견했다. 또한 그는 『변신론(辯神論)』에서 모든 가능한 세계 중에서 신은 가장 악이 없는 최선의 세계를 창조했다는 낙관주의를 주장했는데, 볼테르는 『캉디드』에서 이를 조롱했다.

54 〈역주〉 Lucius Licinius Lucullus(B.C. 118?~B.C. 56): 로마 공화정의 군인이자 정치가로 사치스러운 생활을 즐긴 것으로 유명하다.

55 〈역주〉 Alexander Pope(1688~1744): 영국 신고전주의 시대 시인이며 풍자가로 『비평론』, 『우인열전』, 『인간론』 등의 작품을 남겼다. 그는 라이프니츠처럼 고통이 존재하는 것에 대해 신은 우주를 모든 가능한 존재로 채워

서 공공의 행복은 바로 개별적인 고통들로 만들어진다고 말할지도 모른다. 이러한 행복이 땀방울, 온갖 불행, 온갖 범죄, 죽음, 저주로 만들어진다면, 그것은 얼마나 웃기는 행복인가! 아니면 섀프츠베리의 제자 한 사람이 당신에게 이렇게 말할 것이다. 그렇지만 당신은 신이 인간과 같이 미소한 존재를 위해 자신의 영원한 법을 어지럽히리라 기대하지는 않겠지요? 그러나 사람들은 적어도, 이렇게 미소한 존재도 비록 소리를 죽인 신음소리일망정 신음소리를 낼 권리가 있으며, 이렇게 신음하면서 왜 영원한 법이 각 개인의 행복을 위해 만들어지지 않았는지 이해하려고 시도할 권리가 있다고 인정하게 될 것이다.

그때 각자는 말할 것이다. 철학자들이 거기서 말하는 것은 사실이 아니다. 여기서 관건이 되는 것은 내 자신의 문제이며, 내 문제는 그들의 문제보다 못하지 않다. 그리고 바로 이러한 이유로 나는 내 자신의 경험에 출발해서 그리고 내 자신에 대한 성찰에 의거해서 그들이 "모든 것이 좋다"라고 말하는 것은 틀리다는 사실을 안다. 게다가 그들 자신은 행복했는가? 예를 들면 섀프츠베리나 포프 같은 사람들? 그들 자신의 삶은 그들의 주장을 반증하고 있다. 나는 그런 종류의 사람, 그 낙관주의적 철학자들 중 한 사람을 따르는 제자의 삶을 상상한다. 캉디드[56]의 이야기가 그것이다. 그는 자신이 살던 성에서 쫓겨나, 불가리아 징집담당관의 수중에 떨어져 도망치려고 하다가 매를 맞기도 하고, 돈 한 푼 없이 암스테르담에 도착해 구걸하고

놓았고 우리가 때때로 인지하는 어떤 불완전함은 전체의 선(善)을 위해 어느 정도 필요하다고 주장했다.

56 〈역주〉 볼테르의 철학적 소설 『캉디드』의 동명의 주인공. 프랑스어로 'candide'는 '순진한 사람', '순박한 사람'이라는 뜻이다.

감방에 보낸다는 위협을 받기도 하고, 배에 숨어들었는데 그 배는 침몰하고, 난파 사고에서 살아남아 리스본에 도착한다. 그런데 리스본에 지진이 발생한다. 도처에는 아주 끔찍한 불행만이 가득하다. 그는 종교재판소에 이단자로 소환된다. 그는 도망치는 데 성공하여 부(富)를 얻지만, 가는 곳마다 도둑을 당한다. 마침내 그는 콘스탄티노플에 떨어져 터키에서 벌어지는 모든 불행과 무질서의 와중에서 삶을 이어 간다. 그리고 자신에게 어떤 일이 일어날 때마다, 그는 계속 이렇게 말한다. "모든 것은 충분한 이유가 있다. 어떤 사람들의 불행은 모두의 행복에 도움이 된다. 가능한 세계들 중 최선의 세계에서 모든 것이 최선이다." 그리고 독자는 이렇게 중얼거린다. "이런 터무니없는 것들을 주장할 수 있는 사람들은 사기꾼들이 아닐 수 없다! 인간은 불행한 존재이다. 몇 시간의 휴식, 몇 분의 만족, 그리고 나머지는 고통들의 긴 연속, 이러한 것이 인간의 짧은 삶이다."

『캉디드』는 볼테르에게서 비판적인 성찰이 어떻게 진행되는지 그 방식의 예를 우리에게 보여 준다. 동시에 그것은 우리에게 어떻게 각각의 인간이 자기 자신의 성찰과 자기 삶의 경험을 통해 어떤 이론이 포함하고 있는 진실을 이해할 수 있는지를 보여 준다. 우리는 철학적 이론을 앞에 두자마자 거기서 다루어지는 문제를 이해하려고 노력해야 한다. 그것은 인간의 문제, 인간들이 자신에게 제기하는 문제여야 한다. 아니면 이론은 아무런 가치가 없을 것이다. 그리고 그것이 사람들이 자신에게 제기할 수 있는 문제인 이상, 그 문제는 우리의 것이며 우리의 삶과 관련 있다. 우리는 그때 철학자들을 바로 우리가 살고 있는 그런 삶과 대면시킬 수 있으며 그들이 우리에게 어떤 대답을 할지 알 수 있을 것이다. 구체적이고 분명하게 이론을 반증하는 삶의 개별적인 사실들을 파악하는 것이 관건이 될 것이며, 설득력 있는 사례들을 상상하고 논거 전체를 점차적으로 이끌어 나가 그 정점에 이르도록 해야 할 것이다. 철학자들은 고통에 대해 말한다. 그리고 '고통'이라는 추상적인 개념에 그들은 사람들이 당했던 그리고 당하고 있는 모든 불행을 집어넣는다. 그때 그들이 모든 것이 최선이라고 말한다면, 우리는 그들에게 그들이 잘못했다고 느낄 때까지 우리 모두가 겪고 있는 불행들을 이야기할 것이다. 그리고 그들 자신도 인간이고 다른 사람들처럼 고통을 느끼기 때문에, 우리는 그들이 삶의 모든 불행을 거치고 있다고 생각할 것이다. 그런데 그들이 이 모든 과정을 거친 후에도 불구하고 모든 것이 최선이라고 계속 말한다면 우리는 그때 거기에 있는 우스꽝스러움을 전부 이해하게 될 것이다. 구체적인 사실들이나 여기저기서 나타나는 부인할 수 없는 사례들과 사람들이 생각하는 것과의 모순에서 생겨나는 것이 바로 우스꽝스러움이다. 그 우스꽝스러움은 삶의 불행 앞에서 가능한 세계들 중 최선의 세계에 대해 말할 때 그 말이 갖는 아이러니이며, 인생에 대한 일반적인 모든 주장을 삶 자체에 대립시킬 때 그 주장들이 갖는 공허함이다. 그리고 모든 이론에는 인간적인 어떤 것이 있으며, 철학자들이 삶과 세계에 대해 자신에게 제기하는 문제들 또한 우리의 문제들이고, 또 우리들 각자는 자신과의 관계에서 영혼이 무엇인지, 삶이 무엇인지, 죽음이 무엇인지를 간절히 알고 싶어 하기 때문에, 간단히 말하면 우리는 생각하는 존재이기 때문에, 우리는 철학자들이 우리의 질문들에 대답했는지 그렇지 않은지 스스로 판단할 수 있다. 여기서 문제가 되는 것은 각자가 자신의 삶에 근거를 두고 이성을 사용하면서 변증법적 방법을 따를 때 다른 사람들이 말하거나 말했던 것에 대해 획득하는 비판의 자유이다. 그러므로 우리는 각자 자신 안에 어떤 문제에 대해 성찰하고 문제를 제기하고 판단을 내리는 능력을 가지고 있다. 우리는 "책들을 사람들처럼 대해야 한다. 즉 가장 합리적인 것들을 선택하고 그것들을 검토하고 오직 명백한 사실만을 인정해야 한다."[57] 이를 위해서는 스스로의 힘으로 생각하는 용기를 갖는 것으로 충분하다. 그러면 우리에게는 모든 다른 사람들 또한 자기 몫으로 가지고 있는 것, 즉 삶과 사유가 주어질 것이다. 각각의 인간은 모순적인 의견들이 넘치는 가운데서도 길을 잃지 않게 될 것이다. 우리는 자신이 직접 생각해 보지 않았다면 더 이상 어떠한 것도 믿고 받아들여서는 안 된다. 사람들이 우리에게 가르쳐 주는 것에 맞서 우리가 갖는 판단의 자유를 온전히 간직해야 하며 편견을 갖지 말아야 한다. 한마디로 우리는 계몽된 인간이어야 한다.

근본 원리들에 대한 무지

바로 이렇게 해서 볼테르는 프랑스 대혁명 시대 사람들의 비판적 태도를 준비한다. 라보 생 테티엔[58]은 볼테르에 대해 그는 우리 모두에게 생각하는 법을 가르쳤다고 말한다. 사람들은 더 이상 속기를 원치 않는다. 전통으로부터 우리에게 내려온 모든 것은 검토되어야 한다. 자신의 눈을 사용해서 보고, 스스로 생각해야 한다. 예를 들면 당신들은 몇 세기 전부터 제3신분에 대해 들어왔다. 제3신분을 상상해 보라. 그들은 밭의 농부들과 작업장의 장인들과 책을 끼고 있는 학자들, 일하지 않는 20만 명의 성직자와 귀족 옆에서 일하고 있는

---

57 볼테르, 『40에퀴를 가진 인간 *L'Homme aux quarante écus*』, 9.

58 〈역주〉 Jean-Paul Rabaut-Saint-Étienne(1743~1793): 프랑스 개신교의 지도자이자 프랑스 대혁명 동안 온건파로 활동했다.

2,000만 명의 사람이다. 그때 사람들은 어떻게 계속해서 국민은 세 가지 신분으로 구성된다고 말할 수 있을까? 벌써 오직 제3신분만이 국민 전부였다. 귀족들이 무엇인지 깊이 생각해 보아야 한다. 그들은 당신들과 다르게 세상에 나왔는가? 당신들의 신부님들은 모든 사람이 형제라고 가르치면서도 동시에 당신들에게 서로 다른 신분에 대해 말한다. 당신들 자신은 사람들이 당신들을 속이고 있다는 것을 보지 못하는가? 몽테스키외가 프랑스 대혁명기의 정치가들에게 시민의 자유를 확보하기 위해서 어떤 법적 조치들을 취해야 하는지 가르친 것과 같이, 볼테르는 1789년의 프랑스인들에게 전통에 대해 비판적 태도를 취하고 변증법이라는 파괴적인 무기를 사용하는 법을 가르친다. 그는 그들에게 추상적으로 주어진 것을 구체적으로 만들기 위해 어떻게 행동해야 하는지를 보여 주고, 자기 주변을 바라보고 사물들에 대해 자신에게 묻는 것으로 충분하다고 설명한다. 진정 그러한가? 사람들은 우리에게 귀족들과 성직자들에 대해 말한다. 우리들 각자는 그들을 좀 알고 있었다. 그러나 그들은 어떤 종류의 인간들인가? 볼테르는 사람들에게 모순을 발견하는 법을 가르친다. 당신들의 교리문답은 뭐라고 말하며, 삶에서는 실제로 무슨 일들이 일어나는가?

그것은 각자의 사유가 갖는 자율성을 불러일으키는 호소이다. 그러므로 당신의 추론을 믿고, 애매하고 일반적인 주장을 언제나 구체적이고 한정적인 것으로 대체해야 한다. 변증법적 분석의 즐거움, 그리고 추론을 그 최종적인 결과에 이르기까지 계속하는 탐구의 즐거움에 빠져야 한다. 지금 모든 것이 얼마나 확실해지는가! 그 광신자들은 그들이 믿는 지혜의 규범으로 인해 얼마나 웃음거리가 되는가! 우리에게는 그들이 가르치는 것들의 불합리성을 고스란히 입증하는 것이 얼마나 쉬운가! 또 그들이 우리에게 대답하기 거북해서 무조건 항복하는 것을 보라. 그들은 그들의 가르침으로 우리를 지배하고 우리에게 그들의 편견을 깊이 주입하여 더 많은 지배력을 갖고자 했다. 그러나 우리는 계몽주의 시대에 살고 있으며, 이성이 지배하는 시기가 왔다. 그들이 쌓아 놓은 부조리하고 거짓된 잡동사니들은 명석하고 이성에 일치하는 법의 원칙들에 따라 건설된 조화로운 전체에 의해 대체될 것이다. 볼테르에게서는 부정적이었던 비판이 건설적이될 시기가 온 것이다.

물론 볼테르는 각각의 개인이 다른 사람들이 생각했던 것을 더 나은 어떤 것으로 대체할 수 있다고 상정하지 않는다. 각자는 사람들이 신에 대해 품는 어떤 생각은 불합리하다고 얼마든지 말할 수 있다. 그러나 그는 신이 무엇인지는 말할 수 없다. 철학자의 의미가 세상이 무엇인지를 이해할 수 있는 사람이라고 할 때, 각자가 철학자가 될 수 있는 것은 아니다. 그것은 사람들이 결코 동의할 수 없는 문제이다. 그러나 각자는 편견이 없는 계몽된 인간일 수 있다. 그것이야 말로 아무도 반박할 수 없을 것이다. 이러한 비판 능력은 인간 이성의 기본적이고 특징적인 요소이며, 우리들 각자는 그것을 천부적으로 갖고 있다. 볼테르와 벨의 관점이 갖는 공통점은 명백하다. 벨에게도 역시 인간 이성의 고유한 능력은 비판, 파괴적 비판이다. 그러나 벨에게서 이성은 스스로에게 반기를 들고 자기 자신의 나약함을 인정하면서 인간을 부추겨 신앙을 향해 가도록 한다. 반대로 볼테르의 경우 인간들의 사고방식에서 이성에 이질적인 것, 사리에 맞지 않는 것들에 대항하는 것은 바로 이성이다. 물론 이성은 그 한계가 있지만, 스스로를 폐기하지 않는다. 비판 능력은 인간에게서 긍정적인 어떤 것이다. 편견에서 자유로운 것, 모든 사람에게서 이성이 절대적인 권위를 갖는다는 사실을 아는 것은 즐거움이다. 이러한 부정, 분명하지 않은 것을 받아들이기를 거부하는 것이야말로, 사람들이 갖는 확신적인 생각들 사이에서 있을 수 있는 모든 차이에도 불구하고, 모든 사람에게 공통적인 것이다. 당신들이 유신론자이든 이신론자이든 무신론자이든, 당신들은 미신에 대한 투쟁에서 어깨를 나란히 하고 전진할 수 있다.

브라흐마[59]와 조로아스터로부터 오늘날에 이르기까지 각각의 철학자는 자신의 체계를 구성했다. 그것은 혼란스러운 사유들로 그 안에서 사람들은 갈피를 잡지 못하고 있다! 이 세상의 몇몇 현자는 항상 이러한 사상누각을 파괴하는 데 성공했지만, 결코 실제로 거주할 수 있는 누각을 지은 적은 없었다. 이성을 통해 우리는 존재하지 않는 것이 무엇인지는 알 수 있지만 존재하는 것은 무엇인지 알 수 없다. 하기야 존재하지 않는 것이 무엇인지를 확실히 아는 것으로 충분하다. 무엇이 존재하는지 아는 것은 필요하지 않다. 볼테르는 뒤 데팡 후작부인에게 "나는 위대한 파괴자입니다"[60]라고 쓴다. 그는 달랑베르에게 "나의 철학자들은 사물들의 본성에 대해 고정된 원칙을 전혀 가지고 있지 않으며, 존재하는 것이 무엇인지는 전혀 모르지만 존재하지 않는 것은 무엇인지 대단히 잘 알고 있는 신사들입니다"[61]라고 쓴다.

그러므로 볼테르는 한편으로는 부정할 때 확실한 자신과 파괴의 열정을 보이고 있으며, 다른 한편으로는 단언에 대해서는 상당한 정

---

59 〈역주〉 힌두교 신화에 나오는 창조의 신으로 비슈누, 시바와 함께 힌두교의 주요 신이다.
60 「볼테르가 뒤 데팡 후작부인에게 보내는 편지」, 1770년 6월 1일.
61 「볼테르가 달랑베르에게 보내는 편지」, 1765년 4월 5일.

도의 회의적 아이러니를 보인다. 명확한 자료로서 무엇을 받아들이고 무엇을 거부해야 하는가? 관용적이 되고 인간 정신의 한계를 인정할 줄 알자. 우리는 도처에서 한계에 부딪친다. 우리는 왜 여기에 있는가? 왜 피조물들이 존재하는가? 사유란 무엇인가? 그리고 사유는 어디에 존재하는가? 생각들은 우리의 머리를 무질서하게 지나간다. 생각들을 만들어 낸 것은 내가 아니다. 나는 그것에 대해 확신한다. 그렇다면 내 안에서 누가 생각들을 만들어 냈는가? 그것들은 어디에서 오고 어디로 가는가? 덧없는 환영들이여, 너희들을 만들어 내고 다음에 사라지게 하는 보이지 않는 손은 어떤 것이냐? "우리는 순전히 기계입니다"라고 그는 뒤 데팡 후작부인에게 쓴다. "감정, 열정, 취향, 재능, 생각하고 말하고 걷는 방식, 이 모든 것이 우리에게 어떻게 오는지를 나는 모릅니다. 모든 것은 우리가 꿈속에서 갖는 생각들과 같습니다. 그 생각들은 우리가 개입하지 않은 상태에서 우리에게 옵니다."[62] 내가 말하는 시대는 어떤 시대인가? 나는 그것을 규정할 수 없다. 악은 어디에서 생겨나 이 세상으로 오는가? 왜 악은 존재하는가? 이러한 질문들이 일깨우는 복잡하게 뒤얽힌 생각들의 혼란을 어떻게 풀어 나갈 것인가?

우리에게 어떤 것을 진정으로 가르쳤던 두 명의 사상가가 있는데, 뉴턴과 로크이다. 중력이 무엇인지 스스로에게 묻지 않고 그것을 계산할 때의 뉴턴과, 인간 정신의 기능과 그 한계를 보여 주는 것으로 만족하고 무엇이 문제가 되는지 가정하는 것을 거부할 때의 로크가 그러했다. 뉴턴이 보는 바와 같이 법칙을 따르는 우주의 천문학적 이미지는 물질과 운동이 무엇인지 말할 수 없는 상태에서 볼테르에

---

62 「볼테르가 뒤 데팡 후작부인에게 보내는 편지」, 1764년 3월 21일.

게 유일한 기본 전제이다. 수많은 태양과 수많은 세계가 하늘을 밝히고 있다. 목성과 토성은 무한한 우주 공간에서 선회하며, 이 우주의 일부에만 인간의 시선이 접근할 수 있다. 우리는 우주 공간에서 별들이 차지하는 위치와 그 별들과 지구의 거리를 계산할 수 있다. 토성에 거주하는 존재가 우리 지구에 올 수 있다면, 그는 그가 사는 행성과 우리의 행성 사이를 갈라놓는 거리를 우리가 얼마나 정확하게 측정할 수 있었는지를 알고 놀랄 것이다. 동시에 영혼과 물질의 본성에 대한 우리의 형이상학적인 이론들 모두를 비웃을 것이다. 별들로 가득 찬 저 거대한 우주의 행성들 중 하나에 사는 인간, 무한한 기계장치의 톱니바퀴 하나에 불과한 인간이 자신이 사는 개미집에서 하루살이처럼 짧은 인생을 사는 동안 다른 사람들과 다툰다. 반면 우주는 영원하고 불변하는 법칙들에 따라 언제까지나 자신의 운행을 계속하는데, 우리가 지구라고 부르는 미세한 원자 역시 이 법칙들에 따른다. 거의 한정 없이 커다란 자만심을 가지고 모든 것을 알려고 날뛰는 저 무한히 미소한 존재들, 저 인간들이 우습지 않은가? 기껏해야 그들이 인정할 수 있는 것은 이 모든 것 안에 자신들의 이성을 무한히 능가하는 이성이 존재하는 것이 틀림없다는 사실이다. 사실 우리 자신이 그렇게나 보잘것없는 이성을 가지고 있으면서도, 어떤 위대한 지성이 세상의 운명을 주재한다는 사실을 인정하지 않는다면 그것은 터무니없는 일일 것이다. 자연에서 모든 것은 예술의 산물이며, 산과 바다, 벌레와 지푸라기의 구조, 이 모든 것이 다 걸작들이다! 자연은 정말이지 거의 알려지지 않은 예술이다. 거기서 모든 것은 예술이다. 그것은 자연이라 불리지만, 그것은 정말이지 예술이다. 세상에는 위대한 예술가가 있음이 틀림없는데, 그 예술가는 스스로를 이해하고 우리에게 자신의 예술 작품을 보게 하며 미리 계획한 목적에 따라 창조하는 위대한 존재이다. 인간 자신은 이 위대한 목적론적 전체에서 자신을 둘러싼 몇몇 원자만을 볼 수 있으며, 그 원자들 하나에 거주하여 잠깐만 살다 갈 뿐이다. 그 위대한 전체의 미세한 일부분에 불과한 그가 어떻게 그 전체를 이해할 수 있을 것인가? 만약 신이 모든 철학자를 자기 주변에 모아들인다면, 그들은 그의 예술을 짐작한 적이 없었음을 분명히 알게 될 것이다. 이 세계들을 만든 그 모든 사람은 우리에게서 무엇을 원하는가? 예를 들면 데카르트 같은 사람? 우주의 운행은 우리의 생각과 독립되어 있다. 우리는 우리의 삶에 필요한 모든 것, 이성과 본능과 움직이고 생식하는 능력을 얻었지만, 신은 우리에게 이 모든 것의 원리가 무엇인지 결코 가르쳐 주지 않았다. 그렇지만 우리에게는 우리에게 감추어져 있는 어떠한 본질적 진리도 있을 수 없다. 그것을 인정한다는 것은 터무니없고, 신과 인류를 모독하는 일일 것이다. 인간의 불행과 행복은 10명의 사람 중 9명은 이해할 수 없는 어떤 논거들에 달려 있을 수 없다. 지성은 사람들이 사물들의 본질을 파악하도록 주어진 것이 아니라 그들이 착하게 행동할 수 있게 하도록 주어진 것이다. 우리에게 남은 해야 할 일 전부는 지나치게 많은 문제를 제기하지 않고 세계를 움직이게 하는 자연의 법칙들에 순응하고 우리의 삶에서 일하고 작업하는 것이다. 우리의 정원을 가꾸자.[63] 나머지 모든 것은 크게 중요하지 않다.

그러므로 볼테르에게서 한편으로는 비판에서 절대권을 갖는 자의식이 있고 또 한편으로는 인간이 우주에 대해 얻을 수 있는 지식들에

---

[63] 〈역주〉 볼테르는 『캉디드』의 결말에서 "우리의 정원을 가꾸어야 한다"라는 유명한 말을 남긴다. 인간은 노동과 근면함을 통해 인간의 3대 악인 지루함과 악덕과 빈곤을 해결할 수 있으며, 세계를 개선할 수 있다.

관해 체념적인 태도가 있다. 우리는 우리가 이해할 수 없는 거대하고 측정할 수 없는 전체 안에 휘말려 들어와 있기 때문에, 살고 노동하는 것으로 만족하자. 그렇지만 이해 불가능하고 영원히 이해될 수 없는 이 위대한 전체는 파스칼의 경우가 그러했듯이 인간을 공포에 몰아넣지 않는다. 그것은 우리가 그 일부가 되는 위대한 예술 작품이다. 우리는 정말이지 그것을 이해할 수 없을 것이다. 그러나 우리는 존재하고 살아 있으며, 우리에게는 그것으로 충분하다. 우리에게 남은 것이라고는 오직 행동하는 것이다. 끊임없이 자신의 한계를 넘어서도록 부추기는 도에 넘는 교만함을 가지고 있는 인간이란 얼마나 이상한 존재인가!

미소한 인간과 그의 오만한 사유 사이에 존재하는 대비는 끊임없이 볼테르의 아이러니를 유발한다. 사유의 영역에서 거인 역할을 맡고 싶어 하는 이 피그미족은 도대체 무엇을 가지고 있는가? 이 세상 삶의 모든 불행에 노출되어 있고, 연약하고 무력한 상태로 이 세상에 태어나고, 삶의 4분의 1을 어린 상태에서 아무것도 알지 못하고 나이가 들면서 노쇠해지는 것이 바로 인간의 운명이다. 사실 우리 자신의 안위에 관계되는 것이 다른 무엇보다도 우리의 관심사이면서도, 우리는 끊임없이 우리의 위대한 생각들을 과시한다. 한편에는 인간적인 조건에서 생겨나는 불행이 있고, 또 다른 한편에는 위대한 생각들, 변함없는 법칙에 따라 움직이는 별이 총총한 하늘, 인간이 자신의 불안정하고 가련한 삶이 지속되는 짧은 순간 동안 그 비밀을 파악하려고 시도하는 영원성이 있다. 그리고 우리 모두는 나약하고 오류를 범하기 쉽고 파란만장한 운명에 노출되어 있기 때문에, 우리가 저지르는 어리석음을 서로 용서해야 하고 관용을 베풀어야 한다. 그것이 자연의 제1법칙이다. 어떤 사람이 모든 것을 알고 있다고 주장하면서 다른 사람들로 하여금 그 자신도 알 수 없는 것을 믿게끔 강요하고 싶어 하는 것, 사람들이 서로 전쟁을 하지 않고 자신들에게 주어진 짧은 삶을 함께 보낼 수 없다는 것, 그들이 그들 중 아무도 모르고 알 필요도 없는 것을 위해 서로 학살하는 것, 바로 그러한 것들이 끔찍한 것이다. 그 모든 가련한 신학적 논쟁들은 인간들에게 자신의 비밀을 털어놓는 것을 원치 않았던 신과 세계에 대한 인간들의 자만심과 오만에 불과하다. 이것을 이해하는 사람들, 자기 자신에 대해 성찰하고 인간 정신의 한계에 체념하여 그것을 받아들일 줄 아는 사람들은 자신들이 모르는 것을 안다고 주장하는 사기꾼들이 계속 그들을 지배하는 것을 참지 말아야 할 것이다. 종파들의 교조적이고 권위적인 정신과 교회의 전횡에 맞서 싸움을 벌이는 것은 그들의 책임이다.

그러므로 한편에는 불합리한 것을 발견하기 위한 변증법과 비이성의 지배에 반대하는 저항이 있고, 또 다른 한편에는 세계의 비밀들을 모르는 것에 체념하고 그 결과 비관용에 반대하여 싸워야 한다는 내면적 확신이 있다. 우리의 비판력을 사용한다면 우리는 교리들을 하나하나 들여다볼 때 그것들이 어느 정도까지 불합리하고 신학적 논거들이 어느 정도까지 모순적인 것인지를 분명히 알게 될 수밖에 없다. 게다가 우리는 인간 정신의 한계와 우주에 비할 때 우리가 얼마나 보잘것없는지를 이해하고 있기 때문에 세상이 돌아가는 방식에 대한 교조적 주장들이 얼마나 터무니없는지를 알고 있다. 교조적 태도가 신중하고 온건하게 생각하도록 훈련된 비판 정신에 대해 불러일으키는 것은 증오이다. 예전의 교리를 새로운 교리로 대체하는 것이 아니라, 교조적이고 미리 결정된 관점을 실험과 비판적 태도에 근거한 과학적인 규칙으로 대체하는 것이 중요하다. 교조적인 종파들이 견지하는 엄격하고 권위적인 관점은 그 정신이 유연하고 모든 속박에서 자유로워 풍자적인 성향을 갖고 무엇보다도 부정적 비판을 잘하는 계몽된 사람들의 적대감만을 불러일으킬 뿐이다. 이 모든 종파들은 우리로부터 무엇을 원하는가? 기하학과 대수학 그리고 수학에 종파들이 있는가?

철학자들은 그들 마음대로 우주에 대한 사변에 몰두해도 좋다! 그러나 그들이 관용을 준수하고 교조적 정신에 대한 투쟁에서 연대하도록 하라. 왜냐하면 그들의 적이자 그들 모두를 지배하고자 하는 것은 바로 그 교조적 정신이기 때문이다. 이러한 투쟁에서 그들은 절대적으로 서로를 지원해야 한다.

우리에게 위대한 『백과전서』를 통해 전투 수단을 부여해 주는 것은 무엇보다도 디드로와 달랑베르의 몫이다. 이러한 작업을 지원하기 위해 교양 있는 사람들과 철학자들은 질서정연한 대오를 이루어야 할 것이다. 또한 엘베시우스[64]가 있다. 그는 매우 부자이다. 그는 유용한 것들을 인쇄하기 위해 필요한 자본을 우리에게 대 주어야 할 것이다. 그는 자기 집에 철학자들을 한데 모으고 이성의 빛을 일대일로 직접 전파하는 데 기여하며, 자기 집에 계몽된 사람들의 법정을 설립할 수 있을 것이다. 그가 자신에게 주어진 시간을 마음대로 사용하고 교육을 받았고 부자인 이상, 광신에 반대하는 간명하고 설득력

---

64 〈역주〉 Claude-Adrien Helvétius(1715~1771): 프랑스의 계몽주의 철학자로 1758년 종교에 근거한 모든 도덕을 공격한 『정신론』을 써서 엄청난 비판을 받았다. 소르본 신학부는 이 책에 유죄 판결과 아울러 소각 명령을 내렸다. 이로 인해 철학자들은 심각한 위기를 맞았고 『백과전서』의 편찬도 한때 중단되었다. 1772년에는 『인간론』을 저술하여 교육을 통해 모든 인간 문제를 해결할 수 있다고 주장했다

있는 글을 왜 쓰지 않겠는가? 그러나 유감스럽게도 그는 형이상학에 너무 많은 관심을 두고 있는데, 형이상학에 대한 저술들을 읽는 것은 극소수의 사람뿐이며 극소수의 사람만이 그것들을 이해할 수 있다. 그 저술들은 항상 모순을 불러일으키고 적수들에게 무기를 넘긴다. 신학적 논쟁들을 우스꽝스럽고 경멸스럽게 만들고, 대법관과 장인을 동시에 계몽하고, 모든 사람이 이해할 수 있고 틀림없이 그 영향을 행사할 수 있는 소책자들과 명백하고 분명하고 단순한 사실들을 쓰는 것이 훨씬 더 확실하고 즐겁다. 또한 마르몽텔[65]이 있을 수 있는데, 그는 멋진 이야기를 쓸 수 있을 것이다. 그는 철학적 이야기를 써야 할 것인데, 그것은 몇몇 정신 나간 사람과 그들의 미친 짓들을 우스꽝스럽게 만들 것이다. 이 모든 일이 상당히 조심스럽게 진행된다. 볼테르가 다밀라빌에게 쓰고 있는 것처럼, "고대의 혼란을 어느 정도 해명하려고" 시도해야 하며, "고대의 역사에 대해 약간의 흥미를 불어넣고 약간의 즐거움을 불러일으키려 노력해야" 할 것이다. 그래서 "우리가 매사에 얼마나 속고 있는지를 보게 하고, 사람들이 예전이라고 믿는 것이 얼마나 최근의 것인지, 사람들이 우리에게 존경할 만한 것으로 제시했던 것이 얼마나 우스꽝스러운 것인지를 보여주며, 독자로 하여금 자신이 그 결과들을 도출하도록 노력해야"[66] 할

---

65 〈역주〉 Jean-François Marmontel(1723~1799): 시인이자 비극작가인 마르몽텔은 루이 15세에게 바친 시 덕분에 퐁파두르 부인의 눈에 들어 부아시Boissy가 죽은 다음 〈메르퀴르 드 프랑스〉의 편집장이 되었고, 1763년에는 아카데미 회원이 되었다. 등단할 때 볼테르의 격려를 받았던 그는 볼테르와 오랫동안 서신을 주고받았으며, 백과전서파 사람들에 대해 언급하고 있는 『회고록』을 저술했다.

66 「볼테르가 다밀라빌에게 보내는 편지」, 1764년 7월 13일.

것이다. 교회를 공격할 생각조차 하지 않는 사람들인 척하면서, 교회에 대해 교회도 모르게 선수를 치는 것이 중요하다. 그는 이렇게 쓴다. "고집스러운 사람들과 다투어서는 안 됩니다. 모순은 그들을 계몽하기보다는 언제나 그들을 화나게 합니다. (...) 논쟁이 사람을 설득한 적은 결코 없다. 그 사람들이 스스로 생각하게 만들고, 그들과 함께 의심하고, 마치 손을 잡고 이끄는 것처럼 그들을 인도하지만 그들이 그 사실을 모르게 이끌어야 합니다."[67]

그러나 이를 위해 무엇보다도 철학자들이 뜻을 모아야 하고 모든 개인적 고려와 그들의 머리에서 나온 세계에 대한 모든 다양한 견해들을 제쳐놓아야 한다. 한편에는 이성과 생각하는 사람들과 평화가, 또 다른 한편에는 광신과 생각하지 않는 사람들과 전쟁이 존재해야 한다. 철학자들의 의견이 일치될 수만 있다면, 이성은 승리할 것이다. 사람들은 "인간 정신의 역사에서 가장 아름다운 시기"[68]에 태어나는 것을 보게 될 것이다. 왜 철학자들이 형제이며 한 몸이 되었던 스토아학파와 에피쿠로스학파처럼 이성을 사용하지 못하겠는가?

이성에 대한 믿음과 자유의 이념

몽테스키외에게 법은 목적론적 이성의 창조물인데, 그것은 모든 사람에게 타당한 몇몇 규칙에서 기인하기는커녕 다양한 역사적 여건들에 항상 적응하고 그 안에서 사람들이 사는 집단적 형태들을 유지

---

67 「볼테르가 다르장스 드 디라크 후작에게 보내는 편지」, 1764년 3월 14일.
68 「볼테르가 다밀라빌에게 보내는 편지」, 1764년 5월 5일.

하는 수단들을 발견하려고 노력한다. 반면 볼테르의 사유에 내재적인 논리는 법이 그 평가에서 최고의 권한을 갖고 모든 편견에서 자유로운 절대적 이성의 산물일 것을 요구한다. 정신계의 역사가 보여 주는 혼란스러운 법들과 관례에서 어떤 의미를 발견하는 것이 중요한 것이 아니다. 비판적 이성은 그것들의 부조리함 모두를 보고 있다. 중요한 것은 계몽주의 시대의 원칙들에 따라 새로운 종류의 사회를 창조하는 것이다.

그러므로 볼테르의 경우, 한편으로는 그것이 전개되었던 그대로의 인류 역사에 대한 비관적이고 비판적이고 부정적인 이해 방식이 있다. 지금까지 일어났던, 적어도 기독교 교회의 설립 이후 지금까지 일어났던 모든 일은, 단지 부조리한 일들이 끝없이 그리고 지겹게 연속된 것에 불과하다. 그는 "세계는 부조리한 일들과 끔찍한 일들의 대혼란"[69]이라고 쓴다. 어디나 똑같은 판단의 부재와 광신과 미신들이 판을 친다. 그리고 집단적 삶의 세부로 들어가면, 거기서 고발할 수 있을 끔찍한 일들이 얼마나 많은가! 특권계급은 아무것도 생산하지 않으면서 풍요롭게 사는 반면, 굶어 죽는 농부들, 장남에게 모든 것을 물려주기 위해 다른 자식들에게는 상속권을 박탈하는 아버지가 있다. 도처에 최강자의 법이 지배하는데, 그것은 국민 대 국민만이 아니라 시민 대 시민의 차원에서도 마찬가지다. 수백 년 전부터 세상은 그렇게 굴러왔다. 문명의 초기에 사실 인류는 약간 진보했다. 그러나 기독교의 도래 이후 역사는 단지 오류와 편견의 끊임없는 연속에 불과하다. 바로 이러한 것이 볼테르가 역사를 바라보는 순전히 부정적인 태도의 결과이다. 집단적 조직들은 각자 특정한 목적을 추

---

[69] 「볼테르가 달랑베르에게 보내는 편지」, 1773년 6월 7일.

구하면서 그 조직들의 상대적 가치가 역사에서 서로 나란히 혹은 연속적으로 진행된다고 보는 몽테스키외와는 반대로, 볼테르는 모든 민족에게 타당한 절대적인 가치의 관점으로부터 전체적인 역사의 전개과정을 조망한다. 이성은 그것이 표현하는 명백한 가치들 덕분에 역사 전체를 이끌어 나갈 수 있다. 자신의 절대권을 발휘하면서 이성은 지금까지 존재했던 모든 것을 거부한다. 반면 몽테스키외는 인간들이 건립한 법체계에서 합리적인 의미를 발견하려고 애썼다. 그러나 지금까지 이성은 아직 생생한 현실에서 창조자로 개입한 적이 없다. 지금 있는 법은 단지 미신과 편견과 비이성의 산물에 불과하다.

우리는 볼테르가 보이는 이런 측면에서 17세기 말의 지성적 비관주의, 파스칼과 라브뤼예르와 라로슈푸코와 벨 같은 사람들의 비관주의, 세계의 부조리에 대한 감정을 다시 본다. 그러나 더 이상 이러한 부조리 앞에서 체념하는 것은 문제가 되지 않는다. 절대권을 갖는 비판적 이성을 통해 지금까지 존재했던 세계에는 어떤 의미도 없었다는 사실을 인정하지 않을 수 없게 될 때, 우리는 이와 동시에 이러한 대혼란에서 빠져나왔고 이러한 모든 부조리에 맞설 수 있으며 편견들로부터 자유롭다는 명석한 의식이 우리에게 주는 환희를 느낀다.

역사에 대한 이러한 비관적인 태도, 과거에 일어났고 여전히 일어나고 있는 일에 대한 이러한 부정적인 비판은 또한 프랑스 대혁명이 보이는 태도이자 비판이다. 그것은 인간들이 만든 제도들이 보이는 부조리와 모순들로부터 유발되는 비판이다. 한 나라에서는 유효하지만 다른 나라에는 유효하지 않은 법, 시민들 중 단 하나의 계급에만 적용되는 법, 일하는 사람들에게서는 빼앗아 가고 아무 일도 하지 않는 사람들에게는 퍼 주는 법, 어떤 아이가 사회에서 차지하게 되어 있는 지위를 결정하는 우연스러운 출생 등 인류의 역사는 거대한 부조리에 불과하다. 우리 뒤에는 그리고 우리 주변에는 어둠뿐이고 우리에게 해야만 하는 일을 가르쳐 줄 수 있는 것은 아무것도 없다. 바로 이러한 것이 프랑스 대혁명의 출발점이고 어떤 의미에서는 그 혁명이 자리 잡고 있는 관점의 토대 그 자체이다.

반면 볼테르의 또 다른 측면에는 이성의 지배가 도래하기를 바라는 희망이 존재한다. 볼테르는 철학자들이 가장 높은 자리를 차지했으면 생각하고, 이 모든 희망은 허용될 것이다! 지금까지 모든 일이 제대로 진행되지 않은 것은 사람들이 생각하기를 원치 않았고 자신들의 이성을 사용하려고도 하지 않았기 때문이다. 교회로 인해 미신이 세상을 지배한 이래로 역사적 비판은 도처에서 기록들과 인간들이 만든 법이 보여 주는 비이성을 발견한다. 역사가 입증하는 부조리는 인간들의 삶에 내재해 있는 것도 아니고 타고난 약점이나 이성의 무력함이 아니다. 그것은 단지 사람들의 오류 때문이며, 바로 그러한 이유로 오류들을 밝혀야 한다.

그러므로 한편에는 지금까지 전개되었던 바와 같은 인간의 발전 과정에 대한 비관적 이해 방식이 있고 또 다른 한편에는 인간의 이성에 대한 신뢰와 이성이 명하는 새로운 사물들의 질서를 만들 수 있다는 희망이 병존한다. 이후 이성은 열정을, 17세기가 이해한 바와 같은 위대한 열정을 새로운 시대를 향해 이끌어 나갈 것이다. 이성은 열정에게 인류의 행복을 위해 행동할 것을 목표로 제시할 것이다. 열정이 이성이 되고, 이성의 열정은 프랑스 대혁명기의 사람들, 예를 들면 미라보[70] 같은 사람을 사로잡게 될 것이다. 인간의 철학은 야만

---

70 〈역주〉 Honoré Gabriel Riqueti comte de Mirabeau(1749~1791): 프랑스 대혁명 때의 정치가로 입헌왕정, 의회주의를 주장했다.

적 미신을 압도하기 시작한다. 물론 사람들이 뉴턴의 발견을 공격했던 것처럼 철학은 사람들로부터 공격을 받겠지만, 어찌 되었든 철학은 조만간 세상을 지배하게 될 것이다.

대혁명은 법을 만드는 권리가 누구에게 속하는가를 알고 싶어 한다

과거에 존재했던 모든 것과 아직도 존재하는 모든 것을 부정한다는 점에서, 모든 것이 의미를 얻게 될 새로운 시대의 희망을 품는다는 점에서, 혁명은 볼테르와 뜻을 같이한다. 그러나 다른 측면들에서 혁명은 그를 넘어선다. 예를 들면 그는 누가 지배를 하고 누가 새로운 사회 질서 내에서 법을 만들 것인가를 자문한다. 그것은 몽테스키외가 제기했던 문제와 비슷한 것이다. 몽테스키외는 규칙들을 제대로 확립했고 조언들을 제시했지만, 누가 입법자가 되어야 하는가는 말하지 않았다. 그에게서 그것은 역사적 상황과 현행 정체의 형태들에 달려 있다. 볼테르에 대해 말하면, 입법에 개입하려고 노력해야 하는 사람은 편견이 없는 사람들, 계몽된 사람들, 철학자들이다. 그들은 국민들을 다스리기 위해 존재하는 사람들에게 자신들의 영향력을 발휘해야 한다. 게다가 그것은 유럽 전역에서 일어나는 현상이다. 프리드리히 대왕과 예카테리나 2세는 법을 시행할 때 계몽주의 시대의 원칙들만 따랐을 뿐이다. 그러나 무엇보다 철학자들은 대중의 여론을 지도해야 한다. 그것은 그들의 가장 중요한 의무인데, 바로 여론이야말로 결국 모든 사람, 나라 전체를 지배하는 것이기 때문이다. 최고 재판관은 계몽된 대중이다. 철학자들은 점차적으로 대중의 여론을 지배해 나가야 한다. 그들은 사람들을 스스로 사유하게끔 이끌려고 시도해야 하고, 그들의 의심을 공유하는 척해야 하고, 그들로 하여금 논증과 논증을 거쳐 자신들의 의견에 있을 수 있는 개인적이고 비합리적인 것을 거부하게끔 인도해야 한다. 이 지상에는 언제나 아주 소수의 철학자와 소수의 현명하고 계몽된 사람만이 있을 것이다. 그리고 그들은 사회에서 변치 않는 지적 엘리트층을 구성하게 될 것이다. 사람들이 인류에게 할 수 있는 가장 위대한 봉사는 교양 있는 사람들과 바보들을 분리하는 것이다. 사실 언제나 엄청나게 많은 바보들이 있을 것이다. 볼테르는 농부들과 인부들, 구두수선공들과 하녀들, 재단사들과 마구 제작자들이 계몽되는 것은 우리에게 거의 중요한 것이 아니라고 생각한다. 볼테르는 다밀라빌에게 다음과 쓰고 있다. "국민이 지도를 받는 것은 적절하지만 교육을 받는 것은 그렇지 않습니다. 그들은 그럴 자격이 없습니다. 4만 명의 현인, 그것이 거의 필요한 전부입니다."[71] 다밀라빌은 동의하지 않는다. 그는 국민이 교육을 받기를 원한다. 볼테르는 그에게 "나는 우리가 「국민」이라는 항목에서는 의견이 같지 않다고 생각하며, 또 당신은 자신이 교육을 받을 자격이 있다고 믿는다고 생각합니다"라고 답한다. "나에게 국민이라는 말은 먹고살기 위해 자신의 노동력밖에 없는 천민을 의미합니다. 나는 이러한 신분의 시민들이 교육을 받을 시간이나 능력이 있는지 의심스럽습니다. 그들은 철학자가 되기 전에 배가 고파 죽을 것입니다."[72] 그러나 문제가 되는 것은 단지 그가 "하층민"이라 부르는 사람들, "생활비를 버는 데 전념하는 바람에 자신들의 정신을 계몽하는 데는 전념하지 못하

---

71 「볼테르가 다밀라빌에게 보내는 편지」, 1766년 3월 19일.
72 「볼테르가 다밀라빌에게 보내는 편지」, 1766년 4월 1일.

는 사람들"[73]이다. "그들의 직업 자체로 인해 어쩔 수 없이 생각을 많이 하고 취미를 세련되게 도야하며 지식을 넓혀야만 하는 더욱 수준 높은 장인들"에 대해 말하면, "그들은 전 유럽에서 책을 읽기 시작합니다."[74] 그들은 자신들이 지성을 갖고 있음을 이해해야 하며 계몽되어야 한다. 주요 시민들이 계몽될 때, 하위계급에 속하는 사람들 역시 개선될 것이다. "빛은 점차 밑으로 내려와야 합니다. 하층민의 빛은 언제나 어렴풋할 것입니다. (...) 그들에게는 그들의 윗사람들이 보이는 예로 충분합니다."[75]

이러한 것이 프랑스 대혁명 초기까지에도 지배적인 관점이다. 많은 철학자는 모든 영역에서 그리고 전 유럽에서 대중의 여론을 계몽하려고 노력한다. 교양 있는 사람들이 공유하는 원칙들이 세상을 지배해야 하고 모든 곳에서 개혁과 새로운 법을 만들어 내야 한다. 그러나 프랑스 대혁명 중 그 문제는 다른 식으로 제기될 것이다. 관건은 입법권의 본성이 어떤 것인지 아는 것이다. 대중의 계몽된 여론이 국가의 입법을 결정해야 한다. 그러나 입법권으로 변환된 대중의 여론을 어떻게 이해할 수 있겠는가? 하위계급들이 배제될 선거권을 만들고, 국민을 '능동적 시민들'과 '수동적 시민들'로 분리할 생각을 할 수도 있다. 그것이 제헌의회(L'Assemblée constituante)가 했던 일이다. 그러나 곧 또 다른 문제가 제기된다.

가장 훌륭한 법을 내놓아야 하는 임무를 누구에게 맡겨야만 하는지를 묻는 데 만족하는 동안 대답하는 것은 쉬웠다. '계몽된 사람들

---

73 「볼테르가 다밀라빌에게 보내는 편지」, 1766년 4월 13일.
74 「볼테르가 랭게 씨에게 보내는 편지」, 1767년 3월 15일.
75 「볼테르가 다밀라빌에게 보내는 편지」, 1766년 4월 13일.

에게.' 그러나 지금 관건은 아주 다른 것이다. 사람들은 누가 '법'을 만들 '권리'가 있는지 알고 싶어 한다. 이제는 가장 좋은 법이 무엇인지를 결정하는 것이 문제가 아니라 법에 법적 근거를 부여하는 것이 문제이다. 혁명가들은 이 문제에 이렇게 대답할 것이다. 자신의 본성상 성년에 도달한 모든 사람은 다른 사람의 의지에 종속될 수 없기 때문에, 그들은 자신들이 직접 참여하지 않았던 혹은 자신의 대표자들을 통해 참여하지 않았던 법을 다른 사람들에 의해 강요받을 수 없다. 프랑스 대혁명은 법에 대한 권리의 문제를 제기함으로써 볼테르를 넘어선다. 사람들은 그를 본받아 국민 전체가 계몽되어야 하고, 각자는 가장 훌륭한 법이 만들어질 조건들에 대해 성찰할 수 있어야 하며, 사회 공익에 참여할 수 있어야 한다고 요구하게 될 수 있다. 그것은 무엇보다도 콩도르세,[76] 라보 생 테티엔, 지롱드파가 표명한 요구이다. 그러나 다른 한편으로 가능한 한 최선의 법을 만드는 데 가장 적합한 방법들은 어떤 것인지를 묻는 데 만족하는 사람들, 권리가 아니라 오직 이성만을 문의하는 사람들은 바로 권리의 혁명적인 개념과 반드시 모순될 수밖에 없다는 것이 분명하다.

볼테르 덕분에 누구나 자신의 지적 독립성을 의식하게 되었다. 그는 각자에게 그 자신 안에 그 자체로 가치 있는 능력, 그 자신의 생각과 이성을 가지고 있음을 가르쳐 주었다. 그러나 위대한 영주, 페르네의 원로였던 정신의 군주는 이러한 최상의 가치가 모든 사람에게 같은 것이라는 생각까지는 이르지 못한다. 항상 지성적인 인간들

---

76 〈역주〉 Condorcet(1743~1794): 프랑스 계몽주의 철학자로 프랑스 대혁명 때는 매우 활발한 정치 활동에 나섰으나 결국 혁명의 희생물이 되었다. 그의 『인간 정신의 진보에 대한 역사 개관』은 계몽주의 철학의 낙관적인 진보주의를 보여 주는 유명한 저작이다.

과 바보 같은 인간들이 있을 것이다. 스스로의 힘으로 생각하는 사람들, 철학자들은 언제나 오직 소수에 불과할 것이다. 그들 옆에는 계몽될 더욱 많은 수의 사람이 있고, 또 지도를 받아야만 하는 대다수의 사람이 있다. 지적 귀족들이야말로 가능한 한 자신의 지배력을 넓히기를 원하며 이러한 목적에 도달하기 위해 그 시대의 계몽을 전파하기를 원한다. 그 지적 귀족들은 모든 사람을 행복하게 만들기 위해 애쓰지만, 사람이 스스로의 힘으로 행복에 도달할 수 있다고 생각하지는 않는다. 그들은 자유를, 각자를 위해 스스로 생각할 자유와 자신이 생각한 것을 말할 자유를 요구한다. 그리고 이 점에서 그들은 자유의 이념을 준비하는데, 그것은 프랑스 대혁명에 의해 다시 재개될 것이다. 프랑스 대혁명의 또 다른 위대한 이념인 평등의 이념에 대해 말하면, 그것은 지적인 귀족들과는 관계가 없다. 평등의 개념을 이해하기 위해서는 인간에게서 공통적인 또 다른 가치를 찾아야 했다. 그리고 이러한 가치를 자신의 내면에서 발견하고 그것에 새로운 생명력을 불어넣을 사람은 바로 루소이다.

제5장
루소

사람들 사이에서의 이방인

　지성, 계몽주의 시대의 지적 능력은 상류사회에서 점점 더 높은 평가를 받았다. 그것은 사람들을 평가하는 데 척도 역할을 하는 가치였다. 루소는 당대의 사고방식 전체에 반대하고 자신의 내면에 침잠하여 다른 방식의 개념, 사람들 모두를 포함하는 다른 방식의 인간애에 도달한다.

　이러한 루소의 저항, 자신이 같이 살고 있는 사람들 사이에서 이방인이라는 감정을 이해하기 위해서는 그가 파리 사교계에서 겪었던 체험들을 알아야 한다. 파리의 사교계는 섬세한 정신을 계발하고 상상력의 비약을 사랑하는 사교계이다. 그리고 바로 대화의 주제들이 갖는 예측 불가능성에서 사람들은 정신이 취할 수 있는 모든 자유분방함에 자신을 맡겼다. 그것은 논증과 유사성과 이미지들의 발견 속에서 나타나는 변증법적 섬세함, 즉 볼테르에게 고유한 섬세함이거나, 자신에게 부여되는 모든 것에서 새로운 가능성과 새로운 관점을 발견하는 디드로의 광범위하고 풍부한 정신이다. 중요한 점은 적절하고 침착하게 반응하는 법을 결코 잃지 않는 것이었다. 사람들은 사유의 변덕스러운 성격, 그 사유를 선행했던 사유가 그것에 부여할 수 있었던 의미를 좋아했다. 또한 사람들로 하여금 적절한 시기에 어떤 것을 말하게 하는 재치, 그것이 다른 한편에서 이미 말해졌다는 바로 그 이유 때문에 이것 혹은 저것을 말해야만 한다는 사실을 이해하게끔 하는 재치를 좋아했다. 사람들은 아무것도 아닌 것을 어떤 전체 속에 위치시켜 그것에 색조를 부여하는 일에 능숙했고, 어떤 주장을 강조해야 하는지 혹은 가볍게 넘어가야 하는지를 감지했다. 간단히 말하면 대화 속에서 표명될 수 없는 사유의 억양이나 뉘앙스는 없었다. 즉흥적인 말투, 즉석에서 오가는 이러한 대담들 덕분에 섬세한 정신은 대화에서 가장 완성된 자신의 표현을 찾을 수 있었고, 자신의 풍부한 기지와 해석 가능성을 모두 마음껏 발휘할 수 있었다. 그리고 대화를 통해 마치 장난처럼 척척 모든 것을 표현하고 이해하는 자신의 능력 덕분에 부여받은 절대적 지배력과 우아함을 의식했다.

루소를 받아들였던 사교계의 분위기는 바로 이러했다. 40세의 루소는 아직 어떤 작품도 쓰지 못한 상태였다. 그는 몽상에 잠기는 것으로, 결코 자신의 감정과 몽상에 어떤 결정적인 형태를 부여하지 않은 채 자신을 내맡기는 것으로 만족했다. 그는 자신이 느낀 것에 맞는 모든 새로운 표현 형태와 가능성들을 파리에서 찾는다. 인상적인 지적 표현 방식들, 구체적이고 살아 있는 이미지들, 시대정신이 그의 사유에 부여했던 모든 풍부한 단계적인 뉘앙스들, 어떤 의미로는 그가 그 자신의 몽상을 집어넣어 형태를 부여할 수 있는 틀들, 바로 그것들이 그가 정신으로부터 제공받을 수 있는 것이었다. 그는 어떻게 그렇게 되었는지 모른 채, 말하자면 자신의 의도와 상관없이 작가가 된다. 그는 성공을 거둔다. 모든 곳에서 사람들의 환대를 받는다. 그렇지만 이 모든 것에도 불구하고 그는 파리에서 고향에 있는 것처럼 편안함을 느끼지 못한다. 그는 다른 나라 출신이다. 그는 공화국의 일원이고 자신의 공화국에 대해 말한다. 파리의 살롱에서 그는 '시민'으로 불린다. 파리에서 사람들을 서로 가르는 이 모든 사회적 차별들을 루소의 공화국에서는 알지 못한다. 그는 평등의 친구이며, 사회적 신분이라는 그 자의적 질서에 포함되고 싶어 하지 않는다. 그는 자신의 출신이 이방인인 것과 마찬가지로, 주변 사람들과 비교할 때 영혼의 가장 깊은 곳에서도 이방인이다. 자신의 내면에서 일어나는 것을 즉시 표현할 줄 알고 한눈에 상황을 명확히 파악하며 지적인 섬세함과 재치를 최상위에 두는 그런 사람들과 비교할 때, 루소는 스스로 말하듯 자신이 모든 것을 보고 이해하기 전에 '느낀다'는 사실을 깨닫는다. 어떤 감정이 자신을 사로잡을 때, 그는 곧 감동에 휩싸인다. 그런데 막상 이러한 감동을 표현하려고 할 때는 아주 평범하고 앞뒤가 전혀 맞지 않는 표현들만이 떠오른다. 그래서 그가 강렬히 느낀 것을 표현할 수 있는 적당한 말을 찾기 위해서는 우선 진정할 시간을 가져야만 한다. 충동적인 기질과 격렬한 감성의 소유자인 그에게 생각은 단지 천천히 어설프게 그리고 사후 약방문 격으로 온다. 감정은 마치 번개처럼 그를 사로잡고, 영혼을 가득 채우고 태워 버리며, 영혼을 밝히기는커녕 오히려 눈멀게 한다. 그는 책상 앞에 혼자 글을 쓰고 있을 때와 마찬가지로 사람들과 함께 있을 때도 이렇게 격렬한 감정과 이렇게 굼뜬 사유를 버리지 못한다. 그는 그렇게 만들어진 사람이다. 그에게 어떻게 임기응변의 재치를 가지라고 또 그의 감정과 생각을 전체 대화에 맞추어 집어넣으라고 요구할 수 있겠는가? 그는 살롱에서 자신이 말할 차례가 오기를 초조하게 기다리다가 막상 차례가 오면 그 기회를 놓친다. 그는 다른 사람들이 자기 앞에서 말하는 것에 대해 거의 아무것도 이해하지 못하면서도 그들이 하는 말을 따라가느라 노력을 하지만 소용이 없다. 사람들이 그에게 말하고자 했던 바를 모두 이해하는 것은 오로지 때가 지난 다음에서이다. 그리고 그가 했어야 할 답변들이 떠오르는 것도 역시 때가 지난 다음에서이다. 자신의 감정에 빠져 버린 사람이 자기 주변에서 일어나는 모든 일에 그리고 사람들이 말하는 모든 것에 끊임없이 주의를 기울이며 그것들에 자신의 대답이나 생각을 맞추기를 기대할 수는 없는 법이다. 그는 자신의 정신을 언제나 경계 상태에 두고 다른 사람들이 생각할 수 있는 모든 것에 항상 촉각을 곤두세우는 것은 불가능하다고 느낀다. 그리고 그가 말하기 시작하면, 엉뚱하고 부적절하게 대답한다. 혹은 이미 그 자체로 모호한 데다가 그것을 표현하는 서투른 방식 때문에 더욱 모호해지는 생각들을 무심코 뱉어 낸다. 사람들은 그가 칭찬하기를 기대했다. 그러나 그의 칭찬은 비난보다 더 나쁘다. 바로 이렇게 그는 자신의 뜻과는 무관하게 파리 사교계의 분위기를 익히지도 못하고 자신의 수줍음을 극복하지도 못한 상태에서 그곳에 굴러떨어졌다.

그에게는 침착함을 회복하기 위해 이러한 예절을 전부 경멸하는 방법밖에는 없었다. 그는 수줍음으로 인해 냉소적인 독설가가 되었다. 파리에서 사람들이 그에게 맡긴 배역이 그런 것이다. 파리에서 사람들은 참신하고 생소한 생각들을 표현하는 괴짜들과 상식을 뛰어넘는 말들을 내뱉을 수 있는 사람들을 만나고 싶어 했다. 시대정신은 새롭고 이상한 것을 찾고 있었다. 사람들은 먼 나라들을 좋아했는데, 예를 들면 중국에 열광했다. 사람들은 모든 것이 우리가 사는 곳과는 다를 나라들을 상상하는 것을 즐겼다. 사람들은 수수께끼처럼 풀고 비밀처럼 캐내야 할 필요가 있는 모든 것, 예를 들면 이해하거나 분석하기 어려운 정신 상태의 소유자들, 다른 사람들과 같지 않은 사람들, 혹은 복잡한 기질의 사람들에게 끌렸다. 새로운 소재들이 그만큼 많았고, 그것들에 대해 심리적 갈등이 요구하는 섬세한 이해와 미묘한 직관 전부가 문학적 인물묘사(portraits littéraires)에서 표현될 수 있었다. 어떤 신참자가 자리를 뜨자마자 사람들이 즐겨 하는 인물평처럼 말이다. 그런데 기발함 때문에 사람들이 사귀려고 하는 사람은 루소만이 아니었다. 예를 들면 디드로가 말하는 음울한 스코틀랜드 사람인 오프 신부[1]가 있는데, 그는 세계 구석구석에 자신의 우울함을 끌고 다닌 후 파리의 살롱들에서 중국의 의례를 열렬히 옹호했다. 혹은 러시아의 왕자 갈리친[2]과 불행한 사랑으로 유명한 독일 작가 그림, 혹은 익살스러운 재치로 유명한 이탈리아 신부 갈리아니[3]가 있다. 사람들이 사교계에서 제네바 사람 루소를 바라본 것은 바로 이러한 시각에서였다. 그는 다른 모든 사람보다 더 모순적으로 보였다. 모든 사회제도에 반발한 사람으로는 그가 유일하지 않았던가? 파리

---

1 〈역주〉 오프 신부Père Hoop는 존 호프John Hope의 별명이다. 디드로는 그를 특이하다고 생각하고 친구가 되었으며, 그로부터 영국적 기질과 지성을 알게 되었다.

2 〈역주〉 디미트리 알렉세예비치 갈라친Dimitri Alexeyevich Galitzine (1738~1803): 프랑스 주재 러시아 대사로 근무했으며, 문학가이자 디드로의 친구이며 후원자였다.

3 〈역주〉 Ferdinando Galiani(1728~1787): 이탈리아의 경제학자로 1759~1769년 프랑스 주재 나폴리 왕국 대사의 비서관으로 파리에 체류하면서 재기 발랄함을 발휘하여 살롱의 총아가 되었다. 디드로의 친구이기도 했다.

의 살롱들을 단골로 드나드는 사람들은 루소가 바로 자신들과 자신들의 존재에 대해 상식 밖의 말들을 퍼붓는 것을 듣고는 또 그가 자신의 존재 방식과 삶의 방식에서 그렇게 기이한 태도를 취하는 것을 보고는 아주 특별한 즐거움을 느꼈다. 그는 정말 유일무이한 존재였다. 데피네 부인은 우리에게 모든 것은 어떤 점에서 이미 알려져 있다고 말한 바 있다. 단지 문제는 이미 알려져 있는 것을 새로운 측면에서 혹은 다른 관점에서 제시할 수 있는 사람들을 찾는 일이다. 루소가 문명 전체, 지성 전체, 다른 사람들이 삶의 지주로 삼았던 가치 전체를 그들의 영혼을 타락시키는 악으로 이해했을 때, 그가 할 줄 알았던 바가 바로 그것이다.

또 바로 그런 맥락에서 루소는 데피네 부인의 집에 받아들여진 것이다. 그는 그녀의 소유지에 있는 전원주택에서 살고, 그녀의 집에 자유롭게 드나들 수 있는 그녀의 '곰들'[4] 중 한 사람이 되었다. 사람들은 그에 대해 더할 나위 없는 호의를 느끼고 있었다. 그러나 그는 사귀기 쉽지 않은 사람이었다. 데피네 부인은 끊임없이 그를 돌보아야 하면서도 그에게는 전혀 그를 돌보고 있는 것이 아니라고 우겨야 한다고 말한다. 그에게는 관대해야 한다. 루소의 생각은 다음과 같다. "나는 당신의 친절을 원하는 것이 아닙니다. 내가 가지고 싶은 것은 내가 사랑하고 나의 사랑을 받아들이는 친구들이지 후원자들이 아닙니다. 나는 우정을 갈망하지만 사람들은 내게 그 우정을 보여 주기를 거절합니다. 사람들은 우정과 감사함이 내 마음속에서 공존할

---

4 〈역주〉 데피네 부인은 루소를 종종 '곰'이라고 불렀다. '곰'은 프랑스어로 사교성이 없는 무뚝뚝한 사람을 말하기도 한다. 이 문맥에서는 데피네 부인이 사귀거나 후원하는 남자 친구들을 의미하는 것으로 보인다.

수 없음을 그리고 내게 친절을 베푸는 사람들을 싫어할 수밖에 없음을 이해하려 하지 않습니다. 나는 자유롭고 싶습니다. 그러므로 내 친구들은 내 자유를 침해해서는 안 됩니다. 그들은 원할 때 내게 충고할 수는 있지만 나를 지배하려고 해서는 안 됩니다. 특히 나에 대해 그 거만한 태도를 취해서는 안 됩니다. 그들은 나를 잘 대해 주어야 하고 내 비위를 맞추어야 합니다. 오직 그것만이 나로 하여금 그들의 친절을 참을 만하게 만들 수 있을 것입니다. 그렇지만 그들은 고집스럽게 내 방식이 아니라 자기들 방식으로 나를 행복하게 만들려고 합니다. 그들은 내가 그들처럼 생기지 않았다는 사실을 알고 싶어 하지 않습니다. 그들은 친구들 중 한 사람과 불화가 있을 때, 그것에 대해 거의 한순간도 생각하지 않습니다. 수많은 오락거리 덕분에 그것을 곧 잊어버리게 됩니다. 그러나 고독한 존재인 나는 하루 종일 이러한 불화로 인해 끊임없이 괴로워하고 내 마음은 단 한순간의 평화도 찾지 못할 것입니다. 하루 동안 1년의 고통을 경험할 것입니다. 아무도 내 입장을 이해할 수 없습니다. 사람들은 내가 외톨이이고 다른 사람들의 성격이나 규범이나 수단을 전혀 갖고 있지 않아서 나를 그들의 규칙에 따라 판단해서는 안 된다는 점을 알고 싶어 하지 않습니다."

사교계에서 그의 상황은 곧 그에게 참을 수 없는 것이 된다. 그는 생각한다. "나는 반만 내 자신에게 속하고 나머지 반은 내게 맞지 않는 사교계에 속해 있습니다." 그는 도처에서 환대와 환영을 받고 친구로서 초대되고 열렬한 사랑을 받았다. 그렇지만 그로 인해 그가 영혼이 없는 건조한 삶을 영위하고 있다는 사실을 느끼지 않는 것은 아니다. 그는 점점 더 파리를 증오하게 된다. 그는 파리로 돌아가고 싶어 하지 않으며 그곳에서는 자신이 너무 불행하다고 느낀다. 그러나 어디로 갈 것인가? 사교계와 그곳의 예절에 대해 반감을 느끼며, 파리의 다른 사람들이 생각하고 느끼는 방식이 자신의 방식과는 다름을 확인하고, 우정을 자기처럼 중요하게 생각하는 사람을 아무도 발견할 수 없기 때문에 우정에 대한 자신의 갈망이 충족될 수 없을 때, 그는 자신이 사람들 사이에서 이방인임을 깨닫는다. 그가 그 후 살면서 겪을 수 있었던 재난들은 오직 이러한 낯선 느낌을 가중시키는 데 일조했을 뿐이다. 그 재난들로 인해 그는 마침내 진짜 사람들을 무서워하게 되고, 세상에서 완전히 혼자라는 인상을 받을 정도로 격한 감정을 갖게 되었다.

그는 왜 자신이 사람들 사이에서 살 수 없는가를 자문한다. 그는 생각한다. "어쩌면 내가 그들과 이야기할 때 그들에게 내가 재치가 있음을 보여 줄 수 없고, 그로 인해 사회에서 내게 어울리는 자리를 차지할 수 없기 때문에 그런 것일까? 아니 그런 일은 있을 수 없다. 모든 사람이 나와 사귀려고 애쓴다. 내가 가장 터무니없는 허영심으로 기대할 수 있었을 것보다도 더 사람들은 나를 존중한다. 그렇지만 나는 사람들에게 일종의 혐오감을 느낀다. 거기에는 다른 이유가 있어야 한다. 내 안에는 그 어떤 것도 충족시킬 수 없는 자유에 대한 향수가 있음이 틀림없다. 그리고 이러한 향수에 비교할 때 어떤 명예나 행복도 내게는 중요하지 않다. 내 생각에 나는 내면적으로 자유로울 때 그리고 그들을 더 이상 필요로 하지 않을 때만 사람들의 사회 속에서 만족하게 될 것이다." 결코 자기 자신에게서 멀어져서는 안 되며, 자신과 완전히 혼연일체를 이루어야 한다. 모든 것은 결국 인간을 자기 자신으로 돌아가게 한다. 그의 영혼은 사물로부터 해방되어야 한다. 만약 다른 사람들의 영혼이 좁고 닫혀져 있다고 생각하면 슬그머니 자리를 뜨거나 그들을 떠나 고독에 다시 들어가도록 하라.

사물들로부터 분리되고 자신의 영혼에 가까울 때만 행복할 수 있다. 영혼 밖에 있는 것은 그 어떤 것도 영혼을 만족시킬 수 없다. 영혼은 지상에서 자신의 양식을 찾지 못하며, 오직 자신의 실체만을 양식으로 삼는다. 우리가 우리에게 외적인 것으로부터 뽑아내려고 하는 행복은 거짓 행복이다. 행복은 오직 영혼의 지속적인 상태로 이루어질 수밖에 없다. 그것은 그 자체로 존재하는 분리된 감정들로 분해될 수 없다. 말하자면 영혼 속에서 개별적인 사건들로 변하게 될 그리고 단지 영혼을 건드리기만 하고 어떤 의미에서는 영혼의 여기저기를 살짝 스치고 지나갈 행복은 표면적인 행복에 불과할 뿐이지 영혼의 행복은 아니다. 영혼이 홀로 자기 자신과만 있을 때, 영혼은 자신을 향유하고 우주 전체를 향유하며, 존재하는 모든 것이나 앞으로 존재할 것이 예고된 모든 것, 그리고 자신이 세상에서 보거나 상상의 세계에서 꿈꿀 수 있는 아름다움 전부를 향유한다. 그것은 자신의 주변에 자신이 동경하는 모든 것을 창조한다. 오로지 영혼이 갖는 욕망만이 영혼이 즐길 수 있는 향락의 진가를 알아본다. 영혼은 우주와 융화되고 어떤 특정한 대상 없는 자신의 몽상에 스스로를 내맡기는 만족감에 완전히 빠져든다.

루소는 나이가 들수록 더 외톨이가 된다. 그는 자신의 과거를 되돌아보면서 생각할수록 자신이 더 이상하고 더 기묘하다고 생각한다. 그는 끊임없이 왜 자신이 항상 혼자이며 사람들 사이에서 이방인이었는지 되묻는다. "나는 살기 위해 태어났지만 살아보지도 못하고 죽는다. 내 일생 동안 사람들은 내 영혼과 어쩌면 내 모든 생각에 내가 추구하는 방향과 다른 방향을 부여하려고 시도했다. 내게 사회란 무엇이었던가? 아무런 현실도 아무런 진실도 없는 허상, 고작해야 가면이며 유령에 불과했다. 무인도에서 홀로 살아야 했어도 로빈슨

크루소처럼 불행하지 않았을 것이다. 야심도 허영도 없는 감성적인 사람에게는 사람들 사이에서 혼자인 것보다 사막에서 혼자 사는 것이 덜 잔인하고 덜 힘들다. 사람들은 알 수 없는 존재들, 이방인들이 되었다. 그들은 내게 더 이상 존재하지 않는다. 왜냐하면 그들 자신이 원했던 바가 그것이기 때문이다. 나는 이 지상에서 혼자이며, 더 이상 형제도 이웃도 없고 나 이외에 다른 교분 맺는 사람도 없다. 그런데 그 사람들과 모든 것으로부터 단절된 나로 말하면, 나는 어떤 존재인가? 바로 이것이 앞으로 탐색해야 할 것이다. 나는 내 진실한 삶, 내 영혼의 삶을 알아야 한다. 그것이 내가 예전부터 줄곧, 어떤 다른 사람들에게서도 볼 수 없었던 열의를 갖고 시도하고자 했던 것이다. 나는 많은 사람이 나보다 훨씬 더 온건하게 철학을 하는 것을 보았지만, 그들 자신의 철학은 막상 그들과 관계가 없었다. 그들은 단지 다른 사람들보다 더 많은 지식을 가지려고 애썼을 뿐이다. 그들은 마치 어떤 곳에서 눈여겨보았던 그리고 그들의 호기심을 자극했던 어떤 기계나 되는 것처럼, 우주가 어떤 질서에 따라 움직이는지를 알기 위해 우주를 연구했다. 그들은 인간의 본성을 알기 위해서가 아니라 그것에 대해 해박하게 말할 수 있기 위해서 연구했다. 그들은 다른 사람들을 가르치고 싶어 했지만 자신들의 내면을 명확히 보려고 시도하지는 않았다. 내가 알고 싶은 것은 내가 어떻게 살아야만 하는지, 내 삶의 진정한 의미는 무엇인지라는 것이다. 나는 내가 만났던 사람들 중 그 어떤 사람과도 비슷하지 않다. 나는 이 세상에 존재하는 그 어떤 사람과도 닮았다고 생각하지 않는다. 어쩌면 나는 더 낫지는 않을 것이다. 그러나 어쨌든 나는 그들과 다르다. 그런데 신은 나를 그들과는 다른 부류의 사람으로 만들었으면서도, 왜 나를 사람들 사이에서 태어났게 했는가?" 그는 자신이 여기서 보이는 것과 비슷한 것이 하나도 없는 것 같은 다른 행성의 주민과 같다는 인상을 받는다. "나는 이 지상에 있으면서도 마치 낯선 행성에 있는 것 같다. 이 행성에서 살고 있는 것은 내게는 더 이상 아무런 의미도 없는 피조물들이다. 지상에서 내게는 모든 것이 끝났다. 사람들은 이곳에서 더 이상 내게 좋은 일도 나쁜 일도 할 수 없다. 내게는 더 이상 이 세상에서 바랄 것도 두려워할 것도 남아 있지 않다. 예전에 내가 가까웠던 모든 것은 이제 낯설어졌다. 내가 아직 누리는 유일한 즐거움이 있다면 그것은 내 영혼과 대화하는 것이다."

자연인과 인간의 인간

바로 이것이 루소의 본성이 지니는 성향들 중 하나이다. 그는 자신이 세상에서 이방인이며 현재 있는 그대로의 사람들 사이에서 이방인이라고 느낀다. 그런데 바로 현재의 전체 상황 앞에서 느끼는 그 낯선 감정으로 인해 그는 또 다른 인류를 생각해 내게 될 것이다. 그는 사람들을 사랑했다. 그의 삶의 모든 불행이 생겨난 것은 사람들에게 다가가려는 시도를 항상 되풀이하고 사람들에게 집착했다가 결국은 그들과 헤어지고 관계를 끊어야만 했기 때문이다. 그는 생각한다. "내 일생 동안 나는 사람을 찾아다녔지만 찾지 못했다. 내 영혼은 사랑을 갈망한다. 내 존재 전체는 오직 인류에 대한 사랑이다." 루소의 상상력에서 새로운 인류가 태어난 것은 바로 이러한 향수 때문이다. "그것은 진짜 사람, 내 주변에서 보이는 그런 사람들이 아닐 수 있다. 바로 내 영혼 안에서 나는 다른 사람을 느낀다. 나는 인간이 아직 인간의 인간이 아니라 자연인이었을 때 바로 그랬던 인간을 느낀다." 사람들 사이에서 이방인이라는 느낌과 그들을 사랑하고 그들로부터 사랑받고 싶은 욕구, 이것이 루소의 본성이 지니는 두 가지 성향이다. 바로 이러한 내적 갈등으로부터 새로운 인간관이 생겨난다.

루소는 자신이 사람들 사이에서 이방인이라는 감정으로부터 출발한다. 그도 왜 그런지는 모르는 채 자신이 가증스럽게 생각하는 바로 그 다른 사람들의 삶을 살고 있다. 그로 인해 그는 불행해지고 자신과 다른 사람들에게 불만을 느낀다. 다른 사람들과 그 자신의 삶이 그렇게 낯설게 보이는 이유는 무엇인가? 중요한 것은 그의 영혼이 다른 사람들에 대해 그리고 자신이 영위하는 삶에 대해 반항하는 이유를 찾는 것이다. 그것은 인간들이 원래 나빠서 그런 것일 수는 없다. 그는 사람들을 좋아한다. 그는 이 점에서 자신의 마음이 자신의 지성과 항상 대립하고 있었다는 점을 확인한다. 그는 이렇게 쓴다. 나는 내 생각과 반해서 그리고 그들을 미워할 온갖 이유를 가지고 있음에도 불구하고 계속 인간들을 사랑한다. 인간들의 사악함에는 또 다른 이유가 있음이 확실하다. 그들은 본성이 나쁜 것은 아니다. "그리고 그는 이러한 사실을 확신한다. 왜냐하면 그는 계속 자신이 그들에게 끌리고 있음을 느끼기 때문이다. 그들의 영혼과 전혀 관계없는 어떤 일이 그들에게 일어났었음이 틀림없다. 그리고 인위적인 삶의 형태들과 양식들이 끼어들어 그들로 하여금 루소 자신이 체험했던 바와 같은 영혼 없는 삶을 영위하게끔 만들었음이 틀림없다. 인간들은 자신에 대해 온통 겉모습에만 치중하는 삶을 만들어 놓았다. 그를 둘러싼 사회는 인위적인 인간들과 꾸며 낸 감정들의 결합에 불과하기 때문에, 사회의 기원을 인간의 본성에서, 즉 자신의 내면에서 벗어나 외부에서 사는 사람들의 본성에서 찾는 것은 소용이 없을 것이다. 그들은 이제 다른 사람들의 의견에만 의존해 살며, 말하자면 그들이 자기 자신의 존재의 감정을 이끌어 내는 것은 오로지 그 의견으로부터이다. 자신이 누구인지를 계속 다른 사람들에게 물으면서 그들은 그 문제에 대해 감히 자기 자신에게는 묻지 않는다. 그들은 단지 가면들이어서, 자신의 존재는 없고 겉모습만 있다. 인간 자체란 무엇인가에 대해 말하자면, 이제 그들에게서 그것을 거의 알아볼 수 없다. 그들은 이제 단지 다른 사람들의 의견에 따라 살며 그 안에서만 행복을 추구한다. 그들은 이제 다른 사람들의 눈에 두각을 나타낼 생각만 한다. 그들은 우월감[5]에 사로잡혀 다른 사람들이 부여하는 지위를 순순히 받아들이며, 다른 사람들이 자신을 찬양하거나 자신에 대해 두려움을 갖기를 원한다. 자신들이 주는 인상에 항상 몰두하면서, 그들은 자기 자신의 존재를 오직 사람들이 그들에 대해 생각하는 것에 따라, 그리고 사람들이 그들에게 맡기는 역할에 따라서만 평가할 수 있다. 그들은 사실 남들이 그들에게 허용하는 행복만을 즐길 수 있기에 지속적으로 서로가 서로에 대해 종속된 상태에서 살고 있다. 그들은 서로 간에 불평등을 만들었다. 어떤 사람들은 부유하고 어떤 사람들은 가난하며, 어떤 사람들은 주인이고 어떤 사람들은 노예이다. 마치 인간의 본성에 부자와 빈자, 노예와 주인이 깃들어 있는 것처럼 말이다. 그러나 주인들조차도 자신의 노예들에 종속되어 있는데, 노예들이 없으면 그들은 주인일 수 없기 때문이다. 이런 식으로 그들은 진실한 삶을 인위적인 삶으로 대체하기에 이르렀다.

---

5 〈역주〉 '자기애(amour de soi)'와 대립을 이루는 루소의 주요한 개념어인 'amour-propre'를 우리말로 옮긴 것이다. '자기애'가 자기 보전을 목적으로 삼는 자연적인 감정인 반면, 'amour-propre'는 다른 사람들과 비교하여 자기가 그들보다 우월한 존재가 되려는 사회적 욕망이다. 이 용어는 우리말로 '우월감', '자존심', '자만감', '이기심' 등으로 옮겨지는데, 문맥에 따라 '우월감'이나 '이기심'으로 옮겼다.

그런데 그들은 이제 다른 사람들의 생각 속에서만 살고 더 이상 자신의 내면에서는 살 줄 모르기 때문에 인위적인 삶을 자신의 것으로 삼는다. 즉 자신에게 일어날 일을 계속 생각하면서 희망과 미래의 전망에 몰두하면서, 현재를 즐길 줄도 모르고 자신의 삶에서 자신의 진실한 존재를 실현할 줄도 모른다. 그 정도로 그들은 자신과 먼 곳에서 일어나고 있는 일들과 수많은 끈으로 연결되어 있다. 그들은 모든 것, 시간과 장소와 사람들과 사물들에 종속되어 있다. 지금 일어나고 있는 혹은 미래에 일어날 모든 일이 그들의 생각을 사로잡는다. 그들의 존재는 지구 전체에 확장된다. 그들의 개인적 삶은 이제 그들 자신의 가장 작은 부분에 불과하다. 그들은 이제 자신이 있는 곳에서는 존재하지 않고, 자신이 없는 곳에서만 존재한다. 정말이지 자연은 인간들이 이렇게 자신으로부터 떨어져 나가는 것을 원치 않았을 것이다. 이 모든 불행은 그 인위적인 삶 때문은 아닌가?

그들은 정의, 법, 상호적 보호, 힘없는 사람들에 대한 지원, 철학, 이성의 진보라는 거창한 말들을 항상 입에 달고 있다. 그러나 이러한 말들은 무엇을 의미하는가? 그들의 과학과 철학은 도대체 그들을 어디로 데리고 가는가? 그들은 단지 모순과 혼동에 이를 뿐이다. 의견 차이만 보더라도 인간 정신의 결함과 허영심을 입증하는 데 충분하지 않은가! 우리는 아무것도 알지 못하고 보지 못한다. 무한한 우주 속에 있는 한 무리의 맹인들 같다. 우리는 다른 사람들의 영혼을 보지 못하기 때문에, 그들의 영혼은 우리에게 감추어져 있다. 우리의 영혼도 마찬가지다. 왜냐하면 정신의 거울은 존재하지 않기 때문이다. 우리의 모든 지식은 감각들, 즉 오감으로부터 우리에게 온다. 말하자면 다섯 개의 창문이 영혼에 주어져 있고, 영혼은 그것들을 통해 빛을 받아들일 것이 틀림없다. 그러나 이러한 창문들은 불투명한 작은 유리창들이다. 두꺼운 벽들이 영혼을 둘러싸고 있다. 영혼은 빛이 잘 들지 않는 집에 살고 있다. 사실 감각들은 우리를 가르친다기보다는 단지 우리가 삶을 유지할 수 있도록 주어진 것이다. 감각들은 우리에게 무엇이 옳고 그른지를 입증하기 위해서가 아니라 우리가 유용하거나 해로운 것을 알도록 주어진 것이다. 과학은 인간들에게 적합한 것이 아니다. 사람들은 과학에 헌신할 때 자신의 능력을 오용하고 있다. 그들은 자신들의 손을 벗어나는 몇몇 그림자와 자기 눈앞에 어른거리는 덧없는 유령들을 쫓아다니면서도, 모든 존재의 영원한 연속관계를 본다고 믿는다.

그런데 그들은 도대체 무엇을 알고 싶어 하는가? 자기 자신을 제외한 모든 자연을, 행복해지는 기술을 제외한 모든 기술을 알고자 한다. 그들이 발견한 모든 것이 우리의 길지 않은 삶의 의미에 대해 무엇을 가르쳐 주었는가? 우리는 인간을 많이 연구한 탓에 도리어 인간을 알지 못하게 되었다. 우리가 더욱 많은 지식을 획득할수록, 우리는 그 모든 지식 중 가장 중요한 것, 즉 인간에 대한 지식을 획득하는 방법을 점점 더 잃어버린다. 학문은 우리가 우리 자신과 멀어진 상태로 사는 가상의 세계를 우리에게 만들어 주는 데만 소용이 된다. 우리가 필요로 하는 진리는 우리에게 더욱 가까이 있어야만 한다. 그 모든 것이 또한 인간의 마음을 채울 만한 가치가 있지 않다면 우리에게 뭐가 중요하겠는가? 우리에게 직접적으로 상관이 있는 것에만 우리의 관심을 제한하자. 그리고 우리의 무지 속에서 나머지 다른 것에 대해서는 겸손하자. 우리 자신의 내면에, 우리의 영혼 안에 우리에게 필요한 것이 있다. 우리가 알고자 하는 바는 우리가 어떻게 살아야만 하는 것인가라는 문제이고 이를 위해서는 우리 자신의 내면으로 돌아가는 것으로 충분하다. 진정한 철학은 여기에 있다. 도덕적 지식,

즉 우리가 무엇을 행해야 하는지를 연구하는 학문, 우리는 이를 우리 내면에 가지고 있다. 바로 우리의 내면에 신의 법률이 있다. 너의 내면으로 돌아가고, 스스로에게 질문하고, 너의 자연적 능력들이 활동하도록 내버려 두면, 너는 공정하고 선량하고 유덕해질 것이다.

내가 해야만 하는 일을 하는 것, 이것이야말로 진정한 종교이다. 그러나 사람들은 종교를 무엇으로 만들었는가? 사람들의 삶과는 아무런 관련이 없는 독단적 교리로 만들었다. 그들은 우리를 둘러싸고 있는 불가해한 비밀들에 불합리한 모순들을 덧붙였고, 사람들을 허영심이 많고 아량이 없고 잔인한 존재로 만들었고, 우리에게 평화 대신 전쟁을 가져왔다. 그들은 근거가 되는 성서 원문들의 내용을 마음대로 고쳐서 우리가 믿어야만 하는 것을 썼다. 우리가 믿기 위해서는 마치 가장 먼 시간으로 거슬러 올라가 모든 예언과 계시들을 검토하고 가늠하고 대조하는 일이 필요한 것처럼 말이다! 그들 모두는 자기들 나름대로 신으로 하여금 말하게 시킨다. 우리가 우리의 영혼이 말하는 것을 들을 때, 신이 우리에게 말씀하시는 것에 사람들이 진정 무엇을 보탤 수 있는가? 종교는 내면적인 감정이고 바로 우리 내면에서 우리가 느끼는 체험이다. 이에 반해 철학자들의 모든 논증이 무슨 가치가 있을까? 우리의 영혼이 경험하는 것은 모든 이성을 넘어선다. 우리에게 존재한다는 것은 느끼는 것이다. 느끼는 능력이 지성보다 우위에 있다는 것은 반박할 수 없는 사실이다. 우리는 생각하기 전에 감정을 지녔다. 이성은 인간의 용기를 꺾고 가치를 떨어뜨리지만, 감정은 인간을 고양시키고 그에게 진정한 가치를 부여한다. 이성은 노력을 들여 힘겹게 전진하지만, 영혼은 나는 듯 신속하게 옮겨진다. 우리는 우리의 지식으로는 하찮지만 감정으로는 위대하다. 영혼은 스스로를 느끼면서 신이 존재한다는 것을 알고, 자기 존재의 가장 깊은 곳으로 들어가면서 행복을 발견한다.

그리고 진리를 찾아야 하는 곳은 우리에게서 먼 사유나 우리에게 낯설고 우리를 타락시킬 수 있는 것 안에서가 아니라 영혼이 경험하는 것 안에서이다. 인간들은 자신의 영혼 안에서 살기 위해 필요한 모든 것을 발견한다. 수많은 사람이 우리가 알고 있다고 믿는 것을 알지 못한 채 살고 있으며, 게다가 우리보다 더 행복하게 잘 살고 있다. 우리가 해야만 할 것과 우리가 믿어야만 하는 것을 찾게 될 곳은 우리의 외부가 아니다. 우리의 삶이 있는 곳은 바로 우리 자신의 내면이며 그 삶을 잘 이끌기 위해 필요한 지식을 이끌어 내야만 하는 곳도 바로 우리 자신의 내면이다. 나머지 모든 것은 우리와 무관하다.

그러나 사람들은 어떻게 했는가? 그들은 사회제도와 학문과 예술과 교리를 가지고 가상의 세계를 만들었다. 바로 이 가상의 세계에서 그들은 행복을 찾는다. 아무도 더 이상 영혼의 실재는 염두에 두지 않는다. 그들은 진짜 삶, 영혼의 삶이 아니라 겉모습의 삶을 영위한다. 자신들이 만들 수 있는 효과에만 모든 주의를 기울이는 이 피조물들은 있는 그대로의 인간, 즉 자연인과는 더 이상 아무런 공통점이 없다. 진정한 인간, 자연이 만들어 놓은 인간을 보기 위해서 우리는 어떻게 해야 하는가? 우리는 인간이 그 자신의 천성으로부터 얻은 것과 외부로부터 와서 인간에 덧붙은 것을 분리해야만 한다. 그리고 그의 영혼에 이질적인 모든 것과 그가 스스로에게 부여했던 것을 모두 제거해야 한다. 우리는 그가 사회제도와 문명의 세계인 가상의 세계를 만들기 전 아직 그 자신이었던 시절로 거슬러 올라가야 한다. 우리는 인간의 자연 상태로 다시 돌아가야만 한다.

원래의 본성 그대로였던 인간을 찾도록 하자. 사회 상태로 들어오기 전의 그를 상상하자. 미래의 모든 발견과 발명들은 아직 문제가 되지 않는다. 그는 자신의 보존에 신경을 써야 하기 때문에 자기 스스로를 사랑한다. 마찬가지로 자연은 그것을 원한다. 인간을 지배하는 감정은 사랑이다. 따라서 그 감정은 단지 부드러움이며 호의이다. 모든 증오의 감정은 단지 더 나중에야, 말하자면 추론을 통해 생겨났다. 증오의 감정들은 그의 본성 혹은 그의 영혼에 속하지 않는다. 자신에 대해 가지고 있던 사랑이 이기심으로 변질된 것은 오로지 그가 자신을 다른 사람들과 비교하고 그들을 경쟁자들로 보며, 다른 사람들과의 관련이 없는 상태에서는 자신을 소중히 생각할 수 없게 되었을 때였다. 바로 그때 그는 다른 사람들보다 더욱 우월한 자리에 오르려고 시도하면서 모든 나쁜 정념들의 먹이가 되었고 선망과 증오와 악의가 그를 사로잡았다. 사람들로 하여금 서로에게 행했던 악행 전부를 자신에게 행하게끔 부추겼던 것은 모든 다른 사람들보다도 자신에게 더 많은 중요성을 부여하고 싶어 하는 바로 이러한 욕구, 바로 이러한 상대적이고 인위적인 욕구였다. 자연인은 그 반대이다. 외면만을 위해 살고 이제는 다른 사람들의 의견에 따라서만 사는 사회적 인간과는 달리 그는 자기 자신을 위해서 산다. 그는 홀로 자신을 관찰하고 자기 자신의 유일한 심판자이기 때문에 오직 자신을 다른 사람들과 비교할 때만 생길 수 있는 모든 증오의 감정을 일체 모른다. 그는 자기 자신의 내면에서 발견하는 즐거움만을 알 뿐 우리가 우리 바깥에서 찾는 어떤 즐거움도 모른다. 그는 사람들이 행복하고 즐거워지기 위해 애써 만들었던 모든 위대한 문화적 제도를 모른다. 그는 자기 자신이고 존재한다는 즐거움을 흠뻑 누리고 살면서 다른 사람들이 자신에 대해 어떻게 생각하든지 신경 쓰지 않고 미래에 대해서도 그리 생각하지 않는다. 바로 이런 식으로 사람들은 서로 독립한 상태로 자연 상태에서 산다. 그들은 서로 차별하지 않는다. 각자는 자기 자신의 삶을 영위하고 서로 평등하다. 그리고 사랑은 인간에게 선천적인 감정이기 때문에 그는 선량하고 동정심이 있다. 그는 자연의 진정한 본능에 아무 생각 없이 따르는데, 이 본능은 선량할 수밖에 없기 때문에 그는 그 자체로 선량하다. 사실 모든 나쁜 것은 영혼에 속하지 않기 때문에 외부로부터 영혼에 들어온다. 그리고 그 이유는 바로 인간이 스스로의 영혼에 이질적인 삶을 만들어 놓아 이제 다른 사람들의 시선을 의식하지 않고는 살 줄 모르고 자신의 영혼과는 상관도 없는 생각들에 사로잡혀 있기 때문이다. 사람들이 사악하고 불행해진 것은 그들이 자연 상태에서 빠져나오려고 했기 때문이다. 진보라고 불리는 것이야말로 사람들을 자기 자신으로부터 소외시켰던 것이다.

이러한 사실을 이해하기 위해서는 인류의 발전을 따라가 보는 것만으로 충분하다. 루소는 어떻게 소유권, 즉 내 것과 네 것의 개념이 생겨났는지를 또 어떻게 사람들이 차차 부자들과 가난한 사람들로 나뉘어, "한 줌밖에 안 되는 소수의 사람이 넘쳐흐르는 사치품으로 인해 주체하지 못하는 반면, 배고픈 다수의 사람은 생활필수품이 모자란지"[6]를 보여 준다. 그는 원래 상태에서 자기 자신만을 위해 살고 평등했던 사람들이 어떻게 서로 의존하는 상태로 들어갔는지를 묘사한다. 극도로 다양한 사회적 관계, 시간의 흐름과 잇단 사태들로 인해 인간의 원래 본성에서 생겨났던 변화들이 인간을 알아보지 못하게 만들었고 그를 자신이 아닌 가짜로 만들어 버렸다. 아이와 인간은 본성상 선량하다. 그런데 왜 인간들은 나쁜가? 인류의 역사를 기술

---

6 루소, 『인간 불평등 기원론 Discours sur l'origine et les fondements de l'inégalité parmi les hommes』, 1754.

하여 거기서 모든 악의 기원을 발견하고 인류의 본성과 전혀 공통점이 없는 악과 오류가 어떻게 외부로부터 인류의 본성으로 들어와서 그것을 차차 변질시켰는지를 보여 주어야 한다. 중요한 점은 어떤 이질적인 것이 그의 영혼에 들어오지 않는 이상 인간은 선량한 상태에 있으며 모든 악은 다른 곳으로부터 그의 영혼에 들어온다는 사실을 입증하는 것이다. 마지막으로 소극적인 교육만이 인간의 마음속에 악이 스며 들어오는 것을 막을 수 있으며, 인간에게 원래의 선량함을 변함없이 간직하게 해 주며 영혼에게 자연적인 삶을 보장해 줄 수 있다는 것을, 소극적 교육만이 적절하며 모든 적극적 교육은 그것이 무엇이든 필연적으로 그 목적을 이루지 못하게 되어 있다는 것을 증명해야 한다.

사회적 자유 또는 계약에서 생겨나는 자유

그러므로 아주 어린 시절부터 아이를 맡길 그리고 그 아이를 세상으로부터 안전하게 키울 교육자를 생각할 수 있다. 그는 아이로부터 그의 본성에 이질적인 모든 것을 치워 버리고 이렇게 함으로써 그의 내면에서 진정한 인간, 자연이 만들어 놓은 바대로의 인간을 보호하는 데 성공할 것이다. 그러나 여기서 관건이 되는 것은 오직 개인의 삶에 대해 가할 수 있는 영향력이다. 그런데 사람들은 사회에서 살고 있다. 어떻게 사회제도를 변화시켜 공동체 안에서의 삶에 내재된 모든 불행으로부터 사람들을 해방시킬 수 있을 것인가? 자연 상태, 순진무구함과 평등의 시대를 복원하는 것은 고려의 대상조차 될 수 없다. 그것은 불가능하다. 다른 한편 사회 상태와 자연 상태 사이에서 가능한 타협이란 없다. 그렇다면 어떻게 해야만 하는가?

사회의 모든 악은 사람들이 다른 사람들에 종속되어 있다는 사실에서 생겨난다. 이제는 서로를 타락시키는 주인과 노예들밖에 없다. 각자는 여기서 다른 사람들에 따르는 삶, 자연에 반하는 삶을 영위한다. 그런데 사회가 유지되고 그 구성원들이 사회에서 자신들의 자유를 간직하도록 하기 위해서는 어떻게 해야 할까? 그것은 인간의 의지에 비개인적 의지인 법을 대체할 때만 가능하다. 법이 어떤 인간적인 힘도 흔들 수 없을 만큼 견고함과 내적인 일관성을 가질 수 있다면, 그 법에 복종하는 사람들은 더 이상 그들의 동료들에 종속된 상태가 아니라 오직 사물에 종속된 상태에서 살게 될 것인데, 그 상태는 그들이 자연 법칙에 따라 살게 되는 종속 상태와 유사하다.

그러므로 정치적 문제는 법을 인간들의 우위에 두는 정체를 발견하는 데 있다. 사실 법이 인간에 종속되는 순간부터 노예와 주인밖에는 존재하지 않으며 국가 그 자체도 붕괴하기 때문이다. 따라서 법률들 중 최악의 것이라도 가장 좋은 주인보다 훨씬 더 낫다. 오직 법이 지배하는 순간부터 모든 사람이 복종하고 아무도 명령을 내리지 않는다. 그때 인민은 자유롭다. 그는 복종하지만 누군가를 종으로 섬기는 것은 아니다. 그는 법에, 오직 법에만 복종하며, 그가 사람들에게 복종하지 않는 것은 오직 법 덕분이다.

그런데 누가 법을 만들 것인가? 누가 입법자로서 공동체에 대해 결정을 내릴 것인가? 그런 사람은 단 한 사람만이 될 수 없을 것이다. 그렇게 되면 인민은 필연적으로 공동체의 이익에 반대되는 개인의 이익만을 추구하는 사인(私人)이나 개인에 다시 지배당하게 될 것이기 때문이다. 오로지 인민 전체만이 자신에 대해 결정을 내릴 수 있으며, 본질상 비개인적이어서 오직 모든 사람의 이익에 일치하는 것만을 원할 수 있는 일반 의지만이 법을 제정할 수 있다.

그러나 누가 개인으로 하여금 일반 의지에 복종하도록 의무를 지우는가? 그는 폭력에 의해 그렇게 하도록 강요당하지는 않았을 것이다. 그렇다면 그는 구속되지 않을 것이기 때문이다. 그는 오직 자기 자신의 동의에 따를 때만 다른 사람들과 어떤 계약을 체결하면서 그 계약에 구속될 수 있다. 게다가 상대방이 사람이어서는 안 될 것이다. 그것은 자신을 단 한 사람에게 종속시키는 것이며, 자신의 자유를 양도하고 어떤 주인의 노예가 되는 것이다. 한 사회의 모든 구성원은 서로 구속되어 있다. 각자는 모든 사람에게 자신을 내어 주었고 그렇게 함으로써 그는 어떤 개인이 아니라 공동체에만 자신을 내어 주었던 것이다. 원래는 흩어진 상태로 각자가 자신을 위해 살았던 개인들이 이렇게 결합함으로써 공동으로 체결된 계약에 의거하여 집단적 자아, 일반 의지가 형성된다. 개인은 이러한 공동체를 구성하는 일부가 되고, 그의 의지와 일반 의지는 하나의 동일한 의지가 된다. 일반 의지를 따를 때 그는 단지 자기 자신에게 따를 뿐이다. 그는 자기 자신의 동의에 따라 공동체에 구속되었고 그 구성원 중 하나가 되었다. 그리고 그의 의지가 일반 의지에 속해 있기 때문에 그는 자신이 따르는 법률에 참여했다.

바로 이런 식으로 국가 안에서 개인의 자유라는 문제는 해결된다. 그는 다른 사인들의 의지에 따르지 않으며 살 수 있기 때문이다. 그가 공동체에 가입하는 것은 자유롭다. 국가와 계약을 체결하면서 그는 단지 자신의 자유를 사용할 뿐이며, 어떤 계약에 동의한다는 사실이 자유를 훼손할 수는 없을 것이다. 그리고 개인은 한 국가의 일원이 되면서 개별 의지의 자의에 따르는 것이 아니라 비개인적인 힘, 즉 법에 따르는 것이기 때문에, 개별 이익에 봉사하는 것이 아니다. 그는 입법권에 참여하면서 일반 의지와 결속된다. 어떤 법에 투표를 하는 순간 그가 다수에 속하는지 소수에 속하는지는 중요하지 않다. 이 일반 의지는 본질상 국가의 모든 구성원과 관계되는 것에 연관된다. 따라서 투표라는 문제에서 개인이 독자적으로 결정을 내릴 수는 없고, 단지 커다란 전체의 개별적 부분으로서만 결정을 내릴 수 있을 것임은 분명한 사실이다.

그러므로 개인은 자유로운 상태에 있다. 그러나 그가 누리는 자유는 더 이상 자신을 위해 살면서 자신의 마음에 드는 것만을 행하는 인간의 자유가 아니다. 그것은 오직 법에만 복종하고 결코 개별 의지가 아니라 일반 의지에만 따르는 새로운 자유이며, 한마디로 '사회적 자유 또는 계약에서 생겨나는 자유'이다. 바로 이러한 식으로 집단적 조직, 일반 의지, 영혼을 부여받은 사회적 전체가 탄생한다.

이때 인간에게는 완전히 다른 삶이 시작된다. 지금까지 개인이 자신만을 고려했던 완벽하고 고독한 전체였다면, 지금 그는 말하자면 자신의 삶과 존재를 부여하는 더욱 커다란 전체의 일부로서 변화된다. "사회질서 속에서 자연적 감정의 우월성을 간직하고자 하는 사람은 자신이 무엇을 원하는지 알지 못하는 사람이다. 언제나 자기 자신과 모순되고 항상 자신의 성향과 의무 사이에서 방황하는 그는 결코 인간도 시민도 되지 못할 것이다. 그리하여 그 자신에게도 다른 사람들에게도 도움을 주지 못할 것이다. 그는 그저 오늘날의 평범한 인간들 중의 한 사람, 한 명의 프랑스인, 영국인, 부르주아일 것이다. 결국 그는 아무것도 아닐 것이다."[7] 인류의 불행을 만드는 것은 우리의 의무와 성향 사이의, 자연과 사회제도 사이의, 인간과 시민 사이의 이러한 대립이다. 인간은 둘로 나뉠 수 없다. 그는 자기 자신

---

7 루소, 『에밀 혹은 교육론 *Émile ou de l'Éducation*』, 1권, 1762.

을 위해 살든지 아니면 국가를 위해 살아야만 한다. 그가 이 둘 사이에서 나뉜다면, 그는 언제나 자기 자신과 갈등 상태에 있을 것이며 항상 내면적으로 분열되어 있을 것이다.

그러므로 사회질서 내에서 살기 위해서는 완전히 다른 정신적 자세가 필요하다. 자연적 질서 내에서 인간은 자신을 위해 살았고, 자기 영혼의 삶을 살았으며, 자신이 선량한지도 모른 채 또 그것을 원하지도 않은 상태에서 선량했다. 반대로 사회질서에서 그의 존재 방식은 변한다. 그의 내면에서는 그가 놓인 새로운 상태에 적합한 새로운 종류의 선량함이 발전한다. 그가 과거에 선량했다면 지금 그는 도덕적 존재가 된다. 그는 스스로가 자신의 주인임을 느끼고, 자신의 의무를 완수하고 모든 경우에 그의 양심이 자신에게 부과하는 것에 따라 행동한다. 국가에는 도덕적 규칙, 긍정적인 형태로 새로운 복음을 표현하는 일종의 사회적 신앙고백, 국가가 그 기초를 두는 규범, 말하자면 시민의 교리문답이 있어야 한다. 그의 모든 성향과 그의 전 존재는 그를 커다란 전체의 일원으로 만드는 것을 목표로 해야 한다. 그리고 이러한 존재 방식에서 그는 자신의 통일성을 다시 발견하게 될 것이며, 선량하고 행복해질 것이다. 개개인의 행복은 집단의 행복이 될 것이다. 개인들은 공동체를 통해서 그리고 공동체를 위해서 존재한다. 훌륭한 사회제도란 인간을 과거의 자연적 본능으로부터 완전히 끌어내고, 그로부터 그의 절대적인 존재를 박탈하고 그에게 새로운 상대적 존재를 부여하여 그의 자아를 분리되지 않는 공동의 전체, 즉 집단의 자아 안에 옮겨 놓는 것이다. 각자는 통일성을 더 이상 자신의 내면이 아니라 공적인 것 속에서 찾아야 하며 자신이 그 일부가 되는 한도 내에서만 자기 자신을 느껴야 한다. 바로 이러한 이유로 개개인은 끊임없이 전체에 종속되어야만 한다. 어떠한 지위도 어떠한 기능도 국가의 승인 없이는 수행될 수 없을 것이다. 각자는 여론이 그에 대해 어떻게 생각하는지를 계속적으로 의식하게 될 것이다. 그는 여론 없이는 아무것도 할 수 없고, 아무것도 얻을 수 없고, 어떤 것에도 이르지 못할 것이다. 바로 이때 공동체 내에서는 그 공동의 격정, 그 애국적 취기가 지배하게 될 것인데, 그것들만이 인간을 자신 이상으로 고양시킬 수 있으며 그것들이 없다면 자유는 공허한 말에 지나지 않게 된다. 교육은 아주 어릴 적부터 사람들에게 오직 집단과 관계하여 개인을 고려하고, 전체와의 관련을 통해 그들 자신의 존재를 고려하는 법을 가르쳐야 한다. 말하자면 그들은 마침내 자신을 공적인 것에 일치시키고, 고립된 인간이 오직 자신을 위해서만 느꼈던 사랑으로 공적인 것을 사랑하며, 지속적으로 그들의 영혼을 이러한 사랑의 수준에서 유지해야만 한다. 바로 이러한 애국심이 그때 시민의 모든 존재를 가득 채우게 될 것이다. 그는 이제 조국만을 보게 될 것이고 조국만을 위해 살게 될 것이다. 그는 혼자가 되자마자 더 이상 아무것도 아니며 조국이 없다면 더 이상 자기 자신이 아니다. 그러므로 각각의 시민이 끊임없이 국가에 모든 관심을 쏟고 국가만을 바라보도록 국가를 만들어야 한다. 인간이 스스로를 고립시키는 것은 더 이상 허용되지 않는다. 그의 사랑은 다른 사람들 모두에게 확산되어야 한다. 각자는 오직 다른 사람들을 통해 자신을 사랑하고 자신을 바라보아야 한다. 공공의 축제를 조직해야 한다. 그때 말할 수 없는 감동, 일종의 취기가 모두를 사로잡는다. 평화와 화합이 모든 사람의 마음을 지배한다. 모든 사람이 친구이고 형제이다. 각자는 다른 사람들의 즐거움을 향유하고, 즐거움을 통해 자신이 다른 사람들과 결합되어 있다고 느낀다.

루소는 각각의 이상형을 제시하면서 이렇게 두 종류의 인간을 창조한다. 한편에는 자연인, 자연이 만들었던 그대로의 인간, 오직 자신만을 위해 살고 자신의 영혼에만 열중하는 인간이 있다. 또 다른 한편에는 시민이 있는데, 그의 자아는 공동체의 대(大)자아에 녹아들어 가고 그의 감정과 생각과 행위와 전 존재는 자기 인민의 삶에 집중되어 있다. 이 두 가지 개념은 당시 이루어지고 있었던 인간들의 삶에 대한 동일한 반감에서 생겨났다. 우리는 얼마나 불행한가! 우리의 영혼은 우리를 이쪽 방향으로 계속 잡아당기고 사람들은 우리를 저쪽 방향으로 계속 잡아당겨, 언제나 모순되는 우리의 충동은 우리에게 결코 한순간의 내면적 고요함도 남겨 주지 않는다. 우리는 마침내 우리 자신에게 낯선 존재가 되면서 또한 다른 사람들에 대해서도 낯선 존재로 남는다. 그리고 우리는 심지어 우리 자신과도 화합하지 못한 채 이런 식으로 삶을 마감한다. 그리고 우리는 살 줄 몰랐기 때문에 살아 보지도 못한 채 죽는다. 그렇다면 어떻게 인간의 진정한 본성이 무엇으로 이루어질 수 있는지 스스로에게 묻지 않을 수 있겠는가? 인간은 선량하고 애정이 깊게 태어났다. 그런데 그는 어떻게 나빠졌는가? 인간의 영혼은 본성상 애정이 깊은데, 어떻게 인간들은 서로를 증오하게 되었는가? 영혼은 온통 사랑이다. 그런데 그 영혼은 어떻게 사랑할 것을 아무것도 찾지 못하는가? 루소는 생각한다. "나는 일생 동안 사랑과 우정을 갈구했지만 한 사람의 인간도, 어떤 인간적 영혼도 찾지 못했다. 나는 사람들 중 가장 애정이 깊은 사람이다. 그러나 그들은 내가 군중 속에서 외톨이로 살도록 조치를 취했다. 나는 증오감을 결코 가져 본 적이 없다. 선망과 복수심은 결코 내 마음에 깃든 적이 없다. 어렸을 때 나는 내 주변의 모든 사람으로부터 사랑을 받고 싶었고, 그 후 이러한 욕망은 점차 발전하여 일종의 열정이 되었다. 청년기에 내 영혼은 상상력만이 창조할 수 있는 사랑스러운 존재들로 가득 채워졌고, 내 각각의 사랑은 내 영혼이 사랑하는 또 다른 여인들과 접촉하면서 단지 더욱 미화될 뿐이었다. 내 삶의 모든 불행은 어린 시절부터 내 영혼을 온통 빼앗은 이 '사랑받고 싶다'는 욕구에서 온다. 나는 환영들에 사로잡혀 있었고, 끊임없이 내 주위에 나를 매혹시키는 환상적인 존재들을 끌어모았다. 나는 감미로운 취기에 사로잡혀 시간을 보냈다. 우정의 달콤한 환상은 내 삶을 불행하게 만들었다."

그는 사람들 중 사랑할 사람을 찾지 못해서 새로운 사람들을 만들기 시작한다. 그는 사람들이 선량하고 애정이 깊었던 예전의 먼 시대로 거슬러 올라가거나 사람들이 예외 없이 공통의 감정으로 결합될 새로운 결사의 형태를 상상한다. 그는 말제르브[8] 씨에게 "나는 너무나 사람들을 좋아합니다. (...) 내가 그들을 피하는 것은 내가 그들을 사랑하기 때문입니다"라고 쓴다. "나는 모든 사람을 사랑한다. 나는 그들 중 특정한 친구들을 고를 필요가 없다." 그는 사람들이 어떻게 될 수 있는지를 상상하면서 지금의 사람들이 어떤지 잊으려고 한다. 사람들이 여전히 선량하고 자신에게 속해 있었던 황금시대를 그는 꿈꾼다. 그는 자연인을 상상한다. 자신을 둘러싼 모든 것과 자신

---

8 〈역주〉 Chrétien Guillaume de Lamoignon de Malesherbes(1721~1794): 프랑스의 행정가이자 정치인으로 1750년 왕실 경비 충당용 조세원장과 출판총감으로 임명되었다. 1763년까지 출판총감을 지내면서 『백과전서』에 호의를 베풀었다. 왕실 비서관으로 몇몇 개혁을 시도했지만 사임해야 했다. 그는 국민의회 앞에서 루이 16세를 변호했고, 공포정치하에서 처형을 당했다. 루소는 1762년 그에게 「말제르브 씨에게 보내는 4통의 편지」라는 제목으로 자서전적인 성격의 편지 4통을 보냈다.

에게 덧붙은 모든 것을 멀리하고 자신을 성찰할 때 진정으로 자신이라고 느끼는 것, 즉 자신의 내면에서 자연이 만들었던 그대로의 진정한 인간을 재발견한다. 그는 자신의 삶을 살며 다른 사람들을 멀리하고 자신의 내면에 침잠하고 자신을 사랑하는 영혼을 다시 찾는다. 그리고 영혼은 자기 자신을 사랑하기 때문에 할 수 있는 것이라고는 자신을 둘러싼 모든 것에 자신의 사랑을 펼치는 것이다. 영혼은 우주 전체에 자기 자신을 확산시키고, 세계 어딘가에서 방황하고 떠돌아다니며, 무한 속에서 소멸되면서 스스로 전체, 즉 자연과 하나가 되었음을 느낀다. 말로 표현할 수 없는 황홀경에 사로잡혀 모든 피조물을 포괄하는 거대한 질서에 들어간다. 그때 자연은 영혼을 위해 가장 아름다운 형태들을 취한다. 모든 것은 영혼에게 가장 생생한 빛깔로 나타난다. 영혼은 모든 것을 사랑하고 모든 것과 소통한다. 영혼은 사람들에게 말할 수 없기 때문에 식물에게 말을 건다. 그리고 스스로를 위해 자신이 꿈꾸는 친구들을 만들고 이상적인 세계에서 그들과 함께 사는데, 그 세계에서는 모든 존재가 깊은 사랑을 가진 상태로 태어났다. 영혼은 아름다운 이미지들로 자신이 사는 사회에서는 더 이상 실현이 불가능한 행복을 대체한다. 바로 그러한 세계가 영혼이 자신을 위해 만드는 세계이다. 우리로 하여금 우리를 넘어설 수 있게 해 주는 이러한 황홀경은 계속 지속될 수 있어야 하고 삶 전체에 활기를 주어야 한다. 그때 우리는 자유롭고 행복하다고 느낄 것이다. 인간은 자기 내면으로 들어갈 때만, 영혼의 삶을 살면서 원초적인 상태에서 그랬던 존재로 다시 돌아갈 때만 행복을 되찾는다. 우리가 우리 자신의 내면에 침잠하여 사회가 우리에게 가져온 모든 이질적인 것에서 멀어져 은자의 삶을 살 때, 그것이야말로 루소에게는 우리 각자가 아직 재발견할 수 있는 삶의 방식, 자연인의 삶의 방식이다.

그러나 이러한 형태의 삶과 비교해서 또 다른 형태의 삶, 새로운 인류의 삶을 상상할 수 있을 텐데, 여기서 인간들은 서로 증오하거나 질투하지 않고, 서로 이방인이나 적이 아니라 반대로 친구나 형제로 행동하면서 함께 살 것이다. 그런데 이것은 개인들이 자신을 전부 집단적 자아에 양도할 때만, 그가 자신을 포기하고 공동체의 영혼 안에서 자신을 다시 발견할 때만 가능하다. 그는 그때 다른 사람들의 행복 안에서만 행복할 수 있다. 그의 삶 전체는 공동선에 대한 열정의 지배를 받는다. 그는 인민 전체가 모여서 그 즐거움을 함께 나누는 축제에 참여할 때 가장 행복하다.

루소가 상상하는 두 종류의 삶은 이런 것이다. 한편에서는 영혼이 자기 내면으로 물러나 자연 안에서 자신의 삶을 살며, 또 다른 한편에서는 영혼이 인민의 삶 속으로 흡수되어 사라져 공동체가 만드는 정신적 존재에 자신을 완전히 양도하는 것이다. 루소에게 고통을 주던 갈등을 해결하는 이 두 가지 방법은 동일한 반항 정신에서 생겨났다. 영혼은 자기 주변에서 오직 가면과 외면적인 삶을 볼 뿐이다. 사랑할 사람을 찾지 못하고, 자기 자신에게도 낯설고 다른 사람들에게도 낯선 사람들만을 본다. 그래서 영혼은 자기 내면에서 행복을 찾거나, 아직은 경험하지 못한 집단적인 삶의 형태 안에서 인류가 다시 찾을 새로운 통일성, 자신이 완전히 스스로를 잊을 정도로 그 일부가 될 수 있을 통일성을 꿈꾼다. 그런데 이 두 가지 경우는 모두 하나의 동일한 감정, 즉 사랑하고 사랑받고 싶다는 욕구로부터 나온다. 루소는 이러한 감정을 자신의 내면에서 경험하고 있으며, 자신을 둘러싼 것, 즉 자연 전체로 그것을 확산시킨다. 아니면 그는 그 감정을 다른 모든 사람과 나누며 그들에게 자신을 내맡기려고 시도하는데, 이러한 시도가 성공하면 그는 더 이상 그들 사이에서 이방인이라고 느끼지 않게 될 것이다.

우리는 루소가 어떻게 낭만주의자들에게 영감을 주면서 동시에 프랑스 대혁명에 참여한 인민으로부터 격찬을 받을 수 있었는지를 — 인민은 그에게 기념비들을 세워 주고 끊임없이 그를 찬양하며 모든 대축제에서 그에게 경의를 표했다 — 이런 식으로 이해할 수 있다. 인간이 경험하는 모든 것에서 있는 그대로의 인간에 결부된 새로운 가치와 시민의 혁명적 이상은 하나의 동일한 감정에 그 기원을 둔다.

루소가 발휘했던 혁명적 영향력을 이해하기 위해서는 그가 파리 문단에서 느꼈던 불편함에서부터 출발해야 한다. 그 당시의 다른 사상가들은 모두 어쨌든 사교계에 속해 있었고, 사교계의 지적인 삶을 살았으며, 자신이 속한 문화권과 굳게 결속되어 있다고 느끼고 비록 그들의 행위가 논쟁의 소지가 있을지라도 그 안에서 행동했다. 그런데 이러한 유대감은 순전히 외적인 것만이 아니었다. 그들이 자신을 제시하고 자신의 모습을 보이는 방식은 그들이 살고 있는 사회적 환경에 의해 조건 지어졌다. 그래서 그들은 프랑스 대혁명 시대의 사람들에게 이방인이 될 수밖에 없었다. 그들은 곧 '구체제의 선택된 사람들의 모임'에 속해 있는 것으로 간주된다. 사람들은 더 이상 사태를 가볍게 다루는 그들의 정신적 방식을 이해하지 못한다. 그들의 인격은 이상형의 역할을 할 수 없으며 그들은 대혁명이 창조하는 새로운 인간을 구현하지 못한다. 몽테스키외는 구체제 아래의 법관이며 볼테르는 군주들의 총신이고 다른 모든 사람도 상류 사회, 소멸시켜야 하는 그 귀족계급의 태도를 간직하고 있었다. 그렇다면 권력을 장악할 준비가 되어 있는 사람들은 그들이 본받아야 할 사람을 어디서 찾을 것인가? 민중이 사랑하게 될 사람은 루소, 현재의 그 사회로 인해 고통을 받고 자신을 둘러싼 모든 것에 대해 적대적인 관계에 있다고 느끼는 루소일 것이다. 대혁명 시대의 민중은 그의 생전에 이미 그가 자기들의 편이었다고 생각한다. 우리 민중은 그가 원했던 것이며 그가 동경했던 것이고, 바로 그것을 실현한다. 우리는 그와 비슷하고 같은 동료이다.

어느 정도까지는 민중이 옳다. 그러나 루소가 파리의 살롱에서 불편함을 느꼈다면 그것은 그가 민주주의자이고 민중에 속해 있었기 때문은 아니다. 적어도 그것은 가장 중요한 이유가 아니다. 그는 무엇보다도 태생이 외국인이고 스스로를 그렇게 느꼈다. 그렇지만 그는 자신이 받은 지적 교육을 프랑스 문학과 프랑스 정신의 발전에 빚지고 있었으며 프랑스 문화에 속해 있었다. 그가 파리 사교계에서 절감했던 불편함이 극도에 달했던 것은 바로 그가 정신적 전통에서는 프랑스인이지만 동시에 도덕적이고 정치적인 전통에서는 그리고 느끼는 방식에서는 외국인이었기 때문이다. 그리고 바로 이러한 낯설음, 자신이 다르며 인간적인 접촉을 할 수 없다는 이러한 고통으로 인해 그는 대혁명에 참여한 민중과 가까워진다. 루소의 출신성분과 아주 독특한 감수성에서 나온 이러한 감정은 대혁명 동안 다른 사회 계급에 속해 있으며 다른 도덕 법규에 따르고 있다는 의식, 즉 민중의 편이라는 의식으로 해석되었다. 루소는 그의 이론과 인격을 통해 모든 과거와 원칙적으로 대립각을 세울 수 있는 가능성, 다른 시대의 인간, 어떻게 보면 다른 세계의 인간을 생각해 낼 수 있는 가능성을 제시한다.

영혼의 선량함에 대한 믿음과 평등의 이념

루소가 파리에서 느낀 것, 그를 사로잡은 것과 그에게 반감을 준

것이 무엇인지를 더욱 잘 이해할 수 있도록 해 보자. 『신(新)엘로이즈 *La Nouvelle Héloïse*』[9]에서 그는 파리에 도착한 어떤 스위스 사람을 묘사한다. 슈발리에 드 생 프뢰는 파리 도처에서 망령과 환영만을 본다. 이것들은 거의 보이지 않고, 사로잡으려면 이미 사라져 버린 상태이다. 파리는 혼돈이며, 생 프뢰는 그곳에서 끔찍스럽게도 혼자라고 느낀다. 그의 영혼은 외부로 흘러넘쳐 나기를 원하지만 장애물들만 만난다. 그의 마음은 말하고 싶어 하지만 아무도 그의 말을 귀담아듣지 않을 것이라고 느낀다. 그는 다른 사람들이 하는 말에 대답하고 싶지만 사람들은 그의 마음에까지 와 닿는 어떤 말도 하지 않는다. 그는 도처에서 겉으로 드러나는 감정만을 본다. 그들의 삶은 연극과 같다. 라신을 제외하면, 그들은 자신들이 벌이는 연극에서 '자아'를 알지 못한다. 그들은 자신들의 감정을 단지 '사람들이 일반적으로 그런 말을 하더라'라는 말로밖에 표현할 줄 모른다.

그러나 다른 한편 파리가 아니라면 도대체 어디 사람들이 루소를 이해할 수 있겠는가? 『신엘로이즈』와 같은 소설이 내포하는 마음의 모든 섬세함을 이해하기 위해 필요한 미묘한 감정과 재치를 발견하

---

9 〈역주〉 루소의 소설로 원제는 『쥘리 혹은 신(新)엘로이즈』이다. 평민 출신인 생 프뢰는 쥘리의 가정교사로 그녀와 사랑에 빠지고, 그녀는 임신까지 한다. 그러나 완고한 귀족인 쥘리의 아버지는 이들의 사랑에 반대하고 이러한 갈등 속에서 쥘리는 유산하며 두 연인은 결국 이별한다. 쥘리의 남편인 볼마르는 자신의 부인과 생 프뢰가 앓는 사랑의 병을 완전히 고쳐 주기 위해 생 프뢰를 자신의 집에 아이들 가정교사로 불러들인다. 볼마르의 지도 아래 쥘리와 생 프뢰는 사랑을 우정으로 전환시키려고 하지만 결국 이러한 시도는 실패하고, 쥘리는 물에 빠진 아들을 구하고 죽음에 이르면서 생 프뢰에게 사랑을 고백한다. 이 소설은 18세기에 가장 많이 팔린 책 중의 하나일 정도로 선풍적인 인기를 모았다.

는 곳도 오직 파리이다. 또한 그 자신이 단지 불분명하게 원했던 것의 감추어진 의미를 파악할 수 있는 곳도, 그가 표현할 수 있었던 것의 독창성을 간파할 수 있는 곳도, 그의 역설들을 이용할 수 있는 곳도 오직 파리이다. 그리고 사람들이 사물을 경험하는 개인적인 방식을 느낄 정도로 민감한 영혼을 가지고 있고, 감정과 영혼의 삶의 모든 뉘앙스를 의식할 정도로 차이에 대한 날카로운 감각을 가지고 있는 곳도 바로 파리인데, 파리의 독자는 스스로 그 뉘앙스들을 변화시켜 다른 형태들로 표현할 수 있을 정도이다.

그러나 파리 사람들이 그를 이렇게 이해한다고 해도 그들은 그와는 멀리 떨어져 있다. 그는 그들에게서 그 자신이 느끼는 감정을 재발견할 수 없다. 바로 이런 것이 그가 파리의 문화에 대해 취하는 이중적인 자세이다. 그리고 그는 프랑스에 대해서도 역시 이러한 이중적인 자세를 취한다. 그는 스위스 사람으로 남는다. 그의 마음은 제네바에 있고, 그곳에는 근대임에도 불구하고 아직도 고대에 어울리는 사람들이 있다. 그는 끊임없이 글을 쓴다. 그는 태생적으로 전제군주제의 적이고 완강한 공화주의자이지만, 프랑스인들을, 그가 비굴하다고 생각하는 그 민족을, 그의 견해로는 받아들일 수 있는 프랑스 정부를 각별히 좋아하는 마음을 어쩔 수 없다.

이런 식으로 루소는 프랑스 문화의 한복판에서 살았다. 그는 프랑스 문화가 앞세우는 정신적이고 문학적인 전통과 모든 것을 이해하는 기술과 가장 미세한 영혼의 움직임까지 표현하는 섬세한 정신이 제공하는 가능성에 이끌렸지만, 다른 한편으로는 프랑스인들이 살고 있는 사회적이고 정치적인 조건과 그들의 극단적인 양식화와 자신들이나 다른 사람들이 느끼는 것에 대해 두는 거리에 대해 반감을 가졌다. 자신의 감정들 사이에서 이렇게 끊임없이 흔들리면서 생겨나는 고통, 바로 이것이 그의 내면에서 새로운 인간에 대한 생각, 인간에게 인간으로서의 가치에 대한 새로운 의식을 부여하고자 하는 생각을 만들어 낸다.

그가 파리 사람들에게서 주목하는 것은 사교계에서 앞에 나서고 평판을 얻으려는 그들의 욕구이다. 각자는 독특하게 보이고 싶어 하고, 생각하고 자신을 표현하는 방식에서 어떤 스타일을 채택하고 싶어 하고, 어느 정도 자기 고유의 사고방식을 만들어 내고 싶어 한다. 또한 다른 사람들과의 관계 안에서 사물들을 보는 자기 나름의 '방식'을 찾고, 어떤 점에서는 연극으로 이해되는 지성적인 사교계 전체에서 하나의 역할을 연기하고 싶어 한다.

루소는 이러한 양식화를 우선 사회학자로서 관찰한다. 서로가 서로에 대해 연기하며 자신을 위한 일종의 실루엣을 창조하는 이러한 삶의 방식은 사람들이 서로 거리를 두기 위해 취하는 태도 외에 아무것도 아니다. 각자는 다른 사람들에 대해 주목의 대상이 되고 있다는 사실을 의식하고 있으며, 게다가 그들에게 단지 자신에 대해 보여 주고 싶어 하는 이미지에 일치하는 것만을 보여 준다. 그러나 이러한 행동은 단지 외적인 것만이 아니다. 사교계에서 평판을 얻는 것만이 중요한 것이 아니라 가치의 몇몇 원칙에 자신의 영혼을 맞추는 것이 중요하다. 인간은 자신을 무언가 대단한 존재로 만들고 어떤 점에서는 자신에게 일종의 성격을 만들어 부여할 때에만 가치를 획득한다. 그는 자신이 스스로를 만들기 때문에, 사람들은 그를 미학적이나 도덕적 영역에 속하는 가치의 몇몇 원칙에 따라 판단할 수 있다. 그렇다면 자연에 의해 만들어지는 가치들의 차이는 어떤 것이 될 것인가?

코르네유의 주인공들에 대해 생각하는 것으로 충분하다. 그들은 순간순간에 고귀함의 이상을 실현하고 삶의 비극적인 순간에는 지고

한 이성의 원칙들에 따라 자신을 위해 고결한 영혼을 만들기 때문에 위대하다. 영혼을 도야하는 것은 이성이고, 이성은 영혼에게 그 가치와 위대함을 부여한다. 이러한 주인공들과 비교하면 다른 인물들은 비극에 등장하기 적합하지 않은 비천한 영혼의 소유자들이다. 영혼 자체는 단지 정념의 집합체로 이해된다. 사람들이 그 정념 하나하나를 어떻게 평가하는지는 중요하지 않다. 정념이 풍부한 영혼은 이제는 단지 이성의 활동 장소이고, 오직 이성에 의해 통일성을 부여받을 수 있으며 오직 이성에 의해 도야되었다는 사실로부터만 그 도덕적 가치를 획득하는 어떤 것이다.

그러나 예전 사람들이 영혼을 도야할 수 있는 이성의 절대적인 힘을 믿었다면, 이제 이러한 믿음은 사라졌다. 정념이 영혼을 지배하기 때문에, 영혼이 느끼는 것은 새로운 중요성, 즉 라신이 영혼에게 부여하게 될 비극적 가치를 갖게 될 것이다. 그럼에도 불구하고 평가의 원칙은 동일하게 남는다. 영혼은 이성에 저항하는 것이다. 이성은 영혼과 비극적인 전투에 돌입한다. 지금 사람들은 바로 이렇게 상황을 이해한다. 그리고 이러한 관점에서 영혼은 점점 더 혼란스러운 것이 된다. 영혼이 이성에 의해 일관적인 전체로 만들어질 수 없다는 바로 그 이유 때문에 영혼은 모든 의미를 잃는다.

바로 이러한 것이 볼테르가 위대한 시대라고 부르는 시대, 크고 단순한 원칙들에 따라 영혼의 도야 문제를 끊임없이 자신에게 제기하는 그 시대의 인류학적 이해이며, 영혼의 도야라는 문제에 대해서 영혼은 고결할 수밖에 없다. 반대로 18세기는 영혼이 취할 수 있는 다양한 형태에 끌린다고 느낀다. 더 이상 한편에는 이성이 있고 또 다른 한편에는 정념이 있는 것이 아니다. 그것은 더 이상 영웅적인 인간이 아니라, 영혼에서 생겨나는 일련의 운동들이 전개되고 얽히는 것, 한 사례에서 다른 사례로 개입하는 지성, 자기 자신을 분화된 전체로—어떤 점에서 지성에 접근 가능하며, 다양한 형태를 취하는 전체—만드는 인간이다. 혹은 그것은 이후 인간의 감정과 생각을 인도주의적인 위대한 목적을 향해 이끌고 가면서, 또 18세기의 위대한 열정을 인류의 행복을 지향하는 활동으로 전환시키면서, 인간을 단일하게 양식화하는 것이 된다.

그러나 이 두 가지 경우에 인류학적 이해는 동일하다. 사람들은 영혼에 하나의 가치와 성격을 부여하기를 원한다. 그런데 바로 이것을 루소가 허용할 수 없었던 것 같아 보인다. 그에게 가치 있는 것은 자기 자신의 삶 속에 있는 영혼, 자연이 만들었던 것과 같은 영혼이다. 영혼은 그 자체로 선량하다. 영혼을 도야하는 이 모든 것은 영혼에 가치를 부여할 수 없어 보이는 단지 인위적인 산물들에 불과하다. 영혼의 진정한 삶은 무엇인가를 보고 표현하는 것이지 사람들이 영혼으로 무엇을 만들었느냐는 것이 아니다. 영혼의 유일한 목적은 자기 자신의 삶을 사는 것이어야 한다. 교육 전체가 지향해야 하는 바는 바로 그런 것이지, 합리적인 가치의 원칙들에 따라 인간을 변화시키는 것이 아니다. 루소 자신도 이러한 관점의 희생물이었다. 그는 무엇인가 대단한 사람이 되어서 사람들의 이목을 끌어야만 하지 않았던가? 사회의 적? 좋다. 그것은 이해될 수 있었다. 그러나 나는 자연이 만든 것과 같은 그냥 인간, 선량한 인간 이외의 다른 아무것도 아니다. 그런데 그것이야말로 사람들이 이해하기를 원치 않는 것이다.

두 가지 서로 다른 삶의 방식이 있다. 너는 너 자신을 위대하고 아름다운 어떤 것으로 만들 수 있다. 그러기 위해서는 네 영혼에 질서와 명확함을 부여하고 매 순간 네가 느끼고 생각하는 것이 고귀하고 너의 이상에 일치하는가를 스스로에게 물어야 한다. 너는 심지어 사회에서 이렇게 어떤 역할을 수행할 수 있고 사회에서 어떤 특별한 용도를 가질 수 있으며 인류의 진보에 기여할 수 있다. 아니면 너는 네 영혼에 스스로를 내맡기고 영혼이란 무엇인가 물을 수 있다. 그리고 자신의 삶을 산다면 그때서야 너는 행복해질 것이다. 영혼이 자신의 진정성과 현실 속에서 느끼는 것, 그것이 최종적인 가치이다. 너의 감정은 네 안에 있다. 그것은 너를 고양시키고 이끈다. 네 영혼을 믿어라. 다른 사람들이 자신의 영혼을 도야하는 데 개입할 수 있다고 믿을 때 그들은 착각하는 것이다. 그들의 멋진 행동에도 불구하고 그들은 영혼에 단지 외면적인 삶만을 부여할 수 있다. 그들은 자신이 그래야 된다고 믿는 존재를 추구하면서 있는 그대로의 자신의 존재를 왜곡할 뿐이다. 네 영혼에 사람들이 가하고 싶어 하는 모든 변형을 멀리하고 네 영혼의 진정한 삶을 살아라.

이렇게 해서 영혼은 새로운 가치를 획득한다. 바로 이 점에서 루소는 다음 세대에 영향을 미쳤다. 사람들은 영혼 안에서 일어나는 모든 야만적인 것, 혼돈스러운 것, 혼란스러운 것을 스스로에게 털어놓을 수 있는 것으로 보인다. 점차 사람들은 자기가 내보이는 것으로 인해 그가 더욱 완벽한 인간으로 보이거나 단지 더 주목할 만한 사람으로 보이기 때문에 외부로부터 가치를 얻는지를 더 이상 자신에게 묻지 않는다. 그는 영혼이 거기서 더욱 완벽하게 표현되는 정도에 따라 자신이 내보이는 것에 가치를 부여한다. 각각의 사건에 고유한 의미에서 체험된 사건들의 풍성함 전체, 사물들이 먼저 지적인 해석을 통과하지 않고 영혼에 만들어 내는 직접적인 인상, 불명확하고 간접적인 방식으로 영혼을 표현하는 것 모두를 분간하기 위한 극도의 감수성, 존재 전체를 자신이 느꼈던 감정들에 그리고 고통과 즐거움의 충만함 전체에 그냥 내맡기는 것, 이러한 것들이 루소가 낭만주의 문학에 미쳤던 영향력을 설명하는 근거들이다.

루소가 인간을 이해했던 방식이 대혁명의 철학에 끼친 영향력에 대해 말하면, 그것은 아주 다르게 설명된다. 영혼이 사람들과 사물들과의 모든 관계에서 절연된 채 그 자체로 존재한다고 간주될 때, 영혼 자체에서 발생하는 것에 대해 새로운 가치가 부여된다. 그때 이러한 개념을 인간에게 옮겨 적용하면, 인간은 사회 전체로부터 절연되어 그 자체로 존재하는 것으로 간주된다. 그는 이렇게 그 자신의 의지에 의해 어떤 가치를, 사회 전체로부터 독립적인 가치를 획득한다. 사회는 그가 사회와 맺고 있는 관계, 그가 사회에서 차지하는 위치와 그가 수행하는 기능에 따라 그의 가치를 결정하는데, 더 이상 그런 결정을 내리는 것은 사회가 아니다. 그는 자기 내면 안에 자신의 가치를 담고 있다. 사람들이 볼 때 그는 농부나 장인이나 대신이다. 사회가 원하는 것은 바로 이런 것이다. 그러나 그것은 단지 외관적 존재, 즉 사회적인 존재에 불과하다. 사실 그 자체로 그는 자기 자신의 삶을 사는 영혼, 자기 자신의 가치를 지니는 영혼이다. 인간의 본질을 이루는 것에 대한 내적인 체험, 그리고 루소가 인간의 본질에 부여하는 중요성은 바로 이렇게 한편으로는 예술에서 새로운 표현 형태로 이르고, 다른 한편으로는 사회와 마주한 자신에 대한 새로운 자각에 이른다. 나는 본성상 한 인간, 자신을 의식하기에 이른 인간, 자연적으로 선량한 삶이 근본 여건으로 주어진 인간, 자연인이다. 이러한 관점에서 대혁명의 결과는 명백하다. 이러한 자의식, 사회와의 모든 관계로부터 독립적인 인간으로서 자신의 가치를 획득한 인간은 현행 사회질서를 거부하고 그것과 대립할 수밖에 없다. 그리고 그가 사회에 대항하여 내세우는 것은 순전히 추상적인 관념이 아니다. 그는 자신의 내면에서 인간으로 존재하는 것이 무엇인지를 느꼈다. 그는 모든 사회 이전에 존재했던 것과 같은 자연인을 구체적으로 상상했다. 사정이 이렇기 때문에 인간의 본질적인 가치는 사회에 의해 결정될 수 없다. 인간의 가치를 인간은 자신 안에 담고 있다. 사회는 단지 그에게 시민에게 고유한 가치들만을 부여할 뿐이다. 지금까지 루소에게 문제가 되는 것은 단지 자연인이다. 사회 상태는 아직 그에게는 자연에 반하는 상태이다. 자연인과 사회인의 관계에 대한 문제는 프랑스 대혁명의 철학이 자신에게 제기할 문제들 중의 하나가 될 것이다. 자연 상태와 사회 상태 사이에 대립이 있다는 것을 인정하고 싶어 하지 않으며 사회 상태가 자연 상태를 보완하는 것이라고 볼 사람들이 많을 것이다. 그러나 전체적인 문제는 사회에서 인간에게 고유한 가치를 실현하는 데 있다. 자연이 만들었던 것과 같은 인간은 근본적인 여건으로 남아 있어야 하며, 있는 그대로의 인간, 그저 인간 자체에 결부되어야만 하는 절대적 가치로부터 출발하여 새로운 사회를 건설하는 것이 임무가 될 것이다.

우리는 이러한 관점이 계몽주의 시대 철학의 관점과 대비를 이루고 있다는 점과 마찬가지로 그 관점이 내포할 수 있는 민주적 결과들을 어려움 없이 이해할 수 있다. 18세기 사람들은 로마의 역사와 스토아철학의 격언과 결코 자신에 대한 통제를 잃지 않는 영웅들로부터 착상을 얻은 비극을 만들었다. 그들은 왕, 지배하기 위해 태어난 사람들이다. 반대로 다른 사람들은 자신의 본능에 따라 산다. 그들은 일상적인 삶을 살며 위대한 비극에서 기껏해야 단역을 맡는다. 아니면 사람들은 학자들의 인문주의적 이상을 추구한다. 인기 있는 사람은 학식이 풍부하고 박학자이며 훌륭한 취향을 지닌 인간이다. 사람들은 학자, 예술가, 최고의 예술 애호가들에 이르게 된다. 게다가 훌륭한 취향에 대한 이러한 관심은 18세기에 계속 높아진다. 볼테르는 논쟁적인 활동과 파렴치한 것을 타도하는 투쟁 외에도 지속적으로 취향에 대한 문제들에 몰두했다. 반면 다방면의 역사에 대한 박학이라는 이상은 그 중요성을 잃는다. 그것은 비판적 정신을 사용하여 커다란 문제들과 삶의 다양한 상황에서 방향을 잡을 줄 아는 계몽된 인간, 성찰하고 사유할 능력이 있는 사람이라는 이상으로 대체된다. 이렇게 해서 사람들 사이에서 가치의 새로운 질서가 생겨난다. 점차로 홀로 있는 위대한 학자나 위대한 사상가가 아니라 사유 능력을 깨워야만 하는 대중, 즉 수많은 사람이 이상이 된다. 사유는 모든 사람들이 지닌 속성이다. 이러한 관점에서 이끌어 낼 수 있는 결과는 혁명적이 되지 않을 수 없다. 사회에서 사람들이 차지하는 지위는 그들이 소유한 지성의 정도에 일치하지 않는다.

이렇게 해서 사람들은 능력에 기초한 민주주의의 개념에 이른다. 바로 지성이 군림해야만 한다면, 지성이 있는 곳에서 그것을 찾아야 하며 사람들 각각에게 모든 직업에 접근할 수 있는 가능성을 부여해야 한다. 게다가 민중 자신이 정치적인 영역에서 자신과 관계되는 걸 정을 내려야 한다는 것을 원칙적으로 인정해야 한다. 자기 마음대로 할 수 있는 민중의 권리, 경제와 과학과 정치 분야에서 모든 힘의 자유로운 신장, 자기 삶을 마음대로 살고, 자기 마음 내키는 대로 생각할 자유. 이 모든 것이 계몽주의 시대의 철학이 만들어 내는 일부가 된다. 그러나 18세기 철학자들은 자신들이 민주적 해결책을 지향하는 곳에서조차도 자신들의 생각을 끝까지 관철시키지 않았다. 그들은 언제나 사람들 중 선택해야 한다는 생각으로, 그 시대에 이용 가능한 사람들의 능력 정도에 따라 결정되는 사회질서로 되돌아온다. 그들은 모든 사람에게 공통적인 가치가 아니라 귀족주의적인 가치 개념에서 출발한다.

　루소는 이러한 가치들의 모든 위계질서에 반기를 든다. 그가 영혼의 영웅적 태도, 유덕한 인간, 플루타르코스의 책에 등장하는 유명 인물들을 모르기 때문이 아니다. 그러나 이러한 자기통제, 이러한 미덕은 단지 사회생활의 산물에 불과하다. 그것은 사회의 구성원 각각이 처해 있는 지속적인 필요성, 사회에 적응하고 사회와 일체를 이루어야 한다는 지속적인 필요성에서 나온다. 인간의 진정한 선량함, 자연적 선량함은 본성상 그렇듯이, 또 그가 자기 영혼의 삶을 살면서 느끼는 것과 같이 그의 내면에 존재한다. 그리고 훌륭한 취향, 박학, 지성 등 모든 다른 가치는 영혼의 본질과 아무런 관계가 없다. 그것들은 외부에서 오는 것이며 영혼에 이질적인 것이다. 인간들이 느끼는 즐거움, 고통과 사랑, 바로 이러한 것들이 인간의 가치를 이루는 것이다. 그러므로 그들에게는 자신의 삶을 사는 영혼을 갖는 것으로 충분해야 한다. 나머지 모든 것은 단지 사람들 사이에 만들어진 인위적인 구별에 불과하다.

　거기에는 아주 다른 개념의 민주주의가 있다. 중요한 것은 특별히 내세울 것도 없는 사람들이다. 그들은 세상에서 어떤 역할도 맡지 않고, 자신들의 고락을 매일매일 살아가며, 이웃들로 이루어진 협소한 범위 내에서 삶을 보내고, 자신들의 구원을 믿는다. 인간은 자신의 가치에 대한 새로운 의식을 획득했다. 그는 더 이상 자신이 어떤 가치를 외부에 내세울 수 있는지 자문하지 않으며 자신의 가치가 단지 존재하고 있다는 유일한 사실, 자신의 존재 자체 안에 있다고 느낀다. 대혁명은 이렇게 민중을 이해했다. 서로 앞지르고자 하지 않으며 다른 사람들과 공유되지 않을 어떠한 가치도 자신의 것으로 내세우지 않는 사람들의 무리, 하루는 여기서 또 하루는 저기서 되는대로 살며 어린 시절부터 어른이 될 때까지 가족과 자신이 사는 곳 말고는 아는 데도 없고 멀리 떨어진 곳에서는 무슨 일이 일어나는지 모르며 오직 진정한 인간의 고락만을 아는 신분이 낮은 사람들. 그리고 이들 모두는 평등하다. 이 때문에 그들에게는 살아가는 것 그리고 자신의 감정을 듣는 것으로 충분하다.

　루소는 적어도 이렇게 민주주의를 이해한다. '모든 사람은 평등하다'라는 말은 그에게 모든 사람이 동일한 능력과 동일한 도덕적 수준을 지녔음을 의미하지 않는다. 그것이 의미하는 바는 모든 사람이 동일한 고락을 느끼며 동일한 본성과 동일한 반응을 가졌다는 것이다. 그러나 그들이 평등하다는 바로 그 이유로 그들은 서로 비교될 수 없을 것이다. 각자는 자기 자신에 따라, 자신의 본성에 따라 가치를 지닌다. 문화적 기능의 차원에서 사람들 각자에게 특유의 역할을 배분하면서 그들 사이에서 불평등을 만드는 것은 사회질서이다. 사회질서야말로 각각의 사람이 다른 사람들의 가치와 비교하여 자신의 가치를 의식하게 만든다. 인간은 지위를 획득하고 결정된 가치의 위계질서 내로 스스로 들어가 자신에게 어울리는 사회계층의 한 자리를 차지한다. 그러나 그를 모든 사회적인 연관관계들로부터 해방시키고 다른 사람들이 그에게 부과하는 중요성을 제외하고 그를 보면, 그는 즉시 단지 사람으로, 있는 그대로의 사람으로 남는다. 그리고 그의 가치는 상대적인 방식으로, 즉 더 많거나 더 적거나 하는 방식으로 표현될 수 없다. 그의 삶은 다른 사람들에게 더 소중하거나 덜 소중할 수 있는데, 이것이 바로 관계이다. 그러나 그의 삶 자체, 그의 내면에서 일어나는 모든 것과 그가 느끼는 모든 것은 더 많거나 더 적거나 하는 방식으로 평가되지 않는다. 인간의 본성과 본질 자체를 이루는 것은 바로 삶, 자신의 내면에서 일어나는 것을 느낀다는 사실이기 때문이다. 인간은 본성상 평등하다. 그들 간의 차이는 오직 그들의 존재와는 무관한, 사람들이 그들에게 부여하는 중요성에서만 생겨난다. 어떤 사람이 다른 사람보다 더 부유하다는 것은 말하자면 사회질서 내에서 그가 다른 사람보다 더욱 큰 즐거움의 영역을 부여받았다는 것이다. 또 어떤 사람이 다른 사람보다 더 유덕하다는 것은 사회질서 내에서 그가 다른 사람보다 몇몇 요구에 더욱 잘 적응하고 사회에 대한 자신의 의무를 더 잘 수행할 수 있다는 것을 의미한다.

이 모든 것은 있는 그대로의 인간과는 아무런 상관이 없다. 인간이 어떤 목표를 품고 자연이 그에게 주지 않았던 가치들을 지향하자마자, 그는 점점 더 자신의 진정한 삶에서 멀어지고 자기 자신에게 고유한 가치들을 상실한다. 그는 사회가 그를 가지고 만드는 존재, 인위적인 가치, 자기 것이 아닌 가치가 된다. 그는 더 이상 진실로 자기가 아니다. 그는 자신의 자연적인 가치를 상실한다. 바로 이러한 이유로 사람들이 사회에서 어떤 지위를 덜 받아들일수록, 그들은 더욱 자연에 일치하는 삶을 영위하고, 더욱 자신이 타고난 가치를 실현한다. 민중에 속하는 사람들은 이러한 자연적 가치의 상당 부분을 간직하고 있다. 그들은 말의 진정한 의미에서 다른 사람들보다 더 인간이다. 루소가 평등을 이해하는 것은 바로 이런 식이다. 그것은 여전히 민중에서 재발견되는 것과 같은 그냥 인간, 자연인이 구현하는 가치에 근거한 민주주의이다.

대혁명의 관점에서 볼 때 루소가 자연인에 대해 갖는 이러한 생각에서 긍정적인 것은 그가 예전 사회를 형성하는 사람들과는 다른 사람을 이런 식으로 묘사한다는 것이며, 또한 그가 모든 사회적 위계질서 바깥에 존재하는 인간, 그냥 인간 자체, 인간이라는 사실 하나만을 가진 그대로의 인간을 본다는 것이다. 그에게서 우리들 모두를 평등하게 만드는 것은 바로 이러한 인간의 자질에 있다. 그리고 그는 이 자연인의 이미지를 민중에게서 재발견하는데, 민중에게서는 이 자연적으로 인간적인 가치들이 다른 어느 사람들보다 더 순수하게 보존되어 있기 때문이다. 이쯤 말하고 대혁명 동안 『사회계약론Le Contrat social』의 시민이 수행한 역할은 제외할 것인데, 그것은 또 다른 일련의 사유들 내에서 다루어질 것이다.

루소와 볼테르가 대혁명에 미친 영향의 변증법

루소와 볼테르가 대표하는 18세기의 두 가지 커다란 정신적 경향은 혁명 기간 내내 나란히 작용했다. 그들의 공통점은 보편적으로 인간적인 것의 가치를 부각시킨다는 점이다. 이 두 사람은 혁명이 인간에 대해 품게 될 생각을 준비한다. 계몽주의 시대의 철학에서 비롯된 민주주의의 개념에 따르면, 지성은 각 개인에게 부여되어 있다. 그의 판단 능력에서 도출되는 결론의 명료함에 비추어 인간은 모든 경우에 자기 나름의 입장을 취할 수 있고 지적인 영역에서는 완전한 독립성을 누린다. 이러한 관점은 루소의 관점과 다르지 않다. 이것은 정치적 영역에 적용될 때 모든 인간이 계몽되기만 한다면 스스로 국사를 판단할 수 있다는 것을 의미하게 될 것이다. 사람들은 이제 국가의 고관들만이 국가와 관련된 일련의 문제들을 전체적으로 파악하는 능력을 가지고 있다고 생각하지 않는다. 정치는 더 이상 소수의 유능한 사람들만이 관여할 수 있는 과학이나 기술이 아니다. 각각의 인간은 사유 능력을 천부적으로 지녔기 때문에 다른 모든 사람처럼 정치에 대해 성찰할 수 있다. 이러한 성찰은 이제는 또 여론과 언론과 자유 토론을 통해 뒷받침을 받아야 한다. 볼테르의 재능, 즉 상황을 이해 가능하게 만들고, 종교적이고 철학적인 문제에서 길을 잃지 않고, 비판적 성찰과 토론의 즐거움에 몰두하고, 필요할 때 실제 삶에 합리적인 관점을 개입시키는 그의 재능을 정치적 영역에 적용시켜야 한다. 볼테르는 사회적 상황으로 인해 지적 능력을 사용하지 못하는 사람들이 많다고 생각한다. 그들의 권리를 인정하기 위해서는 가치에 대한 또 다른 감정, 즉 있는 그대로의 인간이 지닌 가치에 대한 감정이 조명받아야 했다. 그럼에도 불구하고 개인의 지성이 갖는 절대권을 계속 원칙으로 삼아야 하는 것은 맞다. 바로 그때 민중을 교육시키고 다수의 사람으로 하여금 자신들의 사유 능력을 행사하지 못하도록 방해하는 상황들을 가능한 한 축소시키는 것이 급선무로 제시된다. 요컨대 진정한 문제는 어떻게 계몽주의 시대의 철학을 전파하고 사람들에게 스스로 생각하는 법을 가르칠 것인지를 스스로에게 물어보는 것이다.

그러나 볼테르와 루소가 프랑스 대혁명에 미친 영향의 관점에서 보면 또 하나의 공통점이 있는데, 사람들 각자는 자신 안에 자신이 살기 위해 필요한 것을 가지고 있다고 생각한다는 것이다. 있는 그대로의 인간은 자신과 관계없는 지식을 필요로 하지 않는다. 그들에게 철학의 가치는 철학이 인간적인 것과 맺는 관계에, 사람들이 살아가면서 취하는 행동에서 철학이 사람들에게 영향력을 행사할 수 있는 가능성에 있다. 이러한 관점은 당연히 동시대인들이 사는 상태에 반대하는 입장을 취하도록 이끈다. 볼테르는 역사의 다양한 시기를 비판하려고 시도한다. 기독교의 도래 이후 일어나고 있는 일들과 현재의 상황은 이성과 일치하지 않는다. 루소에 대해 말하면 그는 자신의 주변에서 관찰하는 삶의 형태들에 대해 반기를 든다. 왜냐하면 그것들은 자연에 일치하지 않고, 자연의 요구를 따르는 삶의 형태들이 아니기 때문이다. 이 두 가지 경우에 사회 현실과의 접촉에서 부정적인 반응이 생겨났다. 그 하나는 논리적 성찰이 도달했던 결과의 명료함 덕분에, 또 다른 하나는 내면의 성찰 덕분이다. 현재의 사회 상태는 불합리하며 또 자연에 반한다. 한편에서는 새로운 지배, 이성의 지배에 대한 희망이 생겨나고 다른 한편에서는 인간이 자연에 따라 살았던, 사회가 형성되기 이전의 시대에 대한 이미지가 생겨난다. 이 두 가지 이해 방식은 역사가 기여한 바를 인정하는 것을 거부하는 데에서 나온다. 볼테르와 루소는 이렇게 거부하는 것에서 일치하듯이 인류가 다른 시대에 도달하는 것을 보고 싶어 하는 희망과 개인적 성찰의 유용성에 대한 믿음에서 서로 일치한다. 그렇지만 그들은 무엇이 특별히 인간적인가라는 문제에서는 의견이 같지 않다. 볼테르가 인간의 가치를 사유 능력과 그 능력이 도달하는 결론의 명료함에 둔다면, 루소는 인간이 자신의 내면으로 돌아갈 때 느끼는 것에 그 가치를 둔다. 볼테르는 인류에게 그들이 더 훌륭해지고 더 행복해지고 더 계몽되는 새로운 시대에 대해 말한다. 그는 사람들에게 이 새로운 왕국을 위해 싸우도록 그들을 자극할 위대한 열정을 깨우고 싶어 한다. 인간의 이성에 대한 그의 믿음은 그를 희망으로 가득 채운다. 그는 인간 정신을 위한 발전의 모든 가능성을 예감한다. 루소에 대해 말하면 그는 사람들에게 그들의 영혼, 그들의 본성, 그들의 내면에 있는 행복, 사랑하고 사랑받고 싶어 하는 욕구에 대해 말한다.

이러한 두 가지 관점은 프랑스 대혁명 동안 지속적으로 영향력을 행사한다. 이것들은 가장 다양한 형태를 취하면서 또 더 의식적이거나 덜 의식적인 형태를 취하면서 때로는 서로 결합하고 때로는 서로 대립한다. 그러나 마침내 승리를 거두는 것은 루소의 이해 방식이다. 계몽주의 시대 철학자들의 말만 듣는다면, 어떻게 민중과 대중의 공적을 인정할 수 있겠는가? 철학자들은 지금까지는 짐작도 못 했던 발전의 가능성과 전체 민중으로 확산될 풍요로움과 경제와 정치, 과학 분야에서 이루어질 엄청난 활동과 세계 문화에 대해 말한다. 민중은 계몽되고 고귀해지고 위대해질 것이다. 철학자들과 관련된 것을 말하자면, 그들은 자신들에게 주인공 역할, 민중의 은인이라는 역할을 마련해 두고 있다. 그러나 그들의 적수들은 이 모든 것을 인정한다 해도 "당신들은 결코 민중을 사랑한 적이 없지 않느냐"라고 반박한다. "당신들은 민중, 자기 자신들의 고통으로 괴로워하며 자기 자신들의 기쁨으로 즐거워하는 이 사람들, 사람들이 그들에게 이야기해 주지만 단지 그들을 속이는 데만 쓰이는 그 모든 휘황찬란함과는 전혀 상관이 없는 이 사람들에 대해 무엇을 알고 있는가? 특별한 것은 아무것도 없이, 위대한 생각을 추구하지 않고 단지 자신들의 자연적인 선량함 안에서 하루하루를 사는 이 사람들이 당신들에게 무슨 상관인가? 당신들은 그들을 좋게 평가하기 위해서 그들에게 꾸며 낸 가짜 가치를 부여해야 했지만, 그들 내면의 삶에 대해 아무런 관심이 없었다."

그 후 19세기에 들어와 프랑스에서 다시 등장하는 것은 볼테르의 정신, 계몽주의 시대의 철학 정신이다. 지적인 자세, 비판하고 부정하며 속지 않으며 합리적인 것과 사람들이 스스로 이해하는 것만을 믿으려는 경향, 합리적이고 올바른 것에 대한 열정, 교회와의 투쟁을 통해 정치적 영역에서 완전히 볼테르의 노선을 따라 표현되며 승리를 거둔 후에는 과학에 적용되어 실증주의에 이르는 우리에게 이미 알려진 그렇게나 많은 사실들이 그것이다. 동시에 루소의 영향력은 한편으로는 서정시, 자서전, 심리소설을 통해 문학적 영역에서, 다른 한편으로는 사회주의적 성향을 고무시키는 그의 생각하고 느끼는 방식을 통해 정치적 영역에서 뚜렷이 나타난다.

그러나 대혁명 직전의 시기에 이 두 가지 관점은 무엇보다도 보편적으로 인간적인 것을 내세우는 공통된 경향을 통해 영향력을 행사했다. 인간을 평가하고 이해하는 모든 새로운 방식은 이 두 가지 위대한 이해 방식들 중 하나와 관련이 있다. 중농주의자들은 인간이 경제적 영역에서 독립성을 획득하기를 바란다. 왜냐하면 본인을 제외한 그 누구도 본인 자신의 이익에 더 신경 쓰지 못하며 자신의 이익을 위해 무엇을 해야 하는지 더 잘 알지 못하기 때문이다. 그는 결정된 목표를 추구하는 거래가 갖는 확실성을 경험한 후, 자연이 그 법칙을 통해 조정해 놓은 경제적 관계를 자유롭게 맺기를 원한다. 또한 사람들이 있는 곳에서는 어디서나 인간에게 어울리는 삶을 요구하는 모든 박애주의적 경향들이 존재하며, 이웃에 대한 사랑과 박애를 설교하는 기독교적 사유의 흐름들도 존재한다. 18세기 후반의 모든 경향은 인간에 집중되어 있다. 과학적 지식도 객관적이기를 멈추며, 오직 인간의 삶에 개입하는 한에서만 존재 이유를 갖는다. 루소와 그를 직접적으로 표방하는 사람들은 과학의 진보에 대해 반대 입장을 취했는데, 그 이유는 과학적 지식이 내면의 삶, 인간의 진정한 삶과는 아무런 연관이 없기 때문이다. 그들은 인간의 영혼과 인간의 진정한 삶에 의미를 지닐 수 있는 것만을 찾았다.

종교까지도 점점 더 인간의 삶으로 방향을 잡는다. 그것은 초월적인 모든 교리를 멀리하고 사람들로 하여금 신을 기쁘게 하는 삶을 살게끔 노력하는 자연 종교이다. 혹은 종교가 교조적이고 초월적인 형태를 유지하고 있을 때라도, 그것은 인간의 운명을 그 교리를 통해 해석하려고 시도하며 인류 속에서 신의 목표에 도달하기를 바란다.

인도주의적 방향으로 형법을 개혁하기 위한 개선안이나 제안들,

과학적 발견을 대중화하는 에세이들, 외국에서의 삶이나 과거의 삶을 묘사하는 글들, 모든 종류의 정치사회적인 보고서 등과 마찬가지로 경제적 관계에 대한 연구들을 발표하는 수많은 저술이 등장한다. 그리고 모든 것의 대상은 인간, 그 시대의 인간이다. 미라보, 콩도르세, 뒤퐁 드 느무르,[10] 라보 생 테티엔, 랭게,[11] 브리소[12]를 예로 드는 것으로 충분하리라. 문학은 실천적인 것이 되었다. 도처에서 삶의 조건을 바꾸고 인류의 행복을 위해 행동하려는 욕망이 느껴진다. 사람들이 인간을 감상적 측면에서 바라보면서 진정한 인간, 즉 자연인을 고려하든, 혹은 진보나 인간이 내포하는 발전 가능성이나 인간을 변화시키는 이성이 갖는 힘의 측면에서 이해하든, 사람들이 추구하는 목표와 최종적인 가치는 언제나 인간이며, 그것은 모든 인간에 적용된다. 이러한 가치의 실현에 도달하기 위해 현재의 체제를 전복시키고 인간의 본성에 부응하는 사회적 조건을 만들려는 요구, 그리고 마침내는 현재의 상태와 대비를 이루는 인류의 완전히 다른 상태를 상상하는 가능성이 바로 이러한 식으로 생겨난다. 루소가 자신이 다른 사람들과 그렇게 다르다고 느끼고 파리 사교계에서 매우 낯선 느낌을 가졌을 때 그에게 그럴 기회가 주어졌던 것처럼 말이다.

---

10 〈역주〉 Pierre Samuel du Pont de Nemours(1739~1817): 프랑스의 정치가이자 철학자이며, 중농주의 경제학자에 속한다.

11 〈역주〉 Simon-Nicolas-Henri Linguet(1736~1794): 프랑스의 변호사이자 문학자로, 노동계급의 편에 서서 경제적 자유주의에 반대했다.

12 〈역주〉 Jacques Pierre Brissot(1754~1793): 프랑스 대혁명 당시 지롱드파의 지도자로 로베스피에르에게 대항했으나 패배해 1793년 처형되었다.

인간, 권리의 자연적 주체

근본 가치인 인간을 중심 목표로 삼고 인류의 행복을 위해 행동할 열정을 갖는 것, 이것이 대혁명 초기의 지배적인 관점이다. 먼저 이러한 관점은 예를 들면 하층계급의 상황 혹은 이와 유사한 다른 대상들과 관계가 있는 개혁들에 이를 수밖에 없었다. 혹은 그것은 루소의 방향을 따라 인류의 황금시대의 전망을 유발시켜 유토피아를 만들도록 자극을 줄 수 있었다. 사람들은 한편으로는 인간이 상징하는 근본 가치를 생각에 두고 있었고, 또 다른 한편에서는 사회적 수단들과 이러한 가치의 권리를 인정할 인류의 이상적 상태에 대한 몇몇 생각을 가지고 있었다. 그러나 이러한 수단들 중 어떤 것도, 이러한 유토피아들 중 어떤 것도 혁명적 요구로서 생각될 수 없었다. 그것들은 단지 가능성, 소원, 꿈에 불과했고, 게다가 다양한 방식으로 생각될 수 있었기 때문이다. 예를 들어 오래된 원칙에 따르면 국민의 행복이 최고의 법이 되어야 한다. 물론 이러한 원칙은 인간에 대한 새로운 이해에 비추어 새로운 의미를 획득했다. 18세기의 철학자들과 경제 이론들이 생각했던 것과 같은 국민의 행복은 훨씬 더 구체적인 개념이 되었다. 국민이 문화에 참여하게 하고 모든 경제적 힘을 해방시키고 각자에게 행복할 권리를 부여해야 한다는 말이 나올 때, 사람들은 그에 대해 훨씬 더 명확한 생각을 갖게 되었다. 그러나 대혁명의 관점에서 이러한 요구들 중 사람들이 동의할 수 있었을 요구는 어떤 것일까? 기껏해야 사람들은 어떤 수단을 사용할 것인가에 대해서 합의할 수 있었을 것이다. 그런데 이러한 수단들은 무엇이었을까? 우선 새로운 정체를 생각할 수 있었을 것이다. 어떤 것이 최상의 정체인가? 그 점에 대해 사람들은 문학을 통해 끊임없는 토론들을 벌였다.

법적이고 경제적인 방법에 의존하는 것. 자유무역이나 보호무역. 또 새로운 토론들. 다소간 실현 가능한 제안들 외에는 없었다. 심지어 사람들은 그 목적이 오직 점차적으로, 무한한 진보를 통해, 대중을 점진적으로 교육시킴으로써만 달성될 수 있을 것이라고 생각했던 것으로 보인다. 그러나 이 모든 것에서 사람들이 믿고 그것을 위해 투쟁했던 혁명적 요구, 즉 인간 그 자체의 가치와 인간이 누릴 권리가 있는 행복은 어디에 있었던가? 이러한 목적에 도달하기 위해 사람들이 상상할 수 있었던 모든 것은 더 유효하거나 덜 유효한 수단들이었다. 진정 혁명적인 교리를 내세우는 것에 대해 말하면, 그것은 아직 문제가 되지 않았다.

대혁명 이전 시기의 사람들이 도달했던 모든 결론은 즉각적인 혁명적 활동으로 이르지는 않았다. 루소의 자연인은 기껏해야 인류의 황금시대의 전망과 자연이 만든 것과 같은 인간에 대한 몽상으로 이른다. 루소에게서 자연 상태로 돌아가는 것은 혁명적 요구가 아니다. 그것은 자신이 사람들 사이에서 낯설다고 느끼는 고통과 사람들을 사랑하고 그들로부터 사랑받을 수 있다는 강렬한 욕망으로 유발된 감상적 태도이다. 인간은 오늘날 더 이상 원래 그랬던 존재가 아니다. 자연은 그를 지금과는 다른 존재로 만들었다. 그것이 그의 이론이 도달한 유일한 결론이다. 그러나 인간의 진정한 본성에서 생겨나는 요구들이란 무엇인가? 실천의 측면에서 특유하게 인간적인 것에 어떻게 권리를 인정할 수 있을까? 어떻게 인간에게 그의 본성을 긍정할 가능성을 부여할 수 있을까? 그것은 완전히 또 다른 문제이다. 볼테르에 대해 말하면, 그는 투사였다. 그는 이성과 정의의 몇몇 요구가 결실 맺는 것을 보고 싶어 한다. 그러나 이러한 요구들은 어떤 것인가? 그는 이성에 대한 신념과 이성을 지키려는 열정을 가지고 있다. 인간들을 계몽시키면 그들은 자신들이 무엇을 해야만 하는지 알게 될 것이다. 물론 볼테르는 언제나 깨어 있는 비판 감각, 새로운 지배에 대한 강한 믿음, 이 새로운 지배를 확립하기 위해 싸우는 것이 철학자들의 의무라는 깊은 확신이 있다. 그러나 그는 이러한 열의에도 불구하고 자신이 시도했던 투쟁의 목적을 교리처럼 표명할 필요를 느끼지 못했다. 그는 동일한 대의를 위해 싸우는 철학자들 사이에 연대감을 일깨우고 그들이 따라야 할 전략에 대해 동의하기를 바라지만, 이러한 투쟁의 결과들이 무엇이 될지는 미리 명확하게 말하지 않았다. 그는 일단 사람들이 합리적으로 된 다음에 미래가 어떻게 될 것인지 또 어떻게 되어야 하는지에 대해 분명한 생각을 갖지 못했다. 교리들을 명확히 말하면 그것들은 모두 전투에 참여한 철학자들 사이를 분열시키는 데만 사용될 것이다. 볼테르가 무엇보다도 피하고자 하는 바는 바로 그것이다. 이러한 철학자들의 군대에 들어가기를 원하지 않는 루소, 오직 자기 방식대로만 행동하기를 원하는 루소는 볼테르에게 철학자들을 배반한 "변절자"[13] 혹은 유다처럼 보였다.

그런데 몽테스키외로 거슬러 올라가면, 그는 단지 사회적인 삶에서 몇몇 목적을 달성하는 방법들만을 제시하지 이 중 어떤 것에도—그것이 심지어 자유라 할지라도—모든 상태에 규범 역할을 하고 혁명적 영향력을 가질 수 있는 절대적인 가치를 부여하지 않는다.

그러므로 대혁명 이전 시기에 불합리하고 자연에 어긋난다고 생각되는 기존의 사회 상태에 반대하는 감정, 합리적 관점들이라는 명분으로 이러한 상태에 개입하려는 욕구, 정치에서 유용한 도구들에 대한 지식, 개인이 자기 자신의 가치에 대해 갖는 새로운 인식, 민중

---

13 「볼테르가 달랑베르에게 보내는 편지」, 1761년 10월 31일.

에 대한 감정적 고양으로 인해 배가된 인간의 가치에 대한 새로운 인식 등이 발전했다. 이후 18세기 말경 인간에 대한 그리고 인류의 행복을 위해 행동해야 한다는 필요성에 대한 생각과 의견들이 집중적으로 증가했다. 이제 중요한 것은 아직은 확실하지 않은 이러한 모든 생각에 굳건한 기초를 찾는 것, 혁명적 요구들을 표명하고 실현할 수 있게 해 주는 일종의 사유 형태를 찾는 것이었다.

　인간의 절대적 가치는 훌륭히 확립되어 인정받고 있다. 그것은 이미 주어진 것이다. 그러나 그 절대적 가치가 정당한 권리를 인정받기 위해 어떻게 행동해야 하는지 우리에게 말해 줄 정도로 보편적인 성격을 지니는 규범은 어디에 있는가? 다시 몽테스키외로 돌아가자. 몽테스키외는 집단적 조직인 국가를 하나의 동일한 목적을 지향하는 법에 따라 만들어진 전체, 목적론적 통일체로 이해했다. 그러나 그는 보편적 관점에 따라 이 집단이 추구해야 하는 목적이 무엇인지 규정하지도 않고, 국가가 실현해야 할 최종적인 가치를 제시하지도 않는다. 그런데 이러한 가치는 현재 발견되어 있으며, 그것은 인간 스스로가 표현하는 가치이다. 다른 한편 볼테르는 잘 규정된 가치의 관점들에 따라 주어진 모든 것에 공격을 가하면서 비판 정신의 지배권을 확립했다. 그러므로 우리는 지금 무엇이 정당하고 부당한지를 안다. 그리고 우리는 어떻게 생생한 현실에 개입하여 그것을 바꾸고 법에 맞추어 만들지를 또한 알고 있다. 우리는 결정된 목표를 지향하는 집단적 통일체들의 건립을 주재했던 구성 원리들을 알고 있다. 마지막으로 우리는 인간이 지고한 가치를 표현하는 것을 알고 있다. 그러면 비판 정신을 충족시키고 국가를 구성하는 원리의 역할을 할 규범들, 오로지 인간 가치의 결과이자 표현이 될 규범들이란 어떤 것들인가?

　이 규범들은 명료하게 인간 의식에 주어져야 한다. 그것들은 새로운 세계를 건립하는 기초 구실을 할 수 있도록 논란의 여지 없이 확실하며 자명한 사실이어야만 하는데, 그것은 인간의 자연적 권리[14]이다. 나는 인간이며 인간으로서 나의 가치를 외부로부터 얻을 수 없으며 진정한 가치는 내 안에, 바로 내 본성 안에 있다는 것을 알고 있다. 이어서 나는 내 인간 본성을 이유로 대면서 몇몇 권리, 내 본성 안에 있는 권리들을 요구한다. 예를 들면 내 본성상 나는 자유롭다. 바로 이러한 이유로 나는 내 자유를 양도하고 다른 사람에게 종속되는 상태로 들어갈 수 없다. 이런 일이 내게 일어난다면 나는 노예이다. 그러면 나는 인간으로서의 내 자질을 거부하는 것이다. 자유는 선천적인 권리이지 사람들이 내게 부여할 수 있는 권리이거나 그 감정을 내게 주입해야 하는 권리가 아니다. 내 양심에 물어보는 것만으로 충분하다. 양심은 내게 나는 자유롭다고 말한다. 그것은 자연적 권리이다.

　각각의 인간은 인간이라는 사실 하나만으로도 권리의 절대성을 갖는다. 어떤 사람이 어떤 순간이나 세상의 어떤 장소에 있든지, 그는 몇몇 자연적 권리를 갖는다. 이 권리들은 어떤 사람이든 그가 인간인 동시에 주어지는 것이다. 이것들은 인간 본성 자체의 규범직 표현이다. 인간은 살아갈 권리와 자신의 활동에서 구속당하지 않을 권리와 계약을 체결할 권리 등이 있다. 스스로 자신에게 권리를 부여한 이러한 개인들이 모든 사람의 권리가 존중받도록 만드는 결사가 국가이다. 이를 위해 법에 따르는 집단적 조직이 필요하다. 우리가 개인들의 자연권을 확립할 수 있다면, 각각의 법에 대해 그것이 권리에

---

14 〈역주〉 프랑스어에서 'droit'는 '권리'와 '법'을 의미한다. 법은 외적인 강제이기도 하지만 개인의 권리를 보장하는 것이기 때문이다. 따라서 'droit naturel'은 '자연적 권리'나 '자연권'으로 옮길 수도 있고 '자연법'으로 옮길 수도 있다.

근거를 둔 것인지 아닌지, 정당한 것인지 아닌지, 인간의 본성에 일치하는지 아닌지를 말할 수 있다. 이러한 권리의 원칙들은 그때 공동체의 건립을 위한 절대적인 규범을 우리에게 제공해 줄 것이다. 지금까지 인간의 의식이 획득한 결과들이 그 혁명적 성격을 이끌어 내는 원천은, 이제 이러한 권리에 대한 의식이 깨어나는 이상, 그 권리를 의식하는 데 있으며, 이때 요구들은 행위가 된다.

그러므로 지금 해결해야 하는 것은 어떻게 사람들을 행복하게 만들고 그들에게 견딜 만한 삶을 확보해 주느냐가 아니라, 그들이 지니는 인간의 자질이 그들로 하여금 요구하도록 허용하는 권리들은 어떤 것인가라는 문제이다. 그들은 자유롭고 평등해야 한다. 그것은 자유와 평등의 향유가 그들을 행복하게 만들기 때문이 아니라 ― 그것은 적어도 첫 번째 이유는 아니다 ― 본성상 그들은 자유롭고 서로 평등하며 그렇게 태어나기 때문이다. 대혁명이 자신이 실천하고자 하는 교리의 근거를 찾는 것은 인간의 권리에서이다. 이제 사람들은 왜 투쟁하는지를 알고, 각각의 법을 절대적 권리라는 척도에 따라 판단할 수 있다. 사람들은 인간과 삶의 가치를 실현하기 위한 확실한 논거들을 갖는다. 생각하고 판단하는 최고의 능력과 그의 이성이 그에게 입증했던 명료성으로 규정되었던 인간, 모든 사회적 위계질서의 바깥에서 자기 스스로 존재하는 가치와 영혼으로서 이해된 인간이 이제는 권리의 보유자가 되며, 이 권리를 누리면서 그는 권리의 자연적 주체라는 자신의 진정한 본성을 실현한다. 이제 관건은 어떻게 권리에 대한 의식이 프랑스 대혁명 동안 발전했는지, 그리고 혁명 초기 자연권에 대한 개념이 한편으로는 자연권에 대한 예전의 이론들을 본받으면서 실정권의 개념과 투쟁을 벌인 후 어떻게 마침내 승리를 거두는지 보여 주는 것이다.

제6장
권리 개념의 혁명적이며 보편적인 성격

자연권과 실정권

대혁명 초기에 사람들이 요구한 것은 권리들, 더 정확히 말해 각 개인이 이미 가지고 있지만 행사하지는 못하던 권리들이다. 권리를 행사하지 않는다는 것이 그 권리의 존재 사실을 무효로 만드는 것은 아니다. 그런데 이러한 권리들은 무엇인가? 이 문제는 많은 점을 규명해야 할 필요가 있다. 어떤 상황이든 간에 잃어버릴 수 없는, 예전부터 내려오는 권리들이 있을 것이라는 사실은 의심의 여지가 없을 것이다. 그렇다면 그 권리들을 어디서 찾아야 할 것인지를 아는 일이 남는다.

두 가지 가능성을 생각해 볼 수 있다. 그 권리들은 역사를 통해 후대에 전해진 실정권이나 혹은 자연권 내에 존재할 수 있다. 우리는 이렇게 말할 수 있다. 우리의 선조가 몇몇 권리를 획득했고, 그 권리는 문서저장고에 보존된 형식에 맞는 증서들을 통해 증명된다. 그러면 그 권리들은 우리에게 주어진 것이다. 그 권리들은 오늘날 아직도 유효함에도 불구하고 잊혀졌다. 이제 관건은 다시 그것들이 효력을 발휘하도록 만드는 것이다. 아니면 우리의 선조가 만든 혹은 포고한 법을 제쳐 두고, 이 권리들은 우리 자신 안에 존재하는 인간의 권리라고 말할 수 있다. 여기서 두 가지 경향이 생겨나는데, 많은 사람들이 그 두 경향을 통합하고자 한다. 실정권의 옹호자들은 열심히 기록을 조사한다. 그러나 그 연구 결과는 기대했던 바대로 이루어지지 않는다. 그들에게 역사는 진정 복잡한 미로와도 같다. 한 발 나아갈 때마다 더욱 길을 잃는다. 너무나 다양한 진영이 역사로부터 자신에게 유리한 논거를 찾아낼 수 있다. 전제주의를 신봉하는 사람들은 그로부터 자신들의 이론을 뒷받침하는 사실들을 찾아내는 반면, 자유를 옹호하는 사람들은 인류애라는 대의를 옹호하는 또 다른 사실들을 발견한다.

자연권의 옹호자는 그 반대자에게 일련의 논거를 들이댄다. 우리의 권리를 어떻게 역사 연구에 맡길 수 있는가? 이처럼 중요한 문제를 어떻게 문서저장고에서 우연히 발견될 수 있는 사료에만 의존해 해결하려 드는가? 우리의 권리를 증명하는 문서들이 분실되었을 수도 있고 벌레 먹어 없어졌을 수도 있다. 그런 식의 우연을 통해 우리가 자유인인지 노예인지 결정해야 한다는 말인가! 우리는 우리의 권리에 대해 확고한 의식을 가지고 있기에 역사 연구의 불확실한 결과를 수용할 수 없을 것이다. 수 세기에 걸친 증언들이 서로 모순된다. 더할 나위 없는 확신을 가지고 자기주장을 내세우는 저자는 자신이 선배들에게 가했던 반박과 동일한 반박을 후배들로부터 받는다. 우리가 찾은 원칙들의 근거를 역사 연구를 통해 얻을 수 있는 결과들에 둔다면, 그 결과들을 의심하는 것만으로도 동시에 그 원리들이 흔들리게 될 것이다. 연구 결과가 틀렸다는 것을 밝혀내기만 하면 그 원리는 더 이상 유효하지 않게 된다. 그럴 수는 없다. 그것은 우리의 내적 감정이 정당한 것과 그렇지 못한 것을 분별한다는 명백한 사실을 부정하는 것이 될 것이다. 심지어 자연권과 상관없이 실정권의 존재 이유를 인정하는 사람들조차도 설득력 있는 증거 자료가 없을 때는 권리의 명백한 원칙들을 받아들여야 한다는 것을 인정한다.

그러나 법의 지배를 확정하는 기록 자료가 있다고 해도 그 통치가 정당한지 그 통치가 정말로 권리에 근거한 것인지 아는 문제가 해결되지는 않는다. 강제로 만들어진 수많은 법이 있다. 그런 법은 강자가 약자에게 행하는 폭력 행위와 다름없다. 그런 식의 위반 행위를 통해 우리에게 부과되는 의무를 어떻게 받아들일 수 있겠는가? 그러면 법에 따라 만들어진 권리가 정의에 부합하는지 아닌지 결정할 수 있는 기준을 어디서 찾아야 할까? 그 기준은 우리가 권리에 대해 느끼는 내적 감정에서 찾을 수밖에 없다. 우리가 진정한 권리를 그 권리의 오용과 구별해야 할 필요성이 있기 때문에, 실정권은 그 상위의 권리, 모든 사람이 요청하는 권리인 자연권에 종속되어야 한다.

어떤 권리의 합법성에 의심할 여지가 없으며 어떤 법이 강제로 받아들여진 것이 아니라는 사실을 인정할 수밖에 없는 경우라고 해도, 현 세대가 그 법의 통치를 받아야만 하는 것인지 하는 문제는 여전히 남아 있다. 자연권의 반대자들은 과거를 내세우지만, 바로 그 과거가 그들에게 불리한 증언을 한다. 그들은 우리가 복종해야 하는 기본법들을 내세우지만 그 기본법들은 그 이전 시대의 기본법들과는 다르다. 무슨 권리로 각 세대는 이전에 확립된 기본법을 변경했다는 말인가? 왜 우리는 다른 세대들이 지금까지 했던 행위를 하는 것이 허용되지 않는 것일까? 과거 세대가 지금 세대보다 더 많은 권리를 가지고 있는 것일까? 우리가 찾아야 하는 것은 모든 세대에게 적용되는 권리, 불가침의 권리, 자연권이다.

자연권이라는 개념은 마침내 역사 속에서 만들어지는 실정권의 개념보다 중요해진다. 권리들을 찾아야 할 곳은 과거나 민족들의 기록이 아니라 자연, 정의와 이성의 영원한 기록이다. 우리가 정의와 불의에 대해 느끼는 내적 감정은 역사 속에서 보이는 끊임없는 변동에 권리의 변함없는 규범을 대립시킨다. 이 규범은 세월의 흐름 속에서 손상되고 벌레 먹은 모호한 증서, 논란의 여지가 있는 사실, 기록 자료에 의존하기보다는 확고하고 파괴할 수 없는, 모든 인간과 모든 나라에 공통된 기반에 기초한다. 그 기반은 가장 오래된 권리, 유일한 불가침의 권리이다.

그것은 자연권, 인간 본성에서 유래하는 권리, 인간 존재의 일부를 이루는 권리, 인간의 존재 그 자체에서 기인하는 권리이다. 그 권리에는 확실한 특징이 있어 알아볼 수 있는데, 그것은 자신에 대해 성찰하는 모든 인간에게 드러나는 권리의 명백함이다. 그것은 인간이라면 무조건 주어지는 권리이기 때문에 또 그것은 각자의 의식 내에 존재하기 때문에, 모든 인간과 모든 나라와 모든 시대에 유효하다. 그것은 영원불변한 권리이다. 어떤 시대와 나라에서 무슨 일이 발생해서 누군가에게 강제될 때, 그것이 그 시대 혹은 그 나라에서 타당한 법으로 정당화될 수도 있을 것이다. 그렇다고 해도 그것이 불의임에는 변함이 없는데, 왜냐하면 그는 인간으로서의 권리를 침해당한 것이고 그런 식의 처사는 자연권에 위배되는 것이기 때문이다. 나의 권리 감정은 그에 대해 분노한다. 따라서 인간은 인간으로서 자연권, 인간에게 법적 특성을 부여하는 권리에 따라서 양도할 수 없는 권리를 가지고 있다. 설사 그러기를 원한다고 해도 인간은 그 권리를 양도할 수 없을 것이다. 왜냐하면 무슨 행위를 하던 간에 인간은 여전히 인간이기 때문이다. 인간은 인간이기를 그만둘 수 없고 따라서 자기 권리의 존엄성을 포기할 수 없다. 그리고 권리를 행사하지 않는다고 해도 그로 인해 그 권리의 존재가 부인될 수는 없다.

자유와 평등

그러면 이러한 자연권이란 무엇인가? 자유와 평등은 인간에게 본질적인 권리로 간주된다. 법률적 의미에서 자유가 의미하는 바는 인간의 자유 의지에서 비롯된 모든 행위는 권리의 성격을 갖는 것으로서 권리의 표명이며, 그 반대로 강압에서 비롯된 모든 행위는 권리에 근거를 둔 것이 아니어서 법적으로 유효하지 않다는 것이다. 자유는 인간의 자유 의지의 법률적 표현이자 개념이다. 인간은 자신의 의지로 인해 자유롭게 태어났다. 인간이 자유롭게 행동할 때 그는 자신의 자연권을 행사하는 것이다. 그는 자기 자신의 의사에 따라 스스로를 속박할 수 있고 그래서 계약을 체결할 수 있다. 그러나 반대로 누군가가 그에게 어떤 일을 강제하는 것이라면, 그는 법적으로 구속되지 않는다. 그것은 그에게서 의지를 박탈하고 그를 권리의 주체로 만드는 것을 빼앗는 시도인데, 그러한 제거는 동시에 인간으로서의 그의 존재를 제거하는 것을 의미하게 될 것이다. 그런데 타인이 나의 의지를 박탈할 수는 없고 기껏해야 나에게 어떤 행위를 하도록 강제할 수 있을 뿐인 것과 마찬가지로, 타인도 내가 다르게 행동할 수 있는 권리, 다시 말해 자유 의지에 따라 행동할 수 있는 나의 권리를 부정할 수 없다. 게다가 나는 나의 권리를 이용하여 나에게 행해진 폭력 행위에 저항한다.

따라서 권리는 각자가 자신의 자유 의지에 따라 행동할 것을 요구한다. 그것은 모든 인간에게 해당하는 원칙이다. 모든 인간은 자유로워야 한다. 만약 누가 다른 사람에게 어떤 행위를 하도록 강제한다면 이 원칙을 위반하는 것이다. 그러므로 이 원칙이 지켜지기 위해서는 각자가 다른 사람의 권리를 침해해서는 안 된다. 권리의 일반 원리에 근거해 각 개인의 자유에 가해지는 제한이 있기 때문에, 인간의 자연권은 그 한계를 넘어서는 안 된다. 인간은 서로 간에 독립적으로 살아야 하고, 권리의 측면에서 타당한 상호 계약을 통해서만 관계를 맺어야 하며, 각자의 자유를 서로 존중해 주어야만 한다. 국가와 사회질서는 각 개인의 자유를 보장하는 수단으로서만 존재해야 한다.

　자연권이 인간의 본성과 함께 주어진 것이라면 그 결과로 모든 인간은 권리에서 평등하다. 인간의 본성, 인간이라는 사실 하나만은 모든 사람에게 공통된 것이다. 그러므로 각 개인은 모든 다른 사람과 마찬가지로 권리의 주체이다. 직업, 생산, 재산의 소유와 사용에서 불평등이 있을 수 있지만 권리의 불평등은 있을 수 없다. 개인 권리의 영역은 새로운 소유물에 대한 권리를 획득한다는 의미에서 확장될 수 있다. 그렇다고 해서 모든 인간은 권리에서 평등하다는 사실이 바뀌는 것은 아니다. 누가 밭 한 마지기를 가지고 있든 열 마지기를 가지고 있든, 모든 인간은 자유롭게 재산을 소유할 수 있다는 법적 원칙은 동일하다. 소농도 더 큰 농장주와 마찬가지로 동등한 권리를 가진 소유주이다. 인간은 또한 그 능력 면에서 다를 수 있다. 그러나 문제는 그것이 아니다. 중요한 점은, 각 개인은 그 능력을 동일한 방식으로 사용할 수 있는 권리를 가지며, 차별적 권리, 개인적 특권은 없다는 것이다.

　모든 인간은 자유롭고 평등해야만 한다. 다시 말하면『인권 선언

La Déclaration des droits de l'homme et du citoyen』[1]에 쓰여 있듯이 "모든 인간은 권리에서 자유롭고 평등하게 태어나 살아간다." 프랑스 대혁명기에 인간의 본성 그 자체에 고유한 권리의 성격을 표현한 것은 자유와 평등이라는 이 두 가지 개념이다. 자유의 개념에서 볼 때 각 개인의 본성은 법적으로 이해된다. 인간의 본성은 몇몇 필요, 보존의 본능, 자신의 능력을 사용할 필요성, 혹은 그 본성이 자신을 표현하기 위해 사용하는 모든 다른 수단을 통해 나타난다. 만약 내가 인간은 권리에서 자유롭다고 말한다면, 나는 인간 존재의 모든 기능이 발현되는 한도 내에서 그 기능들에 권리의 성격, 법률적 기반을 제공하는 것이다. 나는 인간의 존재 자체를 자연권의 소유자로 정의한다. 인간은 인간으로서 권리를 갖는다. 인간 삶의 모든 발현은, 그 것이 본성 그 자체에 근거를 두고 있는 한, 그리고 자연적 성향의 표현인 한 권리에 근거를 둔다. 그것은 폭력으로 방해받을 수 없다. 자유는 인간 본성의 법적 표현, 즉 자연권이다.

따라서 권리가 갖는 이러한 자연적 성격을 일반화하고, 그것을 모든 인간에게 확대하면, 필연적으로 권리의 평등이라는 개념에 도달하게 될 것이다. 각자는 자신의 능력을 사용할 권리가 있다. 이런저런 개인이 가질 수 있는 능력들은 이 경우 아무런 관련이 없다. 이 것들은 인간 권리의 성격을 변모시키지 않는다. 인간의 권리는 인간 그 자체에서 비롯된다. 그 권리는 타고나는 것이다. 누군가가 권리를 가지려면 인간이기만 하면 족하다. 어떤 인간도 다른 인간보다 더 또는 덜 인간일 수 없기에, 그리고 각자는 그냥 인간일 뿐이고 인간의 자격은 차용하거나 양도할 수 없는 것이기에, 각자는 그 자체로 인간

---

1 원래는 『인간과 시민의 권리 선언』인데, 줄여서 흔히 『인권 선언』으로 쓴다.

의 권리를 소유하고 있다. 그리고 그 권리는 모든 인간에게 동일하다. 자유가 인간에게 고유한 권리의 성격을 표현하는 것처럼, 평등은 그 성격에 일반적인 효력을 규정한다.

이제 우리는 권리라는 개념, 그와 같은 권리의 행사가 무엇을 가져왔는지를 이해하게 된다. 인간의 절대적 가치가 인간이라는 단 하나의 사실에서 주어지는 것이 되자마자, 인간이 행동하고 스스로를 표명하는 방식들을 이해할 수 있는 형태를 찾아야 했다. 도덕적 관점에서 그러한 방식들을 파악할 수는 없었다. 인간이 행동하고 스스로를 표명하는 방식들이 모두 좋다고 말할 수는 없었다. 루소가 말했듯, 인간의 자연적 선량함에 대해 말하지 못할 이유는 분명 없었다. 그러나 그것은 인간이 타인에 대해 개의치 않으며 그냥 살아가던 먼 과거의 자연 상태와만 부합되었다. 그리고 인간의 모든 악한 감정을 인간 본성에 반하는 혹은 부차적인 것으로 배제시켜야만 했을 것이다. 다른 한편 모든 인간에게 동일한 도덕적 가치를 부여하는 것은 생각할 수 없는 일이다.

그러면 여러 가치 사이의 차별이나 위계를 만들지 않고, 모든 인간에게 공통된 것의 그 모든 발현이 나타날 수 있었던 형태를 도대체 어디서 찾아야 하는가? 정확히 말해 그것은 권리에서 찾아야 한다. 나는 삶을 영위하고, 여기저기 돌아다니고, 음식을 먹고, 말하고, 다른 사람과 계약을 맺는다. 그 모든 것은 정당하다. 나는 그렇게 행동할 권리가 있다. 분명 나는 그런 각각의 행동 방식에서 권리를 행사하고 있다고 의식하지는 않는다. 그러나 만약 누군가가 나의 그런 행동들 중 하나를 못하게 막을 생각을 한다면, 나는 즉시 나의 권리가 침해당했다는 것을 알아차리고, 자유에 대한 나의 자연권을 의식하게 될 것이다. 그러므로 그 모든 행위는 그 자체로 권리의 성격을,

더 나아가 자연권의 성격을 지닌다. 내가 살아갈 권리, 말할 권리, 음식을 먹을 권리를 가지고 있다면, 그것은 법에 근거한 것이 아니다. 법은 단지 그 권리들을 보호하기 위한 것일 뿐이다. 가장 먼저 오는 것은 권리이다. 법은 그다음이다. 법 그 자체는 권리의 표현일 뿐이다. 법을 제정하는 것은 권리의 행사와 다름없다. 프랑스 대혁명 동안 자연권은 어떻게 보면 단지 인간의 행동 방식을, 그럼으로써 있는 그대로의 인간을 분명히 드러낸 것에 지나지 않는다. 그것은 개인이 지니는 자의식의 표현이다. 누군가가 내게 감히 무엇을 명령한다면 그 근거는 무엇인가? 게다가 그것은 그와 나 사이에 있을 수 있는 가치 관계에서 완전히 벗어난 것이다. 나는 권리에 의해 독립적이다. 개인은 권리의 개념에서 출발할 때 스스로를 규정할 방법을 찾게 된다. 개인은 태어나면서 부여받은 자연권, 그가 누구든 타인이 강탈할 수 없는 그 자연권의 형태에서 스스로를 표현한다. 그리하여 인간의 행위는 가치의 새로운 특징을 띠게 된다. 왜냐하면 인간은 행동함으로써 권리를 행사하는 것이기 때문이다. 개인에 대해 말하면, 그는 타인, 모든 다른 사람과 관련하여 새로운 자의식을 획득한다.

권리의 개념에 준거하는 것보다 인간들의 행위를 이해하는 더 보편적인 방법은 없다. 그 개념은 인간들의 도덕적 혹은 미학적 가치, 그들이 가질 수 있는 유용성 정도, 그들의 교양을 배제할 수 있게 해 준다. 어떤 행위가 좋은지 혹은 유용한지 물어보기 전에 그것이 정당한지 아는 바가 중요하다. 권리의 보편적 성격은 바로 여기에 있다. 일률적인 도덕적 경향에 따라 공동체의 의지를 이끌어 나가거나 결정하고자 하는 입법자는 공동체를 구성하는 모든 시민의 다양한 욕구와 본능과 정신적 태도를 파악하지 않는다. 권리 개념은 인간 행위의 모든 다양성을 총괄적으로 받아들이도록 해 준다. 어떤 사람은 여기서 자신의 즐거움을 찾고, 다른 사람은 저기서 찾는다. 누구는 삶에서 이런 목표를 추구하고 다른 누구는 저런 목표를 추구한다. 권리 개념은 그 모든 것을 포용한다. 이 경우 단 한 가지 문제만 제기된다. 이 사람이 하는 이러한 행동이 다른 사람이 자기 본성에 따라 자신을 표출하는 것을 방해하는가 혹은 그렇지 않은가?

그러므로 우리는 18세기의 모든 희망, 모든 이상은 권리의 이러한 형태에서 이해될 수 있었다는 것을 안다. 문제는 인간을 계몽하는 것이었다. 사람들은 스스로 사유하는 각 개인의 자유, 사람들이 경제적인 삶에서 자신의 진정한 이익이 무엇인지 알게 될 때 모든 생산력이 가져올 발전에 대해 이야기했고, 각자가 근심 없는 삶을 영위할 수 있을 자연 속의 이상적인 삶을 묘사했다. 그 모든 것은 자연권과 자연적 자유의 개념에 내포된 가능성을 구체화하는 방법들일 뿐이었다. 각자는 이러한 형태의 권리에 자신의 희망, 이상이라는 내용을 부여함으로써 그 권리에 활력을 불어넣을 수 있다. 각자는 자신이 무엇에 대한 권리를 가지고 있는지를 머릿속에 그려 보며 상상할 수 있다. 사상가는 과학적 창조를, 농부는 자신이 경작하는 밭을 염두에 둔다. 모두는 권리에 근거한 자유의 개념을 통해 단결한다. 이러한 권리의 원칙은 먼 미래가 우리에게 준비해 둔 인간 활동의 무한한 가능성을 포용하는 것처럼 보인다. 무엇보다 바로 그 권리 덕분에 각자는 자기 자신의 주인이 되고, 각자에게 고유한 그리고 각자에게 주어진 한정된 행동 범위 내에서, 자기 집과 밭에서 각자가 자기 자신의 의지만을 따름으로써 자유로워진다. 게다가 개별적인 요구들, 어떤 국가나 지방 혹은 단체에 특유한 이익의 영역은 더 이상 문제가 되지 않는다. 중요한 것은 모든 사람의 이익을 위해 모든 사람에 의해 표명된 보편적 차원의 요구이다. 권리의 이름으로 인간의 모든 행위는,

다른 가치의 관점들로 고려할 때 그 행위들이 지닐 수 있는 의미를 제외한다면, 자유의 원리에 관계된다. 마찬가지로 모든 사람은, 가치의 몇몇 특정한 위계질서 내에서 그들이 도달할 수 있는 정도를 제외한다면, 평등의 원리의 영역에 속한다. 인간이 타고나는 권리의 가치는 다른 차원의 판결들에 따라 영향을 받을 수 없다. 그 가치는 늘어날 수도 줄어들 수도 없다.

따라서 권리의 요구는 그 대상이 경제적이든 문화적이든 종교적이든 간에 상관없이 모든 개별적 요구를 포함한다. 그로 인해 요구사항이 있는 모든 인간은 동등한 대우를 받는다. 그리고 권리의 요구는 일반적으로 인간적인 것에만 관련이 있기에, 모든 사람과 모든 나라와 모든 시대에 타당한 영원하고 보편적인 성격, 그 자체에 근거를 둔 확실함, 인간의 역사를 만드는 변화무쌍한 모든 현상에 예속되지 않는 자명함을 획득한다.

권리와 목적론적 세계관

이러한 권리 개념을 더욱 일반적인 세계관 속에 포함시키려고 시도만 해 보아도, 자연권의 형이상학적 배경은 18세기에 형성되었던 그대로의 목적론적 자연관인 것처럼 보인다. 그것은 의미와 아름다움으로 충만한 전체, 자연과 조화를 이루고 있다는 의식, 인간으로서 그러한 자연에 속한다는 의식이다. 그것은 언제나 전체가 지닌 의미를 각자 안에서 되찾는 행복이다. 그것은 자연의 아름다움 속에서, 자연의 풍경이 보여 주는 광경 속에서, 자연이 추구하는 목적, 즉 인간이 자연의 산물들의 구조를 분석하고 인식하는 법을 배우자마자 발견하게 되는 목적 속에서 이해되는 자연이다. 그것은 다른 모든 삶을 제외한, 그 자체로 당연하고 선한 것으로 이해되는 자연 속에서 자연과 함께하는 삶이다. 자연에 의해 결정되는 인간은 자연이 가르쳐 주는 삶을 영위하고, 자연적인 방식으로 살고, 본질적이고 의미 있고 아름다운 어떤 것을 인간성 안에서 실현한다. 우리는 대혁명기의 인간들이 품었던 세계의 이미지를 여기서 그리고 그 통일성 속에서 발견한다. 모든 것은 자연에 의해, 충만한 의미를 가지고 정해진 목적을 향한 그리고 그 모든 부분이 증명하는 하나의 전체로 통합된다. 그래서 볼테르는 뉴턴의 체계에서, 별이 총총한 하늘을 지배하는 법칙에서 최고 지성의 개념, 즉 위대한 기하학자의 개념을 이끌어 냈다. 또 예를 들면 루소는 우주의 모든 피조물 간의 조화를 믿으며 그 조화에 인간을 복귀시키기를 꿈꿨고, 자연의 정경을 보며 황홀경에 빠졌고, 식물학을 연구하여 자연을 그 세세한 산물들 속에서 이해하고자 했다. 뷔퐁이 전체 속에서 발생하는 작용과 반작용을 이해하려고 애쓰며 인간을 자연의 시대들에 위치시키고, 인류를 생물들의 체계 내에서 분류하고자 했던 것도 이러한 연유였다. 문제가 되는 것은 언제나 자연이다. 그러나 자연을 그 위대함이나 아름다움 속에서 고려하든, 자연에서 호의적인 정신의 표현이 발견된다고 믿든 간에 자연은 언제나 전체를 포용하고 전체에 하나의 의미를 부여하는 것처럼 이해된다. 이러한 자연 개념의 한계는 목적론적 관점이 내포하고 있는 한계이다.

그러므로 우리는 의미와 아름다움으로 가득한 우주가 존재한다는 것을 알고 있다. 우리는 그 우주를 보고 있고, 그로부터 언제나 새로운 경험을 이끌어 낸다. 그러나 그것은 자연과 관련해서만 진실이다. 인간의 삶은 그 반대로 모든 의미가 결여되어 있다. 인간의 삶에는 별이 총총한 하늘, 식물, 인간의 본성 그 자체에서 확인되는 어떠한 법칙성도 없다. 이 삶은 자연에 부합하는 것이 아니라 도리어 반하는 것이다. 그것은 인간의 본성과 모순을 이루며, 바로 그런 이유로 인해 자연 전체의 법칙성 따라 인간 존재 속에서 되찾아야 할 법칙성이라는 더 높은 차원의 목적론적 법칙성과도 모순을 이룬다. 따라서 한 편에는 이 우주 속에서 우리가 그 존재를 확인하는, 우리 주위에 그리고 우리 안에 있음을 알아보는 이치에 맞는 어떤 것이 있다. 그러나 또 다른 한편에는 불합리하고 이치에 어긋나는 어떤 것이 있는데, 바로 그것이 우리의 삶, 인간의 삶이다.

인간의 삶이 부조리하며 우주의 법칙성과 대비를 이룬다는 이러한 견해는 이미 17세기 말에 표명된 바 있었다. 그러나 당시 우주의 법칙성은 수학적이고 기계적인 성격을 띠고 있어서 인간의 삶이 따를 수 있는 흐름과는 동떨어져 있었다. 반면 18세기에는 자연의 관찰이 형태론적이고 기술적인 것이 되고, 동물학과 식물학이 특별한 중요성을 갖게 되며, 사람들은 하나씩 개별적으로 관찰되는 유기체들을 그것들의 상세한 구조와 기능 내에서 구체적으로 연구하는 것에서 출발하기 때문에, 이 시기에 들어 자연과 인간의 삶 사이에 또 다른 관계가 형성된다. 17세기에 인간이 우주의 일부를 이루는 존재라고 생각되었다면, 그것은 인간의 육체 또한 다른 모든 물체와 마찬가지로 우주를 지배하는 물리적이고 기계적인 법칙에 따른다고 생각했기 때문이다. 18세기에 들어오면 인간과 우주의 관계가 훨씬 더 긴밀해진다. 인간은 생체 기능, 욕구와 본능, 체질 그 자체로 인해 자연에 속하는 존재이다. 자연은 더 이상 인간 외부에 존재하는 어떤 것, 순전히 기계적이고 수학적인 법칙성으로 인해 인간과 동떨어진 어떤 것이 아니다. 자연은 정해진 목적을 가지고 인간 안에서 작용하고, 동시에 그것은 인간이 인지하는 바로서의 세상, 그가 그 안에서 살아가며 모든 것이 논리적 질서에 따라 정리되어 있는 세상이다. 자연은 더 이상 인간이 수학적 공식을 통해서만 파악할 수 있는 힘들의 추상적인 직용이 아니다. 자연은 더 이상 데카르트의 기계가 아니다. 자연은 인간이 즉각적으로 느끼는 살아 있는 어떤 것이 되었다. 이처럼 생생하고 구체적인 자료들로부터 출발하면서, 인간이 자연에 대해 갖는 생각은 점점 더 확장되고 계속 더 많은 대상을 포함한다. 자연은 전체에 하나의 의미, 하나의 목적을 부여하는 것이 된다. 말하자면 자연은 존재하는 것, 부과되는 것이다. 우리는 자연을 당연한 것, 그냥 인정할 수밖에 없는 사실, 현실 속에 주어진 것으로 인식한다. 하늘, 우리 주위를 둘러싼 세상, 그 세상 속에 사는 인간이란 식으로 말이다. 자연은 이미 그 안에 자신의 결정과 목적을 품고 있는 것, 존재해야만 하는 것, 어떤 방식으로 삶을 영위해야만 하는 것이다. 왜냐하면 자연의 목적이 그렇기 때문이다. "이 피조물은 어떻게 구성되어 있는가?"라는 질문은 "이 피조물은 결국 어떤 용도로 사용되는가? 어떤 목적으로 그렇게 만들어진 것인가?"라는 질문을 내포한다. 자연이 추구하는 이러한 목적은 자연과학을 통해 어느 정도 파악될 수 있다. 우리는 자신감을 가지고 조용히 사물을 관찰함으로써 그 목적을 이해하게 된다. 실제로 우리는 어떤 존재인가에 대해 직접적인 성찰을 할 때, 그 목적이 우리에게 드러난다. 그것은 인위적이거나 단지 표면적인 것과 비교할 때 그냥 주어진 것, 그 자체로 존재하는 것이다. 그것은 자의적이고 불합리하고 가변적이고 결정되지 않고 일관성 없는 것과 비교할 때 진실한 것, 실재적인 것, 자신의 목적을 향해 나아가는 것, 자신의 존재 그 자체로 그렇게 만들어진 것, 확실한 것이다.

이렇게 해서 인간의 삶과 자연 사이의 대비는 완전히 다른 성격을 띠게 된다. 우주는 더 이상 순전히 이성적이고 추상적인 법칙성을 따르는 것으로 이해되지 않는다. 그 법칙성 안에서 인간의 삶을 이해하기 위해 필요한 요소들을 파악하려고 애쓰는 것은 헛된 일이 될 것이다. 기하학적 정신은 더 이상 중요하지 않은데, 그것은 다양하게 발현되는 우리 삶에서 갈피를 잡을 수 없을 것이다. 이제 문제는 목적론적 법칙성인데, 그것은 모든 생명에서 그리고 벌써 어린아이에게서조차도 발견된다. 인간의 조직은 우주를 지배하는 법칙과 동일한 법칙에 근거한다. 따라서 인간의 '본성', 인간이 창조된 목적을 알고자 한다면, 인간은 어떻게 조직되는가, 인간의 자질은 어떤 것인가라고 질문하면 된다. 그러면 우리는 인간의 삶이 자연에 부합하지 않기 때문에 자연에 역행하고, 따라서 자연의 전체 설계에 동참하지 않고 도리어 그 목적에 거스른다고 말할 수 있게 될 것이다. 우리는 자연인을 다양한 방식으로 생각해 볼 수 있다. 예를 들어 어린아이 혹은 여전히 자기 자신의 법에 따라 살아가던 원시인에 대해 생각해 볼 수 있다. 그러나 그것은 원천으로 거슬러 올라가야 하는 근본적 사고의 구체적 표현들일 뿐이다. 자연이 만든 그대로의 인간, 내적 법칙성이 자연이 추구하는 목적에 부합하는 인간을 다시 발견하는 것이 중요하다. 그러나 그때 또 다른 문제가 제기된다. 지금까지의 역사 발전으로 인해 인간은 자신의 자연적 목적을 달성할 수 있었는가? 오늘날의 인간이 살고 있는 상태는 인간의 본성에 부합하는가? 그 대답은, '아니요'이다. 인간은 자연으로부터 부여받은 능력을 사용할 수 없었다. 인간은 지금까지 자신의 이성을 사용할 수 없었고, 보존 본능 때문에 행동을 구속받았으며, 자연으로부터 받은 재능을 타인에게 봉사하는 데 사용했다. 인간과 인간이 자연으로부터 부여받은 자질들을 포괄하는 자연의 법칙성은 인간과 무관한 법칙성으로 대체

되었다. 그러니 인간을 다시 자연의 목적론적 전체에 복귀시켜야만 한다.

자연의 목적론은 자연의 개별적인 창조물들 속에서 나타나며, 그것은 바로 인간을 통해 표현된다. 우주가 추구하는 목적으로부터 인간이 지향하는 목적을 이끌어 낼 필요는 없다. 그것은 인간과 함께 주어진 것이다. 인간이 욕구를 지니고 그 욕구를 충족시킬 수 있는 수단도 가지고 있다면, 이러한 일치는 결코 우연에서 비롯된 것이 아니다. 그러나 그것이 어느 범위까지 또 다른 일치들을 내포하고 있는지 그리고 더 큰 규모의 목적론적 조화를 암시하는지는 다른 문제이다. 자연의 목적론적 성격을 어디까지 확장할 수 있는지, 그리고 모든 것은 인간과 관련해서만 존재한다고 주장해야 할지를 아는 것은 여기서 중요하지 않다. 모든 세부적인 것을 목적론적 관점에서 해석하고, 어떻게 각각의 개별적인 것이 하나의 목적에 부응하는지 증명하는 것 또한 중요하지 않다. 사람들이 밝히고자 하는 바는 자연의 창조물들 안에 어떤 내재적인 목적론이 있다는 것이다. 물론 이러한 목적론의 기원으로 거슬러 올라가서 그 목적은 어떤 초월적 힘, 신에게서 나온 것이라고 말할 수 있다. 마찬가지로 그로부터 궁극적 목적을 정의하려고 할 수도 있다. 또한 각 개인에게서 자신을 초월하는 목적을 추구하는 경향을 발견하려고 할 수 있다. 그리고 그것을 이용하여 존재들 간의 관계를 확립하려고 할 수 있을 것이다. 그러나 이렇게 방향을 잡은 질문은 자연의 창조물, 특히 인간의 목적론적 조직 그 자체가 무엇인지 알아보는 문제와는 아무런 관련이 없다. 내가 인간은 욕구가 있고 그 욕구를 충족시킬 수단을 가지고 있으며 사람들 사이에는 서로 목적론적 관계가 있다는 주장을 한다고 해서, 그러한 욕구를 충족시키는 것이 바로 목적이다, 혹은 각자가 그렇게 할 능력이 있으므로 개인들 간에, 중농주의자가 주장하듯이, 이런 방향으로 나아가자는 합의가 이루어진다고 주장하는 것은 아니다. 사실 중농주의자들은 인간 사회가 자연적 질서에 부합한다고 주장한다. 인간은 본성상 사회 속에서 살아가도록 되어 있으며, 각 개인은 이러한 목적을 자기 고유의 본성이 내포하는 목표들을 추구하면서 자신의 내면에서 실현한다. 이러한 이유로 중농주의자는 정상적인 사회질서, 자연이 원하는 경제 시스템이 실현되기 위해서는 각 개인의 자유가 필요하다고 주장한다. 이러한 시각이 프랑스 대혁명기에 영향을 미치지만 근본적인 목적론적 관념을 구성하지는 않는다. 목적론적 관념은 인간을 하나의 전체로 이해하는데, 그 전체의 구조에 따라 인간은 정해진 방향으로 나아간다. 그의 목적을 능가하는 복합적인 목적들을 추구하는 우주 안에 위치한 인간은 자신의 내면을 이 우주의 움직임에 맡기고, 자연이 자신에게 부여한 역할을 충실히 수행하면서 어떤 방식으로든 우주에 맞춰 살아간다.

그러나 이제 인간은 자기 자신의 본성과 모순된 관계에 빠진다. 이것은 이런 식으로 해석될 수 있다. 인간의 생체 기능은 자기 보존을 위한 것이다. 그런데 인간은 스스로를 보존할 수 없는 상황에 놓여 있다. 이것은 인간의 생체 기능이 자기 보존을 향해 나가는 것을 중단했음을 입증하는 것은 아니다. 간단히 말해 인간이 자연에 반하는 상태에 놓여 있다는 것이지, 인간이라는 목적론적 조직에 불리한 증언을 하는 것이 전혀 아니다. 인간이 본성에 따른 삶을 영위하고 자신에게 주어진 목적을 이루기 위해서는, 인간에게 적합한 상태를 만들고 인간의 본성에 가해지는 모든 침해를 막는 것으로 충분하다. 이러한 목적론적 조직은 인간에게 고유한 것이다. 그것은 모든 인간에게 공통된 것이다. 일반적으로 인간은 욕구와 능력을 가지고 있다.

인간은 무엇을 원하고 사고할 수 있다. 그것은 인간이 어떤 목적을 추구하기 위해 형성되었다는 것을 증명한다. 자연이 인간의 기능들 사이에 확립한 이러한 목적론적 관계는 각 개인별로 기능들 간에 있을 수 있는 차이와 무관하다. 그러면 인간이 표명할 수 있는 주장은 어떤 것이 있는가? 각자는 자신이 타고난 바대로, 자연이 이끄는 대로의 목적에 따라 살 수 있어야 한다. 각 개인은 자유로워야 한다.

바로 여기서 우리는 목적론적 관점과 권리의 관점 사이에 있는 관계를 이해할 수 있다. 권리는 자연이 모든 인간에게 부여한 목적론적 성향, 인간의 내적 필연성의 표현일 뿐이다. 그것은 인간에게 주어진 목적을 이해하는 방식이자 각 인간이 공동체 속에서 그것을 실현하고자 하는 시도이다. 나의 본성이 나로 하여금 행동하게 부추긴다. 따라서 나는 행동할 권리가 있다. 그러한 존재로서의 인간은 궁극적 가치를 획득했다. 사람들은 특유하게 인간적인 것, 인간적 활동에 어떤 목적의 추구가 내포하는 의미를 부여했다. 이러한 내적 법칙성은 권리를 통해 표현되었고, 그 권리 덕택에 이후 자유롭게 발전할 수 있는 형태를 지니게 될 것이다. 내가 모든 인간은 자신의 욕구를 충족시킬 권리, 능력을 활용할 권리, 자유롭게 욕구할 권리가 있다고 주장할 때, 나는 단지 각 인간 속에서 어떤 목적을 추구하는 내적 법칙성이 실현되기를 요구하는 것이다. 내가 모든 시민이 동등하게 자유로운 권리 행사를 할 수 있도록 보장하는 사회질서를 만들 때, 나는 단지 인간의 본성과 함께 제시되는 목적을 달성할 수단을 만들고자 하는 것일 뿐이다. 권리와 자연이 추구하는 목적은 이처럼 하나를 이룬다.

모든 인간관에 우선하는 권리

목적론적 관념, 자연에 대한 믿음과 자연이 만든 바대로의 인간에 대한 믿음은 따라서 대혁명 동안 권리 개념의 근거가 된다. 그런데 이 복잡한 것 속에도 확실한 것이 있다면 그것은 권리의 개념이다. 권리의 개념은 그 자체로 일관성 있어 역사의 흐름 속에서 앞으로도 계속 인간들의 정신 속에서 혁명을 추동하는 유인으로 남을 것이다. 우리가 보편적이고 목적론적인 법칙성의 노선을 따라 행동한다는 생각, 어찌 보면 그것은 바로 자연이 요구하는 것으로 우리는 이를 위해 투쟁한다는 생각, 우리가 요구하는 것은 전혀 자의적인 것이 아니고 도리어 인간 본성에 기초하는 것이라는 생각에는 감정적 요소가 내포되어 있다. 따라서 인간이 타고나는 이 내적 법칙성을 어떻게 생각하고, 각자가 인간의 본성을 어떻게 구체화하고 그것을 자신 안에서 어떻게 느낄지 명확하게 규명하는 것은 어려운 일일 것이다. 우리는 루소의 방식에 따라 인간을 감수성이 풍부한 그리고 이를테면 언제나 자기 자신과 완전히 혼연일체가 되는 존재로 간주하거나 또는 18세기 철학자들에 따라 무한한 발전 가능성을 지닌 이성적 존재로 간주할 수 있었다. 혹은 더욱 감각론적인 관점에서 출발하여 오로지 인간이 지닌 자연적 욕구에 의거해서만 인간을 탐구할 수도 있다. 관건은 18세기가 인간 본성에 부여했던 모든 다양한 정의를 보존하고, 그것이 감정적인 영역에 속하든 지적인 영역에 속하든 인간을 이해하는 가능성을 한정하지 않는 것이었다. 자연이 창조한 그대로의 인간은 공허하고 추상적인 개념으로 머물러서는 안 되었다. 인간, 인간 내부에 존재하는 특유하게 인간적인 것, 자연이 인간을 창조하면서 추구했던 목적을 찾기 위해 노력해야만 했다. 그러나 인간에 대한 이런 믿음이 교조적인 방식으로 표명되어서는 안 되었다. 결정적으로 확립된 것은, 인간은 그냥 인간이기 때문에 권리를 가지며, 권리에서 다른 모든 타인과 평등하고 자유로워야 한다는 것이다. 그 외에는, 권리 개념을 명백하게 만들고 그 개념을 더 큰 규모의 보편적 조화 속에서 통합시킴으로써 그것에 활기를 부여하는 데 유용한 감정적 기반, 구체적 이미지, 논거만이 문제가 된다.

그러나 그런 식으로 이해된 권리가 인간의 성격을 규정하지는 않는다. 그것은 인간을 하나의 사실, 모든 인간에게서 발견되는 일반적 소여로 간주한다. 그것은 인간을 권리의 소유자로 보며, 인간에게 권리의 가치를 부여하고 인간의 행동에 법률적 성격을 부여하기 때문에, 특유하게 인간적인 것에 관한 모든 해석을 받아들일 수 있다. 인간이 어떤 존재가 될 수 있든 혹은 당신이 인간에 대해 무슨 생각을 하든, 그것은 중요하지 않다. 인간을 권리를 지닌다. 인간 본성에 관한 해석은 바뀔 수 있다. 하지만 권리의 주체로서 인간이라는 개념은 바뀌지 않는다. 분명 나는 인간의 자유를 주장하면서, 인간이 자신의 의지에 따라 행동할 때 어떤 목적을 추구하는 것이라고 믿을 수 있다. 그것은 의미가 있으며, 자연에 의해 인간은 자유롭게 살도록 되어 있다고 생각할 수 있다. 그것이 바로 프랑스 대혁명의 신조이다. 그러나 권리의 인식은 그러한 모든 고찰보다 더 멀리 나아간다. 그것은 어떤 개인의 활동이 자연이 그에게 부여한 목적에 부합하는지 아닌지 신경 쓰지 않는다. 다만 권리의 개인적 영역 안에서 그 행위를 고찰할 뿐이다. 그 영역 안에서는 개인의 행위가 목적에 부합하는지 아닌지 중요하지 않다. 개인의 행위는 권리의 관점에서 그리고 권리의 영역에 속한다는 단 하나의 사실로부터 존재 이유를 가지며 정당한 것이다. 분명 우리가 그렇게 이해된 인간에게 부여하는 가치와 의미는 권리에 의거해 이해되는 바대로의 인간의 독립성이라는 개념을 강화하는 데 도움이 될 수 있다. 인간이 자신의 가치에 대해 갖는 이러한 인식은 인간이 자신의 권리를 인식하기 위해 필요한 조건이다. 그러나 권리의 요구는 결국 그 자체로 존재하고, 그런 식으로 자신을 표명하게 될 것이다. 인간이 자신에 대해 갖는 인식은 권리의 요구가 취하게 될 형태로서만 나타나게 될 것이다.

프랑스 인권 선언

따라서 명확하고 결정적인 방식으로 표명되어야 하는 것은 바로 권리이다. 그리고 그것은 바로 『인권 선언』을 통해 이루어졌다. 이제 우리는 사람이 무엇을 지향하고, 무슨 이유로 투쟁하는지를 안다. 각자는 자신의 권리가 무엇인지 알아야만 한다. 각자는 이 선언에서 표명되었던 것이 바로 그 자신의 권리임을 알아야 한다. 왜냐하면 각자가 조금만 생각해 본다면 여기서 표명되는 것이 무엇인지 알게 되고 자신 안에서 그것을 발견하게 되기 때문이다. 『인권 선언』은 이후 모든 법적 구성과 새로운 국가 건립의 기초가 되어야 한다. 왜냐하면 새로운 사회조직을 만들기 전에 우리의 권리가 무엇인지 명확하게 규명해야 하기 때문이다. 자유와 평등은 더 이상 아득한 이상, 공상 같은 것으로 나타나지 않는다. 권리는 우리에게 주어진 것, 인간이 타고나듯이 보편적인 방식으로 확립된 것이다. 그것은 이제 우리에게서 강탈할 수 없고, 다시는 망각되지 않을 것이다. 억압의 시대, 불의와 비참이 횡행하던 수천 년의 세월은 끝났다. 왜냐하면 만약 전체 민족, 수천 명의 사람이 몇몇 개인의 독단에 복종한다면 그리고 그들이 이 모든 불의를 꾹 참고 견딘다면, 그것은 오로지 그들이 자신들의 권리를 모르고 있었기 때문이다. 사람들에게 자신들이 무슨 권리를 가지고 있는지 보여 주기만 하면 그들은 더 이상 지금까지 그래왔던 것처럼 참고 살지 못할 것이다. 그러면 아마도 바레르[2]가 생각하듯, 새로운 자유를 느끼며 활기를 띤 이 세상의 모든 사람에게 타당한 인권 선언이 생겨날 것이다. 인권 선언은 우주를 지배하는 자연 법칙처럼 지상에 군림하게 될 것이다. 그것은 새로운 복음, 모든 인류의 복음이 될 것이다. 왜냐하면 각자는 자신의 권리를 가지고 있으며 그 권리를 인지하고 있는 것과 마찬가지로, 인권 선언은 인간, 모든 인간, 보편적 인간의 권리를 공포해야 하기 때문이다. 그 권리는 어린아이들의 읽기 입문서가 되어야 하며, 학교에서 그것을 가르쳐야 한다. 그 권리는 나팔 소리 울리는 공공장소에서 선구자들에 의해 선언되어야 하고, 설교단 위에 선 사제들에 의해 낭독되어야 하고, 시장에서 낱장 인쇄물로 배포되어야 하고, 문서 보관소에 비치되어야 하고, 시청들의 명령에 따라 모든 도시 모든 마을의 벽에 게시되어야 한다. 그러면 가장 미천한 시민들도 자신의 권리에 대해 알게 될 것이다. 모든 사람은 자신에게 정의가 실현되었는지 아닌지 알게 될 것이고, 국가가 취하는 모든 조치와 모든 법에 대해 판단할 수 있게 해 주는 규범을 갖게 될 것이다. 매 순간 전체 국민은 각각의 법에 대해 권리의 원칙들에 입각해 판단할 수 있을 것이고, 필요한 경우 그 원칙들에 준거하여 법에 반대할 수 있을 것이다. 인권 선언에서 그 결정적 표현을 찾아낸 바와 같은 권리의 인식에서, 그 개념은 법들의 궁극적 판단 요인이 되었다.

---

2 〈역주〉 Bertrand Barère(1755~1841): 프랑스 대혁명에 참여한 정치인으로 가장 비중 있는 연설가들 중 한 사람이었다.

인권 선언은 어떤 의미에서 혁명적 이론의 법전이다. 몇몇 법에서 입법 행위는 주어진 상황에 대한 타협일 수 있다. 그럼에도 불구하고 혁명적 요구사항은 확고하다. 그것은 자신의 궁극적 표현을 찾았다. 하지만 사람들은 아직도 그것의 정당성을 인정하지 않았다. 프랑스 대혁명 기간 내내 정치적 삶이 취한 형태들이 인권 선언과 모순을 이루는 경우가 발생한다. 우리는 아직도 권리에서 자유롭지도 평등하지도 못하다. 우리는 아직도 보통선거를 하지 못하며, 식민지에는 아직도 노예들이 있고, 민중보다 더 나은 존재가 되고 싶은 귀족들이 아직도 있고, 아직도 왕이 존재한다. 그런 것들이 이후에 생겨날 이의들이다. 인권 선언 안에는 그리고 그 선언이 확립하는 기본 원칙 속에는 어떤 의미에서는 결정적으로 점점 더 혁명적이 되는 결과들로 이끄는 내재적 논리가 있다.

인권 선언은 매우 다양한 권리의 원칙을 포함하고 있지만, 자유와 평등은 그것의 근본적인 두 가지 개념으로 남아 있다. 제헌의회는 자유와 평등이 왕국 전체에 퍼졌으며 사회 내 모든 계급에 침투했음을 알려 준다. 그것은 점점 더 인간과 시민이 지닌 다른 모든 권리의 축도가 된다. 이제 문제는 사람들이 어떻게 이러한 권리의 원칙들을 삶에서 실현할 것인지, 어떻게 자연권의 원칙에 의거해 실정법을 만드는 데 성공할 것인지, 자연권에 따라 각각의 시민에게 귀속되는 권리의 평등과 자유를 존중하는 동시에 어떻게 국가의 시민들의 공동생활을 만드는 데 성공할 것인지 등이다.

제7장
대혁명이 도입한 사회 구성 원리들

공적 권리와 사적 권리

제헌의회는 이중의 문제에 직면한다. 법적 조치가 개인에게 강압이나 자연적 자유에 대한 침해로 보이지 않을 국가 조직, 타인들에게 복종하도록 강요당하지 않으며 통치자와 피통치자 간의 불평등이 생겨나지 않을 국가, 법이 각자의 자유 의지에 따라 권리에 기초를 두게 될 국가, 법에 대해 복종하는 것이 곧 자기 자신에게 복종하는 것이 될 국가, 어떤 시민도 다른 시민에게 종속되지 않을 국가, 나아가 모든 사람의 의지가 개개인에게 동일한 방식으로 같은 가치를 지니게 할 수 있는 국가를 어떻게 만들 수 있을까? 그것이 바로 제헌의회가 해결해야 할 근본 문제이다. 개인과 공동체, 개인과 국가 사이에서 나타나는 권리 관계의 문제 말이다.

다른 한편으로, 개인들이 권리에서 자유롭고 평등하며 법과 그것이 필연적으로 수반하는 조치들이 각 개인의 권리를 침해하거나 폐지하지 않고 도리어 그것을 보장하고 발전시키는 것을 목표로 삼을 수 있도록, 사적 권리의 영역에서 개인들 간의 권리 관계를 어떻게 정확히 표현해야만 하는가? 이 두 가지 문제가 합쳐지면, 우리는 결국 인간의 자연권을 법의 기초이자 동시에 목적이 되게 하려면 법이 어떻게 만들어져야 하는지라는 의문에 이르게 된다.

로마법과 소유권에 기초한 사적 권리

사람들은 우선 모든 시민에게 자신들의 사적 권리의 관계들 내에서 자유와 권리의 평등을 보장하고자 노력한다. 각자는 자신의 소유권과 관련된 모든 것 그리고 경제적 혹은 지적 생산과 관련해 동일한 자격을 지니며 평등해야 한다. 봉건적 권리는 폐지될 것이다. 농부를 영주에게 종속시키는 모든 개인적 속박과 부역은 철폐될 것이다. 농부는 자신의 땅 위에서 자유롭다. 토지의 분배는 결정적이며 합법적인 것으로 인정된다. 소유권에 부과되는 모든 구속, 즉 소유자들 간 권리의 불평등과 모든 종류의 특권을 청산하는 것이 문제이다. 인권에 반대하는 모든 것은 철폐되어야 한다. 봉건적 권리는 인간으로서의 인간을 침해한다. 그러므로 그것은 철폐되어야 한다. 제헌의회로부터 봉건적 권리를 검토할 책임을 부여받은 위원회는 두 가지 원리를 따라야 한다. 인간의 자유를 침해하는 모든 권리를 더 없이 엄정하게 다루고, 소유권을 철저히 존중하는 것이 그것이다.

자유로운 소유자는 어떤 의미에서 권리의 상징, 프랑스 대혁명이 권리에 대해 갖는 개념의 이미지 그 자체가 된다. 개인의 권리 영역은 말하자면 그가 소유한 토지 안에서 구체화된다. 권리 개념은 권리 영역에 지정되는, 자신의 소유권을 분명히 가르는 경계와 다르지 않은 엄격한 한계 내에서 그리고 각 개인이 재산을 자신이 의도한 대로 사용하고 처분하는 권리를 통해 실현된다. 내가 동의하지 않는 한 아무도 나의 농지에 들어올 권리가 없으며, 아무도 내게서 그것을 강탈할 수 없다. 그것은 나에게 보장된 권리이다. 농부는 자기 밭 위에서 자유롭다. 그는 그곳에서 자기 자신의 주인이다. 자유로운 소유자가 자기 자신에 대해 갖는 의식을 통해 권리의 인식은 구체적이고 명확한 형태를 띤다. 자유와 평등의 개념은 직접적이고 생생한 의미를 획득한다. 나보다 훨씬 더 많은 재산을 소유한 내 이웃이 그런 것과 똑같이 나 또한 자유로운 소유자이다. 내 이웃이 나보다 더 소유자가 될 수는 없다. 그는 내가 내 땅의 주인인 만큼만 자기 땅의 주인이 될 수 있는 것이다. 각자는 자신의 개별적인 권리 영역 안에서 자유롭다. 획득한 혹은 물려받은 권리의 대상들 간에 차이가 있다고 해도, 소유자는 대상들에 대한 권리에서 평등하다.

소유권은 이렇게 이해될 때 각 개인이 타고나는 자연권의 확장을 가져온다. 각자는 자신의 인격을 지니며 자신의 능력을 사용할 권리, 육체적 혹은 지적 능력을 자신이 원하는 대로 처분할 권리를 소유하는 것과 동시에 자기 재산의 소유권을 획득한다. 그 소유권은 그때 그가 활동하고 일하는 생활 영역, 그를 먹여 살리는 땅, 그가 매여 있는 장소, 그의 아이들이 자라났던 곳, 친밀하고 직접적인 관계를 맺으며 그가 살아가는 장소가 된다.

개인의 권리라는 개념은 이처럼 모두에게 당연한 것이 되고, 그것은 각자가 마음속으로 느끼는 감정을 일깨운다. 나는 권리가 있다. 나는 법적 인격을 가지고 있다. 달리 말해 나는 자유로운 소유자이다. 대략 이런 식으로 사람들은 사물을 떠올린다. 내 집에서 내 땅에서 나는 주인이며, 아무도 내게 속해 있는 것에 대해 권리를 가지고 있지 않다. 다른 누구도 내 밭에서 하는 작업을 규제하러 올 수 없다. 여기서 나는 아무도 내게 반박할 수 없는 권리를 지닌다. 물론 내가 이런 추론을 한다고 해서 소유권의 본질과 소유권이 자연권과 맺을 수 있는 관계에 대한 성찰에 몰두하는 것은 아니다. 그러나 사람들이 소유권에 부여하고자 하는 근거가 무엇이든지 간에, 그것은 논의의 여지가 없는 명백한 권리로 간주된다.

이렇게 확고한 권리의 이해로부터 출발하여, 자유와 평등의 개념으로부터 생겨나는 권리의 요구는 원칙적으로 이론적 어려움 없이 법의 형태로 표명될 수 있다. 권리의 이전 형태와 새로운 형태 사이에 갈등은 없다. 로마법을 살펴보기만 해도 형식에 맞는 사적 권리의 개념을 찾을 수 있었다. 소유권의 새로운 개념을 새로 만들 필요는 전혀 없었다. 그것은 로마법에 이미 존재했다. 로마 민법은 사적 권리의 영역에서 자유의 개념을 행사하도록 준비된 법령을 제공했다. 개인이 자신의 권리 영역에서 향유해야 하는 자유의 관점에서 그리고 그가 살면서 누릴 수 있는 안전보장이라는 관점에서 그렇기 때문에, 그의 권리에 대한 어떠한 침해도, 설령 그것이 국가에 의한 침해라 할지라도 발생할 수 없을 것이다. 로마법이 소수의 시민에게만 제공하던 권리를 모든 개인에게 확장하여 적용만 하면 되는 것이었다. 자유로운 소유자들 간의 관계를 조정해야 할 때도 자유롭게 합의된 계약의 개념을 제공하던 로마법을 다시 이용하면 된다. 평등의 개념도 마찬가지다. 과거 로마의 민법은 그 조항들이 모든 시민에게, 물론 로마 시민에 한정해서만, 동등하게 법적 효력을 지녀야 한다는 원칙에서 출발한다. 어쨌든 모든 사람에게 동등하게 적용될 수 있는 권리라는 개념이 존재했던 것이다. 물론 그 권리는 특권에 의해 제한을 받았을 수 있다. 그럼에도 불구하고 다른 특수한 권리들은 하나의 권리, 즉 비특권층의 권리에 비하면 예외에 불과했다는 것은 사실이다. 따라서 민법에서 권리 공동체를 그리고 권리의 주체들의 평등을 실현하려면, 그 누구도 그 공동체에서 배제하지 않기만 하면 되는 것이었다.

그러므로 프랑스 대혁명 동안 로마 민법의 원칙은 모든 사람에게 확대 적용되었고, 모든 재산 소유자는 자유를 보장받는다. 자유와 평등의 이름으로 표명된 요구들이 새로운 감정에 의해 고취되고 권리에 대한 새로운 조치들이 이전과 다른 내용을 담게 된다는 것을 인정한다고 해도, 나아가 그로부터 권리가 전개되는 과정이 경제적 혼란을 초래할 것이라는 결론을 내릴 수 있다고 해도 그러한 요구들이 목적을 달성할 수 있을 법적 형태들이 주어졌다는 것은 사실이다. 우리는 봉건적 법의 몰락, 부역을 짊어진 농노에서 자기 재산의 주인인 농부로의 변신, 결국 전 유럽이 그러한 법적 형태들 그대로 점진적으로 채택할 나폴레옹 민법전의 제정에 이르게 될 변화를 목도한다.

그러나 로마법의 원칙들에서 출발하여 세습 사유재산의 개념을 채택하고 기존 방식의 재산 분배를 합법적인 것으로 인정했던 이러한 변화는 필연적으로 자기 자신의 한계에 부딪친다. 이후 전통적인 소유권 개념에 대해 자연권의 관점에서 가해진 비판, 자유와 평등의 원칙을 극단적으로 소유권에 적용한 시도로 인해 대혁명의 이론은 바뵈프[1]가 옹호한 것과 같은 사회주의 이념에 이르게 될 것이다. 물론 이미 혁명 초에, 아무것도 소유하지 않은 자는 소유한 자에게 정신적으로 종속되지 않을까, 그래서 그의 자연적 자유를 일부 상실하지 않

---

1 〈역주〉 Gracchus Babeuf(1760~1797): 프랑스의 공산주의자로 토지 사유의 제한, 재산의 평등, 생산과 배당과 분배의 국가 관리 등을 주장했다.

을까 하는 의문이 제기되었다. 사람들은 가난한 자와 부자 사이에 권리의 평등이 문제가 될 수 있지 않을까 자문했다. 하지만 새로운 체제에서 모든 노동자는 성실하기만 하다면 언젠가 그도 역시 소유자가 될 것이고, 새롭게 획득한 자유는 더 나은 소유의 분배로 이어질 것이고, 작은 재산은 갈수록 증가할 것이라는 희망으로 위안을 삼았다. 그리고 그 목표 달성을 위해 온 힘을 다해 일할 계획을 품었다.

그러므로 대혁명 동안 사적 권리의 개혁은 자연적 자유와 평등의 개념을 이미 확립된 권리의 영역들 내부에서 개인들에게 적용하려고 노력했다. 이 권리의 영역들은 개인들 간에 자유롭게 이루어진 계약에 따라 확장되거나 축소될 수 있다. 따라서 경우에 따라 이 새로운 권리의 영역들의 한계를 정할 규정을 만들고, 모든 시민이 동등하게 향유할 수 있는 자유와 권리를 각 개인에게 보장하는 것이 실정법의 과제이다. 그러나 자연권에 따라 모든 사람에게 부여된 권리의 영역을 정하고, 자연권에 내포된 자유와 평등의 원칙에 따라 개인들 간에 재산을 분배하려는 어떤 시도도 이루어지지 않았다. 사람들은 그 새로운 욕구들을 고작 실정법에 따라 전해지는 전통적 형태들하에서 만족시키려고 하는 데 그쳐서, 자연권과 모순을 이루는 소유권의 조건들을 존속하게 만들었다.

자연권에 근거한 공적 권리

공적 권리가 제기한 문제에 대한 해결책은 사정이 다르다. 사적 권리와 관련해서는, 사람들은 평등과 자유의 개념에서 출발하여 민법의 전통적 형식을 다시 취하면서 소유권과 소유권의 세습 그리고 계약을 신성시했다. 사람들은 시민들이 획득한 또는 세습한 소유권에 대해 권리에서 자유롭고 평등하기를 바라며 그들이 맺은 계약들의 유효성을 보장하는 것으로 만족했다. 그러나 그 모든 개념은 새로운 공적 권리를 탄생시킬 만큼 충분히 굳건한 토대를 이루지 못했다. 일반적으로 받아들여지는 공적 권리의 전통이나 자연권의 요구들을 표현할 수 있는 법적 형태들이 존재하지 않았다. 사람들에게는 국가와 법이란 무엇인가에 대한 분명한 개념이 있었고 국가의 구성과 기능에 대한 원칙들이 있었지만, 국가의 생명력을 만들 수 있는 법적 형태들이 결여되어 있었다. 사람들은 아직 법적 관점에서 어떻게 국가를 일관적인 통일체로 만드는지 알지 못했다. 한편으로는, 법의 규제를 받는 전체로서의 국가라는 개념, 법의 개념, 주어진 정치적 원칙들과 사례들이 있고, 다른 한편으로는 자연권이 있는데, 이 둘 사이를 연결시키지 못하는 상태에 있었던 것이다. 어떻게 국가와 법의 개념을 권리의 개념과 일치시킬 수 있을 것인가? 어떻게 자연권에 기초한 공적 권리를 만들 수 있을 것인가? 어떻게 이러한 공적 권리에서 출발하여 법이 요구하는 질서에 따라, 국가의 설립이 내포하는 구성 원리들에 따라 새로운 사회조직을 구상해야 하는가?

자연권에 기초한 공적 권리의 설립이 내포하는 문제는 새로운 것이 아니었다. 그로티우스,[2] 홉스, 푸펜도르프[3] 같은 자연권 철학자들이 이미 제기했던 문제였다. 사람들은 군주의 최고 통치권이 계약을 통해 국민에게서 군주에게로 양도되었던 것이라고 주장함으로써 그 권리를 정당화하려고 했었다. 이어서 루소는 자연권의 예전 이론들

---

2 〈역주〉 Hugo Grotius(1583~1645): 네덜란드의 법학자로 근대 자연법의 원리에 입각한 국제법의 기초를 확립하여 국제법의 아버지로 불린다.

3 〈역주〉 Samuel von Pufendorf(1632~1694): 근대적 자연법학을 제창한 독일의 법학자.

중 어느 것은 버리고 어느 것은 다시 채택하여 발전시키면서 공적 권리의 새로운 이론을 만들었다.

헌법을 수립하기 위한 자재

새로운 공법을 제정하기 위해 제헌의회가 이용한 것은 루소의 이론이었다. 제헌의회는 여전히 다른 논거들과 대면하고 있었다. 한편으로는 법의 규제를 받는 집단적 조직으로 간주되는 국가라는 개념이 있었고, 다른 한편으로는 외국에서 시행 중인 헌법의 사례들이 있었다. 그러나 제헌의회는 그런 논거들 어디에서도 새로운 권리의 원칙들을 설정하고, 자연권의 지배를 받는 공적 권리의 이론에 기초한 국가, 루소가 이해하는 바의 국가를 설립하게 해 줄 수 있을 법적 형태를 찾을 수 없었다.

고대로부터 이어지는 전통은 절대 권력을 지닌 법, 시민들이 무조건 따라야 하는 의무를 만들었다. 스파르타, 아테나, 로마는 그런 목적을 이루려고 싸웠다. 다른 한편으로 몽테스키외는 국가의 삶을 규제하는 것이 법이며, 왕과 백성들은 국가의 법 구조에 복종한다는 것을 보여 주었다. 그는 법의 정신, 법의 비개인적 힘을 제시했다. 그러나 법의 개념, 법의 절대적 권력에 대한 믿음이 확고해졌다면, 아직 대답을 얻지 못한 한 가지 문제가 남아 있는데, 그것은 '누가 법을 만들어야 하는가'라는 문제이다. 몽테스키외는 시행 중인 헌법에 따라 법을 제정하는 책임이 왕이나 국민 또는 의회에 속한다는 것을 밝혔다. 하지만 이제 프랑스 대혁명이 알고자 하는 것은 누가 그 법을 공포할 권리를 갖는가, 그 법의 법적 근거는 무엇인가 하는 것이었다.

몽테스키외는 또한 시민들에게 자유를 보장해 주려는 국가에서 — 게다가 그가 보기에 이것은 공동체가 정할 수 있는 여러 목적 중 하나일 뿐이다 — 입법, 행정, 사법, 즉 삼권이 분리되어야 하고, 그 어떤 이유로도 한 사람의 손에 모든 권력이 집중될 수는 없다고 말했다. 한 사람이 한꺼번에 이 모든 권력을 소유하게 되자마자, 그는 전제군주로 군림한다. 권력분립은 권력을 상호 균형의 상태로 만들고 그 결과 국민은 자유로워진다. 그런데 대혁명은 시민의 자유를 보장하기 위한 것이기 때문에, 혁명이 권력분립의 원칙을 수용하고, 인권 선언이 이를 채택하는 것은 당연한 일이다. 이 원칙은 동시에 입법권의 제한을 내포하는데, 입법권은 법 집행을 수행해야 하는 사람 혹은 사람들에 의해 행사될 수 없기 때문이다.

영국과 미국의 헌법

입법권과 행정권이 분리될 수 있는 방법의 예를 들기 위해 — 왜냐하면 특히 문제가 되는 것이 바로 이 두 가지 권력이기 때문이다 — 몽테스키외는 입법권이 대표들에게 귀속되고, 행정권은 왕에게 귀속되는 영국의 헌법을 인용한다. 이것은 프랑스 상황에 어울릴 수 있을 대의제의 예를 든 것으로 보였다. 18세기 말경에 다수의 프랑스 사람은 영국의 헌법에서 프랑스에 적합할 이상적 형태를 보았다고 믿었다. 그러나 혁명가들은 반대했다. 그러한 헌법이 정말로 우리가 확립한 권리의 원칙에 부합하는가? 그것은 차라리 상이한 시대, 다양한 경우에 맞춰 생겨난 모든 종류의 우연들, 양보들, 상황들에 기인하는 역사적 발전의 산물이 아닌가? 그런 것 대신에 우리는 일관적인 공적 권리의 체계를 원한다. 우리는 오직 국민의 권리와 이익에 기초하는 헌법을 원한다. 게다가 어떤 종류의 대의제라는 생각은 이미 삼부회를 통해 프랑스에 퍼져 있었다. 삼부회가 마지막으로 소집된 것이 1614년으로 거슬러 올라가고, 왕에게 탄원서를 제출하는 방식이나 고루한 형태 때문에 더 이상 시대정신에 부합하지 못했던 것은 사실이다. 그러나 우리 선조들은 이미 몇몇 권리를 누리고 있었기에, 새롭게 삼부회를 소집해서 새로운 정신으로 활성화시키는 것만이 관건으로 떠올랐다

또한 미국의 사례도 있었다. 미국에서는 영국의 헌법보다 훨씬 더 대혁명의 이상에 근접한 정신을 가지고 헌법을 만들려는 시도가 있었다. 그것을 만든 사람들은 보편적으로 타당한 권리의 원칙, 자유와 평등의 원칙을 모범으로 삼았다. 또 그곳에서는 자기 변혁을 원했던 국민이 있었는데, 그것은 당시 프랑스인들도 마찬가지였다. 그러나 대부분의 프랑스인에게는 이 새로운 변화의 즉각적인 전망이 결여되어 있었다. 이 두 국민은 전통적인 관계로 결합되어 있지도 않고, 이 새로운 공법의 형태들을 프랑스인들의 정신 속에서 활기차고 공고하게 만들어 줄 수 있었을 지속적인 지적 교류도 그들 간에는 없었다. 프랑스인들에게 미국인들은 다른 세상 사람, 오지를 헤쳐 나가며 알 수 없는 생존 조건들 아래서 새로운 나라를 정복하는 식민지 거주민, 새로운 대지에서 여러 국가 간의 다소간 지속적인 연합 형태를 만든 식민지 거주민이었다. 그들에게서 새로운 생각들과 새로운 법적 형태들을 차용할 수 있었고, 그들의 사례를 통해 그때까지는 이론적으로만 생각되던 권리의 원칙을 실제로 적용하는 가능성에 대한 새로운 믿음을 얻을 수 있었다. 그러나 프랑스가 원했던 바는 바로 프랑스가 그런 일을 실현하는 것이었다. 프랑스는 결코 다른 나라들을 모방할 필요는 없었다.

그러므로 프랑스 대혁명이 참고한 정치적 원칙과 사례는 다음과

같다. 우선, 이것이 바로 흔들리지 않는 토대 중 하나인데, 그 비개인적 성격에 따라 개인의 자의성과 대조를 이루는 절대적 권력을 지닌 법이라는 개념이다. 이러한 개념은 발전하여 이후 일종의 숭배 대상이 되기에 이른다. 다음은, 시민이 자유롭기 위해서는 시민 중 그 누구도 모든 권력을 소유해서는 안 된다는 원칙, 입법권은 법을 집행해야 하는 권력과 다르며 분리되어야 한다는 개념이다. 끝으로 입법권은 대표에게 있어야 하고, 행정권은 왕에게 있어야 한다는 원칙이다. 예를 들어 영국의 헌법 같은 대의제에서 다수의 프랑스인은 이상적 형태를 보았지만, 혁명가들이 보기에 그것은 혁명의 요구에 부응하지 못하기 때문에 기껏해야 준거할 수 있는 사례에 불과하다. 혁명가들 생각에도 분명 시민들은 프랑스보다 영국에서 더 행복하다. 그러나 우리가 계속 영국인들에게 뒤지고 있을 수는 없다. 그들은 의회제를 구현할 가능성을 보여 준다. 그것은 대단하다. 하지만 그들을 모방하는 것에 그칠 수는 없다. 그들이 만든 것은 우리가 투쟁하면서 갈망하는 목표에 부합하지 않는다. 또한 옛 삼부회의 전통, 잊어버린 헌법의 전통도 있고, 선조들과 오래전부터 획득된 권리로 거슬러 올라가는 방법도 있다. 그러나 다시 한번 말하지만, 더 이상 삼부회에는 현재 유용할 수 있는 것이 전혀 없었기 때문에, 전통적 권리를 재확립하기 위해서는 그 결과가 의심스러운 역사적 연구에 매달려야 했다.

마지막으로 미국의 헌법, 격전을 벌이면서 무력으로 자유를 획득한, 권리의 요구가 실제 삶에서 이루어질 수 있다는 것을 보여 준 국민의 헌법을 표방할 수 있었다. 미국의 사례에서 혁명가들은 희망을 보았지만, 미국인들은 너무 멀리 떨어져 있고 그들이 영위하는 생존 조건은 프랑스인들과는 너무 상이해서 프랑스인들은 미국인들을 투쟁의 동반자로 간주할 수 없었다. 고대 역시 그들이 모범으로 따를 수 있는 사례들을 제공했다. 스파르타인들, 로마인들, 로마 공화국의 자유민, 자유로운 국가의 시민이라는 의식. 혁명가들은 거기서 자신들의 영웅주의와 가까운 것을 찾아냈다.

그런 것들이 대혁명이 새로운 사회조직을 만드는 데 도움을 받기 위해 참조할 수 있는 근거였다. 하지만 그 모든 것은 사례들, 유사한 경우들, 전통들일 뿐이지 혁명적 요구를 만족시키기 위해 필요한 것은 아니었다.

자연권이 사적 권리에서 여러 세대 동안 법학자들이 보존해 온 전통을 발견하여 거기서 자신이 근거하는 사례를 끌어낼 수 있었을 때, 공적 권리에서는 사정이 전혀 달랐다. 왜냐하면 그것에 대해서는 유사한 전통이 존재하지 않았기 때문이다. 따라서 공적 권리를 완전히 새로 창조하고, 자연권의 원리들에 기초한 국가를 ─ 그리고 그 국가에서는 자연권에 속하지 않는 것은 아무것도 없으며, 인간 사이의 관계들 중 자연권을 표방하지 않는 관계는 없으며, 자연권의 원칙들 중 하나로부터 도출될 수 없을 개별적인 것은 아무것도 없을 것이다 ─ 구성하는 것이 문제였다.

시에예스[4]와 국가를 건설하는 기술

국가는 법에 의해 구성되고 지배되는 공동체이다. 국가의 본질은 그 국가의 기본법들, 그 헌법에 의해 정의된다는 것이 정치학의 중심

---

4 〈역주〉 Emmanuel-Joseph Sieyès(1748~1836): 프랑스의 정치가, 법학자. 프랑스 대혁명에 참여하여 『인권 선언』과 혁명 후 헌법 제정에 영향을 미쳤다.

개념이다. 사람은 군주정, 공화정, 전제 군주정하에서 살고 있다. 국가의 구조, 집단적 삶의 형태는 권력을 소유한 사람들과는 완전히 무관하게 그러한 것들로 결정된다. 국가의 건립을 위한 근본적인 형태들과 그 후에 취해지는 법적 조치들을 결정하는 헌법들이 존재하며, 그것들이 국가 전체에 그 성격과 통일성을 부여한다. 정치조직을 만드는 것은 법에 의해 각 부분이 결정되고 긴밀히 결합된 전체를 형성하는 것이다.

이러한 국가 건설은 어떤 의미에서는 일종의 기술로서 간주된다. 그것은 사회적 기술이고, 공동체를 건설하고 일관적인 형태를 부여하는 재능이다. 시에예스는 아마도 사회 건설의 기술적 성격을 가장 깊이 느꼈던 정치가일 것이다. 수많은 대중, 수백만의 사람이 서로 모여 법에 따라 조직화되고 자기들 간의 관계에 따라 법에 복종하는 전체를 구성한다. 자신의 기술적 창조 활동에서 최고 권한을 갖는 정신은 자신이 만든 법에 현실을 복종시키면서 힘의 감정을 느끼는데, 그 감정은 이후 완전히 다른 형태로 그리고 완전히 다른 목적을 지향하면서 나폴레옹의 국가를 창설하는 과정에서 정점에 도달한다.

정신계와 물질계에서 일은 완전히 다르게 벌어진다는 것을 시에예스는 주목한다. 물질계는 자신의 법칙들을 가지고 있고, 또 그 법칙들은 물질계에 의해 주어진 것이다. 인간 이성은 그것을 확인만 하면 된다. 자연사 학자는 사실을 다룬다. 그가 하는 일은 사실들을 규합하여 그 상호 관계를 연구하는 것이다. 물질계는 모든 생각, 자연사 연구자가 가질 수 있는 개선의 모든 개념과는 독립적으로 존재하고 유지된다. 자연과학은 '존재하는 것'에 대한 지식을 목표로 한다. 정신계에서는 사정이 이와 다르다. 여기서는 입법자가 '존재해야 하는 것'이 무엇인지 자문해야 한다. 그는 사회질서, 역사적 현실 속에서 본보기를 찾지 않는다. 여기서 이성은 무엇을 아는 것보다 더 중요한 일을 해야 하는데, 그것은 창조하는 것이다. 사실 정치는 사실들을 결합하는 것이지 몽상들을 결합하는 것은 아니지만, 어쨌든 결합하는 것은 맞다.

생생한 역사적 현실 속에 창조자로서 개입하는 인간 정신이 지닌 능력을 통해 인간은 절대적인 힘의 감정을 느끼게 된다. 사람들은 모든 인간에게 타당한 권리의 원칙들, 그러한 원칙들을 내세우는 요구들이 갖는 절대적 성격을 믿는다. 다른 한편으로 사람들은 그런 요구들이 결실을 맺어 삶 속에서 실현될 수 있도록 입법권을 사용한다. 법은 어떤 의미에서 사회 구성의 보편적 방법이 되어, 사람들이 요청하는 권리를 만인에게 동등한 방식으로 실현시키고 모든 곳에서 그 권리가 지배하게 만든다. 이성은 자기 논리의 자명성에 따라 무엇이 인간의 자연권인지 알아내고, 법은 각자의 개별적 권리가 모두에 대해 현실이 되는 인간 공동체를 건립할 수단을 제공한다.

자연에 반하는 사회를 합리적 사회로 대체하기

대혁명 동안 다양한 의견이 법의 절대 권력이라는 개념을 형성하는 데 협력하는데, 최고 권한을 갖는 정신은 생생한 현실을 복종시키기 위한 수단으로 법을 이용한다. 사람들은 리쿠르고스,[5] 솔론[6] 같은 고대의 위대한 입법자들에 대해 생각했다. 그리고 '모든 자유민들의

---

5 〈역주〉 Lykurgos(?~?): 고대 그리스 시대 스파르타의 전설적인 입법자.

6 〈역주〉 Solon(B.C. 640?~B.C. 558?): 고대 그리스 아테네의 정치가이자 시인으로 '솔론의 개혁'이라고 일컫는 여러 개혁을 단행하여 빈부 격차에서 생겨난 사회적 불안을 해소하려고 노력했다.

본보기'이지만 실상은 자신들이 만든 법의 노예였던 로마인들에 대해 생각했다. 근대에 들어와 몽테스키외는 법이 사회조직들의 본질을 드러낸다는 것을 보여 주었고, 역사 발전은 시간의 흐름 속에서 형성되는 다양한 사회조직의 법에 의해 조건 지어지고 표현된다는 것을 입증했다. 이어서 계몽주의 시대의 철학은 모든 합리적 존재, 모든 인간이 자격을 가지고 있는 요구들을 내세웠다. 계몽주의 철학은 보편적인 규범들에 의거해서만 지배하고 통치할 수 있는 이성이라는 개념을 활용하여 삶이 이성이 만든 법을 준수하게 만들었다. 또한 모든 것을 자신의 법에 복종시키는 자연이라는 개념, 인간 역시 자신의 법칙성에 안에 들어오게 하여 법에 따르는 집단들의 일부에 포함시키는 자연의 목적론적 이해도 존재했다. 마침내 중농주의자들의 견해는 자연의 법칙성을 사회질서로 확장하기에 이른다. 역사를 통해 권력을 획득한 법, 집단적 삶의 근본적인 형태로서의 법, 이성을 실현하는 법, 자연 내에서 주어지고 자연에 의해 요구되는 법, 이러한 법의 모든 정의는 서로 협력하여 대혁명이 앞으로 주창하게 될 이념을 만들어 나간다.

사회 속에서 살아가는 사람들 간의 관계를 법에 따라 해결할 이러한 필요성에는 17세기 정신의 어떤 면모, 즉 그 시대의 균형 감각과 합리적 질서의 면모가 나타나는데, 17세기의 정신은 영혼이 조화로운 전체를 형성하기 위해 균형감각과 합리적 질서가 지배적이 되기를 바랐다. 그러나 이성은 사람들 간의 삶을 해결하기에는 무능했다. 인간 사회에서 모든 것은 혼란스럽고 무질서하며, 모든 것이 삐딱하게 그리고 거꾸로 행해진다. 볼테르는 소설 속 인물들의 운명을 묘사하면서 이를 예시했다. 그는 역사를 돌아보면서 이를 증명했는데, 수 세기 동안 인간의 삶과 운명은 몇몇 부조리한 것에 의해 지배를 받았고, 이성이 부재한 이 가련한 세상은 삶의 모든 불행으로 짓눌려 있었다. 이러한 부정적인 역사관은 또한 대혁명의 역사관이기도 했다. 그 이전 시대들은 대혁명과 비교할 때 의미를 찾아보려야 찾을 수 없는 모호하고 혼잡한 덩어리를 이루고 있다. 상황이 그렇다면, 그 이유는 지금까지 인간의 삶이 이성의 법칙에 따라 이루어지지 않았기 때문이다.

볼테르와 마찬가지로 혁명가들에게 앞으로 다가올 이성의 지배에 대한 믿음은 지난 시대의 비관적 역사관을 보상한다. 인간들의 삶에 합리성이 부재하는 것은 인간들 탓이 아니다. 모든 사람은 이성을 타고났으며, 자연의 피조물로서 일관적인 전체에 속하는 존재이다. 비합리적인 것은 인간이나 자연이 아니라 현재 인간이 살고 있는 상태이다. 그리고 그 상태는 인간이 살고 있는 결함투성이의 사회조직, 잘못 이해된 집단적 삶으로 인해 사람들 간에 생겨난 인위적 관계에서 비롯된 것이다. 18세기는 한편으로는 인간의 본성에 고유한 합리주의와 다른 한편으로는 역사를 통해 드러나는 인간 삶의 비합리주의 사이에 존재하는 모순에 대한 생각이 주조를 이룬다. 18세기는 역사 인식에서는 비관적인 동시에 자연의 인식에서는 낙관적이다. 이러한 모순을 설명하기 위해서는 자연과 역사 간의 모순, 진정한 인간의 존재와 변화된 그의 현재 존재 사이의 모순에 대한 책임을 돌릴 수 있는 제3의 요소가 필요하다. 이 제3의 요소는 바로 사회이다. 루소는 자연에 대립하고 인간의 본성과 양립할 수 없는 것은 바로 사회, 현재의 사회 상태라고 말한 바 있다. 그러나 대혁명이 모든 사회상태를 부인하고, 인간을 자연 상태가 전제하는 고립된 삶으로 다시 이끈다는 것은 분명 고려의 대상조차 될 수 없었다. 사회적 문제, 공동체 속에서 살아가는 사람들 간에 존재할 수밖에 없는 관계의 문제가 일반적인 방식으로 제기되었던 것이다. 만약 사람들이 불행하다면 그것은 현 사회질서에 결함이 있기 때문이다. 인간의 삶이 합리적인 것이 되려면 바로 그 질서를 공격해야 한다. 해결책은 집단적인 해결책이 되어야 한다. 루소는 자연 상태로 되돌아가는 것이 고려할 여지가 없음을 인식하고, 더 나아가 그 자신이 자연권에 적합한 사회 상태의 기초를 확립했다. 그리고 혁명은 그의 이론을 앞에 내세웠다. 18세기 말 그 이론에는 모든 종류의 경제적·정치적 고려 사항이 추가되고, 그것은 정치적 상황의 근본적 변화를 초래하게 된다.

혁명가들은 말한다. 사람들에게 새로운 합리적 사회 형태를 부여하면, 그들의 운명이 완성될 것이라고. 그러나 사회 상태는 왜 우리를 행복하게 만들어 주기는커녕 우리의 모든 악의 원인이었던가? 그 이유는 사회에 우연과 변덕만이 넘쳐나고, 각자는 타인을 자신의 개인적 이익에 봉사하도록 강요하기만을 원하고, 인간이 인간을 지배했기 때문이다. 인간에게 고유한 자유 의지 대신에 법이 지배하는 사회를 만들어야 한다. 모든 사람에게 동등한 법의 비개인적 권력이 모든 것을 지배해야 한다.

이제 이렇게 말할 수 있다. 분명 오늘날 존재하는 그대로의 인간의 삶은 비합리적이고 자의적이다. 그러나 사람들은 현실 속에 개입하여 새로운 사회 형태들을 창조할 의무가 있다. 그곳에서 사람들은 합리적 원칙에 따라 살아갈 수 있고, 인간의 삶 속에서 자연을 지배하는 법칙성을 실현할 수 있고, 법에 의해 지배되는 인간을 일관적인 전체에 통합시킬 수 있게 될 것이다. 이성은 실천적이고 건설적이 되며, 그러기 위해 이성이 활용하는 수단은 입법의 기술이다. 인간의 삶 속에서 모든 것은 법에 복종하는 집단들에 결속되어야 하고, 사람들은 법에 의해 통합되어야 하고, 더 이상 인간의 삶은 해독할 수 없는 혼돈이 — 그곳에서는 강자가 약자를 억압하고, 출생의 우연이 사람의 운명을 결정하며, 한 지방에서 허용되는 것이 다른 지방에서는 금지되며, 수많은 인간이 그들과 다를 바 없는 단 한 명의 사람에게 종속된다 — 되어서는 안 된다. 그러므로 인간의 삶 속에서 모든 것은 질서를 부여받아 합리적이고 일관적이며 법의 지배를 받는 전체를 이루어야 한다.

제8장
사적 권리와 공적 권리 사이의 경계를 정하는 데 따르는 어려움에 대하여

개인의 권리와 국민의 권리

　여기 인간의 삶에 질서를 세우고 인간의 삶을 규제하는 원칙으로 이해되는 법의 개념이 있다. 동시에 인간의 삶에 내포된 불행하고 부조리하고 모순적인 모든 것은 결함 있는 사회조직의 탓이라는 생각이 있다. 따라서 해결책은 사회를 다른 토대 위에 건설하는 것이다. 프랑스 대혁명을 거치면서 사회라는 개념은 새로운 의미를 얻게 된다. 사회는 국가이며, 그 국가는 하나의 조직, 함께 사는 수많은 개인이 아니라 각자의 기능에 따라 통합된 사람들로 이루어진 집단으로 이해된다. 프랑스나 영국은 지리적으로 제한된 어떤 지역에서 살아가는 수백만의 사람이 아니라, 조직화된 집단이다. 몽테스키외는 이러한 집단들을 각자가 나름의 방식으로 조건 지어진 개인들, 특정한 삶을 부여받은 통일체로 보라고 가르쳐 주었다. 그에게 국가 형태에 따라 주어지는 통일체는 도달해야 할 목표, 조직 활동이 지향하는 이상형이다. 게다가 이미 구체제하의 프랑스 왕이 지니는 무제한적 최고 통치권 이론이 바로 이러한 통일체를 지향하는 경향에 근거하고 있었다. 그 이론은 봉건적 권리에 대항해 — 적어도 그 권리가 정치적 성격을 띤다는 점에 한해서 — 절대왕권을 옹호하는 싸움을 이끌었다. 통일체가 완벽해지기 위해서는 단 하나의 의지가 지배해야 한다. 이러한 통일체를 지향하는 경향은 계속되었고, 그것은 프랑스 대혁명에서 가장 완성된 표현 형태를 찾았다. 국민은 긴밀히 결합된 총체이다. 영국과 미국의 헌법이 그러한 경향을 보이듯 국가에 대해 개인이 가질 수 있는 독립성을 전부 부여하고, 최대한 자의적으로 살도록 해서는 안 된다. 개인은 집단적 전체에 속하며, 그 안에서 살아가고, 사회조직의 일부를 이루는 구성원이 되어야 한다는 점은 확고하다. 이것이야말로 루소 사상의 전체적 의미이다. 그에게 개인은 사회 상태에 들어가자마자 완전히 다른 방식으로 존재하기 시작한다. 그는 더 이상 자신을 위해서 존재하지 않으며, 공동체와 관련하여 더 이상 전체가 아니고 단지 '공동체라는 분모에 종속된 분수의 한 단위(1)'에 불과하다. 이것이야말로 프랑스 대혁명의 집단적 관점이라고 불릴 만한 것이다. 개인은 단지 집단적 전체의 일부일 뿐이다. 개인은 이 전체와의 관계 속에서만 살아가고 행동하는 것이다. 그의 삶에서 그가 자신의 삶에 부여하는 지침에서, 개인은 유일하게 각 개인의 삶을 결정할 수 있는 권력을 지닌 법에 따라 규정된다.

그러나 이러한 국가 집단주의에 프랑스 대혁명의 또 다른 관점이 대립된다. 개인의 권리라는 관점이 그것이다. 개인은 그 누구도 심지어 사회도 그에게 부여할 수도 없고 빼앗아 갈 수도 없는 타고난 권리를 가지고 있다. 개인은 한편으로는 권리와 관련하여 자신의 독립성을 느끼며, 다른 한편으로는 법의 통제를 받는 집단적 전체에 통합되어 있고 국민의 일부를 이룬다는 감정을 지닌다. 이 둘을 어떻게 양립시킬 것인가? '각자는 그 자신의 주인이다'라는 격언이 말하듯, 각 개인에게 법적으로 귀속되는 자유와 법과 국가에 대한 개인의 종속을 어떻게 조화롭게 일치시킬 것인가?

사람들이 우선 주장하는 바는 — 왜냐하면 이것이 권리의 인식에서 생겨나는 최초의 요구이기 때문이다 — 인간은 인간에게 종속되지 않으며, 단지 비개인적 법에 종속되어야 한다는 것이다. 이어서 모든 사람에게 보편 타당한 법이 어떻게 개인들의 권리와 일치하게 될 것인지를 아는 문제가 제기된다. 우선 예외 없이 모든 사람에게 적용되는 법의 항구적인 최고 통치권을 받아들이는 것이 어떤 사람도 다른 사람에게 종속되지 않으며 모든 사람은 권리에서 평등해야 한다는 요구와 국가의 통일성이라는 이상을 양립시킬 수 있는 길로 보인다. 안정적인 법은 개인의 의지가 갖는 변덕스럽고 불확실한 성격과 대립한다. 한편에는 전제군주제의 임의성, 변덕, 일시적 기분 변화가 있고 또 다른 한편에는 안정적이고 공평한 법이 있다. 법은 공익을 수호하고, 개인들의 변덕스럽고 모순된 이익 추구에 맞서 공공재산을 지킨다. 우리는 인간의 지배 대신에 법의 지배를 원한다. 자유로운 인간은 다른 사람에게 복종할 수 없고 오직 법을 따를 수밖에 없다. 그는 법의 권력을 제외하고 어떤 권력으로부터도 완전히 독립되어야 한다. 법 앞에는 어떤 예외도 어떤 특권도 존재하지 않는다. 모든 사람은 법 앞에 평등해야 한다. 어떤 사람도 다른 사람에게 종속되어서는 안 되며, 모든 사람이 동등하게 법을 지켜야 한다. 모든 개인적 임의성을 배제하고 오직 법의 통치만을 따르는 집단적 전체. 국가는 바로 이렇게 이해된다. 그러면 각자는 자신이 자유롭다는 인식을 갖게 될 것이다. 왜냐하면 그는 어떤 사람이 아니라 오직 법에만 복종하면 되기 때문이다. 각자는 다른 모든 사람과 자신이 평등하다는 의식을 갖게 될 것이다. 왜냐하면 다른 모든 사람과 마찬가지로 공동의 법에만 복종하기 때문이다. 왕 자신도 법에 복종해야 하며 법에 따라서만 지배해야 한다. 법은 비개인적 존재로서, 자신의 보편적 성격에 의거해 모든 사람 사이에서 단일성을 만들어 낸다. 법은 사람들을 고려하지 않고, 개인의 모든 변덕과 모든 이익을 다루면서도 변함없이 존속한다. 법은 사람들에게 예속되지 않고, 굳건하게 자기 자신에 의거한다.

그런데 본질적으로 객관적이고 비개인적인 법이 개인이 지닐 수 있는 사적이거나 자의적인 성격과 대립한다는 사실을 인정하면, 법이 개인적 의지의 산물이 될 수 없다는 결론이 나온다. 만약 그렇지 않다면 그것은 각 개인이 법에 복종할 때 실상은 개별적 의지에 복종하고 있다는 것을 의미할 수도 있다. 그런데 인간 사회의 법은 자연법처럼 주어지는 것이 아니다. 왜냐하면 법은 우선 만들어지고 공포되어야 하기 때문이다. 따라서 법은 필연적으로 법을 만드는 의지를 전제한다. 그렇다면 누구에게 그런 책임을 위임할 것인가? 이전 사회들에 내재한 무질서, 합리성의 부재는 어느 한 사람 혹은 어느 한 집단의 사람들이 다른 사람들에게 자신들의 사적인 이익에 봉사하도록 강요한 데서 비롯된 것이다. 만약 어느 한 사람에게 다른 사람들을 위한 법을 제정할 수 있도록 한다면, 그는 자신에게 이익이 되도록 법을 제정할 것이고, 그에게 법은 겉으로는 모든 사람에게 타당한 형태를 취하지만 실상은 다른 사람들로 하여금 자신의 이익에 봉사하도록 만드는 더 효과적인 수단에 불과하게 될 뿐이다. 그러면 법은 비개인적 성격을 상실할 것이고, 그 결과 공익을 수호한다는 자신의 존재 이유를 상실할 것이다. 따라서 개별적 의지가 법을 공포할 수 있다고 인정할 수 없다. 법이 공익의 수호를 책임져야 한다면, 그 공익의 표현인 일반 의지가 존재해야만 한다.

게다가 개인은 모든 사람에게 마찬가지로 타당한 법에만 복종한다는 조건 아래에서만 자유로울 수 있다. 만약 이 법이 개별 의지의 표현에 불과할 뿐이라면 개인은 다른 사람에게 복종하는 것이 되고, 그는 그 사람에게 종속되어 더 이상 자유롭지 못할 것이다. 복종해야 하는 법과 관련하여 개인의 권리라는 문제가 제기된다. 법은 내게 어떤 행위들을 하라고 요구한다. 그 행위 각각에 대해 나는 그런 행위를 하라는 요구가 정당한지 아닌지 따질 수 있다. 법의 형태를 취하면서 나에게 어떤 것을 요구하는 주체가 내 이웃이든 정부이든 그것은 권리의 관점에서 보면 아무런 차이도 없다. 나는 어떤 법에 복종하도록 강요받는다. 법으로 가해지는 이러한 구속은 폭력 행위가 될 수 있거나 권리에 근거한 행위가 될 수 있다. 법에 부여할 수 있는 정의가 무엇이든지 간에 어쨌든 나는 법에 복종할 수밖에 없다. 법이 합리적이냐 아니냐의 문제와 전혀 상관없다. 법이 다른 사람들이 내게 하는 조언일 뿐이라면 괜찮다. 그러나 사정이 그럴 수는 없을 것이다. 법은 본질상 나에게 복종을 강요한다. 법이 지혜로운 입법자에게서 나온 것이든, 그 자체로 몇몇 선한 목적을 추구하는 것이든, 자연적 질서에 기초한 것이든, 나아가 인간에게 고유한 자연권의 보존을 지향하는 것이든 간에, 문제는 항상 똑같다. 무슨 권리로 이 사람 또는 저 사람, 또는 어떤 집단이 법을 만드는가? 왜 내가 그 법에 복종해야 하는가?

사회계약과 일반 의지

모든 문제는 다음의 질문으로 귀착된다. 누구에게 법을 제정하는 책임을 맡겨야 하는가? 왜냐하면 바로 그 질문이 권리와 법 사이에 존재하는 모순을 요약하고 있기 때문이다. 한편으로는 나의 자연권 덕분에 나는 자유롭고, 나는 내 자신의 주인이다. 다른 한편으로는 법과 법에 따른 구속이 있다. 우리가 보았듯이, 권리는 법보다 앞선 것이어야 한다. 인간의 자연권은 법에 앞선다. 그것은 인간의 본성 그 자체와 함께 주어진 것이다. 법은 권리를 만들 수 없다. 법과 권리 사이의 모순에 대한 해결책을 찾고 싶다면 법의 법적 기초를 이루는 것이 무엇인지 밝혀야 한다. 법을 제정할 권리는 누구에게 있는가 라는 질문에 대답해야만 한다.

법은 관계된 공동체 전체에 적용되고 공동체 전체는 법에 복종해야 한다는 의미에서 그 본질과 목적상 일반적 성격을 띤다. 이러한 공동체는 개인들로 구성된다. 이 개인들 각각은 본성상 자유롭다. 그렇다면 개인들 전체, 즉 국민이 노예가 되는 것을 어떻게 받아들여야 하는가? 자신의 이익에 대해 성찰하고 자신에게 문의하며 스스로에게 법을 부여하는 권리가 부정되는 시민들이 있다면 그들은 모두 노예라고 할 수 있을 것이다. 이것은 국민에게도 적용된다. 따라서 국민이 자신의 이익을 생각하고 자신에게 문의하며 스스로에게 법을 부여하는 권리를 갖는 것은 절대적으로 필요한 일이다. 게다가 국민이 자유롭지 못하다면 각 개인도 마찬가지일 것이다. 그 경우 각 개인은 외부의 의지에 복종할 것이다. 따라서 법은 국민의 자유 의지, 법이 적용되어야 하는 공동체 전체의 자유 의지에서 생겨나야만 한다. 법이 전 국민에게 적용될 때, 한 개인이 국민 전체에게 하나의 법을 강요한다는 것은 있을 수 없는 일이다. 따라서 우리가 개인의 자유 의지에서 출발한다면, 국민을 자유로운 개인들의 집단으로 간주한다면, 그리고 그 집단을 이끌어야 하는 규범이 법이라고 정의한다면, 그로부터 필연적으로 입법권을 가져야 하는 것은 바로 국민이라는 결론에 도달한다. 누군가가 삶의 방침에서 스스로에게 부여한 몇몇 지침을 엄격하게 준수한다고 해도 그는 여전히 자유로운 존재이다. 국민 전체가 스스로에게 몇몇 규범, 즉 법을 부여할 때도 사정은 마찬가지여야만 한다. 국민은 자기 자신의 의지, 일반 의지에만 복종하는 것이므로 외부의 의지에 부당하게 종속되지 않으며 자유로운 존재로 남는다.

이렇게 해서 우리는 권리의 새로운 개념을 보게 된다. 법을 제정하고 어떤 법률안을 수용하거나 거부하는 권리를 지닌 것은 개인이 아니라 국민이다. 따라서 개인의 권리가 아니라 공동체의 권리, 개별 의지가 아니라 일반 의지가 중요하다. 국민은 권리를 지닌다. 따라서 한편에는 타고난 자연권을 지닌 개인이 있고, 다른 한편에는 공동체 전체에 결정을 내릴 권리를 지닌 국민이 있다. 권리의 주체가 둘이 있으니, 하나는 집단이고 다른 하나는 개인이다. 개인은 법을 통해 표현되는 국민의 의지에 복종해야 한다.

지금까지 증명된 바는 국민이 스스로 법을 강제할 권리를 지닌다는 것이다. 그러나 무엇이 국민으로 하여금 개인이 그 법에 복종해야 한다고 요구하는 것을 정당화하는가? 그것은 개인들이 서로 간에 맺은 계약, 즉 '사회계약'이다. 일반적 방식으로 상황을 검토해 보자면, 사람들 간에는 두 종류의 관계가 있다고 말할 수 있는데, 권리에 기초를 둔 관계와 그렇지 않은 관계이다. 동일한 힘을 지니지 않은 두 사람 간에 싸움이 벌어져 강자가 약자를 이긴다고 해서, 그것이 강자가 약자를 지배할 권리가 있다는 것을 의미하지는 않는다. 법의 관점에서 보면, 약자가 강자에게 예속될 수 없다. 그는 상대방에게 어떤 의무도 지니지 않는다. 강자가 그를 자신에게 예속시킨다는 사실이 권리가 될 수는 없다. 폭력 행위에서 비롯된 사람들 간의 모든 관계는 비합법적이다. 두 당사자의 자유 의지에서 생겨난 관계만이 권리에 근거를 둔다. 개인은 자신의 동의하에서만 어떤 의무에 예속되고 속박될 수 있다. 개인들 간의 관계 중 계약 당사자들의 자유 의지에서 생겨난 관계만이 그들의 계약에 권리의 성격을 부여할 수 있다. 그 외에는 폭력의 지배만이 있을 뿐이다. 사람들은 자유롭게 계약을 맺거나 폭력에 굴복한다. 둘 사이에 중간은 없다. 인간은 본성상 자유롭다는 사실로부터 자유롭게 동의한 약속만이 법적 관점에서 유효하다고 말할 수 있다.

이제 이 원칙을 국가가 대표하는 공동체에 적용해 보자. 지배자가 피지배자에게, 강자가 약자에게 행하는 폭력 행위 때문에 개인들이 강제로 법에 복종한다고 생각해 보자. 그 경우 개인은 법에 복종할 어떤 의무에도 속박된 것이 아니다. 또는 개개인이 자유롭게 맺은 약속을 통해 법에 따른다고 생각해 보자. 그 경우 그들이 법에 따르는 것은 합법적인 의무에 근거를 둔 것이다.

따라서 두 당사자의 권리가 존중받을 수 있는 두 가지 조건이 있다. 오직 국민만이 스스로에게 법을 부과할 권리가 있다. 다른 한편으로 국민이 개개인에게 자신이 공포한 법에 복종할 것을 요구할 권리가 있기 위해서는, 권리로 규정된 조건에 따라 개인이 자발적으로 법에 복종할 것을 약속했어야만 한다. 또한 개인은 사회의 모든 다른 구성원과 함께 그 계약을 체결했어야만 한다. 다시 말해 모든 개인이 상호 약속을 통해 서로 간에 구속되어야만 한다. 그것이 바로 사회계약이다. 그 약속은 공동체와 관련된 모든 일에서 각 개인은 일반 의지, 즉 법에 복종해야만 한다는 내용을 담고 있다. 루소가 말하듯이, "우리 각자는 공동으로 자신의 일신과 자신의 힘 전체를 일반 의지의 최고 지도 아래 맡겨야 한다. 그리고 우리는 각 구성원을 모두 함께 전체와 분리될 수 없는 일부로서 받아들인다."[1] 이와 같이 하여 국민은 법인격이 된다.

다양한 형태의 결사들도 생각해 볼 수 있다. 그러나 그것이 무엇이든 간에, 항상 문제가 되는 것은 있는 그대로의 개인 그리고 그 개인에게 선천적으로 부여된 자연권에서 출발하여, 공동체의 법에 따라 공익을 추구하면서도 개인의 자연권을 존중하는 공동체 개념에 도달해야 한다는 것이다.

사회계약의 본질로부터, 법을 제정하는 것은 바로 일반 의지가 되어야 한다는 점을 증명하는 논거들을 이끌어 내는 것은 가능하다. 분명 사람들이 모여 사회를 이룬 것은, 어떤 개인이나 개인들의 어떤 집단이 번영하기 위해서가 아니라 모든 사람의 이익을 보호하기 위한 것이다. 그런데 공동 이익은 한 개인의 의지에 의해서는 보호될 수 없고 오직 모여 있는 모든 개인의 의지가 있을 때만 보호될 수 있다. 오직 일반 의지만이 필연적으로 모든 사람의 이익과 평등을 지향한다. 반면 개별 의지는 자기 자신의 이익을 보호하고 편애를 지향한다. 따라서 사회계약이 유효하기 위해서는, 법을 만드는 것이 일반 의지가 되어야 한다. 각 개인이 타고나는 권리의 성격에서 출발해도 동일한 결론에 이르게 된다. 각 개인은 타인과 관련하여 권리에서 평등하고 자유롭다. 개인들이 사회 상태에 들어오면서 다른 개인들에

---

1 루소, 『사회계약론』, 1권, 6장.

게 종속된다면, 그리고 법을 만드는 사람과 법에 복종해야 하는 사람 간에 불평등이 발생한다면, 사회계약은 더 이상 유효하지 않을 것이다. 왜냐하면 그것은 자연권의 원칙을 침해했을 것이기 때문이다. 사회계약이 유효하기 위해서는 모든 시민을 구속하는 결정이 모든 사람을 통해 이루어져야만 한다. 즉 일반 의지가 법을 제정해야 한다. 공공재산과 관련해 결정을 내릴 수 있는 각 개인의 권리는 어떤 의미에서는 개인의 권리가 다른 모든 사람의 권리와 통합될 수 있는 대중에게로 넘겨진다. 그리고 그 모든 권리의 통합은 국민과 관련된 결정을 내릴 수 있는 국민의 권리를 구성한다. 개인은 말하자면 사회에 각자 동등한 양의 권리를 이양하고, 그 이양된 권리들 전체가 공동의 권리, 즉 법을 제정할 수 있는 권리를 구성하는 것이다.

이제 우리는 국민의 법에 우리가 복종해야 하는 법적 기원이 무엇인지 안다. 그것은 우리들 각각이 국민의 모든 구성원과 함께 체결한 상호 계약이다. 이 약속은 유효하다. 왜냐하면 일반 의지가 법을 제정한다는 사실로 인해 개인들의 자유가 침해받지 않고 공익이 보호되기 때문이다. 자신의 일신과 자신의 재화를 안전하게 보존하기 위해, 개인은 자유를 잃지 않고도 사회의 일원이 될 수 있고 공동체의 일반 의지에 복종할 수 있다. 왜냐하면 "모든 사람과 뭉쳐 하나로 된 각 개인"은 "자기 자신에게만 복종하는" 셈이 되고, "그 이전과 마찬가지로 자유롭기 때문이다. (...) 모든 사람에게 자신을 내준 각자는 아무에게도 자신을 내준 것이 아니기 때문이다."[2]

그러므로 법의 법적 근거를 몇 마디로 정리해 보자. 출발점은 주

---

2 같은 책, 1권, 6장.

어져 있다. 그것은 개별적 권리를 지닌 개인이다. 그러나 각 개인이 자신의 권리와 독립을 주장한다면 어떻게 그 개인들 간의 결사를 구성할 것인가? 그것은 계약을 맺음으로써 가능하다. 누군가가 다른 사람들과 계약을 체결한다면 그는 자신이 원하는 것을 할 때만 자신의 권리를 사용하는 것에 불과하다. 다른 한편 법의 지배를 받는 전체로 간주되는 국가의 개념이 있다. 국가는 그 통합이 이따금 표명될 수도 있는 사람들의 집합체가 아니다. 국가는 하나의 결사, 그 기능이 법에 따라 규정되는 조직, 모든 부분이 그 기능을 보증하기 위해서 배치되어 있는 집단이다. 그러나 이러한 조직의 통일성은 어디에 있어야 하는 것인가? 다양하고 변덕스러운 이해관계와 다양한 상호관계를 지닌 채 우연히 결합된 사람들의 이러한 모임을 집단적 조직으로 만드는 것은 무엇이어야 하는가? 그것은 누구에게나 동일한 의미인 입법 의지일 수밖에 없다. 왜냐하면 인간의 자연권을 침해하지 않는 한, 몇몇 전제군주제의 이론가들이 증명하려고 했듯이, 입법 의지의 통일성은 공동체 외부에서 이루어질 수 없기 때문이다. 이러한 통일성은 사회 그 자체, 모든 개별 의지의 일치, 일반 의지 내에 존재해야만 한다. 이를 위해, 계약을 통해 서로 구속된 모든 개별 의지는 오직 하나의 의지를 이루어야만 한다. 사회계약, 개인들 간의 상호 약속으로부터 집단적 전체, 즉 국민에게 내외적인 안전을 보장하고 각자의 권리와 동시에 모든 사람의 이익을 보호해 줄 수 있는 국가가 생겨날 수 있기 위해서는, 다시 말해 사회계약이 자신이 추구하는 목적을 달성하기 위해서는, 어떤 의미에서 국민의 원동력이 되는 일반 의지가 형성되어 있어야 한다. 그때 이 일반 의지는 상호 계약으로 서로 간에 구속된 모든 개별 의지의 합의를 대변한다. 개별 권리들의 결합으로부터 공익에 일치하는 공동 권리, 권리의 사적 영역들을 포함하는 법적인 집단적 영역이 구성된다.

프랑스 대혁명 동안 일반 의지에 입법권을 부여하는 이론은 개인이 요구하는 권리를 충족시키는 동시에 개인에 대해 통치권을 갖는 일관적 전체를 만들 필요성에도 부합했던 것처럼 보인다. 각 개인은 자발적으로 사회에 참여했다. 개별 의지들은 모두 같은 자격으로 일반 의지의 일부가 되었다. 사적 이익은 전체의 이익 속에서 보전된다. 개인이 더 이상 무엇을 요구할 수 있었겠는가? 공동체와 관련된 문제를 개인 혼자서 결정하겠다고 주장할 수는 없었다. 오직 전체의 일부로서 그리고 일반 의지의 일부가 되어야만 개인 역시 자신의 의견을 제시할 권리를 요구할 수 있다. 다른 한편으로 일반 의지는 하나이고, 이 단일성은 공동으로 공포된 법, 각자가 복종해야 하는 절대적 권력으로서의 법으로 표현될 때, 국가는 전체를 구성하며 그 자신의 본질이 내포하는 요구, 즉 국가는 사회적 삶의 모든 발현을 포함하며 법으로 통제되는 일관적인 조직이 되어야 한다는 요구를 만족시켰다.

입법권

그러므로 공적 권리에서 원칙이 되어야 할 규범은 '국민은 입법권을 갖는다'라는 것이다. 이 규범이 앞으로 실제 적용되어야 할 방식에는 이견이 있을 수도 있다. 이 규범은 어떤 사람들에게는 법을 제정하는 것이 국민 그 자체가 되어야 한다는 의미이고, 다른 사람들에게는 입법의 임무는 국민이 뽑은 대표들에게 있다는 의미이다. 또한 대표들에게 법을 공포하는 책임을 전적으로 위임할 수 있는가 혹은 대표들의 결정이 최종적으로 왕의 재가를 얻도록 해야 하는 것 아닌가 하는 문제에 대한 의견 또한 다르다. 그러나 어쨌든 국민은 자신이 어떤 방식으로든 관여한 법에만 복종할 수 있다는 점은 분명하다.

그러나 또한 공적 권리에는 다른 규범이 있었다. 국민이 입법권을 갖는다면, 동시에 행정권을 가져서는 안 된다는 권력분립의 원칙이 그것이다. 그러면 누구에게 행정권을 맡겨야 할 것인가? 왕에게 주어야 한다. 한편에는 국민과 입법권이 있고, 또 다른 한편에는 왕과 행정권이 있을 것이다. 그것이 공적 권리에 대해 사람들이 구상한 원칙이다. 이런 식으로 보면, 군주제는 한 명의 개인이 모든 사람의 의지를 실행할 책임을 맡을 정체가 될 것이다. 사람들은 그것이 큰 국가에 가장 적합한 형태라고 생각했다. 국민에 의해 법이 제정되면 즉시 일률적인 방식으로 적용되어야 한다. 큰 국가에서 이 목표를 달성하기 위한 가장 좋은 방법은 법 집행을 한 사람에게 맡기는 것, 한 사람을 행정권의 수반으로 임명하는 것이다. 그러면 국민이 자유를 상실할 위험이 있지 않은가 하는 문제는 걱정할 필요가 없을 것이다. 왜냐하면 왕은 국민 의지의 집행자일 뿐이고, 국민이 결정한 것을 집행하는 것에 그쳐야 하기 때문이다. 사람들은 그것이 자연권의 원칙들에 부합하는 헌법의 기초라고 생각했다.

그러나 아직도 해명되지 않은 문제가 남아 있었다. 사실 이 헌법에서는 입법권을 국민에게, 행정권을 왕에게 귀속시키는데, 도대체 누가 그렇게 결정할 권리를 가지고 있었던 것인가? 왕에게 행정권을 맡기기 위해 사람들이 내세우는 권리들은 어떤 것인가? 국민의 이름으로 법을 제정할 대표들을 선출해야 한다고 결정할 때, 무슨 근거로 그러한 헌법 조항을 정당화하는가? 새로운 헌법의 반대자들은, 프랑스 국민은 방금 사회계약을 통해 구성된 국민이 아니며, 프랑스 국민에게는 이미 일종의 헌법이 있다고 주장하기에 이른다. 그리고 헌법을 바꾸려고 한다면 기존 헌법의 틀 안에서만 해야 한다고 덧붙여 말한다. 즉 그 헌법으로 확립된 권력기관들이 그 일을 맡아야만 한다는 것이다. 왕과 삼부회는 이 문제에 대해 의견이 일치하기만 하면 된다. 게다가 헌법의 틀은 이미 주어졌다. 국민은 세 가지 신분으로 구성된다. 귀족, 성직자 그리고 앞의 두 신분에 속하지 않는 모든 시민을 포함하는 제3신분. 그러므로 국민이 입법권을 갖는다고 결정한다면, 세 신분 모두에게 법을 제정할 권리가 있다는 것을 의미한다. 다시 말해 세 신분이 각각 자신들의 대표를 선출하고, 그 대표들이 왕과 합의하여 새로운 헌법을 만들 수 있을 것이다. 각각의 신분이 몇 명의 대표를 가질 것인가 하는 문제 그리고 삼부회 소집 시 사람 수대로 투표할 것인가 아니면 신분별로 투표할 것인가 하는 문제는 미정으로 남는다. 그러나 혁명가들은 권리의 문제를 강조한다. 헌법을 만들 권리는 누구에게 있는가?

헌법 제정권

이렇게 제기된 문제는 입법권의 법적 근거가 무엇인지 아는 것과는 다른 문제이다. 분명 헌법의 조항들은 법으로 간주될 수 있다. 그러나 입법권을 행정권과 사법권과 같은 지위에 있는 국가권력들 중 하나일 뿐이라고 생각한다면, 그것 또한 이미 헌법에 의해 공포되었어야 한다. 예를 들어 의회가 입법권을 행사해야 한다고 결정한다면, 그 결정은 의회가 내릴 수 없다. 왜냐하면 의회는 그 결정에 따라 존재하는 것이기 때문이다. 그러므로 삼권분립은 필연적으로 제4의 권력, 즉 헌법 제정권을 내포한다. 따라서 헌법 제정권을 행사할 권리는 누구에게 있는지 아는 문제가 남는다.

이 문제를 해결하기 위해서는 사회의 법적 기원으로 되돌아가야 한다. 사회계약으로 인해 일반 의지가 지배하는 사회가 형성되었다. 그런데 이 사회를 조직하기 위해서는 일반 의지가 어떤 조치들을 결정해야 한다. 무엇보다 모든 사안에 대해 전원의 찬성을 얻는 것은 불가능하기에, 다수의 결정을 따르며 다수가 일반 의지를 대표할 것이라는 원칙을 세워야 한다. 그렇게 한다고 해서 의지의 일반성이 훼손되는 것은 아니다. 왜냐하면 각각의 개별 의지는 설사 그것이 소수에 속한다고 해도 다수의 결정에 따를 것이라는 점은 분명하기 때문이다. 그리고 사회가 존재하기 위해서 그것은 몇몇 기관을 필요로 한다. 어떤 목적을 위한 단체를 만들기 위해서는, 그 단체가 수행하고자 하는 기능들에 적합한 조직, 형태, 법을 부여해야 한다. 다양한 공공 부서를 만드는 것이 관건이 된다. 국민 자체가 그 모든 공적 업무를 수행할 수는 없다. 국민을 이루는 구성원들이 너무 많고, 너무 광범위한 지역에 퍼져 있어서 스스로 공동의 의지를 행사할 수 없는 경우도 있을 수 있다. 이러한 경우 국민은 국민의 이름으로 서로 토론하고 법을 제정할 대표들을 선출할 수밖에 없다. 따라서 국민은 조직될 때 불가피하게 자신의 권력 중 일부를 위임할 수밖에 없다. 그러나 그것이 국민 자신이 의지하는 권리를 포기한다는 것을 의미하지는 않는다. 그 권리는 양도할 수 없는 것으로, 국민은 권리의 행사를 '위임'할 수 있을 뿐이다. 국민의 권력을 위임받은 자들은 그 권력을 자기 권리인 것처럼 행사하지 못한다. 그들은 '국민의 대리인'일 뿐이다. 그곳에서 일반 의지는 위임 상태에 있다. 이러한 국가 내 권력 분배가 바로 국가의 헌법이라 부르는 것이다. 그러나 누구를 사회 내 다양한 권력의 위임자로 삼을지 정하는 권리는 누구에게 있는가?

사회 그 자체, 즉 국민이다. 그러므로 그러한 존재로서의 국민에게는 헌법이 없다는 결론이 나온다. 헌법은 공권력의 조직과 배치에만 관련이 있다. 그러한 존재로서의 국민은 모든 헌법에 앞서 존재한다. 국민은 모든 것의 기원이다. 국민을 앞서고 그보다 상위에 있는 것은 오직 자연권밖에 없다. 그러한 국민은 구성원들의 상호 약속, 사회계약을 통해 형성되었다. 국민은 그 실체만으로 언제나 합법적이며, 존재한다는 사실만으로 자신이 될 수 있는 모든 것이 될 수 있다. 그러한 존재로서의 국민은 결코 헌법에 복종할 수 없을 것이다. 국민은 의지하는 권리를 양도하거나 포기할 수 없다. 그의 의지가 무엇이든 간에, 자신의 이해관계가 의지를 바꿀 것을 요구하자마자 그 의지를 바꿀 수 있는 권리를 상실할 수도 없다. 국민은 이제부터는 결정된 방법으로만 의지하겠다는 약속을 할 수 없을 것이다. 만약 그렇게 한다면 국민은 자신의 자유 의지를 포기하고 자연권의 원칙을 훼손하게 될 것이다. 게다가 국민이 누구와 계약을 맺었다는 말인가? 국민은 자기 자신과만 계약을 맺을 수 있는데, 그것은 매 순간 국민이 파기할 수 있는 계약이다.

따라서 헌법은 국민에 의해 세워진 권력들, 그 권력들의 분배와 조직에 관계가 있을 뿐 국민과는 관련이 없다. 그런데 권리에 따르면, 그러한 권력들은 결사를 이루는 구성원들 전체에 있고, 민족 혹은 국가라 불리는 이 단체는 그 권력을 자기가 원하는 대로 사용하거나 권력 행사에 적합하다고 판단한 사람들에게 위임할 수 있다. 국민은 자신의 대리인들에게 권한을 부여하고, 자신이 원할 때 그들을 임명하거나 해임할 수 있다. 국민은 위임을 통해 통치할 때 그 자신이 위임에 구속되는 것이 아니다. 국민은 필요하다면 헌법을 바꿀 권리를 보유한다.

이처럼 국민의 권리라는 개념은 새로운 의미를 갖는다. 사람들은 입법권이 국민에 맡겨져야 하는가 하는 문제로 논쟁을 벌였다. 몽테스키외가 그리했듯이, 입법권 행사를 행정권 행사와 마찬가지로 별도의 권리로 간주하는 것은 문제를 너무 협소한 방식으로 다루는 것이었다. 시에예스는 『제3신분이란 무엇인가』에서 사태를 더욱 대국적인 차원에서 본다. 헌법 제정권의 법적 근거를 분석하면서 그는 그것이 다른 모든 권력의 원천, 그 권력들을 규정하고 만든 원천이라고 본다. '국민은 입법권을 갖는다'라는 규범이 국민의 권리를 남김없이 포괄하는 것은 아니다. 국민은 모든 권리를 갖는다. 국민은 자신 안에 모든 정치적 권리를 완전히 그리고 예외 없이 통합한다. 국민의 권리는 다른 모든 권리에 우선한다. 국민이 위임자들에게 부여하는 모든 권력은 단지 종속적이며, 스스로에 대해 결정을 내리는 국민의 본래 권리로부터 유래하는 것에 불과하다. 국민이 이런저런 일을 할 권리가 있느냐는 문제를 제기해서는 안 된다. 어떤 방식으로 원하든 국민은 원하기만 하면 된다. 어떤 형태들이라도 모두 좋은 것이고, 국민의 의지는 언제나 최고 법이다. 국민은 자기가 원하는 모든 것, 자신에게 유용하거나 이로울 수 있다고 생각되는 모든 것을 할 권리가 있다. 국민은 스스로에 대해 결정을 내릴 수 있는 권리가 있으므로 그 자신의 최고 주인이며, 다른 모든 것을 배제하면서 자기 스스로를 통치한다. 어떤 국민이 스스로를 잘 통치하지 못하거나 자신을 통치하는 권리를 사용하지 않는다고 해도, 그 권리는 여전히 존속한다.

따라서 모든 권리는, 그것이 정치적 영역에 속하고 사회 전체와 집단적 권리의 영역과 관계된 것이기만 하다면, 사회 구성원의 일반 의지로 이루어진다. 제기될 수 있는 유일한 문제는 공동체가 스스로 행사할 수 있는 권리들은 무엇이며, 자신의 대리인들에게 위임해야 할 권력들은 무엇인가 하는 것이다. 국민이 양도할 수 있는 권리들은 무엇인가 자문하는 것은 중요하지 않다. 그 질문은 잘못 제기된 질문일 것이다. 국민은 어떠한 권리도 양도할 수 없다. 그러한 권리들 그 자체가 아니라 그 권리들 중 일부의 행사가 문제되는 것이다. 그것이 바로 헌법이 결정해야 할 문제이다. 프랑스 국민이 모두 모이기에는 너무 수가 많기 때문에 말하자면 입법권 행사가 대표들에게 위임되어야 한다. 국민은 대표들을 선출한다. 게다가 전체 국민이 법 집행에 필요한 조치들을 스스로 취할 수는 없다. 그래서 국민은 왕에게 그 임무를 맡긴다. 그것은 왕의 일이다. 따라서 다음과 같은 원칙이 생겨난다. 국민은 자신 안에 모든 권력을 통합한다. 국민이 주권자이다. 이러한 주권을 합법적으로 행사하면서 국민은 헌법적 조치를 제정하고, 정부를 만든다. 국민이 만든 이 정부는 의회와 왕으로 구성된다. 의회는 입법권을, 왕은 행정권을 행사한다. 그러나 의회가 무제한적 권력을 가져야 하는지, 아니면 이런저런 형태로서 왕이 법률과 관련되어 취해지는 결정에 참여해야 하는지 — 단지 그것이 법을 승인하거나 거부권을 행사하는 권리를 자신에게 남겨 두는 것이라 할지라도 — 밝히는 문제가 남는다.

이러한 공적 권리의 개념은 왕과 국민 간에 존재하는 법적 관계에 대해 사람들이 지금까지 품고 있었던 생각을 근본적으로 변화시킨다. 처음에 사람들은 왕을 그가 다스리는 국민의 아버지 또는 신으로부터 통치권을 부여받은 존재로 이해했다. 게다가 혁명 초기에는 아직도 그와 유사한 생각들의 흔적이 남아 있었다. 그러나 국민과 왕 사이의 이러한 충성 관계는 시민들이 자신의 권리에 대해 가지고 있는 의식을 충족시킬 수 없었다. 그다음에 사람들은 국민이 원래 모든 권리를 가지고 있었고 국민이 주권자였지만 스스로 그것들을 행사할 수 없기에 단 한 사람, 즉 왕에게 그 권리들을 위임하면서 그것들이 왕가에서 세습될 것을 정했다고 생각했다. 그러나 이제 혁명가들은 국민은 어떤 방식으로든 권리를 양도할 수 없다는 이유로 이에 반대한다. 그것은 바로 그렇게 해서 자신의 자연적 자유를 양도하는 것과 같기 때문이다. 설사 그런 양도를 했더라도 국민은 애초에 자신들이 향유하던 주권을 언제든지 다시 행사할 권리가 있을 것이다. 국민은 자신의 권리들을 상실할 수 없다. 이어서 사람들은 왕과 국민 간에 맺어졌을 계약에 대해 생각했다. 왕은 국민에 대해 몇몇 헌법적 조치를 존중할 의무가 있었을 것이다. 반대로 국민은 계약에 따라 군주에게 인정된 권리들의 한도 내에서 군주의 의지에 복종할 의무가 있었을 것이다. 이 마지막 가설은 어느 정도 권리 의식을 만족시켰던 것처럼 보였다. 여기서 국민과 왕의 관계는 권리에 기초한 것으로 이해되었다. 왕에게 바쳐야 하는 복종이라는 개념은 더 이상 신의 명령으로 이해되지도 않았고, 효심에 기초를 둔 것도 아니었다. 군주에게 복종한다는 약속은 합법적인 근거가 있으며, 그 기원은 왕의 권리와 국민의 권리를 확립하고 그 두 편을 동등하게 이어 주는 계약이다. 이렇게 생각하면, 계약에 따라 잘 규정되고 제한되는 권리를 행사하는 양 당사자, 즉 왕과 국민이라는 두 가지 병행적인 권력이 존재하게 될 것이다. 양 당사자의 권리는 동등하게 보호되어야 한다. 게다가 이러한 계약에 따른 국가권력의 분립이라는 관점에서 보면, 행정권은 왕에게 귀속되고, 입법권은 국민에게 남겨질 것이다. 각 당사자는 적법한 자기 권리의 영역을 가지게 될 것이다. 그러나 상황을 더 자세히 분석해 보면, 왕과 국민 사이의 이러한 계약은 유효하지 않다. 여기서 두 당사자는 동등하지 않은 것이 문제가 되고, 바로 그렇기 때문에 그 둘은 계약을 맺을 수 없다. 국민이 한 사람과 맺는 계약은 오직 개별적 행위일 뿐이고, 따라서 그 계약은 불법이다. 군주 이전에 국민이 존재한다. 왕 없이 자유로운 사람들은 존재하지만 국민 없이 왕은 존재하지 못한다. 게다가 국민은 자신의 본성에 내재한 권리, 각 구성원의 자연권에서 유래하는 권리를 지니지만, 군주는 그렇지 못하다. 게다가 왕의 권리는 어디서 오는 것인가? 그 권리는 국민에 의해 주어진 것일 수밖에 없다. 국민이 왕에게 권리를 위임했던 것이다. 왕과 국민 사이의 계약이라는 개념은 국민이 왕에게 부여한 권한 위임이라는 개념으로 대체된다. 국민은 계약을 체결할 수 없다. 다만 위임할 수 있을 뿐이다. 국민은 구속되지 않았다. 국민은 자유롭고 최고 권력을 갖는다. 물론 사회 구성원들 간의 계약이 존재한다. 그러나 그것은 상호 약속, 즉 사회계약이지 한편으로는 전체 시민과 또 한편으로는 한 개인 사이의 약속이 아니다. "국가에는 단 하나의 계약만 있다"라고 루소는 말한다. "그것은 결사 계약으로, 이것은 다른 모든 계약을 배제한다. 이 최초의 계약을 위반하는 것이 아닌 어떠한 공적 계약도 상상할 수 없을 것이다."[3] 정부나 왕을 세우는 것은 그에게 권력 행사를 위임하는 것이다. 정부는 위임을 통해서만 존재한다.

따라서 국가에서 왕의 역할은 더 이상 과거의 그것과 완전히 다르다. 제헌의회에서 말했듯이, 예전에 왕은 국민의 소유자이며 주인이었다. 반면 이제 왕은 국민의 대리인 혹은 위임자일 뿐이다. 오직 국민만이 권리를 갖는다. 왕은 직무와 대권(大權)만을 갖는다. 왕은 국민 중 가장 고위직 공무원이다. 왕에게서 다시금 국민의 대표, 대

---

3 같은 책, 3권, 6장.

를 이어 내려오는 영원한 대표를 보고 싶어 하는 사람도 많다. 그러나 왕은 선출되지 않는다. 그리고 선출되지 않으면 대표권도 있을 수 없다. 따라서 왕은 대표가 아니다. 그는 공무원, 즉 국민의 대리인이다. 그렇다면 왕권의 세습적 성격 그리고 국가에서 가장 높은 직무를 수행해야 하는 인물 선정의 우연성에 대한 난점들이 생겨날 수 있다. 그에 대해 사람들은 왕이 국민으로부터 위임된 권한을 잘못 수행한다면 국민이 그로부터 그 권한을 박탈할 권리가 있다고 반박한다. 심지어 국민이 왕을 폐위시키는 것으로 항상 충분하지는 않다. 왕이 국민을 배신한다면 국민은 왕에 대한 판결을 내려 처벌할 수도 있다. 그리하여 국민공회(La Convention nationale)는 루이 16세에게 사형을 언도했던 것이다.

국민과 그 대표들 간의 관계

그러나 아직도 해명이 필요한 또 다른 권리의 문제가 남아 있다. 그것은 국민과 입법권의 행사를 맡은 대표들 사이에 존재하는 관계의 문제이다. 국민에게는 입법권이 있다고 말했다. 일반 의지는 국민이 갖는 법 제정 권리를 양도할 수 없는데, 만약 양도한다면 국민은 자유를 상실하게 될 위험에 빠질 것이다. 행정권의 경우라면 국민은 그 권력을 위임하고 누군가에게 그의 의지를 실행하라는 책임을 지울 수 있다. 입법권의 경우에는 그렇게 할 수 없는 것처럼 보인다. 국민은 누군가에게 국민이 원했던 것을 실행하라는 책임을 지울 수 있다. 그러나 그 누구에게도 자기 대신 무언가를 원하라고, 자신과 관련된 법을 결정하라는 책임을 지울 수는 없다. 시민들이 대표를 선출할 필요 없이 직접 자신의 의지를 표현할 수 있다면, 사회는 정말로 완벽해질 것이다. 그러면 사람들은 절대적인 단순성, 본래의 순수성 상태에 있는 사회를 보게 될 것이다. 그러나 그것은 큰 국가에서는 불가능한 일이다. 국민이 항상 소집될 수는 없다. 국민의 이익이나 국민의 단일성이 항시 보호받으려면, 국민이 대표들을 선출해야만 한다. 큰 국가에서 법을 제정하기 위해 시민들이 항시 소집될 수는 없다는 사실 하나로부터 국민의 대표들만이 법을 제정하는 자격을 갖는다는 결론에 이를 수 있을 것이다. 그러나 그것만으로는 국민과 그의 대표들의 관계를 어떻게 이해해야 하는가 하는 문제가 해결되지 못한다. 대표권이라는 것이 정확히 무엇을 의미하는지 이해할 수 있게 해 줄 공적 권리의 형태들도 결여되어 있다. 국민이 직접 행사하는 권력의 개념도, 국민이 그 행사를 위임하는 권력이라는 개념도 대표권의 의미에 일치할 수 없는 것처럼 보인다. 대표들이 법을 공포할 때, 실제로 국민이 법을 제정하는 것은 아니다. 대표권은 순수한 위임이란 의미로 이해하기 곤란하다. 대표들에게 위임하는 권한은 무엇인가? 법을 공포하는 것? 그러나 법은 본질상 일반 의지의 표현이다. 일부 개인들에게 "당신들은 일반 의지가 될 것이다"라고 말할 수는 없다. 일반 의지는 공동체의 모든 구성원의 의지를 포함하기 때문에, 그것을 일부 개인들의 의지로 축소시킬 수는 없다. 개인들은 자신의 사적 이익을 추구한다. 그들의 의지와 공동체의 의지 사이의 일치는 언제라도 중단될 수 있다.

대표권은 프랑스인들에게 새로운 개념이다. 삼부회 소집 시 대표들은 자신을 뽑은 사람들이 원하는 바를 왕에게 전달하는 임무를 맡았다. 가장 순수한 형태의 대표권이라는 개념은 영국에서 온 것이다. 권리의 관점에서 그것이 무엇을 의미하는지 이해하기 위해서 프랑스는 먼저 일련의 정치적 실험을 거쳐야만 했다. 어떤 식으로든 국민에게 입법권의 행사를 맡기기 위해서, 우선 프랑스는 대표들을 선거인들이 원하는 바와 연결시키는 명령 위임이라는 해결책을 검토했다. 사람들은 대표들이 몇몇 법안만을 작성하고 토론하는 임무만을 맡도록 그들의 임무를 축소할 생각도 했다. 이어서 국민투표를 통해 국민이 그 법안을 승인하거나 거부하도록 국민들에게 직접 호소할 수도 있었을 것이다. 그러나 결국 현실적으로는 대표들에게만 법을 결정하는 권리를 맡기는 것을 어쩔 수 없이 받아들일 수밖에 없었다. 그럼에도 불구하고 대표들과 국민의 의식 속에서 대표가 수행해야 하는 역할의 개념은 매우 모호한 것으로 남게 되었다.

국민은 계속해서 자신의 대표들에 대해 상당한 불신을 갖게 된다. 그들이 보기에 국민의회(L'Assemblée nationale)는 국민이 아니다. 대표들에 대해 말하자면, 그들은 자신들이 충분히 비개인적인지, 정말로 국민의 의지를 대표할 자격이 있는지 계속 자문한다. 그들은 국민이 그들에게 요구하는 수준에 도달하기 위해서는 자신들이 지속적인 도덕적 노력을 해야 한다는 점을 이해한다. 게다가 그 수준에 도달하지 못하는 대표, 자기 자신의 이익에 사로잡혀 계속해서 자신의 개인성을 앞세우는 대표들은 국민을 대표할 자격이 없다. 그런 대표들은 국민의 이익을 위해 면직되어야 할 것이다. 그것이 로베스피에르[4]가 국민공회에서 밝힌 변하지 않는 신념이다.

다른 한편 국민은 되찾은 권리에 대해 좌절감을 느낀다. 사람들

---

4 〈역주〉 Maximilien François Marie Isidore de Robespierre(1758~1794): 프랑스 혁명을 대표하는 혁명가로 혁명의 성공을 위해 미덕을 표방한 공포정치를 펼쳐 반혁명파들을 처형했다. 그러나 마라가 암살되고 당통마저 부정부패 혐의로 단두대에 서면서 공포정치와 로베스피에르의 독재에 대한 염증이 본격화되었고, 그는 테르미도르의 반란으로 처형당했다.

은 국민이 주권자이며 정의롭고 선량하다고 말한다. 민중은 바스티유를 점령했고, 자유를 획득하기 위해 피를 흘렸다. 그런데 지금 고작 2년 혹은 3년마다 대표들을 선출할 권리밖에 없다는 말인가? 모든 것이 준비 중에 있다. 대표들은 완전히 새로운 임무들을 대면하게 된다. 그들은 모든 국민의 자유와 삶에 책임을 진다. 이런 상황을 앞에 두고 국민은 새로운 대표들을 지명할 허가를 얻을 때까지 조용히 기다려야만 하는가? 여기에 프랑스 대혁명 동안 국민을 대표하는 의회들은 정치적 파벌로 분열되지 않았다는 사실이 추가된다. 민중의 대표권은 하나여야 한다. 왜냐하면 그것은 일반 의지의 표현이기 때문이다. 정강에 따라 대표를 선출하는 것은 말도 안 된다. 누군가를 대표로 선출하는 것은 오직 그를 신뢰하고, 앞으로 발생할 문제들에서 그가 오직 국민의 이익만을 고려할 수 있을 것이라고 믿기 때문이다. 그러나 이러한 신뢰는 어떻게 정당화되는가? 그 대표가 품는 다시 선출되고 싶다는 희망? 그러나 이는 고려의 대상조차 될 수 없었다. 왜냐하면 제헌의회에서 자리를 차지한 대표들 중 그 누구도 그다음 의회인 입법의회에서 재선출될 수 없다고 결정되었기 때문이다. 게다가 프랑스 대혁명 동안 지속적이고 편안한 입법 활동이란 것은 없었다. 그 즉시 해결해야 하는 긴급한 임무가 있었을 뿐이다. 나중에 그러니까 새로운 선거에서 생겨날 일에 대한 걱정은 현재 중요한 일이 아니다.

이런 상황 속에서 어떻게 국민이 개입하지 않고, 자신의 절대적 권력을 갖는 의지를 행사하지 않을 것이라고 기대할 수 있는가? 국민, 혁명 대중은 파리에서 대표들을 감시하고, 거리에서 혹은 방청석 위에서 그들에게 박수갈채나 혹은 비난을 보낸다. 프랑스 국민 전체가 자코뱅파의 정치집단으로 조직된다. 이러한 조직에는 사실 헌법적인 것은 아무것도 없지만, 그것은 진정한 국민에게 있는 원래적이며 자발적인 주권을 표현한다.

국민주권

프랑스 대혁명이 영감을 받은 공적 권리의 체계를 요약하자면, 어떤 의미에서 그 체계의 이론적 토대를 이루는 두 가지 개념에서 출발해야 한다. 그 하나는 시민들이 서로 간에 맺는 법적인 상호 약속의 개념, 즉 사회계약이고, 다른 하나는 최고 법으로 이해되는 국민의 의지의 개념, 즉 주권자로서의 국민이다. 이 일반 의지만이 국민의 권력 행사를 국민에 의해 지명된 대리인에게 위임하게 될 헌법을 국가에 부여할 수 있다. 무엇보다 입법권과 행정권 행사가 누구에게 위임될 것인지 아는 것이 중요하다. 입법권 행사는 국민이 선출한 대표들에게 맡겨지고, 행정권 행사는 왕에게 맡겨질 것이다. 따라서 우선 권리에서 평등하고 자유로운 개인들 간의 계약이 있고, 그로부터 결사가 형성된다. 이러한 결사는 공동의 이해관계를 가지고 있고, 내외적인 안보와 공적 임무 등을 보장해야 한다. 그것은 일반 의지, 모든 구성원의 공통된 의지를 갖는다. 개별 의지들의 만장일치가 있다면 일반 의지는 그 의지들의 총합으로 구성되며, 그렇지 않은 경우에는 다수가 일반 의지를 대표하게 된다. 이 일반 의지가 공공 부서들을 배분한다. 관리, 판사, 군인, 국회의원 들이 있어야 하고, 몇몇 헌법에 따르면 왕도 있어야 한다. 이 모든 사람은 직간접적으로 국민의 위임을 받은 것이다. 그들은 국민을 위해 존재하고, 국민에 의존한다. 그 직무들의 일반 법령, 분배, 공조 또는 종속, 국가 행정 조직은 그것에 포함되는 모든 것에서 헌법의 행위이다. 사회계약, 일반 의지의 주권, 국민이 국민의 권력을 행사할 임무를 맡은 사람들에게 부여한 권한, 이런 것들이 혁명이 구상하는 권리 개념에 기반을 둔 사회의 구조이다. 그것은 루소가 『사회계약론』에서 그 이론을 정립한 공적 권리의 실천이다. 이러한 개념들 각각의 중요도, 그 감정적 내용과 실효성과 의미는 혁명이 진행되는 동안 변화한다.

기본 개념은 무엇보다 사회계약의 개념이다. 사회계약은 각 개인에게 그가 지닌 권리의 독립성을 보장하는 것처럼 보인다. 사적 권리와 공적 권리는 각각 자기 스스로 사회에 대해 구속되기 때문에, 그 권리들은 자연권의 동일한 원칙에 근거하고 있는 것처럼 보인다. 다시 말해 양자는 동일한 권리 의식에서 생겨난 것처럼 보인다. 현재 각 개인을 공동체 전체에 통합시키는 관계는 합법적이다. 개인을 사회의 다른 모든 구성원과 맺어 주는 상호 관계도 마찬가지다. 권리와 의무의 상호 관계, 합법적 결속은 모든 프랑스인 사이에 존재한다. 각 개인이 전체의 일부를 이루는 것은 자발적이지 강압에 따른 것이 아니다. 개인이 속한 집단은 권리에 기초를 두기 때문에 그에게 그 자신의 권리를 보장해 준다. 그는 자유로운 국민에 속하는 자유로운 시민이다. 이처럼 개인이 자신의 자유를 침해받지 않고 정당한 방법으로 국가에 속한다는 의식은 그가 인간으로서 자신의 존엄성에 대해 갖는 감정을 만족시키며 동시에 그가 전체 시민들과 맺는 관계를 결정하고 그를 같은 국가의 사람들과 통합시킨다. 국민은 개인들로 구성된 합법적 전체이며, 그 개인들은 권리상 자유롭고 계약을 통해 동일한 방식으로 서로 통합된다.

그러나 이러한 이론이 명확해 보인다고 해도 그것을 실천에 옮기는 것이 문제가 되자마자 난점들이 생겨나기 시작한다. 사회계약을 통해 국가가 형성되는 것은 말할 필요도 없다. 그러나 프랑스는 이미

국가이다. 게다가 그런 계약은 일단 완료되면 되풀이되지 않는 행위다. 일단 계약이 성사되고 국가의 통일성이 헌법을 통해 구현되고 조직화되어 계약의 목적이 실현되면, 그것은 사실 그 결사의 법적 근거로 계속 남아 있게 된다. 그리고 그것은 시민들이 갖는 서로 간에 합법적으로 결속되었다는 의식 속에서 계속 작용할 수는 있지만 더 이상 직접적으로 작용하는 요소로 존재하기를 그친다. 물론 그 계약이 매 순간 암묵적으로 갱신된다고 주장할 수는 있다. 하지만 그때는 계약 행위가 유발하는 직접적 감정, 구체적인 이미지가 결여된다.

사람들이 국민주권에 대해 갖는 생각은 사정이 다르다. 어느 순간 어떤 상황에도, 예를 들면 삼부회가 소집될 때, 국민은 자신의 주권을 행사하고 스스로에게 헌법을 부여해야 한다. 이 헌법의 틀 내에서 국민의 권리와 개인들의 권리를 양립시키고, 다양한 권력 행사를 위임하고 배분하는 것이 문제가 될 때 어려움이 발생할 것은 말할 필요도 없다. 그러나 국민주권 개념은 공적 권리의 초석으로 존속하며, 국민의 의지는 최고 법으로 계속 남는다.

사회계약 그리고 국민과 군주 간의 계약

혁명이 채택한 권리 체계의 기원을 거슬러 올라가면, 우선 있는 그대로의 각 인간이 권리를 갖는다는 사실을 확립하는 근본 원칙을 보게 된다. 달리 말하면 인간의 모든 행위는 타인의 권리를 침해하지 않는 한 합법적이라는 것이다. 그것은 모든 사람에게 동일하게 적용된다. 사람들은 권리에서 평등하며 자유롭다. 권리에서 평등하며 자유로운 그 사람들 사이에서 서로 도움이 되는 서비스의 교환이라는 더할 나위 없이 다양한 관계가 성립된다. 이 교환은 계약을 통해 조정된다. 갑이 을에게 이것을 하고, 을은 갑에게 저것을 한다. 그들은 상호 약속을 맺는다. 그러나 둘 중 하나가 상대방에게 압력을 가하거나 서비스 제공을 강요해서는 안 된다. 그 경우 그는 자연권의 기본 원칙들 중 하나인 개인의 자유를 위반하는 것이다. 그들이 서로 자유롭기 위해서는 자발적으로 합의한 약속이 상호적이어야 한다. 그것이 바로 권리의 첫 번째 요구이고, 그러한 요구가 삶에 부과하는 조건 그 자체이다.

그러나 실천의 측면에서 개인은 이 원칙을 부인하는 것처럼 보이는 일련의 행위들을 전부 따르도록 강요받는다. 왕이 자기 백성들에게 복종을 요구해서, 개인은 세금을 내야 하고 몇몇 법에 복종해야 한다. 심지어 그는 그렇게 할 것을 강요받고, 그렇게 하지 않으면 처벌을 받는다. 여기에 모순이 존재하는 것처럼 보인다. 한편으로는 사적인 삶의 영역에서 누군가가 나에게 그것이 무엇이든 그것을 하도록 강요하려고 한다면, 나는 그에게 저항하고 나의 저항은 합법적이다. 다른 한편으로는 공적인 삶의 영역에서 나는 몇몇 행위를 하도록 국가의 이름으로 강요당한다. 이 두 가지 상황을 어떻게 조율해야 하는기? 권리의 원칙은 모든 사람에게 유효하다. 나는 어느 날은 아무도 나에게 그것이 무엇이든 그것을 하라고 강요할 권리가 없다고 말하고, 다른 날에는 왕과 국가의 관리들이 나의 뜻에 반해 이런저런 일련의 행위들 전부를 하라고 강제할 수 있다고 말할 수는 없다. 개인이 국가의 명령에 따를 수는 있다. 그러나 그것은 한 가지 사실만 증명할 뿐이다. 즉 힘은 통치권에 있지만, 권리는 그렇지 않다. 그런데 어떤 경우에도 사적인 삶의 영역에서 강자가 폭력을 사용하여 약자에게 몇몇 행위를 하도록 강요하는 일이 허락되지 않았다는 것은 권리의 이름으로 두말할 필요도 없이 명백한 사실이었다. 따라서 한편으로는 개인에게 가해지는 모든 구속을 금지하는 사적 권리의 원칙이 있고, 다른 한편에는 힘의 개입이 있다. 한편에는 민법으로 해결되는 개인 간의 관계가 있고, 다른 한편에는 국가의 절대적 힘을 갖는 의지에 종속되는 국가 대 개인 사이의 관계가 있다.

이러한 모순에서 탈피하기 위해서는 단 한 가지 해결책만이 있었다. 그것은 시민의 삶에서 유효한 원칙을 공적이고 정치적인 삶으로 확장하는 것이다. 사적인 삶의 영역에서 어떤 사람도 계약을 통해 동의하지 않는 이상 어떤 행위를 하도록 강요받을 수 없다는 것이 원칙으로 정립되어 있다면, 국가도 계약을 통한 것이 아닌 이상 개인들에게 어떤 행위도 요구할 수는 없다. 이것이 바로 자연권 철학자들인 알투지우스,[5] 그로티우스, 푸펜도르프, 토마지우스,[6] 홉스 그리고 로크가 제기한 문제이다.

먼저 떠오르는 것처럼 보이는 생각은 지배자들과 피지배자들 사이의 계약이라는 것이다. 개인이 정부에 복종해야 한다면, 개인이 자발적으로 그것에 동의했어야 한다. 백성들과 그들의 수장들 간의 관계 또한 계약을 통해 정해져야만 한다. 따라서 국민과 그 수장들 사이의 계약이 있을 것이다. 그러나 이러한 개념과 사회계약의 개념이 대립된다. 개인이 국가에나 공동체에 속해 있다는 단 한 가지 사실만으로 이미 개인은 계약을 통해 다른 구성원들과 결합되어 있다고 추정된다. 사적 권리의 영역에서 유사한 경우를 하나 들어 보자. 누군가가 조합이나 영리회사 같은 단체의 구성원이라고 하자. 그가 그 단

---

5 〈역주〉 Johannes Althusius(1557~1638): 사회계약론의 선구자로 유명한 독일의 법학자.

6 〈역주〉 Christian Thomasius(1655~1728): 독일의 법철학자로 자연법을 주장했다.

체의 일부가 되기 위해 어떻게 했을까? 그는 가입자의 권리와 의무가 규정된 계약을 맺고 가입했을 것이다. 이런 종류의 회사가 어떤 사람이 회사의 소속원들 중 한 명이라고 진술할 생각을 하면서도 그 사람이 회사에 자발적으로 가입했다는 증거를 제시할 수 없다면, 그 진술은 무의미할 것이다. 국가에 의해 형성된 결사도 마찬가지다. 결사는 각 구성원이 맺은 계약을 통해서만 존재한다. 그러나 "모든 사람에게 자신을 내준 각자는 아무에게도 자신을 내준 것이 아니다"[7] 라는 내용이 포함된 결사 계약을 맺는 것이 합법적인 만큼이나, 국민과 수장 간의 계약도 당사자들 중 한 편은 명령하고 다른 편은 복종하는 의무를 지는 계약이라면 그것은 자연권에 위배될 것이다.

따라서 우리는 계약의 개념으로 국가권력을 정당화하려는 자연법의 두 가지 이론을 대면하고 있다. 그 하나는 사회계약 이론이고, 다른 하나는 국민과 군주 간의 계약 이론이다. 사회계약은 법적 관점에서 개인이 어떤 국가의 시민이 되는 타당한 근거는 무엇인가, 왜 누구는 프랑스인이고 다른 사람은 독일인 또는 영국인인가, 달리 말해 일반적인 국가들의 법적 근거는 무엇인가라는 질문에 대답한다. 다른 한편으로, 국민과 군주 간의 계약은 개인이 권력을 지닌 수장의 지배를 받는 신민(臣民)이며 법에 복종해야 한다는 것, 달리 말해 국가에서 정부가 수행하는 권력의 법적 근거는 무엇인가라는 문제를 어떻게 법적 관점에서 타당한 근거들을 가지고 설명해야 하는지를 묻는 질문에 대답한다. 첫 번째 경우에 국가는 동포들의 공동체이다. 예를 들어 프랑스, 영국, 독일이다. 그것은 국민 또는 민족이다. 두 번째 경우에 그것은 어떤 형태의 결사이다. 수장과 신민, 지배자와

---

7 같은 책, 1권, 6장.

피지배자, 예를 들어 군주정인가 공화정인가에 따라 나라별로 상이한 정부 등이 그 문제에 해당한다. 개인은 때로는 한 국가의 시민이고 때로는 공권력의 대상이다. 국가를 고찰할 수 있는 두 가지 관점들은 이런 것이다. 사람들은 그 두 관점을 둘 다 유효하게 만들기 위해서 계약의 논거를 제시한다. 더구나 두 종류의 계약을 결합하는 것이 가능하다고 생각했다. 시민들은 서로 사회계약을 맺고, 이어서 수장들에 대해 계약을 통해 자신을 내줄 것이라고 약속하고 이렇게 해서 정부에 복종했을 것이다. 예컨대 푸펜도르프의 관점이 그러했다.

그러나 루소는 국민에 의한 정부 설립은 계약을 통해 이루어질 수 없다고 반박한다. 국민과 국민이 스스로 수장으로 삼는 사람들 사이의 계약은 있을 수 없다. 시민들 간의 상호 약속, 즉 사회계약만이 존재할 수 있다. 이 계약에는 사실 시민이 이러한 결사의 기능이 요구하는 것에 복종한다는 내용이 내포되어 있다. 그러나 결사에 대한 시민들의 복종은 수장에 대한 복종과는 아주 다른 성격의 것이다. 왜냐하면 시민들이 복종하는 정부는 위임을 통해서만 존재하며, 공권력은 일반 의지가 위임한 권력을 일반 의지의 이름으로 행사만 할 뿐이기 때문이다. 한 개인이 한 사회에 가입할 때, 공동체와 관련된 모든 일에서 그 개인은 공동체를 이루는 구성원들의 일반 의지에 복종하기로 약속한다는 것은 당연한 일이다. 민법에서 나온 예를 다시 들어 보자. 내가 어떤 목적을 달성하기 위해 조직된 사람들의 결사에 가입한다고 해서, 그것이 내가 이제부터 이 모임과 관련된 문제를 홀로 결정할 권리를 지닌다는 것을 의미하지는 않는다는 것은 분명하다. 그러나 그것은 또한 내가 복종할 제3자와 계약을 맺었다는 것을 의미하지도 않는다. 그것은 단지 앞으로 나는 내가 가입한 모임의 다른 구성원들과 합류하여 그 모임과 관련된 일들을 결정할 것이라는 사실을 의미한다. 이 모임이 운영위원회를 선발할 수도 있다. 그러나 그것이 이 모임이 이 위원회의 위원들과 계약을 맺었다는 것을 의미하지는 않는다. 모임은 구성원들 중 몇몇을 지정하여 몇몇 임무의 집행을 위임한 것에 지나지 않는다. 모임의 전체 구성원들은 일반적으로 모임과 관련된 일을 결정할 권리를 유지한다. 운영위원회의 위원들은 단체의 수장들이 아니라 그 위임자 혹은 대리인이다. 국가에 의해 형성된 공동체는 이런 식으로 이해해야 한다. 이 사회가 수백만의 사람으로 이루어졌다는 것은 중요하지 않다. 권리의 관점에서 보면 그것은 아무런 차이도 없다. 무인도에서 만난 10여 명의 사람이 문제이든 큰 나라 전체에 퍼져 있는 수백만의 사람이 문제이든 간에, 그들이 내세울 수 있는 권리의 원칙들은 동일하다.

국가에 의해 형성된 공동체의 원칙은 공동체와 관련된 일에서 각 구성원이 공동의 의지가 내리는 결정들에 복종해야 하며 대신 그가 갖는 구성원이라는 자격은 그에게 그 공동체에 참여할 권리, 즉 투표권을 부여한다는 것이다. 그 후에 공동체가 구성원들 중 몇몇에게 다양한 직무를 위임한다고 해도 공동체가 그 사실로 인해 그들에게 의무를 지고 있는 것은 아니다. 개인은 사회의 위임자들이 취한 조치에 복종해야 한다는 것은 말할 필요도 없지만, 그러한 복종의 이유는 사회가 위임자들에게 직무를 수행하기 위해 필요한 권력을 위임하기로 한 결정에 참여할 것이기 때문이다. 전체 구성원들은 최종 결정을 내릴 권리를 보유한다. 그 위임자들은 공동의 의지에 종속된다. 그리고 그들이 행한 조치가 이 의지에 부합하는 한 개인은 그 조치에 복종해야 한다.

이처럼 루소는 사회계약과 국민과 군주 간의 계약 사이의 이중성을 제거한다. 물론 국가에서 개인은 공권력에 복종하며, 공적인 일과 관련하여 개인이 그 자신의 주인이 아니다. 자신이 원하는 모든 일을 할 수 있는 것이 아니다. 그는 계약에 따라 몇몇 약속을 한 것이다. 그러나 누구에게 그런 약속을 한 것인가? 문제는 바로 이것이다. 어떤 사람들은 자신이 수장이나 공권력에 대해서 계약을 했다고 생각했다. 이에 대해 루소는 아니라고 말한다. 개인은 그가 가입한 사회에 대해서만 구속되는 계약을 맺은 것이다. 그리고 사회에 가입했다는 그러한 사실로부터 필연적으로 그는 일반 의지에 복종해야 한다는 결론이 나온다. 같은 시민들 각각의 경우도 마찬가지다. 이런 식으로 공동체, 국민, 국가, 개인들의 공조와 동시에 개인들의 복종이 생겨나는 것이다. 그러나 이 모든 것에서 정부, 왕, 관리들의 역할은 무엇인가? 그들은 사회와 국민의 위임자들이다. 바로 그러한 자격으로 그들은 개인들에게 자신들이 내리는 명령에 복종하라고 요구할 수 있는 것이다. 왜냐하면 그들은 자신들과 관계되는 것에 대해서 언제나 국민 전체에 예속되고 복종해야 하는 상태에 있기 때문이다. 국민과 그들의 수장 간의 계약은 국민이 국가에 예속된다는 것을 정당화해야 했지만 또한 정부의 권력에 법적 근거를 부여해야만 했다. 그러나 그것은 두 가지 다른 문제이다. 개인이 일반 의지에 복종해야 하는 것은, 모든 사회계약이 제대로 이해된다면, 그 안에 정의상 내포되어 있다. 반면 국가권력의 법적 근거는 계약이 아니라 국민이 부여하는 권한이다. 프랑스 대혁명은 새로운 사회를 창조하기 위해 사회계약과 위임받은 정부라는 개념을 본보기로 삼게 될 것이다.

국가의 절대적 혹은 상대적 주권

사회계약의 개념으로부터 새로운 법인, 새로운 권리의 주체가 생겨났다. 사회는 개인에 대해서 결정을 내릴 권리가 있다. 우리는 개인이 권리를 갖는다는 개념에서 출발했다. "누가 권리를 갖는가?"라는 질문에 대해 우리는 개인이라고 답했다. 개인은 소유자이고, 계약을 통해 같은 시민들에게 어떤 서비스를 요구할 권리가 있다. 이제 문제가 되는 것은 개인이 아닌 공동체에 부여된 권리이다. 민법에서 나온 예를 다시 들어 보자. 조합이나 회사는 재산을 취득한다. 그리고 그 재산에 대해 어떤 처분을 공포한다. 그러면 당연히 각 소속원은 그에 복종해야 한다. 조합이나 회사는 그 구성원들 중 한 명이 "나로서는 이런저런 결정에 동의하지 않는다. 다른 사람들은 자기 출자금을 가지고 그들이 합의한 일을 하라. 나와 관련된 일에서는 내 출자금을 갖고 내가 하고 싶은 대로 할 것이다"라는 말을 하는 것을 용납할 수 없을 것이다. 당연히 개인은 회사의 전체 구성원들이 회사가 처분할 수 있는 자금과 관련해 내린 결정에 복종해야 한다. 그 경우 개인에게 속한 유일한 권리는 회사가 쓸 그 자금의 용도에 대해 다른 구성원들과 마찬가지로 자신의 투표권을 행사하는 것이다.

국가의 모든 시민에 의해 형성된 공동체의 경우도 마찬가지다. 국가 혹은 시(市)가 도로를 건설하려 한다고 가정해 보자. 각 구성원이 그 도로의 일정 부분을 자기 마음대로 처분할 권리가 없음은 분명하다. 그것은 모든 공적 기관, 법무 행정, 군대 등과 관련해서도 마찬가지로 적용된다. 따라서 일관적인 전체를 이루는 공동체에만 부여될 수 있는 권리가 있다. 집단적 권리의 영역이 있으며, 분리될 수 없는 전체로 간주되는 사회는 법인이다.

이 집단적 법인은 개인적인 법인으로 이해된다. 개인이 자신의 고유한 권리 영역에서 자신이 원하는 것을 하든 안 하든 자유롭다면, 사회도 마찬가지다. 사회는 무제한적 방식으로 자신의 권리 영역에 속하는 것을 처분할 수 있다. 그리고 이 영역에 속하는 것은 개인들 전체의 공익, 법무 행정, 교육, 내외적인 안보와 관련된 모든 것이다. 따라서 개인이 자신의 권리 영역에서 주권자라면 마찬가지로 국민도 자신의 권리 영역에서 주권자이다. 이것이 국민주권론이다. 하나의 전체로 간주되는 국민은 집단적 권리의 주체로서, 공익과 관련해 자신이 원하게 될 모든 조치를 취할 수 있는 무제한적 권리를 누린다. 공익과 관련된 모든 것에서 각 개인은 주권자인 국민의 결정에 복종해야 한다. 개인의 권리가 사회의 시민 각자가 갖는 자유 의지의 이름으로 선언되었다면, 집단적 권리는 주권자인 일반 의지의 이름으로 공포된다.

국민주권론이 새로운 것은 아니다. 그러나 국가수반에 임명된 사람은 국민이 그에게 양도한 권리를 획득한 것이라는 개념에서 출발한다면, 국민의 절대적 권리와 동시에 절대적 주권을 확립하는 것은 그 주권을 양도받은 왕 혹은 전제군주의 절대적 권력을 정당화하는 데 기여할 뿐이었다. 대중으로서의 국민이 통치할 능력이 없기 때문에 국민은 자신의 원래 주권을 왕에게 양도해야만 한다는 논거가 제시되었다. 보댕[8]이 표명한 이 이론은 홉스에게서 가장 완성된 표현을 찾게 된다. 그러나 이것은 루소와 동시대의 사람들이 받아들일 수 없었던 이론이다. 루소는 국민이 자신의 주권을 포기할 수 없다고 말한다. 국민은 자신의 자유를 양도할 수 없다. 국민의 주권은 영속적인 것이다. 그것은 아무에게도 양도될 수 없을 것이다. 국민의 경우이든

---

8 〈역주〉 Jean Bodin(1530~1596): 프랑스의 법학자이자 정치철학자. 그의 주권론은 프랑스 절대왕정의 이론을 정립하는 데 결정적인 기여를 했다고 알려졌다.

개인의 경우이든, 사정은 마찬가지다. 개인은 노예가 되지 않는 한 자신의 자유를 포기하고 타인에게 자신의 권리를 양도할 수 없다. 국민은 지금도 그리고 앞으로도 계속 주권자이다.

동시에 루소는 국민의 주권은 무제한적이고 무한정한 것이라고 선언한다. 우리는 사회 전체가 자신의 집단적 권리 영역 내부에서 주권자임을 보았다. 그러나 각 개인의 사적인 권리와 관련하여, 이 집단적 영역은 어디까지 확장되는가? 앞서 우리가 살펴보았던 민법에서 차용한 예에서 한 사회의 각 구성원은, 공동 자금과 관련하여, 그 자금을 처분할 방법에 대해 다른 사람과 마찬가지로 의견을 제시하는 것 이외에 다른 권리를 갖지 않는다. 그는 자신의 출자금을 마음대로 처분할 수 없다. 그러나 그는 그 출자금 외에 자신만의 자산을 소유하고, 이에 대해 그 회사는 어떤 조치도 취할 수 없다. 그 회사의 소속원으로서 그는 회사와 관련된 일들에 대해서는 회사가 공동으로 취한 조치에 복종해야만 한다. 그러나 그와 별도로 그는 자신이 원하는 대로 자유롭게 관리할 수 있는 자신의 이익을 가지고 있다. 집단적 권리의 영역에 참여하면서도 개인은 개인적 권리의 영역을 보유한다. 따라서 한편으로는 회사의 구성원으로 회사의 결정에 복종하지만, 다른 한편으로는 독립적인 개인으로서 사적인 일을 처리할 절대적 자유를 지닌다.

한 국가의 시민도 마찬가지로 공익에 관여하는 동시에 자신의 개별 이익을 돌본다. 한편으로 그는 공직에 참여하고, 공동체의 보호를 향유하고, 공동체 기관들의 혜택을 누리지만 동시에 자기 마음대로 처리하고 가꾸고 싶은 개인적 영역을 가지고 있다. 그러나 한편으로 공익과 집단적 권리의 영역 그리고 다른 한편으로는 개별 이익과 개인적 권리의 영역이 어디까지인지 아는 것이 문제이다. 그 둘 사이의 경계를 어떻게 정해야 하는가? 예를 들어 공동체가 위험에 처했다고 가정해 보자. 공동체는 시민에게 자신의 재산, 심지어 생명을 희생하라고 요구한다. 공동체에 그럴 권리가 있는가? 아니면 개인이 "사회에 대한 나의 의무는 그런 희생을 할 정도까지는 아니다. 사회가 나의 권리 영역을 침해하고 있다"라고 말할 수 있는가? 문제는 사회가 그 구성원들에게 요구할 수 있는 한계가 존재하는가이다. 루소는 한계가 없다고 말한다. 사회의 요구가 모든 시민에게 동일하게 유효한 법의 테두리 내에서 이루어진 것이라면 요구의 한계는 없다는 것이다. 루소의 이러한 이론을 이해하기 위해서는 사회 상태에 대한 그의 개념에까지 거슬러 올라가야 한다. 개인이 사회에 가입하자마자 그는 완전히 새로운 존재로 태어난다. 그는 더 이상 자신을 중심으로 놓지 않는다. 그는 완전히 사회에 귀속되고, 그의 삶은 이제 공동체의 삶의 일부가 된다. 사실 두 가지 삶의 양태가 있기 때문이다. 사람이 전적으로 자신을 위해 살며 자연적 자유를 향유하는 자연 상태 내의 삶이 있고, 사람이 이제는 전체의 일부에 불과한 사회 상태가 요구하는 삶이 있다. 개인은 자신이 소유한 모든 것을 가지고 사회 상태로 들어가며 자신의 인격 전체를 공동체에 헌납한다. 그때 그는 공동체에 자신의 무제한적인 권리를 양도하며, 공동체의 일원으로서만 살아간다. 그가 권리나 독립적 이익을 자신을 위해 남겨 두면 안 되는데, 그것들은 결국 주권의 힘과 충돌하게 될 것이기 때문이다. 개인은 한편으로는 한 사회의 구성원 혹은 한 나라의 시민이지만, 다른 한편으로는 사회가 관여할 권리가 없는 이익을 보호하며 자신의 권리를 누리는 사적 인간이라고 말해서는 안 된다. 그는 단지 사회의 일원이자 일부분일 뿐이며 이제는 집단적 권리의 영역에만 참여하는 존재이다.

국민주권에 가해지는 유일한 한계가 있다면, 그것은 법이다. 법은 그 기원이나 목적에서 보편적이다. 법은 일반 의지에서 생겨나 공동체 자체와 관련된 조치를 결정한다. 예를 들어 법은 "어떤 사람에게는 이것 혹은 저것을 하는 것이 금지된다"라고 말할 수 없다. "그것은 금지된다"라고 말할 수 있을 뿐이다. 어떤 사람에게 이것 혹은 저것을 하라는 것은 일반적으로 금지된다. 법에 따른 금지는 모든 사람에게 유효해야지 특정인에게만 적용되어서는 안 된다. 국민주권은 법을 제정함으로써 표현되는 것이기 때문에, 한 개인에게만 적용되고 동시에 사회의 다른 모든 사람에게는 적용되지 않는 법은 있을 수 없다. 예를 들어 사회가 한 개인의 재산을 징발할 수는 없을 것이다. 하지만 사회는 모든 개인에게 그의 재산 중 일부 혹은 전부를 징수하고 사유 재산을 제한하거나 철폐하는 사치 금지법을 제정할 권리는 있다.

국민주권에 대한 그런 식의 정의는 집단적 권리의 영역만이 존재하며 개인의 모든 권리는 사회에 양도되었다는 것을 암시한다. 이것은 각 시민이 자신의 모든 권리를 사회에 양도하고 자신에 대한 무제한적인 권리를 사회에 부여한다는 사회계약에서 기인한다. 그러므로 우리는 여기서 자연권으로부터 공적 권리를 추론하기 위해 근거로 삼았던 권리의 원칙들과 완전한 모순 상태에 빠지는 것처럼 보인다. 개인은 자연권을 지닌다. 그는 본성상 자유롭다. 그런데 이제 사회 상태에서는 더 이상 개인으로서의 권리는 없으며, 모든 시민의 권리를 자신 안에 결집시킨 공동체의 일부로서의 권리만 있다고 말하는 셈이다. 이에 대해 루소는 인간이 자연 상태에 있는 동안만 자연적 자유를 향유하는 것이고, 그가 자발적으로 사회에 가입하고 사회계약을 체결한 순간부터 그는 자신의 자연적 자유를 포기하고 일반 의지에 따른 모든 법적 조치에 복종해야만 한다고 반박한다. 그러나 사회 상태에서 개인이 자신의 자연적 자유를 포기한다면, 그는 어떤 개인에 대해 계약을 맺는 것이 아니라 오직 공동체에 대해서만 계약을 맺는 것이다. 그는 그 공동체를 이루는 구성요소가 된다. 그의 의지는 이제는 일반 의지의 일부일 뿐이다. 그는 자신이 복종하는 법의 제정에 참여한다. 사회 상태 속에서 개인은 새로운 종류의 자유, 공동체의 결정에만 복종할 자유, 어느 한 개인의 의지에 종속되지 않을 자유를 누린다.

따라서 루소에게는 말하자면 두 가지 상태의 권리가 있다. 자연 상태 속에서 인간은 개인으로서의 권리를 지닌다. 그런데 그는 그 개인의 권리를 행사하여 사회계약을 체결한다. 그러나 그 계약을 체결한 대가로 그의 권리는 다른 성격을 지니게 된다. 개인은 집단적 권리에 참여한다. 그는 국가가 정한 조치에 참여할 권리와 그 조치에 복종할 의무를 지닌다. 원래 그는 자기 일신을 자유롭게 처분할 무제한적인 권리를 가지고 있었다. 그러나 사회가 사회 전체와 관련된 모든 결정을 내릴 무제한적인 권리를 가지게 된 지금, 개인에게 허용된 유일한 권리는 같은 모든 시민과 마찬가지로 공동체와 관련해 이루어질 모든 결정에 대해 자신의 의견을 제시할 수 있는 권리이다. 한 사회가 권리에 기초하기 위해서는 그 사회에 개인들이 자신들의 자연권을 행사해야만 한다. 그것이 바로 사회계약을 맺으면서 그들이 수행하는 일이다. 그러나 이 사회가 설립되자마자 그들의 권리는 성격이 바뀐다. 시민들은 더 이상 자연적 자유를 누리지 못한다.

일반적인 방식으로 프랑스 대혁명은 이 이론의 첫 부분을 채택했다. 그러나 1789년의 사람들 대부분은 개인이 사회 상태로 진입하면서 자연권을 포기해야만 했다는 사실을 받아들이려 하지 않았다. 그

들에 따르면 사람은 어떤 이유로도 자신의 자유에 대한 권리를 양도
할 수 없었다. 그 권리는 양도 불가능한 것으로, 그것은 인간의 본성
에 내재하는 것이고 영원한 것이다. 그 권리는 각 인간 안에서 분리
될 수 없는 전체를 형성하며, 어떤 사람도 설사 국가로 대변되는 집
단적 인격도 이를 위배할 수 없는 것이다. 루소는 개인이 국가에서
새로운 형태의 자유, 법에만 복종하는 것으로 이루어지는 시민적 자
유 혹은 계약적 자유를 획득한다고 생각했다. 사람들은 인간의 자연
적 자유를 침해하는 법에 복종하는 자유는 이상한 자유가 아니냐고
반박한다. 권리가 인간의 본성에 내재하는 자유라면 그것은 양도될
수 없는 것이다. 권리는 자연 상태에서만큼이나 사회 상태에서도 동
일하게 유효한 것이다. 사람은 혼자 살든 여러 사람과 함께 살든 상
관없이 자유롭다.

이러한 권리가 기본적이고 원래적으로 주어진 것이라면, 사회의
가장 절박한 의무는 그것을 보호하는 것이 되어야 한다. 그런 까닭에
개인의 권리를 보호하고 사회 구성원들에게 충만하고 평온하게 그
권리를 향유하도록 보장하는 것이 국가의 존재 이유라는 국가관이
생겨난다. 개인의 권리는 국가의 의무와 그 권력의 한계가 무엇인지
를 알려 주는데, 국가는 개인의 권리에 근거하며 그것을 유지하기 위
해서만 권력을 사용한다. 자연권은 사회가 개인에게 허용해 준 것이
아니다. 그것은 사회 이전에 존재했다. 법은 권리를 부여하기 위해
있기보다는 기존 권리를 보호하기 위해 있는 것이다. 국가 헌법의 유
일한 목표는 인간의 권리를 보장하는 것이다. 바로 이러한 이유로 인
권 선언이 모든 헌법에 앞서 이루어져서, 입법권이 생겨나고 조직된
목적이 분명히 표명되도록 해야 한다.

그런데 1789년의 혁명가들은 국가를 그런 식으로 이해한 최초의

사람들이 아니다. 그들에 앞서 로크가 있었다. 그는 개인이 본성상 자유와 재산을 향유할 권리를 가지고 있음을 밝혔다. 어떤 국가도 개인들에게 그 권리를 부여하거나 빼앗을 수 없다. 개인은 자신의 자유와 재산을 지키기 위해 서로 결속하고 제도들을 만들었던 자유로운 소유자이다. 따라서 그것이 무엇이든지 간에 개인들이 만든 제도들이 개인들의 자유와 소유권을 침해할 수 있다는 주장은 자연에 어긋나는 것이라고 볼 수 있다. 그 제도들은 자신이 만들어진 목적과 모순이 될 것이기 때문이다.

따라서 우리는 국가에 대한 두 가지 다른 개념에 직면하게 된다. 한편에는 홉스와 루소의 개념이 있는데, 주권자의 정의에 대한 그들의 견해 차이가 어떻든지 간에 그들은 국가가 개인에 대해 절대적 권력을 지녔다고 선언한다. 다른 한편에는 로크와 그의 후계자들의 개념이 있는데, 그들은 미리 설정된 개인의 권리, 즉 자유와 소유권을 국가권력의 한계로 설정하고 국가는 그 권리를 절대 침해할 수 없다고 본다. 프랑스 대혁명의 철학은 이 두 관점을 양립시키려고 시도한다. 루소가 주장하듯 주권은 사회 구성원 전체, 즉 일반 의지에 속한다는 것을 인정하지만, 그로 인해 개인이 인권 선언이 제정한 바와 같은 개인의 권리를 가지지 못하는 것은 아니라고 생각한다. 사회가 제정한 법의 목적은 오직 그 권리를 보호하는 것이 되어야 한다. 개인의 권리를 보호하기 위한 공동의 보호 조치를 취하는 것이 문제가 될 때, 각 개인은 단체에 소속된 일부의 자격으로서만 그 보호 조치에 참여할 수 있을 뿐이고, 공동으로 취해진 결정에 복종할 수밖에 없다는 것은 당연하다. 그러나 그 결정은 개인의 자유와 소유권의 보호를 목적으로 하는 것이므로 그는 자기 자신만의 이익과 자기 자신만의 권리 영역에 관련된 조치에만 복종한다. 따라서 한편에는 개인적 권리의 모든 영역에 공통적인 보호를 보장하기 위해 필요한 모든 것을 포함하는 집단적 권리의 영역이 존재하고, 다른 한편에는 국가가 보호하는 개인적 권리의 영역들이 존재하게 될 것이다. 각자는 각자의 권리를 보호하기 위한 목적으로 사회의 구성원이 된다.

사람들은 이런 식으로 해서 개인의 자연적 자유와 사회의 주권 사이의 대립을 완화했다고 생각했다. 사람들은 "개인이 자발적으로 사회에 가입했기 때문에 그의 자유 의지는 일반 의지 안에서 훼손되지 않는다"라고 말하는 것부터 시작했다. 그러나 그것으로 충분하지 않았다. 사회는 그 정의상 개인의 권리를 목적으로 삼아야 했다. 게다가 사람들은 그것이 이미 사회계약에서 표현되어야 한다고 생각했다. 각자는 모든 시민과 마찬가지로 그에게 개인의 권리 행사를 보장하는 것을 목표로 하는 사회의 일반 의지에 복종하기로 약속했다. 그것은 권리 개념이 사회 속에서 완전히 실현될 수 있기 위한 조건이었다. 구성원들 간의 상호 계약이라는 사회의 기원 그리고 그 제도들과 구조에 의해, 사회는 권리에 기초한다. 일반 의지는 최고 권력이다. 모든 직무는 일반 의지에 의해 분배되며 그에 종속된다. 일반 의지는 그것이 추구하는 목적에 따라 권리를 실현한다. 그리고 그 목적은 다름 아니라 개인에게 그가 지닌 모든 권리의 자유로운 행사를 보장해주는 것이다. 일반 의지의 기초이자 목적은 권리이다.

제9장
결론

　이 강의를 마치기 위해, 프랑스 대혁명의 철학을 전 역사에 걸친 철학적 사유의 진화 속에 자리매김해 본다면, 이 철학은 더욱 오래된 자연권 이론들과 18세기가 그에 덧붙인 요소들의 종합을 보여 준다. 중세에 이미 매우 진보적인 사람들 사이에서 자연권 개념이 나타난다. 그들은 사람들이 제정한 실정법의 모든 규범을 넘어서는 권리의 규칙들을 확립할 필요성을 느낀다. 신이 원하는 권리, 신권이 있어야만 하는데, 그것이 자연권이다. 그 권리는 교황, 황제, 가진 권력에 상관없이 모든 인간이 복종해야만 한다. 모든 실정법에 선행하는 자연권 이론은 16세기와 17세기 동안 발전을 거듭했다. 이성은 자신의 논리의 명증성 속에서 자연권의 원칙을 찾는다. 정당한 것과 부당한 것에 대한 의식은 전 세계에서 동일하며, 그것은 여기에서는 맞고 저기에서는 틀린, 상황에 따라 가변적인 판단이 아니다. 이성의 원칙은 더욱 성공을 거두고, 이성이 내린 판단은 보편적인 것이 된다. 사람들은 키케로, 스토아학파를 원용한다. 인간은 자신의 독립성을 의식하게 된 후 마음 깊은 곳에서 모든 사람에게 명백하고 유효한 원칙, 우리 각자의 내면에 존재하는 '자연의 빛(Lumen Naturale)'을 찾는다. 이처럼 우리는 자연권의 개념을 이해할 수 있기 때문에, 반박할 수 없는 명증성을 지닌 권리의 보편적 원칙들이 존재한다. 자연권 이론에 따르면 이러한 원칙들은 세상의 합리적 구조와 함께 주어진 것이다. 인간은 자신 속에서 이성이 주재하는 어떤 보편적 명령을 다시 찾는다. 여러 나라에서 유효한 권리의 규범들은 자연권 원칙에 비추어 합리성의 관점에서 검토되어야 한다. 자연권 이론가들은 개인의 권리를 출발점으로 삼는다. 그리고 권리의 원칙을 모든 사람에게서 발견될 수 있는 방식으로 이해하고자 노력한다. 사람들은 모든 실정법을 제외하고 인간에 내재된 자연권의 감정을 규명하고, 아무도 박탈할 수 없을 권리를 본래 가지고 있다는 개인의 내면에 존재하는 이러한 의식이 무엇으로 구성되는지를 파악하고자 한다. 자유와 평등의 개념, 인권 선언이 싹트는 것은 바로 이러한 유형의 생각들 속에서이다.

그러나 자연권 그 자체 속에서 권리의 새로운 형태들이 발전하지는 않는다. 시민들의 삶 속에서 시행되는 실정법의 규범들과 접촉하면서 형성되었던 권리의 감정이 중요하다. 사람들은 이러한 규범들을 이성의 원칙을 통해서 이해하고, 그것에 일반적 가치를 지닌 근거를 찾아 주고자 한다. 사람들은 권리의 관점에서 볼 때 부르주아적 삶의 규범이 나타내는 모든 결함에도 불구하고 그 규범을 주어진 여건으로 간주한다. 예를 들어 소유권은 몇몇 합법적 권리에 근거한다. 재산을 규제하는 법의 제정을 합리화하는 것만이 문제가 된다. 시행 중인 민법과 관련해 제기되는 문제는 "어떻게 자연권 원칙에 기초한 민법학을 만들 수 있을까?"가 아니라 "어떻게 합리적 원칙으로부터 소유권을 이끌어 낼 수 있을까?"이다.

따라서 자연권은 우선 철학적 관점에서 민법학의 원칙들을 이해하고 합리화하고자 하는 시도로서 나타난다. 그러나 아직은 명시적으로 새로운 민법을 만들어 내는 것이 문제는 아니었다. 실정법은 자연권의 원칙에 기초해야 하며, 이성에 부합하지 않는 모든 법조항은 제거되어야 한다는 주장이 나오는 것은 오직 그 이후의 일이다.

그러나 자연권과 공법 간의 관계는 다르다. 공법에는 합리적 원칙으로부터 이끌어 내도록 시도할 수 있는 잘 정립된 권리 규범들이 존재하지 않았다. 자연권과 사법의 관계는 자연권이 공법과 맺고 있는 관계와는 완전히 다른 성격의 관계이다. 민법의 영역에서 모든 문제는 민법 원칙을 합리화하는 데 있었다. 반면에 공법과 관련해서는 과연 자연권에 기초한 공법이 가능할 것인지 자문해야만 했다. 군주정, 공화정 같은 주어진 정치조직 형태는 분명 있었지만, 잘 정립된 권리의 형태는 하나도 존재하지 않았다. 많은 국가에서 왕이 자신에게 모든 권력을 집중시키고 귀족들에게서 그들이 가진 것을 강탈했다면, 그것은 귀족과의 싸움에서 왕이 승리했기 때문이며, 재판에서 이겼기 때문이 아니라 사람들이 그에게 그런 권력을 행사할 권리가 있음을 인정했기 때문이다. 그런데 왕은 아무런 제한 없는 최고 권력을 행사할 수 있는가? 이 문제의 해답은 재산 분쟁의 경우처럼 잘 정립된 권리의 규범들에서는 찾을 수 없을 것이다. 사람들은 그때부터 왜 자연권이 시민적 삶에 개입할 수 있었던 것과는 완전히 다르게 정치적 삶에 개입할 수 있었는지, 그리고 역사 발전의 흐름 속에서 시민의 삶보다도 정치적 삶의 영역에서 훨씬 더 큰 관심사가 될 수 있었는지를 이해한다. 영국에서 의회는 왕의 절대 권력에 이의를 제기한다. 이 논쟁에서 권리는 어느 편에 있는가? 의회인가 왕인가? 사람들은 이 문제를 자연권에 의거해 해결하려고 시도할 수 있었다. 예를 들면 바로 이런 식으로 영국 혁명 기간에 국민주권론이 마침내 대두된 것이다.

따라서 자연권이 역사가 진행되는 가운데 표현된 길을 찾은 것은 공법과 관련해서이다. 바로 이 영역에서 자연권은 창조적일 수 있고, 혁명을 실행할 수 있다. 여기서 사람들은 지금까지 폭력으로만 해결됐던 인간관계를 어떻게 권리의 관점에서 고찰하는 수 있는지 자문할 수 있다. 사람들은 우선 현행 국가 형태 또는 당파의 주장에 법적 근거를 부여하려고 노력할 것이다. 자연권 이론가들은 절대군주정 또는 입헌군주정, 국민 혹은 의회의 요구, 공화정을 위해 이런 작업을 시도한다. 그들의 설명이 모순적이라고 해도 자연권의 관점에서 세상을 보려는 이러한 관점에는 혁명적인 요소가 있다. 이러한 관점은 자신들의 원칙에서 잘 정립된 권리의 규범들을 파악하려고 하는 대신에, 이성에 속하는 보편적 법률 원칙으로부터 권리의 규범들을 도출하려고 노력한 까닭에 자연스럽게 권리, 즉 이성에 기초한 국가라는 개념에 도달한다. 그리고 바로 그러한 일이 프랑스 대혁명 기간에 일어나게 된다. 혁명 초기에 사람들은 우선 실제적으로 역사적 여건에 만족하려고 시도한다. 프랑스는 군주제이다. 자연권의 원칙들이 조금이라도 침해되지 않은 상태에서, 어떻게 왕이 국가에서 차지하고 있는 지위를 계속 유지할 수 있겠는가? 나중에 사람들은 군주정이 이 원칙들과 양립할 수 없다는 것을 인정할 것이다. 그래서 사람들은 역사적 여건에 신경 쓰지 않고 자연권에 기초한 형태를 국가에 부여할 방법을 찾을 것이다. 권리의 개념에서 출발하여 국가를 건립하려면 어떻게 해야 하는가? 자연권을 본보기로 삼아 주어진 권리 규범들의 기원을 합리적 원칙들로부터 찾는 것에 만족하는 동안 사람들은 그저 이론적 영역에 머물렀다. 그러나 정치적 삶에서 일어났던 것처럼 합리적 원칙을 본보기 삼아 권리의 원칙들을 실현하는 것이 문제가 되자마자 공법을 쇄신할 필요성이 자연스럽게 대두되었다. 그 결과 자연권은 혁명적 성격을 띠게 되었다. 이성은 더 이상 어떤 정당화를 도출하고 모색하는 데 그치지 않고, 실천적이고 건설적인 것이 되었다.

따라서 자연권 철학자들에게는 한편으로는 합리적이고 보편적인 권리 개념이, 다른 한편으로는 현행 민법이 제공하는 사례가 주어진 자료로서 존재한다. 그들은 시민의 삶에 근거 역할을 하는 법적 원칙들에 대해 성찰하는 것부터 시작한다. 그들은 어떻게 법적 원칙들을 이성에 합당하고 모든 사람에게 유효한 것이 되도록 이해할 수 있을지 자문한다. 그들은 소유권이나 계약 등등의 원칙들을 다룬다. 물론 이 원칙들은 다양한 현행 권리 규범들에 적용되지 않는다. 지금은 아직 이론적 문제들만 관건이 된다. 게다가 로마법은 그들에게 몇몇 법적 원칙의 엄격한 적용을 보여 주는 가장 훌륭한 예를 제공한다.

지금까지 확실한 것은 소유권 또는 계약의 자유로운 체결의 근거가 되는 원칙들과 그 밖의 다른 원칙들이 합리적이고 모든 사람에게 유효하다는 점이다. 오직 더 시간이 지나서야 사람들은 그 원칙들의 합리적이고 보편적인 성격으로 보아 공법의 영역에서도 그 원칙들을 본받아야 할 것이라는 결론에 도달할 것이다. 사람들은 민법에서 유효한 권리의 원칙들을 어떻게 지금까지 권리로써 해결되지 않던 정치적 삶에 적용할 수 있을 것인가 자문한다. 사람들은 개인 간에 이루어지는 계약의 개념을 예로 들면서, 계약이 어떻게 공법을 만드는 데 근거 역할을 할 수 있을지 자문한다. 서로 대립되는 두 가지 이론이 이 문제를 해결하려고 시도한다. 그것은 국민과 그들이 스스로 뽑

앉을 수장들 사이에 체결된 계약 이론과 사회계약 이론이다. 이 두 가지 이론 모두 국가에 의해 형성된 공동체와 국가가 행사하는 권력의 근거를 권리에 두고자 시도한다. 국가의 존재 이유는 무엇인가? 국가는 어떻게 자신의 존재를 정당화할 수 있는가? 사람들은 국가를 공동체, 시민들의 사회로 간주한다. 이 영역에서도 권리에 근거한 사회들의 예들을 시민적 삶에서 찾아볼 수 있다. 몇몇 계획을 실현하기 위해, 시민들은 여러 방법으로 서로 규합하면서 권리에 근거한 새로운 형태의 결사들을 찾는다. 개인이 가입한 사회에 대해 개인이 맺는 종속 관계는 매우 다양한 방식으로 결정된다. 그런 예들에 따라 사람들은 국가 역시 권리에 근거하는 시민들의 결사로 이해될 수 있다는 결론에 이른다. 이어서 시민과 시민이 속한 사회 간의 관계 문제를 어떻게 해결할 것인지 자문할 때, 또다시 민법에서 사례 역할을 할 수 있는 법적 형태들이 발견된다. 개인은 자신이 가진 모든 것과 자기 자신을 완전히 다 바쳐서 국가가 만든 공동체에 가입한다고 말할 수도 있고, 개인은 사회가 전혀 권한이 없는 몇몇 권리를 보유한다고 말할 수도 있다. 이처럼 한편으로는 국민의 절대적 주권론에 이르기도 하고 다른 한편으로는 국민의 제한적 주권론에 이르기도 한다.

국민의 절대적 주권론은 시민의 개별적 권리에 대해 사회는 독립적인 법적 지위를 지닌다는 결론에 도달한다. 개인들과 관련하여 사회는 권리의 측면에서 자율적일 뿐만 아니라 개인에 대한 권리도 갖는 기관이다. 오직 가입자들의 이익 일부만을 관리하는 사적 사회들과 달리 국가는 시민들의 전체 이익을 개별적으로 그리고 전체적으로 포괄하는 기관이다. 모든 시민이 자신의 전 재산을 공동으로 맡겼던 사회가 곧 국가라고 이해되는 순간, 각 개인은 자신의 모든 권리들을 이 사회에 양도해야 한다. 또한 국가는 모든 이익의 공동체이기 때문에 국가 외에 어떤 다른 이익 공동체도 있을 수 없으며, 만약 사적 사회들이 존재한다면 그 사회들은 국가에 종속되어야 한다는 결론이 나온다. 법적 관점에서 국민의 절대적 주권론은 한편으로는 개인들, 다른 한편으로는 개인들 전부를 포괄하는 국가 공동체만을 인정한다.

국민의 무제한적 주권론은 국가에 의해 형성된 공동체의 법적 성격을 이와 같이 이해하면서, 사적 사회들에 유효한 원칙들을 확대하여 공동체에 적용한다. 그러나 이 이론에 반대하여 국민의 제한된 주권을 지지하는 사람들은 국가에 대한 개인의 독립성을 보존하고자 노력한다. 프랑스 대혁명 기간에 사람들은 공동체의 가장 중요한 목적은 공익이 아니라 개인적 권리들의 보호와 유지이며 그런 목적하에 공동체에 절대적 주권을 허용하는 것이라고 보면서, 이 두 가지 이론을 결합하고자 시도하게 될 것이다. 인권 선언은 각 개인의 기본적 권리들을 확립하는 것부터 시작한다. 국민에게 절대적 권력을 부여하는 것은 오직 그다음이다.

자연권 이론가들은 보편적이고 명증한 권리의 원칙들이라는 개념을 생각했다. 그 원칙들은 특정한 어떤 국가들의 시민들에게만 유효한 것이 아니라 그가 누구든 일반 사람들 모두에게 유효한 것이고, 각 개인에게도 동일한 방식으로 유효하다. 따라서 그 원칙들이 모든 인류에게 적용될 수 있도록 그것들을 분명히 규정하는 것이 중요했다. 그것은 우선, 타인의 권리를 침해하지 않는 한, 개인의 모든 행위에 합법적 성격을 부여하는 자유의 이념을 위한 것이었다, 사회학자들이 자유롭게 체결된 계약을 논거로 내세우면서, 사람들에게 부여된 몇몇 권리를 제한하고자 시도했지만 소용이 없었다. 혁명 기간에 자연권 제한은 모두 비합법적인 것으로 간주되었다. 자연권의 원칙들이 보편적인 것이라면 그것은 양도 불가능하며 어떤 계약으로도 변경할 수 없을 것이다. 게다가 이 점이 바로 인권 선언이 의도한 것이다.

다른 한편 자연권 철학자들은 권리의 관점에서 정치적 관계를 고찰하는 것을 자신의 임무로 삼았다. 그들은 계약의 개념에 의거해 국가 건립을 정당화하려고 하거나, 국가의 본질과 국가와 개인들이 맺는 관계의 본질의 기원을 권리로 제시하면서 그 본질들을 설명하고자 시도했다. 루소가 생각한 대로의 사회계약론은 프랑스 대혁명의 철학에 국가의 법적 근거라는 개념을 가져왔다. 혁명은 국민의 권리를 내세우며, 국민이 주권자임을 선언했다. 그러나 국민주권 원칙을 받아들이면서도 1789년의 사람들은 개인의 권리는 양도 불가능하며 불가침적인 권리라고 선언하고, 그 권리를 보호하고 유지하는 것을 국가의 절대 권력의 가장 중요한 목표로 제시한다.

프랑스 대혁명의 철학은 말하자면 자연권 발전이 도달하는 마지막 지점이다. 그 철학은 권리의 원칙들이 갖는 보편적 유효성의 원칙과 인권의 양도 불가능성을 강조하거나, 그 권리의 원칙들을 정치적 삶에 적용한다. 프랑스 대혁명 기간에 자연권의 원칙들은 완전히 새로운 의미를 획득한다. 생생한 현실에 개입하며 자연권의 원칙들을 실제로 실현하는 것이 중요해졌다. 이론적 추론에만 한정되는 한 모든 종류의 문제가 제기될 수 있었다. 예를 들면 정말로 어느 시기에 상호 계약을 체결하기 위해 모든 시민이 집결한 적이 있었단 말인가? 아니면 정말로 국민이 역사의 어떤 시기에 자신의 절대적 권력을 군주에게 양도했는가? 사람들은 암묵적인 계약의 개념에 의존하거나 자신들이 옹호하는 원칙들이 실현되는 데 필요한 법적 조건들의 부재를 논거로 내세울 수 있었다. 그러나 어떤 시기에 그리고 어떤 방식으로든 자연권의 요구를 만족시킬 수 있었던 사례들을 역사의 자료들에서 찾을 수 없었다는 것은 어쨌든 사실이다. 그러나 자연권의 원칙들에 현재 사회 상태의 현실에 대립되는 요구의 성격을 부여하기 시작하자마자, 더 이상 그런 문제들은 존재 이유가 없어졌다. 무엇 때문에 자연권의 원칙들을 역사 발전과 합치시키는 수고를 들여야 하는가? 과거에 있었던 것 또는 현재 있는 것은 더 이상 중요하지 않다. 중요한 것은 '마땅히 있어야 할 것', 즉 당위이다. 자연권의 원칙들은 혁명적 주장들이 되었다. 그것들은 현존하는 국가 제도들을 정당화하는 것이 아니라 아주 다른 목적에 도움이 되어야만 한다. 그러나 그것들이 이러한 혁명적 영향력을 발휘하기 위해서는 완전히 새로운 조건들이 필요하다.

지금까지 자연권 원칙들에는 그것에 생명력을 불어넣을 수 있는 것, 직접적인 감정적 내용이 결여되어 있었다. "인간은 권리를 가지며, 국민은 권리를 갖는다"라고 말하는 것으로는 충분치 않다. '인간'과 '국민'이라는 말이 구체적인 이미지에 부응하고, 그 말을 하는 사람의 내면에서 열정적인 감정을 불어넣을 수 있어야만 한다. 사람들이 인간과 국민을 둘 다 마음속에 생생히 떠올리고 존중하고 사랑할 때만 인간을 위한 권리 혹은 국민을 위한 권리들을 요구할 수 있다. 법적 개념으로서의 인간과 국민은 법률적 개념으로 볼 때 추상적이고 파악하기 어려운 것으로 남아 있다. 그것은 너무 형식적인 개념이라서 그 내용을 짐작하기 어렵다. 인간이 권리를 주장하기 위해서는 자기 자신을 의식해야 하며 인간으로서 자신의 가치를 깨달아야만 한다. 그리고 그가 국민을 위한 권리를 주장할 때 그는 자신이 국민의 일부임을 그리고 국민은 권리로써 만들어진 순전히 이론적인 구성물과는 다른 것임을 느껴야만 한다. 인간은 자기 자신과 관계를 맺고 있었으며 자기 자신의 삶을 살고 있었어야 한다. 영국 혁명 기간에 사람들로 하여금 권리의 요구를 이해하도록 하는 데 기여했던 것은 종교적 경험이었다. 프랑스 대혁명 기간에 18세기 정신의 발전이 도달했던 결과는 자연권의 요구에 주도적 이념의 성격을 부여했고, 그것을 효과적인 혁명의 요소로 만들었다.

　루소는 이미 자신의 저서에서 이론과 감정의 종합에서 생겨나는 모든 요소를 보여 주었다. 『사회계약론』이 그 주요한 특징들로 자연권 이론의 전부를 담고 있다면, 다른 저서들은 모든 사회적 평가들을 제외한 있는 그대로의 인간의 가치를 확립했다. 그는 이어서 자연 상태에서 살아가는 인간, 즉 자연적 인간과 비교하여 사회인을 그리고 시민이 그가 속한 국민들과 맺는 관계를 규명했다. 그는 국민의 구체적 이미지를 제시하고 애정을 담아 묘사했다. 루소가 프랑스 대혁명에 미친 영향력의 이례적인 의미는 바로 그 점에 있다. 그는 이론적 영역에서 자연권의 개념들을 발전시켰을 뿐만 아니라 그것에 새로운 생명을 불어넣었다. 다시 말해 감정적 내용을 부여한 것이다. 따라서 한편에는 계약에 기초한 국가와 국민주권이 있고, 다른 한편에는 모든 인간을 유사하게 만드는 인간으로서의 가치를 지니는 인간, 즉 자연이 만든 바대로의 인간이, 그리고 한 번 더 말하건대 모든 시민을 포괄하는 그리고 각 시민의 모든 사고와 감정이 집중되는 국민이 있다. 한편에는 공법의 체계가, 다른 한편에는 인간과 국민으로 형성된 공동체가 그에게 불러일으킨 감정이 있다. 그러나 이러한 사고와 감정은 루소 자신에게서는 통일성을 찾지 못했다. 루소는 『사회계약론』이라는 엄격하게 논리적인 권리의 체계를 구상한 이론가이자, 동시에 사회 바깥에서 살아가는 자연인과 공동체에 몸과 마음을 다 바쳐 헌신하는 시민이라는 모순되고 양립할 수 없는 이미지들에 사로잡힌 예언자이다.

프랑스 대혁명 기간에 이 모든 이미지는 계속 활동하며 자신의 통일성을 찾는다. 프랑스 대혁명의 철학은 사회 상태와 자연 상태 사이에 대립 관계가 있다는 것을 받아들이려 하지 않는다. 인간은 사회 상태로 진입한다고 해서 자신의 고유한 가치를 상실하지는 않으며, 사회에서 자연에 반하는 삶을 영위하는 것이 아니다. 권리에 기초한 사회 속에서 인간의 본성은 자유롭게 발전할 수 있다. 인간은 본성상 절대적 가치를 지닌 존재라는 철저한 확신에서 출발하여, 각각의 인간은 동일한 방식으로 자신이 타고난 권리를 주장한다. 인간이라는 자격이 모든 사람을 서로 동등한 존재로 만드는 것이기 때문에, 모든 사람은 동일한 권리를 주장한다. 마찬가지로 자신을 공동체에 귀속시키는 강렬한 감정에 불타 움직이는 각각의 시민은 국가에서 주권은 국민에게 있다고 주장한다. 이처럼 자신의 온전한 가치를 향유하는 인간과 법인으로서의 국민은 프랑스 대혁명 동안 생생한 개념이 되고 감정적 내용을 획득한다. 인간은 자신의 권리를 주장한다. 왜냐하면 자신의 인간적 본성을 의식하게 되었기 때문이다. 인간은 국민의 권리를 주장한다. 왜냐하면 자신의 삶이 공동체의 삶에 긴밀히 결부되어 있기 때문이다. 자연적 인간, 인간의 본성은 더 이상 추상적 존재가 아니고, 국민은 더 이상 법 개념의 논리적 구성물이 아니다. 루소가 만든 권리의 형태와 인간과 국민에 대한 그의 정서적 태도는 자신들의 통일성을 찾았다.

18세기 철학자들도 인간에게서 모든 종류의 행동과 발전의 가능성을 발견함으로써 나름대로 그 두 가지 개념을 고무시키는 데 공헌했다. 인간에게 권리가 부여된다면 왜 인간이 그런 권리를 가지며, 그 권리를 행사함으로써 그가 얻을 수 있는 이점들이 어떤 것인지 어떤 방식으로든 생각해 보아야 했다. 사람들은 인간이 자유롭다고 말했다. 그러나 왜 자유로운가? 되찾은 혹은 새로이 획득한 자유를 가지고 무엇을 할 수 있는가? 여기서 계몽주의 시대의 철학이 개입한다. 그것은 인간에게 그가 자신의 사유 능력을 자유롭게 사용하면 새로운 지식을 획득할 것이라는 사실을 제시하고, 과학 지식이 결국 인간의 삶에 영향을 미쳐 그것을 개선하고 더욱 행복하게 만들 것이라는 점과 노동력의 자유로운 활동은 지금까지 생각지도 못한 경제 발전의 가능성을 내포하고 있다는 점을 밝혀 준다. 인간이 지닌 자기 발전의 가능성 그리고 자유의 향유가 인류에게 가져올 진보를 믿으라고, 인간의 모든 가능성을 개발하라고, 콩도르세는 사람들에게 말한다.

그러나 권리 그 하나만으로는 국가에 체계적인 건축 구조를 부여하기에 충분하지 않았다. 권리는 국가 기능들의 법적 성격을 정의할 수 있었지만 그 기능들 자체, 그것들의 본질, 차이, 상호관계를 정의할 수는 없었다. 국가의 삶에서 권리 실현이라는 개념을 성공적으로 추진할 수 있기 위해서는 공동체 전체를 생각하고 그것의 일반적 구조에 따라 공동체의 각 부분들 간에 확립된 관계를 이해해야만 했다. 몽테스키외는 국가조직 형태, 국가 설립의 기본법에 따라 국가를 분석했고, 국가를 규정된 목적을 추구하는 집단이라고 생각했다. 프랑스 대혁명은 국가의 이러한 목적론적 개념을 다시 채용했고, 그것을 권리 개념에 결부시켰다. 모든 사회조직의 목적은 권리이다. 혁명은 국가적 삶에서 권리에 기초하지 않은 것은 아무것도 없어야 한다고 요구한다. 혁명은 몽테스키외에게서 국가의 목적론적 구조라는 개념을 다시 채용하여, 새로운 사회에 권리 요구의 이행이라는 목표를 부여한다.

그러나 아직도 해결할 문제가 하나 남아 있었다. 그러한 권리 요구를, 즉 사람들이 지향해야 하는 목표는 삶에서 그 권리를 실현하며 권리를 얻기 위해 투쟁하는 것이라는 믿음을 어떻게 정당화할 것인가? 그러한 권리 요구에 최종적 존재 이유를 부여해야만 했다. 프랑스 대혁명의 철학에서 그 요구들의 신뢰 가능성과 실효성은 권리 요구를 충족시키는 것이 곧 자연 그 자체가 추구하던 목적을 이행하는 것이라는 믿음에서 비롯된 것이기 때문이다.

이처럼 권리의 법적 개념과 요구는 계몽주의 시대의 철학자들이 가져온 경향, 희망, 새로운 가치들에 힘입어 활기를 띠게 된다. 다른 한편으로 18세기 정신의 발전에 따라 획득된 결과는 법적 형태를 갖추고 법에 따라 결정될 때만 혁명적 요구가 될 수 있었다. 프랑스 대혁명의 철학은 법학의 일반적 발전에 따라 제공된 요소들과 동시에 18세기 정신의 발전이 가져온 획득물에 기인한다. 그 철학은 정치 영역에서 자연권 개념을 일관성 있는 방식으로 실현시키려고 시도했다. 권리 개념은 사람들을 서로에게 복종하게 만드는 그리고 폭력에서 생겨난 모든 관계는 철폐되어야 하다는 점을 내포하며, 개인 간의 투쟁, 개인 간의 동등하지 않은 힘에서 비롯된 위험은 권리의 원칙들에 의거한 삶의 규제 방식에 따라 대체되어야 하다는 점을 전제하기 때문에, 프랑스 대혁명의 철학이 인간의 삶에서 언제나 새롭게 등장하는 영역들을 이러한 규제 방식에 따르게 하는 것을 목표로 삼는 것은 매우 당연하다. 그것은 고대 로마에서는 시민들 간의 사적 관계를 규제하려는 시도로 나타났었고, 근대에서는 정치적 관계를 법적 관점에서 바라보고 모든 폭력적 표현과 폭력에 근거한 지배를 철폐하고자 하는 자연권 학파의 노력으로 나타났다. 결국 그것은 국민들 간의 관계를 권리에 의거해 해결하며, 만민법을 만들려는 시도였다. 프랑스 대혁명의 철학은 그러한 발전 단계들 중 하나이다. 권리 개념이 적용되는 인간적 활동의 영역을 계속 확장시키는 일관성 있는 방식으로 인해 대혁명의 철학은 말하자면 정치적 권리를 해결하기 위해 자연권 학파가 쏟은 노력의 귀결을 이룬다. 그것은 또한 18세기가 있는 그대로의 인간에게 부여했던 가치에 그 최종적 표현을 부여했던 듯 보인다. 그것은 우주 전체의 목적론 속에 자신의 내적 법칙성을 추구하는 목적을 지닌 인간을 포함시켰다. 인간은 사회적 존재, 그 본성상 비개인적 법으로써 규제되는 사회 공동체의 일원, 요컨대 인류 전체를 포함하는 공동체의 일원으로 이해되었다. 프랑스 대혁명의 철학은 인간을 그 개체성에서, 국민을 그 단일성에서, 인류를 그 총체성에서 표현하기 위해, 즉 자연이 인간과 인류를 창조하면서 세웠던 목표를 표현하기 위해, 인간에게 자유와 평등을 보장하는 그리고 사람들이 만든 집단적 통일체인 사회에 그 사회의 구성원들을 지배하는 주권을 부여하는 법 규범을 발견했다

과거의 엄격한 권리 개념에 대해 18세기의 이념과 경험이 부여한 이러한 영향력은 어떤 점에서 보면 혁명의 성과를 넘어선다. 권리 개념을 파악하고 규정했던 순간부터, 그 내재적 논리는 필연적으로 점점 더 절대적인 결과들에 이를 수밖에 없게 되는데, 왕권의 폐지, 공화국의 수립, 보통선거, 사람들 간에 더욱더 완벽한 평등을 만들려는 시도 등이 그것이다. 마찬가지로 이러한 변증법이 진행됨에 따라 대립들이 생겨나는 것은 불가피한 일이었다. 예를 들면 국민주권의 원칙과 대표성의 원칙, 개인적 권리의 양도 불가능성과 개인적 권리를 마음대로 이용할 수 있는 국가의 절대적 권리, 평등한 권리의 개념과 재산의 불평등한 분배를 정당화하는 개념 사이의 대립이 그것이다. 사람들이 이 원리들을 실제 생활에 적용하기 시작하자마자, 그것들

은 그 발전에 기여할 수밖에 없는 새로운 활력을 주입받았음은 당연하다. 국민은 주권을 갖는다. 그런데 국민이란 무엇인가? 그것을 어디서 찾는가? 국민은 다수와 소수 간의 산술적 관계로써 정의될 수 없다. 국민은 하나여야 하고, 살아 있는 전체여야 하며, 동일한 정신으로 생명력을 얻어야 한다. 그에 대한 사람들의 생각 차이는 제3신분과 두 특권 신분들 사이의 투쟁 속에서 더 분명해진다. 국민은 제3신분이다. "제3신분은 국민에 속하는 모든 것을 포괄한다"라고 시에예스는 말한다. "그리고 제3신분이 아닌 것은 국민으로 간주될 수 없다. 제3신분이란 무엇인가? 전체다."[1]

따라서 국민은 민중이다. 그래서 국민은 어떤 감정적 색조를 띠게 된다. 국민은 민중에 속하려고 하지 않는 모든 요소, 모든 종류의 특권층 지지자와 대립되는 것으로 이해된다. 그 결과 민중의 개념은 매우 다양한 형태를 띠게 된다. 당통[2] 같은 사람들에게 민중은 매일 길에서 마주치는 대중일 뿐이다. 이들은 민중을 순박하고 직접적으로, 어떤 의미에서는 눈에 보이는 대로 파악한다. 로베스피에르 같은 사람들에게 민중은 비개인적인 어떤 것, 개개인이 마음 깊이 새겨놓아야 하는 일반 의지, 실현해야 할 도덕적 이상이다. 그리고 마지막으로 마라[3] 같은 사람들에게 민중 개념은 프롤레타리아 개념과 유사

---

1 시에예스, 『제3신분이란 무엇인가』, 2판, 1789, p. 11.

2 〈역주〉 Georges Jacques Danton(1759~1794): 프랑스의 혁명가로 파리 코뮌에서 법무장관을 역임했다. 혁명적 독재와 공포정치의 완화를 요구하다가 로베스피에르에 의해 숙청되었다.

3 〈역주〉 Jean Paul Marat(1743~1793): 프랑스의 혁명가. 당통, 로베스피에르와 함께 반혁명분자를 처단하는 일을 도맡았다. 지롱드 당원인 샤를로트 코르데에게 암살당했다.

하다. 그들은 항상 불행에 맞서 싸우는, 항상 기만당하지만 항상 희망을 버리지 못하는 대다수의 사람이다.

사람들은 그들이 지닌 권리들의 가치만큼 가치가 있다. 한 사람의 인간을 인간으로 만드는 것은 동시에 그에게 권리들을 부여하는 것이다. 이 인간적 요소를 각각의 사람에게서 어떻게 느낄 수 있는가? 우리가 사람들에게서 느끼는 감정, 우리가 인간으로서의 우리 자신에 대해 갖는 의식을 통해 새로운 형태 속에서 언제나 인간의 가치 실현을 모색하자. 결코 인간의 권리들을 망각하지 말자. 다른 한편, 사회 상태에서 이러한 권리들이 침해당하지 않도록 이러한 권리들을 주권자로서의 국민에게 맡기자. 이것이 프랑스 대혁명의 두 가지 주요 개념이다. 국민주권의 개념과 개인의 양보 불가능하며 불가침적인 권리의 보호, 특히 소유권의 보호를 국민의 가장 중요한 목표로 부여하는 개념 사이에서 있을 수 있는 모순을 해결하고자 노력하는 것은 미래 세대의 몫이 될 것이다.